Karsten Münch, Dietrich Munz, Anne Springer (Hg.)
Die Fähigkeit, allein zu sein

Das Anliegen der Buchreihe Bibliothek der Psychoanalyse besteht darin, ein Forum der Auseinandersetzung zu schaffen, das der Psychoanalyse als Grundlagenwissenschaft, als Human- und Kulturwissenschaft und als klinische Theorie und Praxis neue Impulse verleiht. Die verschiedenen Strömungen innerhalb der Psychoanalyse sollen zu Wort kommen, und der kritische Dialog mit den Nachbarwissenschaften soll intensiviert werden. Bislang haben sich folgende Themenschwerpunkte herauskristallisiert:

Die Wiederentdeckung lange vergriffener Klassiker der Psychoanalyse – wie beispielsweise der Werke von Otto Fenichel, Karl Abraham, W. R. D. Fairbairn, Sándor Ferenczi und Otto Rank – soll die gemeinsamen Wurzeln der von Zersplitterung bedrohten psychoanalytischen Bewegung stärken. Einen weiteren Baustein psychoanalytischer Identität bildet die Beschäftigung mit dem Werk und der Person Sigmund Freuds und den Diskussionen und Konflikten in der Frühgeschichte der psychoanalytischen Bewegung.

Im Zuge ihrer Etablierung als medizinisch-psychologisches Heilverfahren hat die Psychoanalyse ihre geisteswissenschaftlichen, kulturanalytischen und politischen Ansätze vernachlässigt. Indem der Dialog mit den Nachbarwissenschaften wiederaufgenommen wird, soll das kultur- und gesellschaftskritische Erbe der Psychoanalyse wiederbelebt und weiterentwickelt werden.

Stärker als früher steht die Psychoanalyse in Konkurrenz zu benachbarten Psychotherapieverfahren und der biologischen Psychiatrie. Als das anspruchsvollste unter den psychotherapeutischen Verfahren sollte sich die Psychoanalyse der Überprüfung ihrer Verfahrensweisen und ihrer Therapie-Erfolge durch die empirischen Wissenschaften stellen, aber auch eigene Kriterien und Konzepte zur Erfolgskontrolle entwickeln. In diesen Zusammenhang gehört auch die Wiederaufnahme der Diskussion über den besonderen wissenschaftstheoretischen Status der Psychoanalyse.

Hundert Jahre nach ihrer Schöpfung durch Sigmund Freud sieht sich die Psychoanalyse vor neue Herausforderungen gestellt, die sie nur bewältigen kann, wenn sie sich auf ihr kritisches Potenzial besinnt.

Bibliothek der Psychoanalyse
Herausgegeben von Hans-Jürgen Wirth

Karsten Münch, Dietrich Munz,
Anne Springer (Hg.)

Die Fähigkeit, allein zu sein

Zwischen psychoanalytischem Ideal und gesellschaftlicher Realität

Mit Beiträgen von Zygmunt Bauman, Nikolaus Becker,
David Bell, Gustav Bovensiepen, Gudrun Brockhaus,
Peter Bründl, Karin Dittrich, Alain Ehrenberg,
Peter Giesers, Rolf Haubl, Mathias Hirsch,
Gabriele Junkers, Sylvia Kipp, Uwe Langendorf,
Klaus-Jürgen Lindstedt, Denys Ribas,
Gerhard Schneider, Bertram von der Stein,
Ulrich Streeck, Annette Streeck-Fischer,
Ulrich Wirth und Ralf Zwiebel

Psychosozial-Verlag

Bibliografische Information der Deutschen Nationalbibliothek
Die Deutsche Nationalbibliothek verzeichnet diese Publikation
in der Deutschen Nationalbibliografie; detaillierte bibliografische Daten
sind im Internet über <http://dnb.ddb.de> abrufbar.

Originalausgabe

Walltorstr. 10, D-35390 Gießen.
Fon: 06 41 - 96 99 78 - 18; Fax: 06 41 - 96 99 78 - 19
E-Mail: info@psychosozial-verlag.de
www.psychosozial-verlag.de

Umschlagabbildung: © Peter von Tresckow
Umschlaggestaltung & Satz: Hanspeter Ludwig, Gießen
www.imaginary-art.net
Lektorat: Vera Kalusche. Literaturbüro Schreibschlüssel, Bonn
www.schreibschluessel.de
Druck: Fuldaer Verlagsanstalt GmbH & Co. KG
www.fva.de
Printed in Germany
ISBN 978-3-8379-2060-4

Inhalt

Einleitung

Der vorliegende Band enthält die Vorträge der Jahrestagung 2008 der DGPT. Die Tagung hatte das Thema »Die Fähigkeit allein zu sein: Zwischen psychoanalytischem Ideal und gesellschaftlicher Realität«. Ausgangspunkt unserer Überlegungen war das vielfach zu beobachtende Unbehagen in unserer Kultur gegenüber der Verflüssigung von Strukturen, dem Verlust von Bindungen und Verbindlichkeiten, dem Zwang zu zunehmender Flexibilität und gegenüber der mit alldem verbundenen wachsenden Unsicherheit und Verunsicherung. Der in epidemiologischen Untersuchungen und in Studien zur Versorgungsrealität immer wieder zu beobachtende Anstieg von psychischen Erkrankungen, insbesondere von Depressionen und Ängsten, scheint uns ein Hinweis darauf zu sein, dass die Menschen unserer Gesellschaft zunehmend unter den Bedingungen leiden, die ihnen der umfassende gesellschaftliche Wandel auferlegt. Sie unterliegen dem Zwang, sich ständig und immer schneller an Veränderungen und sogenannte Innovationen anzupassen, und sind, wie Sennett es beschrieben hat, immer weniger in der Lage, sich selbst als aktive Gestalter eines unter Umständen lebensumspannenden Planes zu begreifen.

Ein Aspekt dieses säkularen Wandels ist die wachsende Bedeutung der Individualität, der Subjektivität und der Identität des Einzelnen. Die Aufgaben, die sich ihm, dem Einzelnen, damit stellen, sind immens und können zu einer spezifischen »Erschöpfung des Selbst« führen, wie Ehrenberg (2004) sie als zeitgenössisches Gewand der Depression beschrieben hat. Während der Depressive früher an dem ihm von der

Gesellschaft und von seinem Über-Ich auferlegten Triebverzicht litt, quält ihn heute eher das – man möchte sagen narzisstische – Elend desjenigen, der seine Möglichkeiten zur Selbstentfaltung – seien es nun wirkliche oder die ihm von außen suggerierten Möglichkeiten – nicht nutzen kann und damit hinter seinen eigenen Erwartungen zurückbleibt. Folgt man dieser Argumentationslinie, dann ließe sich zugespitzt formulieren: In früheren Zeiten, besonders in der Zeit, der die Psychoanalyse ihre Entstehung verdankt, litten die Menschen unter einem Zuwenig an Freiheit, heute ist es eher das Zuviel an Freiheit, das ihnen zu schaffen macht.

Für unser psychoanalytisches Denken spielt in diesem Zusammenhang das Konzept des Alleinseins und der Fähigkeit zu eben diesem Alleinsein eine zentrale Rolle. Wir verdanken dieses Konzept D. Winnicott, der es in einer berühmten Arbeit aus dem Jahre 1958 darstellte. Er machte auf das Paradoxon aufmerksam, dass nur derjenige später wirklich – ohne sich einsam zu fühlen – allein sein kann, der in der ersten Phase seines Lebens, der Säuglings- und Kleinkindzeit, nicht zu viel und zu lange allein gewesen ist. Das Alleinsein in dieser Phase muss als Alleinsein in Gegenwart eines anderen Menschen, eines ausreichend guten Primärobjektes, stattfinden, damit das Kind so allmählich diese Beziehungssituation der »Ich-Bezogenheit« in Anwesenheit des Primärobjektes als gute Umwelt verinnerlichen kann. Winnicott (1984, S. 40) formulierte es so:

> »Reife und die Fähigkeit, allein zu sein, setzen voraus, dass das Individuum die Möglichkeit gehabt hat, durch ›ausreichend gute Bemutterung‹ einen Glauben an eine wohlwollende Umwelt aufzubauen.«

Es liegt nun nahe, diese Konzepte auf dem Hintergrund der aktuellen gesellschaftlichen Trends erneut zu reflektieren. Sind die Menschen in der Lage, das ihnen von der Gesellschaft abverlangte Alleinsein zu ertragen, sind sie also dafür ausreichend ausgestattet oder werden sie durch die Anforderungen der »flüchtigen Moderne«, wie Baumann (z.B. 2008) es ausdrückt, vielleicht eher in Entwurzelung, Vereinsamung und Einsamkeit getrieben? Überfordert also möglicherweise der Druck, Bindungen und Verbindlichkeiten aufzuweichen, diese Fähigkeit zum Alleinsein, weil der Glaube an eine wohlwollende Umwelt nicht endlos strapaziert werden kann und darauf angewiesen ist, nicht nur innerlich zu funktionieren, sondern sich immer wieder auch einmal in der gelebten sozialen Realität zu bestätigen? Laufen wir vielleicht nicht selbst manchmal Gefahr, mit unserem Entwicklungsziel das – vermeintliche – gesellschaftliche Ideal eines autonomen, flexiblen Individuums zu bedienen und dabei die tiefe Sehnsucht des Menschen nach Bindung und Gebundenheit aus den Augen zu verlieren?

Die Autoren des ersten Teils versuchen, die komplexe Wechselwirkung zwischen Gesellschaft und Individuum aus einer soziologischen bzw. sozialphilosophischen wie auch aus einer psychoanalytischen Sicht näher zu beleuchten. Im zweiten Teil sind solche Arbeiten zusammengefasst, die das Thema des Alleinseins in der klinischen Arbeit mit Patienten wie auch für uns Analytiker selbst zum Gegenstand haben. Die Vielzahl der Arbeiten wie auch die Unterschiedlichkeit ihrer Inhalte zeigen die vielen Facetten dieser Thematik in unserer analytischen Arbeit. Der dritte Teil des Bandes enthält die Vorträge des Kinderanalytischen Forums, das mittlerweile zu einer guten Tradition auf den Jahrestagungen der DGPT geworden ist.

Das Thema der Tagung 2008 sollte eine Brücke schlagen zwischen der individuellen Situation des Einzelnen und der ihn umgebenden sozialen Wirklichkeit. So wie in jeder psychoanalytischen Behandlung immer auch ein Ausschnitt dieser sozialen Realität durchscheint, ohne die der Einzelne mit seiner Biografie nicht verstehbar ist, so war es unser Ziel, ein psychoanalytisches Thema in seiner Einbettung im sozialen Kontext zu reflektieren.

Das Thema unserer Tagung war damit zugleich eine Hommage an einen Psychoanalytiker, der diesen Spannungsbogen immer im Blick gehabt und vielleicht gerade deshalb die Psychoanalyse in der deutschen Nachkriegsgesellschaft so nachhaltig geprägt hat. Es ist Alexander Mitscherlich, dessen Geburtstag sich am 20. September 2008 zum 100. Male jährte. Es ist hier nicht der Ort, um seine Verdienste um die Psychoanalyse angemessen zu würdigen; zu diesem Zweck fanden im vergangenen Jahr mehrere Veranstaltungen statt, und eine Reihe von neueren Publikationen sind seiner Person und der Bedeutung seines Werkes gewidmet.

Erwähnt werden soll aber an dieser Stelle, dass A. Mitscherlich in der Anfangsphase der DGPT auch berufspolitisch eine ganz wesentliche Rolle spielte: Er war von 1958 bis 1964 der dritte Vorsitzende der nur wenige Jahre zuvor (1949) gegründeten DGPT und hatte schon vorher als Geschäftsführer neben dem Vorsitzenden Wilhelm Bitter die Geschichte der DGPT maßgeblich mitbestimmt. Daneben hatte er in dieser Zeit einen wichtigen Anteil an dem komplizierten politischen Prozess, der schließlich zur Schaffung der Zusatzbezeichnung Psychotherapie für Ärzte führte. Er blieb der DGPT auch nach seinem Ausscheiden aus dem Vorstand als Mitglied des Ehrenpräsidiums verbunden. Alexander Mitscherlich hat sich um die DGPT verdient gemacht, und wir gedenken seiner in Anerkennung dieser Verdienste.

Karsten Münch, Dietrich Munz, Anne Springer

Literatur

Bauman, Zygmunt (2008): Flüchtige Zeiten – Leben in der Ungewissheit. Hamburg (Hamburger Edition).

Ehrenberg, Alain (2004): Das erschöpfte Selbst – Depression und Gesellschaft in der Gegenwart. Frankfurt/M. (Campus).

Sennett, Richard (1998): Der flexible Mensch – Die Kultur des neuen Kapitalismus. Berlin (Berlin-Verlag).

Winnicott, Donald W. (1984): Reifungsprozesse und fördernde Umwelt. Frankfurt/M. (Fischer TB).

Teil I
Gesellschaft und Individuum

Anmerkungen zum Kulturbegriff Freuds

Oder: Was ist bloß aus dem Realitätsprinzip geworden?

Zygmunt Bauman

> »Jeder Einzelne [ist] virtuell ein Feind der Kultur [...].
>
> So bekommt man den Eindruck, daß die Kultur etwas ist, was einer widerstrebenden Mehrheit von einer Minderzahl auferlegt wurde [...].
>
> Man sollte meinen, es müßte eine Neuregelung der menschlichen Beziehungen möglich sein, welche die Quellen der Unzufriedenheit mit der Kultur versagen macht, indem sie auf den Zwang und die Triebunterdrückung verzichtet [...]. Das wäre das goldene Zeitalter, allein es fragt sich, ob ein solcher Zustand zu verwirklichen ist. [...] Ebensowenig wie den Zwang zur Kulturarbeit, kann man die Beherrschung der Masse durch eine Minderzahl entbehren« (Freud 1927, S. 7ff.).

Warum ist das so? Weil Menschen »spontan nicht arbeitslustig sind und [...] Argumente nichts gegen ihre Leidenschaften vermögen« (Freud 1927, S. 10). In den Überlegungen Freuds taucht *eutopia* (der gute Ort) nur im Paket mit *outopia* (Nirgendwo) auf. Kultur ist ein zweischneidiges Geschenk, das ambivalente Impulse auslöst – sie ist zwangsläufig Fluch und Segen zugleich. Kultur (»ich meine all das«, so Freud, »worin sich das menschliche Leben über seine animalischen Bedingungen erhoben hat und worin es sich vom Leben der Tiere unterscheidet«, Freud 1927, S. 6) kommt ohne Zwang nicht aus; und daher kommt sie auch ohne Dissens nicht aus – insofern als »Zwang« per definitionem zu Situationen führt, in denen man schlechte Chancen hat, das zu tun, was man gerne tun möchte, und stattdessen gedrängt wird, etwas anderes zu tun, was man nicht möchte.

Es gibt keinen sanften, ungefährlichen, benutzerfreundlichen, gegen Kollateralschäden abgesicherten Weg, der zur Einhaltung der Normen des zivilisierten Lebens führt – wie zu Zeiten Freuds die Erfahrungen der Europäer mit dem Kolonialismus ebenso zweifelsfrei zu belegen schienen wie Freuds eigene Erfahrungen mit seinen Wiener Patienten (auch wenn die Art des Zwangs, dessen Notwendigkeit diese beiden Erfahrungen aufzeigten, und auch die Art des Unbehagens, dessen Unvermeidlichkeit sie nahelegten, sich erheblich voneinander unterschieden). Was die trägen und unwilligen »Massen« betrifft, so mussten sie mit Gewalt oder durch List aus ihrer »schweinischen« Existenz herausgeholt werden, genau wie Elpenor aus Lion Feuchtwangers Geschichte *Odysseus und die Schweine* (»ein durchschnittlicher Bursche, nicht ausgezeichnet im Kampf, auch nicht mit Verstande gesegnet«, Feuchtwanger 1950, S. 30), der heftig dagegen protestierte, dass er in menschliche Gestalt zurückverwandelt worden war, womit nicht nur das sich »in Sonne und Schlamm [...] wälzen, des Fraßes zu genießen und des Trankes« ein Ende hatte, sondern auch das »grunzen und ledig [...] sein des Zweifels: soll ich dieses tun oder jenes?« (ebd.). Aber auch die Mitglieder der »Minderzahl«, von denen erwartet wurde, Leute wie Elpenor zu zivilisierten Mitteln und Wegen zu drängen, waren alles andere als sorgenfrei. Sie hatten ebenso wenig Anlass zur Euphorie wie die »Massen«. Bei jedem Versuch, ihren Lustbedürfnissen freien Lauf zu lassen, liefen sie gegen eine massive, undurchdringliche Wand, die sie von ihren Lustobjekten trennte. Sie nannten diese Wand »Realität«, und die Spuren und Prellungen, die sie in ihren Köpfen und auf ihrem Körper hinterließ, so Freud, seien der Hauptgrund, dass sie bei ihm und anderen Psychoanalytikern nach Hilfe suchten. Zugleich seien sie der einzige Teil der Gesellschaft, bei dem denkbar sei, dass seine Beschwerden und Gebrechen dank dieser Hilfe gelindert bzw. geheilt werden könnten, und damit der einzige Teil der Gesellschaft, bei dem man die Unzufriedenheit und das Dissidententum an der Wurzel packen könne, indem man die Ursachen der Qualen aufdecke. Wenn man sie nicht behandle, blieben sie umso toxischer, weil sie dann undurchschaubar seien oder falsch interpretiert würden, was zu fehlgeleiteten, völlig unangebrachten, potenziell gefährlichen Reaktionen führen könne. Die Ursachen psychischer Beschwerden lösten sich nicht in Luft auf, indem man sie zu Tage fördere und im Licht der Vernunft betrachte – aber zumindest könne man dem Stachel das Gift entziehen. Seien die Ursachen bekannt und verstanden, seien die Qualen etwas leichter zu ertragen. Im Gegensatz zum Elend der unterdrückten Mehrheit kann man dieser Art von Qualen mit einer beim Verstand ansetzenden Therapie zu Leibe rücken – weil es sich um Qualen handelt, von denen Männer und Frauen heimgesucht werden, die bereits zu Glanz und Herrlichkeit des zivilisierten Lebens (eines Lebens, das sich »über seine animalischen Bedingungen erhoben hat«) bekehrt sind und nur unter dem Preis leiden, den es mit sich bringt. Ein Preis, vor dem sie nicht hinreichend gewarnt und auf den sie nicht hingewiesen worden sind – und der sich als exorbitant erwiesen hat.

Es ist diese Minderzahl, die Freud im Blick hatte, als er die Kultur zu einem Tauschhandel erklärte, einem Austausch zwischen zwei Werten, die für den Menschen gleich wichtig und unerlässlich sind. Das Überwinden der »animalischen Bedingungen«, hin zum Niveau des zivilisierten Lebens, bringt einen beträchtlichen Zugewinn an Sicherheit vor Gefahren mit sich, die in unserem eigenen Körper, der Außenwelt und unseren Beziehungen zu anderen lauern (vgl. Freud 1930). Es bringt jedoch zugleich die Notwendigkeit mit sich, auf einen beträchtlichen Teil unserer Freiheit zu verzichten. Man kann seinen innersten Trieben nicht freien Lauf lassen, man muss seine Instinkte zurechtstutzen und im Zaum halten und dem eigenen Streben nach Lust, das wir mit dem Zustand des Glücklichseins gleichsetzen, Grenzen setzen. Der Fall der Zivilisation fällt unter die allgemeine Regel, die ein bekanntes englisches Sprichwort treffend auf den Punkt bringt: You can't eat a cake and have it [zu Deutsch etwa: Man kann nicht alles haben]. Das Elend der beschnittenen Freiheit ist der Preis, den man für die Freuden der Sicherheit zahlen muss.

Was würde Freud wohl heute sagen? Ich vermute, er würde seine Einschätzung verallgemeinern und betonen, dass jegliche Kultur – also jede Form des menschlichen Zusammenseins, die sich über die »animalischen Bedingungen« erhoben hat – ein Tauschhandel ist, und dass unsere eigene Spielart da keine Ausnahme darstellt. Allerdings glaube ich auch, dass er seine Diagnose *umkehren* würde, was die Güter betrifft, die bei diesem Tauschhandel ausgetauscht werden. Vermutlich würde er sagen, dass die wichtigsten Gründe für das Unbehagen heute von der Notwendigkeit herrühren, auf einen erheblichen Teil unserer Sicherheit zu verzichten, um nach und nach die wachsende Zahl von Beschränkungen aufzuheben, denen unsere Freiheit unterliegt. Was jene Minderheit anbelangt, der die Patienten, die Psychoanalytiker aufsuchen, in der Regel angehören, so scheint die Quelle des Unglücklichseins heute der Mangel an *Sicherheit* zu sein, der die Freude über das nie dagewesene Ausmaß an individueller *Freiheit* trübt. Die Ängste um die persönliche Sicherheit, denen die Kultur in Freuds epochaler Analyse ein Ende zu bereiten versprach, haben sich lautstark zurückgemeldet. Und die Fesseln, die sie den Trieben des Einzelnen einst angelegt haben, Fesseln, die Männer und Frauen in jener Zeit verzweifelt zu sprengen versuchten, erscheinen sehr viel weniger furchtbar, wenn man ihnen den neu entdeckten Schrecken einer permanenten und unablässigen Unsicherheit gegenüberstellt.

Im Lauf der letzten Jahre habe ich im Fernsehen wiederholt Interviews mit Fluggästen gesehen, die das Pech hatten, ihren weit im Voraus geplanten Urlaub oder wichtige Geschäftstreffen zu verpassen, weil sie im Rahmen der langen Reihe von Terrorwarnungen auf einem Flughafen gestrandet waren. Kaum einer der Interviewten beschwerte sich. Die meisten waren müde und erschöpft, aber fröhlich und guter Dinge. Sie waren voll des Lobes für die Behörden, die sie vor unermesslichen und unaussprechlichen Gefahren bewahrt hatten: »Wir haben uns noch nie so sicher gefühlt wie heute«, wurden sie nicht müde zu betonen. Mittlerweile hat sich die Terrorwarnung zu einem Dauerzustand verfestigt – ebenso wie die Gewöhnung der Passagiere an das Aufgeben immer neuer Bereiche ihrer persönlichen Freiheit. Tagein, tagaus stehen Millionen von Männern und Frauen auf Tausenden von Flughäfen auf der ganzen Welt geduldig oder gar fröhlich Schlange, um sich Personenkontrollen und Körperdurchsuchungen zu unterziehen, über die sie oder ihre Eltern sich vor wenigen Jahrzehnten noch geärgert hätten, weil sie sie als weitere Manifestation der totalitären Aspirationen der herrschenden Mächte betrachtet hätten. Und genauso frohgemut marschieren sie in die Einkaufszentren, wo ihnen die Angst durch den Anblick bewaffneter Sicherheitsleute und Dutzender Kameras genommen wird, die sie auf Schritt und Tritt überwachen.

Verstehen Sie mich nicht falsch: Die oben erwähnten Entwicklungen sind keine außergewöhnlichen Phänomene, die uncharakteristisch wären und dem Zeitgeist zuwiderliefen. Ebenso wenig sind sie logisch nachvollziehbare Reaktionen auf äußere Notwendigkeiten, die sich mit der terroristischen Bedrohung oder dem tatsächlichen oder gefühlten Anstieg der Kriminalitätsraten erklären ließen. Wollte man derartige Entwicklungen mit Bezug auf solche Faktoren abtun, würde man das Pferd von hinten aufzäumen. Die *Unsicherheit* [Orig. dt.], gegen die sich, wie Freud glaubte, die Kultur im permanenten Kriegszustand befindet (»Unsicherheit« – ein Begriff, für dessen Übersetzung ins Englische man drei Substantive braucht statt einem: *uncertainty*, *insecurity* und *un-safety*[1]), hat sich für eine große Zahl unserer Zeitgenossen zur größten und beklemmendsten Sorge entwickelt, die zusehends die Ängste überschattet, die durch den Mangel an Freiheit ausgelöst werden bzw. ausgelöst werden können. Für die Mehrzahl unserer Zeitgenossen, und ganz gewiss für diejenigen, denen Psychoanalytiker in ihrer Praxis begegnen, dürfte die Unsicherheit heute der mit Abstand größere Fluch sein. In ihren Augen muss sich die Kultur das unerträglich große Ausmaß an Sicherheit vorwerfen lassen, mit dem die Freiheiten erkauft wurden, die sie dank der Kultur genießen. Und diese Sünde war ihr schon lange vor der Zerstörung der Zwillingstürme in Manhattan vorgeworfen worden, und bevor die Angst vor Herumtreibern, Stalkern, Sexualstraftätern, aufdringlichen Bettlern, schmutzigen, diebischen Einwanderern und Serienmördern um sich griff: Das Wertependel bewegt sich schon seit Jahrzehnten in die andere Richtung, und zwar mit immer größerer Geschwindigkeit.

Die von Freud analysierte Welt war die Welt der Buddenbrooks. Eine Welt rigider Normen und schwerer Strafen für alle, die sie brachen. Von Normen, die klar formuliert und nachzulesen waren, und die man ein für alle Mal lernen sollte, also für die gesamte Dauer des individuellen Lebens, und die für das ganze Leben gelten sollten, von der Wiege bis zur Bahre. Herkunft, Familie, Familienvermögen und -tradition bildeten die Achse, um die sich der vorgegebene, aber erst noch zu entwickelnde

1 Das Bedeutungsfeld dieser drei Wörter überschneidet sich, wobei *uncertainty* die »Ungewissheit« oder den »Zweifel« bezeichnet, *insecurity* sich eher auf die »objektive Unsicherheit« bezieht, während *un-safety* stärker auf das »subjektive (Un)sicherheitsgefühl« abstellt (Anm. d. Übers.).

Lebensweg drehte. Wie Existenzpsychologen wie Ronald D. Laing oder Thomas Szasz sehr viel später verkünden sollten, war diese Familie, die in ein Milieu eingebunden war, und durch das Milieu in eine Klasse, eine kollektive Überwachungsinstanz (oder, wie Michel Foucault noch später nahelegte, ein Kapillargefäß des panoptischen Systems sozialer Kontrolle). Diese Überwachungsinstanz zwang ihre Mitglieder, auf dem rechten Weg zu bleiben, und exkommunizierte Abweichler. (In den Begriffen Freuds war die Familie der Außenposten, Generalbevollmächtigte und wichtigste Vollstrecker des »Realitätsprinzips«, dessen Aufgabe darin bestand, die Exzesse des »Lustprinzips« zurechtzustutzen und zu bezähmen.) Daniel Cohn-Bendit hat es 40 Jahre später so zusammengefasst: Diejenigen, die 1968 das damals blasphemische Wort Fleisch werden ließen, haben am Ende ihren Kampf gewonnen – in gesellschaftlicher und kultureller Hinsicht (auch wenn sie ihn, wie er sich beeilte hinzuzufügen, in politischer Hinsicht zum Glück verloren haben).

Im Film *Le diable probablement* [dt.: *Der Teufel möglicherweise*], den Robert Bresson 1977 herausbrachte – in einem Jahr, das keine PCs, Handys oder iPods kannte, nicht einmal mobile Navigationsgeräte –, sind die Hauptpersonen offensichtlich orientierungslose Jugendliche, auf der verzweifelten Suche nach einem Sinn im Leben, nach ihrer Berufung und danach, was es bedeutet, »berufen« zu sein. Sie könnten die leidenschaftlichen Schauspieler oder widerwilligen Statisten eines Dramas sein – doch Drehbuchschreiber oder Regisseure sind keine in Sicht: Von den Erwachsenen kommt keine Hilfe. Ja, in den 95 Minuten, die der Plot benötigt, um sein tragisches Ende zu erreichen, erscheint nicht ein einziger Erwachsener auf der Leinwand. An die Existenz von Erwachsenen erinnern sich die Jugendlichen – die ansonsten gänzlich vom beharrlich erfolglosen Versuch in Anspruch genommen sind, miteinander zu kommunizieren (der Film enthält erstaunlich wenig Dialoge) – nur in einer einzigen Szene, in der sie sich, hungrig von ihren Abenteuern, um den Kühlschrank scharen, der voller Essen ist, das die ansonsten unsichtbaren Eltern zu diesem Zweck eingekauft haben.

Wie prophetisch die Vision Bressons war, zeigte sich in den darauffolgenden Jahren mit aller Deutlichkeit. Bresson erkannte, welche Konsequenzen die »great transformation« hatte, deren Zeugen er und seine Zeitgenossen wurden, wenn sie auch den wenigsten bewusst war: Den Übergang von einer *Gesellschaft von Produzenten* – Arbeitern und Soldaten – zu einer *Gesellschaft von Konsumenten* – Individuen, die dazu verurteilt sind, Abhängige des kurzfristigen Denkens zu sein. 20 Jahre später notierte Richard Sennett die schwermütige Klage des New Yorker Bäckers Rico:

> »Du kannst Dir nicht vorstellen, wie dumm ich mir vorkomme, wenn ich meinen Kindern etwas über Verpflichtungen erzähle. Es ist für sie eine abstrakte Tugend, sie sehen sie nirgendwo« (Sennett 2000, S. 29).

Sennett merkt dazu an:

> »Ein Verhalten, das Erfolg oder zumindest Überleben im Beruf verspricht, trägt daher wenig zu einem elterlichen Rollenmodell bei Rico bei. Tatsächlich stellt sich für dieses moderne Paar gerade das umgekehrte Problem: Wie können sie die famliliären Beziehungen vor dem auf Kurzfristigkeit basierenden Verhalten, der Diskussionswut und vor allem dem Mangel an Loyalität und Verbindlichkeit schützen, welche die moderne Arbeitswelt kennzeichnen?« (Sennett 2000, S. 31)

Die von Freud analysierte Gesellschaft der »festen« Moderne war zweifellos eine Gesellschaft von Produzenten und Soldaten. Eltern zukünftiger Arbeiter und Soldaten hatten eine eindeutige und klar umrissene Rolle zu spielen. In der »festen« Moderne, in der Gesellschaft von Produzenten und Soldaten, bestand die Elternrolle darin, Rollenvorbild für normativ geregeltes Verhalten zu sein und Kindern die Selbstdisziplin beizubringen, die sie brauchten, um die monotonen Routinen am Arbeitsplatz bzw. in der Kaserne zu ertragen und auszuhalten. Als Beispiel für das gut bestückte Arsenal von Waffen, die ins Feld geführt wurden, um die strenge Kontrolle und Rund-um-die-Uhr-Überwachung von Kindern, die von Eltern in jener Epoche erwartet wurde, zu legitimieren und zu begründen, nannte Michel Foucault die Frage der kindlichen Sexualität und die »Masturbationshysterie«. Eine solche Elternrolle

> »verlangt [...] konstante, aufmerksame und wißbegierige Präsenzen; sie setzt Nahverhältnisse voraus und vollzieht sich vermittels eingehender Prüfungen und Beobachtungen; sie verlangt einen Austausch von Diskursen durch Fragen, die Geständnisse abzwingen, und durch Bekenntnisse, die die Verhöre übersteigen. Sie impliziert eine physische Annäherung und ein Spiel intensiver Empfindungen« (Foucault 1977, S. 59).

Foucaults Ansicht nach war in diesem permanenten Feldzug zur Stärkung der Rolle der Eltern und ihres disziplinierenden Einflusses »das ›Laster‹ des Kindes [...] nicht so sehr ein Gegner als vielmehr ein Stützpunkt«. »Überall wo [diese Laster] sich zu äußern wagten, hat man Überwachungseinrichtungen und Fallen geschaffen, die sie zum Geständnis zwingen sollen« (Foucault 1977, S. 57). Bade- und Schlafzimmer waren Orte höchster Gefahr, der fruchtbarste Boden für die krankhaften sexuellen Neigungen von Kindern – und daher die Orte, die eine besonders strenge, intime, unablässige Überwachung und ständige, deutlich sichtbare und penetrante Präsenz erforderten.

Im Zeitalter der flüchtigen Moderne ist an die Stelle der Masturbationshysterie die »Missbrauchshysterie« getreten. Die versteckte Bedrohung, die den Grund für die aktuelle Hysterie darstellt, liegt nicht in der Sexualität der Kinder, sondern in der der Eltern. Als Schlupfwinkel schauerlicher Laster gelten zwar nach wie vor Bade- und Schlafzimmer, doch sind es nun die Eltern, denen solche Laster unterstellt werden. Der Zweck des neuen Kreuzzuges, in dem die Missbrauchshysterie als Waffe eingesetzt wird, ist den Zielen, die Foucault im Fall der Masturbationshysterie herausgearbeitet hat, genau entgegengesetzt. Ob offen oder stillschweigend – die Ziele des derzeitigen Feldzuges sind: das Lockern der elterlichen Kontrolle, die Abkehr von der ständigen und penetranten Präsenz der Eltern und die Schaffung und Aufrechterhaltung von Distanz zwischen den »Alten« und den »Jungen« innerhalb der Familie und ihres Freundeskreises.

Es dürfte klar sein, dass wir hier von zwei unterschiedlichen Hysterien sprechen, nicht von einer plötzlichen Veränderung des sexuellen Verlangens, die zu radikalen Verhaltensänderungen geführt hätte. Sogenannte moralische Hysterien [»moral panics«] schaffen in der Regel selbst die Tatsachen, von denen sie behaupten, sie seien ihr Ursprung – und die Anzahl der anschließend berichteten und gezählten »Tatsachen« ist ein Hinweis auf das Ausmaß der Hysterie, nicht (wie der Historiker Leopold von Ranke gefordert hätte) darauf, wie es in den Schlaf- und Badezimmern von Familien »eigentlich gewesen ist«. Was die derzeitige Hysterie betrifft, so zeigt der Bericht des »Institut national d'études démographiques« (Seelow 2008), dass sich in den sechs Jahren von 2000 bis 2006 die Anzahl von Männern und Frauen, die sich daran erinnern, als Kind sexuell missbraucht worden zu sein, fast verdreifacht hat (von 2,7 auf 7,3% – auf 16% der Frauen und 5% der Männer). Die Autoren der Studie betonen, dass das »kein Beweis für eine Zunahme gewalttätiger Übergriffe ist, sondern für die wachsende Tendenz, Vergewaltigungen in wissenschaftlichen Studien anzugeben. Darin spiegelt sich das Absinken der Toleranzschwelle für Gewalt wider« – allerdings, so ist man versucht hinzuzufügen, spiegelt es auch die zunehmende, von den Medien eingeflüsterte Tendenz wider, aktuelle psychische Probleme von Erwachsenen mit einer mutmaßlichen Missbrauchserfahrung in der Kindheit zu erklären statt mit der infantilen Sexualität und dem Ödipus- bzw. Elektrakomplex. Entscheidend ist nicht, wie viele Eltern, mit oder ohne Mittäterschaft anderer Erwachsener, ihre Kinder als sexuelle Objekte behandeln, und in welchem Umfang sie ihre kräftemäßige Überlegenheit missbrauchen, um die Schwäche von Kindern auszunutzen (genauso wenig wie es in der Vergangenheit entscheidend war, wie viele von ihnen in ihrer eigenen Kindheit ihrem Drang zum Masturbieren nachgegeben haben). Entscheidend ist, dass sie alle gewarnt wurden, dass ein Verringern der Distanz, die sie selbst und andere Erwachsene zu ihren Kindern halten sollen, so interpretiert werden könnte (und werden wird), dass sie ihrem endemischen Drang zum sexuellen Missbrauch nachgegeben haben – sei es offen, heimlich oder unbewusst.

Das wichtigste Opfer der Masturbationshysterie war die *Autonomie des Individuums* – eben jene persönliche Freiheit, deren Verlust Freud in seiner Vivisektion der zivilisierten Ordnung diagnostizierte. Von früher Kindheit an sollten zukünftige Erwachsene vor ihren eigenen krankhaften und (wenn man sie nicht zügelte) potenziell folgenschweren Instinkten und Trieben geschützt werden. In den Begriffen

Freuds erfordert die zivilisierte Gesellschaftsordnung, dem antisozialen »Lustprinzip« – von dem Männer und Frauen geleitet würden, wenn das von der Gesellschaft durchgesetzte »Realitätsprinzip« sie nicht in Schach hielte – Beschränkungen aufzuerlegen. Émile Durkheim (1993) warnte, dass der Abbau oder die Lockerung gesellschaftlich auferlegter Beschränkungen keine Zunahme der individuellen Freiheit zur Folge hätte, sondern die Verletzlichkeit und Hilflosigkeit des Individuums vertiefen und es noch stärker zum Sklaven seiner Instinkte machen würde. Der Hang der Menschen zur Selbstzerstörung wird umso stärker, je mehr sie »als Egoisten leben« und sich seelenruhig ihrem Verlangen nach sofortiger Bedürfnisbefriedigung und flüchtigen Sinnesfreuden hingeben – wohingegen die Unterordnung unter die Gesellschaft die Individuen vor ihrer Tendenz zur Selbstzerstörung rettet ...

Die wichtigsten Opfer der Missbrauchshysterie sind folglich *die Bande zwischen den Generationen und die Vertrautheit über Generationsgrenzen hinweg.* Wies die Masturbationshysterie dem Erwachsenen die Rolle des besten Freundes, Schutzengels und fürsorglichen Beschützers des Kindes zu, so weist ihm die Missbrauchshysterie die Rolle eines permanent Verdächtigen zu, dem a priori Verbrechen unterstellt werden, die er oder sie im Sinn haben könnte, oder zu denen er oder sie ohne böswillige Absicht getrieben werden könnte. Die erste Hysterie führte zu einer Zunahme der elterlichen Macht, aber auch dazu, dass Eltern sich ihrer Verantwortung für und gegenüber ihren Kindern stellten und die Pflichten erfüllten, die sich daraus ergaben. Die neue Hysterie enthebt die Erwachsenen ihrer Pflichten und stellt der Forderung nach elterlicher Verantwortung die Gefahren ihres Missbrauchs gegenüber. Sie legt dem bereits weit fortgeschrittenen Prozess der Kommerzialisierung der Eltern-Kind-Beziehung – der unverkennbaren Tendenz, dass der Kontakt zwischen ihnen in erster Linie auf dem Umweg über den Konsumgütermarkt funktioniert – ein legitimierendes Mäntelchen um. Was an moralischen Skrupeln noch übrig sein mag, nachdem die Eltern sich von ihrer wachsamen Präsenz zurückgezogen und Funktionen aufgegeben haben, die einst als unabdingbare Bestandteile elterlicher Fürsorge galten, versprechen die Konsumgütermärkte zu zerstreuen und zu unterdrücken. Dies gelingt ihnen dadurch, dass sie jedes Familienfest und jeden religiösen oder staatlichen Feiertag in einen Anlass für überreiche Traumgeschenke verwandeln, und indem sie Tag für Tag dem Wunsch Vorschub leisten, den anderen um eine Nasenlänge voraus zu sein – ein Wunsch, der in Kindern aufkeimt, die im heftigen Wettstreit mit Gleichaltrigen die von Geschäften gelieferten Abzeichen sozialer Distinktion zur Schau tragen.

Das oben Gesagte soll keineswegs implizieren, dass die Eltern von heute, oder deren Mehrheit, ihrer von der Gesellschaft erwarteten und geforderten elterlichen Pflicht nicht nachkommen: der Pflicht, ihre Sprösslinge auf ein Leben vorzubereiten, das den Anforderungen der Gesellschaft entspricht, der sie und ihre Kinder angehören. Vielmehr impliziert es, dass sich die Gesellschaft gewandelt hat, für die Eltern ihre Sprösslinge erziehen bzw. auf die sie sie vorbereiten müssen. Es ist keine Gesellschaft mehr, die ihren Mitgliedern in erster Linie die Rollen von Produzenten und Soldaten zuweist, sondern eine Gesellschaft, die von ihren Mitgliedern zuallererst erwartet, die *Tugenden von Konsumenten* an den Tag zu legen und zu praktizieren. Wird angesichts einer herannahenden »wirtschaftlichen Depression« (der derzeit bevorzugten Bezeichnung für »Wirtschaftskrise«) Alarm geschlagen, setzen führende Politiker und Experten ihre Hoffnung nicht darauf, dass die Industrie mehr Güter produziert, sondern darauf, dass die Konsumenten mehr kaufen und mehr Geld ausgeben (einschließlich des Geldes, das sie noch gar nicht verdient haben). Als Außenseiter gelten heute nicht mehr Menschen, die sich weigern oder daran scheitern, zu den *Produktions*anstrengungen beizutragen, sondern Menschen, die ihre Pflichten als *Konsumenten* nicht erfüllen und aus dem *Einkauf*sreigen ausscheiden – oder von ihm ausgeschlossen werden.

Die Hauptaufgabe der »Sozialisation«, also der Vorbereitung auf ein Leben, das den gesellschaftlichen Normen entspricht, besteht nunmehr darin, die Teilnahme am Einkaufsreigen zu ermöglichen oder zu erleichtern, die Chancen zu erhöhen, dass Kinder im Rennen bleiben, und die drohende Exklusion abzuwenden. Mitglieder der Gesellschaft müssen für den verführerischen Charme des Marktes empfänglich sein, und so darauf reagieren, wie die Marketingstrategen es vorgesehen haben. Die Befürchtung, an dieser Hürde zu scheitern, ist Gegenstand der verbreiteten Angst vor der eigenen »Unzulänglichkeit«. Wie Pierre Bourdieu bereits 1980 feststellte, tritt in Gesellschaften wie den unseren die Verführung an die Stelle normativer Vorschriften, und PR-Strategien (einfach ausgedrückt: die Werbung) ersetzen die Überwachung, da die Zunahme der Wünsche und das Wecken immer neuer Bedürfnisse offenen Zwang überflüssig machen. Allerdings: All diese neuen Mechanismen der gesellschaftlichen Reproduktion können nur dann effektiv sein, wenn sie sich an Männer und Frauen richten, die »der Herausforderung gewachsen« sind. In scharfem Gegensatz zur traditionellen Familie mit ihrer strengen Überwachung durch die Eltern erfordert unsere durch und durch individualisierte, flüchtig-moderne Konsumgesellschaft, die Familienbande zu lockern, die Autonomie des Kindes auszudehnen und Jugendliche auf der Suche nach Vorbildern an Gleichaltrige zu verweisen.

Was die Jugendlichen unserer Tage plagt, ist nicht mehr ein Übermaß an allzu greifbaren Zwängen und Verboten, sondern die überwältigende Vielfalt an Wahlmöglichkeiten, die das Geschenk der Freiheit des Konsumenten offenkundig eröffnet. Die Ängste und die daraus resultierende Rastlosigkeit, die Ungeduld und das Bedürfnis, auf Nummer sicher zu gehen, die bei Jungendlichen von heute zu beobachten sind, entspringen zum einen dem augenfälligen Überfluss an Wahlmöglichkeiten und zum anderen der Angst, eine schlechte Wahl zu treffen – oder auch nur: nicht die »bestmögliche« Wahl zu treffen. Mit anderen Worten: Sie entspringen der panischen Angst, eine wunderbare Gelegenheit zu übersehen, so lange noch (flüchtige) Zeit ist, sie beim Schopf zu ergreifen.

Anders als zu Zeiten ihrer Eltern und Großeltern, die in der »festen« Phase der Moderne eine auf Produzenten und Soldaten ausgerichtete Erziehung genossen haben, sind den heute empfohlenen Wahlmöglichkeiten keine dauerhaften oder autorisierten (ganz zu schweigen von dauerhaften *und* autorisierten) Verhaltensregeln zugeordnet, die dem Wählenden einen narrensicheren Weg weisen würden, wenn er seine Wahl einmal getroffen oder die empfohlene Wahl willfährig akzeptiert hat. Immerzu quält der Gedanke, dass eine getroffene Entscheidung vielleicht (doch) ein Fehler gewesen und dass es (womöglich) zu spät sein könnte, um Schadensbegrenzung zu betreiben oder gar die unglückliche

Wahl zu revidieren. Daher die Abneigung gegen alles »Langfristige« – sei es in Bezug auf die eigene Lebensplanung oder auf Verpflichtungen gegenüber anderen lebenden Wesen. Offensichtlich im Einklang mit den Werten der jungen Generation pries kürzlich ein Werbespot eine neue Wimperntusche an, die »verspricht, 24 Stunden gut auszusehen«. Und weiter: »Eine feste Beziehung, sozusagen. Ein Strich, und Ihre schönen Wimpern überstehen Regen, Schweiß, Feuchtigkeit und Tränen. Gleichzeitig ermöglicht die Formel das problemlose Abwaschen mit warmem Wasser.« Anscheinend fühlt sich eine Zeitspanne von 24 Stunden bereits wie eine »feste Beziehung« an, doch selbst eine derartige »Festlegung« wäre keine attraktive Wahl, wenn die Spuren nicht leicht zu beseitigen wären, und nicht jederzeit warmes Wasser zur Verfügung stünde.

Egal, welche Wahl man letztlich trifft, sie soll eher an Max Webers »dünnen Mantel« erinnern, den man nach Belieben und ohne Vorwarnung von der Schulter gleiten lassen kann, als an sein »stahlhartes Gehäuse«, das effektiven und dauerhaften Schutz vor Turbulenzen bietet, aber gleichzeitig die Bewegungsfreiheit und den freien Entscheidungsspielraum der Geschützten empfindlich einschränkt. Das Wichtigste für die jungen Leute ist daher nicht, »eine Identität *aufzubauen*«, sondern sich die Möglichkeit zu bewahren, sie *umzubauen*, sobald sich zeigt oder man den Verdacht hat, dass es notwendig ist. Die Sorge unserer Vorfahren um die *Ausbildung einer Identität* wird zusehends verdrängt von der Sorge um die *Neuausrichtung der eigenen Identität*. Identitäten müssen leicht zu entsorgen sein. Man muss eine unbefriedigende oder nicht ausreichend befriedigende Identität oder eine Identität, der man ihr fortgeschrittenes Alter anmerkt, sobald man sie mit den »neuen, verbesserten« Identitäten vergleicht, die derzeit im Angebot sind, leicht loswerden können. Das erstrebenswerteste Attribut der perfekten Identität wäre vermutlich »biologisch abbaubar«.

In Ermangelung eines dauerhaften, autorisierten und unumstrittenen Wertes der Optionen, die zur Wahl stehen, kann sich die Bewertung einzelner Wahlmöglichkeiten nur am Muster vermarkteter Güter orientieren. Das ausgewählte Identitätsmodell muss auf den Markt gebracht werden, um seinen Wert *herauszufinden*. Der allgemeinen Ansicht zufolge, die, wie Pierre Bourdieu 1998 bemerkte, von der »pensée unique« inspiriert ist, dem marktwirtschaftlichen Einheitsdenken, hat ein Gut keinen Wert, wenn es keine Abnehmer findet, und der Wert, den es hat oder noch bekommen wird, bemisst sich nach der Zahl der Abnehmer und der Frage, wie stark ihr Bedürfnis nach diesem Gut ist. Die Strafe für das Versagen, Abnehmer für eine entworfene und zur Schau getragene Identität zu finden oder zu schaffen, ist die *Exklusion* (das Ausgeschlossen-, »Abgeschrieben«-, Geschnitten-, Ignoriert-Werden) – das gesellschaftliche Äquivalent für eine Müllhalde. Wie Vibeke Wara festgestellt hat, haben junge Leute »ein besonderes Talent, sich selbst zu vermarkten« (Wara 2008, S. 46). Die Effektivität dieses Talents, so Wara, lässt sich am besten messen anhand der Anzahl von Kontakten, derer sie sich rühmen können. Die »Talentiertesten« sind die mit den meisten Kontakten, die sie auf Social-Networking-Websites wie MySpace, Facebook, Second Life oder deren zahlreichen Ablegern und kleineren Nachahmern geknüpft haben (von denen es mittlerweile fast 100 gibt) sowie auf Blogs (deren Zahl die 70 Millionen überschritten hat und immer schneller wächst).

»Teenager fühlen sich heute zunehmend unter Druck gesetzt, sich größere Identitäten zuzulegen, wie die Stars, die ihnen überall in den Medien begegnen«, sagt Laurie Ouellette, Professorin für Kommunikationswissenschaft an der University of Minnesota und Expertin für Reality-TV (vgl. Giles 2008) – und wiederholt damit eine Ansicht, die mittlerweile Allgemeingut geworden ist, und die von Experten und der breiten Öffentlichkeit gleichermaßen geteilt wird. »Größere Identitäten« bezieht sich in erster Linie auf die weitere Verbreitung: mehr Zuschauer, mehr Internet-Nutzer, die zuschauen können, die vom Gesehenen angeregt, unterhalten oder begeistert werden – begeistert genug, dass sie es mit ihren Kontakten teilen (die, den Vorschlag der Social-Networking-Websites aufgreifend, in »Freunde« umbenannt werden). MySpace, Facebook, Second Life und die wie Pilze aus dem Boden schießenden Blogs sind für einfache Leute das Äquivalent zur Zeitschrift *Hello!*[2] und zahlloser kleinerer Tempel bzw. Kapellen des Starkultes. Es sind

2 Britische Klatschzeitschrift, vergleichbar mit der deutschen *Gala* (Anm. d. Übers.).

zugegebenermaßen minderwertige Versionen, da sie eine nicht ganz so große Identität zu bieten haben, eine Identität, von der man sich jedoch verspricht, dass sie für die Träume einfacher Menschen das tut, was *Hello!* für die Ambitionen der auf den Covern abgebildeten Stars und für das Leben derer tut, über die in den Klatschspalten berichtet wird. Für all die Möchtegern-Auserwählten sind Blogs die Supermarkt-Bausatzversionen der Originale aus der Haute-Couture-Boutique, die sich nur wenige Auserwählte leisten können. Zwar ist die Chance, sich durch das Dickicht der Blogs einen Weg zu öffentlicher Aufmerksamkeit zu bahnen, nur wenig größer als die Überlebenschancen eines Schneeballs in der Hölle, doch auch die Chance auf einen Lottogewinn ist gleich null, wenn man keinen Lottoschein kauft.

Keine Repräsentation des Selbst, und wenn sie spontan noch so erfolgreich ist, bietet langfristige Sicherheit. Was heute ein absolutes Muss ist, wird morgen oder übermorgen zwangsläufig veraltet und beschämend altmodisch sein, oder gar geradezu unlesbar. Die Repräsentation nach außen auf dem neuesten Stand zu halten, ist eine Aufgabe, die sieben Tage in der Woche, rund um die Uhr in Anspruch nimmt. Das interaktive Potenzial des Internets ist für diese neue Notwendigkeit wie geschaffen. Es hilft, darüber auf dem Laufenden zu bleiben, was gerade aktuell ist – welche Hits derzeit hoch im Kurs stehen, wie die neuesten T-Shirt-Designs aussehen, welche Partys, welche Festivals und welche Ereignisse in der Welt der Stars in jüngster Zeit am heißesten diskutiert werden. Zugleich hilft das interaktive Internet dabei, die Schwerpunkte in der Darstellung des eigenen Selbst immer neu auszutarieren und die Inhalte zu aktualisieren – und angesichts der »gehetzten Kultur«, die in der elektronisch vermittelten Kommunikation endemisch ist, und der kurzen Gedächtnisspanne, die sie bedingt, hilft es außerdem dabei, die Spuren der Vergangenheit zu verwischen, jene nunmehr beschämend veralteten Inhalte und Schwerpunkte. Alles in allem erleichtert es die Mühe des Sich-neu-Erfindens erheblich – in einem Maße, das im Offline-Leben unmöglich ist. Darin sehe ich einen der wichtigsten Gründe, warum die neue »elektronische Generation« so viel Zeit im virtuellen Universum verbringt – Zeit, die ständig mehr wird, auf Kosten der in der »wirklichen Welt« gelebten Zeit.

Folgerichtig werden die Bezugsobjekte der wichtigsten Begriffe, die bekanntermaßen die *Lebenswelt* [Orig. dt.] junger Menschen abstecken und beschreiben, langsam aber stetig von der Offline- in die Online-Welt verpflanzt. Die wichtigsten davon sind Begriffe wie »Kontakte«, »Verabredungen«, »Treffen«, »kommunizieren«, »Community« oder »Freundschaft«, die sich allesamt auf zwischenmenschliche Beziehungen und soziale Bande beziehen. Diese Verpflanzung kann nicht ohne Auswirkungen auf die Bedeutung der verpflanzten Begriffe und auf das Verhalten bleiben, das sie hervorrufen und auslösen. Zu den zentralen Auswirkungen ihres neuen Standortes gehört die Wahrnehmung derzeitiger sozialer Bande und Verpflichtungen als *Schnappschüsse* im Prozess des ständig neuen Aushandelns und nicht als festgefügte Zustände, die ewig halten werden. Dabei stellt »Schnappschuss« eine etwas unglückliche Metapher dar, denn obwohl ein Schnappschuss zweifellos eine Momentaufnahme ist, suggeriert er möglicherweise mehr Dauerhaftigkeit, als elektronisch vermittelten Banden und Verpflichtungen zu eigen ist. Das Wort »Schnappschuss« gehört zum Wortschatz der gedruckten Fotografien und des Fotopapiers, auf das man nur ein einziges Bild bannen kann – wohingegen die wichtigsten und meistgenutzten Optionen im Fall elektronischer Bande das *Löschen*, *Um*-schreiben und *Über*-schreiben sind, Aktionen, die bei Fotopapier und Negativen auf Zelluloid undenkbar, ja, die mithin die einzigen unauslöschlichen Attribute elektronisch vermittelter Bande sind.

Die Zeit wird von der heranwachsenden Generation weder als zyklisch noch linear wahrgenommen, sondern als »pointillistisch« – wie die Gemälde von Seurat, Signac oder Sisley. Jeder »Zeitpunkt« ist winzig, aber wie die Kosmologen uns lehren, kann jeder einzelne sich als Augenblick eines »Urknalls« erweisen – auch wenn es im Gegensatz zu den Bildern, die uns die Meister des Pointillismus hinterlassen haben (Gemälde, auf denen jedem Punkt sein Platz bereits eindeutig zugewiesen und die Form der Dinge ein für alle Mal vorgegeben ist, sodass wir sie jedes Mal, wenn wir sie anschauen, deutlich und unverändert sehen können), völlig ausgeschlossen ist, vorherzusagen, bei welchem Augenblick das der Fall sein wird … Die Kosmologen können uns bis ins kleinste Detail erklären, was den Bruchteil einer Sekunde oder eine Milliarde Jahre *nach* dem Urknall passiert ist, aber sie können uns nicht das Geringste darüber sagen, was *zuvor* geschehen ist, ganz zu schweigen von der Frage, was ihn ausgelöst oder sein Eintreffen angekündigt hat (sofern es überhaupt einen Auslöser oder irgendwelche Anzeichen gab). Also muss man jeden Zeitpunkt ernst nehmen und darf keinen unbedacht verstreichen oder sich entgehen lassen.

Die am weitesten verbreitete Lebensstrategie und die Vorstellung von Lebenskunst, die Forscher bei den umsichtigsten jungen Leuten von heute am häufigsten antreffen, ergibt sich folgerichtig aus einer solchen »pointillistischen« Zeitwahrnehmung. Auf den Punkt gebracht hat diese Strategie zum Beispiel Ann-Sophie, eine 20-jährige Studentin an der Copenhagen Business School, die Flemming Wislers Fragen so beantwortete: »Ich möchte nicht zu sehr von meinem Leben kontrolliert werden. Ich will nicht alles der Karriere opfern [...]. Das Wichtigste ist, dass man sich wohl fühlt [...]. Niemand möchte allzu lange im gleichen Job festhängen.« Mit anderen Worten: Sei auf der Hut und halte dir alle Optionen offen. Versuche, mit allen Mitteln dafür zu sorgen, dass es *deine* Hut und *deine* Optionen bleiben. Schwöre nichts und niemandem eine Loyalität »bis dass der Tod uns scheidet«. Die Welt ist voller wunderbarer, vielversprechender Chancen, die man sich unmöglich entgehen lassen kann. Es wäre eine Torheit, die Chance zu erhöhen, diese Chancen zu verpassen, indem man sich mit unwiderruflichen Verpflichtungen Füße und Hände bindet.

Das Leben der jungen Generation wird heutzutage gelebt in einem *permanenten Ausnahmezustand*. Man muss die Augen fortwährend weit aufmachen und ständig die Ohren spitzen, um Neues sofort zu sehen und zu hören: das Neue, das immer bereits heranrauscht, und zwar mit einer Geschwindigkeit, die nur von der Schnelligkeit übertroffen wird, mit der es an uns vorüberrast und verschwindet. Es gilt, keine Zeit zu verlieren. Das Tempo zu verlangsamen wäre reine Zeitverschwendung.

Was all das für die Chancen des »Realitätsprinzips« bedeutet, das die von Sehnsüchten geleitete Jagd nach Lust zähmen und im Zaum halten soll? Das entscheidende Novum ist die ausgesprochene *Widerruflichkeit* dieses Prinzips. Die Realität wird zusehends als ein vorübergehendes

Ärgernis wahrgenommen, das es zu umgehen gilt, statt es zu bewältigen oder davor zu kapitulieren. In unserer Welt der Ersatzteile und des Rückgaberechts-bei-nicht-vollster-Zufriedenheit werden unangenehme Objekte gewöhnlich einfach weggeworfen – und durch »neue, verbesserte« ersetzt. Vor allem für die jungen Leute gilt das auch in der Offline-Realität, von der erwartet wird und die man drängt, sich ihrem Online-Widerpart anzugleichen. Das »Realitätsprinzip« gilt heute so lange als schuldig, bis es seine Unschuld unter Beweis gestellt hat, und einen überzeugenden Beweis zu liefern, ist nicht leicht. Jetzt liegt es am »Realitätsprinzip«, sich gegenüber seinem Gegenspieler, dem Lustprinzip, wortreich für seine Beweggründe zu rechtfertigen und sich für die Unannehmlichkeiten zu entschuldigen, die es ausgelöst hat, indem es die Gastfreundschaft überbeansprucht hat.

Dies mag wahr sein oder falsch – jedenfalls ist es nicht die ganze Wahrheit. Wie Auseinandersetzungen zwischen den beiden Prinzipien ausgehen, steht keineswegs von vornherein fest. Keine Auseinandersetzung scheint eine eindeutig markierte Ziellinie zu haben; kaum eine Schlacht, wenn überhaupt eine, ist entscheidend; der Point of no Return wird, wenn überhaupt, selten erreicht. Diese Situation führt wie erwähnt zu einem permanenten Ausnahmezustand sowie zu einem Zustand permanenter *Unsicherheit* [Orig. dt.]. Während der erste Aspekt dieser neuen Art der Auseinandersetzung mehr Raum für die Jagd nach Lust verheißt, lässt der zweite Aspekt Unannehmlichkeiten erahnen. Diese unterscheiden sich zwar von denen der Vergangenheit, sind potenziell jedoch nicht weniger schwerwiegend und nicht weniger pathogen als diejenigen, die das »Realitätsprinzip« zu Zeiten seiner vermeintlichen Unbezwingbarkeit verursacht hat.

Um es kurz zu machen: Die Lage stellt sich als wesenhaft und überaus ambivalent dar. Und der Zustand der Ambivalenz ist dafür berüchtigt, dass sein Ausgang offen ist. Er kann einander entgegengesetzte Reaktionen auslösen, die zu offenkundig gegensätzlichen Arten von Leid führen. *Carpe diem* und die fieberhafte Suche nach »Wurzeln« und einem »Fundament« sind seine gleichermaßen legitimen (und wahrscheinlichen?) Folgen. Doch gibt es gute Gründe für den Verdacht, dass das Pendel, das sich immerzu zwischen der Sehnsucht nach Freiheit und dem Bedürfnis nach Sicherheit hin- und herbewegt, wieder einmal im Begriff ist umzuschlagen.

Aus dem Englischen übersetzt von Richard Barth

Literatur

Bourdieu, Pierre (2004): Gegenfeuer. Konstanz (UVK-Verl.-Ges.). Orig. (1998): Contre-feux: propos pour servir à la résistance contre l'invasion néo-liberale. Paris (Raisons d'Agir).

Bourdieu, Pierre (2008): Die feinen Unterschiede: Kritik der gesellschaftlichen Urteilskraft. Übers. von Bernd Schwibs. Nachdruck: Frankfurt/M. (Suhrkamp TB Wissenschaft 658). Orig. (1980): La distiction. Critique sociale du jugement. Paris (Les Éd. de Minuit).

Durkheim, Émile (1993): Ethics and the sociology of morals. Übersetzung und Einführung von Robert T. Hall. Buffalo, NY (Prometheus Books). Orig. (1887): La science positive de la morale en Allemagne. Revue philosophique 24, 33–142 & 275–284.

Feuchtwanger, Lion (1950): »Odysseus und die Schweine« und zwölf andere Erzählungen. Berlin (Aufbau-Verlag).

Foucault, Michel (1977): Sexualität und Wahrheit. Erster Band: Der Wille zum Wissen. Frankfurt/M. (Suhrkamp).

Freud, Sigmund (1927): Die Zukunft einer Illusion. Leipzig, Wien, Zürich (Internationaler Psychoanalytischer Verlag).

Freud, Sigmund (1930): Das Unbehagen in der Kultur. Wien (Internationaler Psychoanalytischer Verlag).

Giles, Kevin (2008): Teens use e-nudity to get noticed. Star Tribune, 5. Mai 2008, siehe www.startribune.com/local/east/18566414.html.

Seelow, Soren (2008): Les victimes de violences sexuelles en parlent de plus en plus. Le Monde, 30. Mai 2008.

Sennett, Richard (2000): Der flexible Mensch. Die Kultur des neuen Kapitalismus. München (Goldmann).

Wara, Vibeke (2008): Mobile learning for the *on* generation. Fo 2008(1), 46–48.

Wisler, Flemming (2008): The Thoughtful. Fo 2008(1), 9–11.

Psychische Gesundheit und das Dilemma der Autonomie

Persönliches Leiden und soziale Beziehungen

Alain Ehrenberg

Liest man Berichte über psychische Gesundheit, die von Gesundheits- und politischen Organisationen veröffentlicht werden, etwa das *Grünbuch* der Europäischen Union von 2005 oder den Bericht über psychische Gesundheit des Leiters des amerikanischen Gesundheitsdienstes von 1999, fällt dem Soziologen eines auf: Psychische Gesundheit wird in Begriffen *positiver Fakten* gedacht, die aus *Daten* hervorgehen. Im Durchschnitt leidet ein Viertel der Bevölkerung unter einer »psychischen Erkrankung«, zumeist unter Angstzuständen und Gemütsstörungen, insbesondere Depressionen. Psychosen machen dagegen nur noch einen kleinen Teil der psychischen Erkrankungen aus, während sie vor 50 oder 60 Jahren im Zentrum der psychiatrischen Aufmerksamkeit standen. Hier ist es zu einer wichtigen Verschiebung des Schwerpunkts zwischen Psychiatrie und psychischer Gesundheit gekommen. Es ist daher keine Überraschung, dass die Zahl der betroffenen Personen und die daraus für die Gesellschaft entstehenden Kosten immens sind (dem *Grünbuch* zufolge zwischen 3% und 4% des Bruttoinlandsprodukts (Kommission der Europäischen Gemeinschaften 2005). Psychische Gesundheit ist heute neben Krebs und kardiovaskulären Erkrankungen eines der wichtigsten Themen des Gesundheitswesens.

Diese beeindruckenden Zahlen weisen darauf hin, dass sich die Bedeutung des Begriffs von psychischer Pathologie selbst geändert hat. Sie weisen darauf hin, was das moderne Konzept von psychischer Gesundheit vom traditionellen Verständnis von Psychiatrie unterscheidet: Psychische Pathologie bezeichnet heute ein Spektrum von Problemen, das von Psychose oder Wahnsinn bis zur persönlichen Entwicklung reicht, zu etwas, das Psychiater als »positive psychische Gesundheit« bezeichnen und die Öffentlichkeit seit dem Erfolg von Prozac »Aufhellung« genannt hat. Diese Zahlen bieten *Messwerte*, aber keine *Bedeutung*. Psychische Gesundheit und psychisches Leiden haben in unserer Gesellschaft einen derartigen *Wert* erlangt, dass sie zu einer wichtigen Bezugsgröße für die Individualisierung der menschlichen Existenz geworden sind.

Was die statistischen Fakten zeigen, ist, dass es bei psychischer Gesundheit nicht mehr nur um Gesundheit geht, sondern auch um die Sozialität des modernen Menschen – Gesundheit ist natürlich ein Wert an sich, aber Sozialität ist zentral für psychische Gesundheit, anders als beispielsweise für Krebs. So heißt es etwa im 1999 erschienenen Bericht des Leiters des amerikanischen Gesundheitsdienstes:

> »Psychische Gesundheit ist ein Zustand, bei dem psychische Funktionen erfolgreich ausgeführt werden, was in produktiven Tätigkeiten, erfüllenden zwischenmenschlichen Beziehungen und der Fähigkeit resultiert, sich Veränderungen anzupassen und mit Missgeschicken zurechtzukommen. Psychische Gesundheit ist für persönliches Wohlbefinden, Familie, zwischenmenschliche Beziehungen und zur Teilhabe an der Gemeinschaft oder Gesellschaft unerlässlich. [...] Von der frühen Kindheit bis zum Tod ist psychische Gesundheit die Grundlage für Denken und Kommunikationsfähigkeit, Bildung, emotionale Entwicklung, Flexibilität und Selbstachtung. Dies sind die Elemente, die für die erfolgreiche Teilhabe eines jeden Individuums an der Gemeinschaft oder Gesellschaft erforderlich sind. Die Amerikaner werden mit Erfolgsnachrichten überschwemmt [...] ohne zu würdigen, dass erfolgreiche Leistungen auf dem Fundament psychischer Gesundheit ruhen« (US Department of Health and Human Services, Office of the Surgeon General 1999, S. 4).

Um was geht es in solchen Berichten, wenn nicht um unsere gesellschaftlichen Ideale? Ein erfolgreiches Leben setzt psychische Gesundheit voraus. Dies ist der *konsensuelle* Aspekt von psychischer Gesundheit: ihre Notwendigkeit.

Gleichzeitig gibt es aber auch eine entgegengesetzte Vorstellung oder Tendenz. Zwischen den 70er und den 90er Jahren entwickelte sich nicht nur das Konzept von »psychischer Gesundheit«, zugleich wandelte sich auch der Begriff von Sozialität. Hinter diesen Entwicklungen standen Sorgen um die Abschwächung sozialer Bindungen in zahlreichen entwickelten Gesellschaften. So ist aus psychischer Gesundheit nicht nur ein konsensueller Begriff geworden, sondern auch ein *konfliktueller*. Während der Konsens auf Notwendigkeit beruht, fußt der Konflikt auf Inhalt und Bedeutung: Das Aufkommen des Konzepts von psychischer Gesundheit wird von Soziologen und Sozialphilosophen häufig als Prozess der Psychiatrisierung der Gesellschaft betrachtet. Diese gehe zurück auf die Unfähigkeit, tragfähige soziale Bindungen aufrecht zu erhalten, was zahlreiche psychische Leiden bei den Individuen hervorrufe. So hieß es zum Beispiel von Erkrankungen vom narzisstischen Typ, sie würden durch die Befreiung von der Tradition, und von sozialen Leiden, sie würden durch den neuen globalen Kapitalismus entstehen. Allgemeiner gesagt, der neue Gebrauch der Krankheitsbilder sei ein Symptom für die Krise der sozialen Bindung, eines Unbehagens in der Kultur. Meiner Meinung nach besagen diese Thesen jedoch vor allem eins: Richtige Gesellschaft gab es, als es noch richtige Familien, richtige Schulen, richtige Arbeitsverhältnisse und richtige Politik gab, damals, als wir beherrscht, aber beschützt wurden, psychologisch gesprochen, neurotisch, aber strukturiert waren. Soziologie muss meiner Meinung nach über diese kausale Erklärung hinausgehen, und ich würde gern eine alternative Hypothese vorschlagen, die ich im Folgenden darlegen werde.

Die beschriebene konfliktuelle Dimension hängt mit dem Doppelaspekt psychischer Erkrankungen zusammen. Da ist zum einen eine soziale und moralische Dimension, die in anderen Krankheitsbereichen weniger präsent ist. Psychische Erkrankungen betreffen Individuen in ihrer Persönlichkeit, ihrem »Selbst«, das in westlichen Gesellschaften als das Wesen des Menschen betrachtet wird. Und zum anderen ist Psychiatrie der Bereich, in dem die biologische und die soziale Verfassung des Menschen am engsten ineinander verschlungen sind, da Gemütskrankheiten notwendigerweise Beziehungskrankheiten (zu viel oder zu wenig Scham, Schuld, Empathie usw.) sind. Die Spannung zwischen dem Menschen als natürlichem Wesen und dem Menschen als sozialem oder historischem Wesen ist bei psychischen Erkrankungen viel stärker als in anderen Krankheitsbereichen.

Während also psychische Gesundheit sicherlich ein neues Thema für das Gesundheitswesen ist, ist sie weniger eine feststehende Realität als eine Haltung, eine Atmosphäre, eine *Denkart* unserer Gesellschaften, in denen individuelle Subjektivität zum Objekt extensiver sozialer und politischer Aufmerksamkeit geworden ist.

Dies ist die neue Situation, die man jenseits statistischer Fakten und soziologischer Klagen verstehen muss. Ich werde das Konzept der psychischen Gesundheit als transversales Raster zur Deutung von Dilemmata und Spannungen der zeitgenössischen demokratischen Gesellschaft betrachten. Und meine Hypothese lautet, dass psychische Gesundheit im Zusammenhang mit der Ausdehnung der Werte der Autonomie auf das gesamte soziale Leben steht, also mit der Verankerung der beiden Ideale persönliche Leistung und Eigeninitiative im täglichen Leben. Diese beiden Ideale bringen einen persönlichen Aspekt in jeder sozialen Beziehung zum Vorschein. Das Problem ist also Folgendes: Nur weil menschliches Leben heute persönlicher wirkt, ist es nicht weniger sozial, weniger politisch oder weniger institutionell. – Wie ist das zu verstehen?

Von der Psychiatrie zur psychischen Gesundheit oder Der dreifache Wandel

Auf psychische Gesundheit und psychisches Leiden zu achten, ist eine wichtige Bezugsgröße für Individualisierung. Warum? Die Antwort liegt in den Kriterien, die die Konzepte von traditioneller Psychiatrie und psychischer Gesundheit unterscheiden. Der Hauptunterschied ist einfach: Psychiatrie ist ein *lokales Idiom*, das sich auf die Identifikation besonderer Probleme spezialisiert hat. Psychische Gesundheit ist ein *globales Idiom*, es erlaubt, die vielfältigen Spannungen und Konflikte des modernen Lebens in Worte zu fassen und Antworten anzubieten, um mit ihnen umzugehen – das heißt, Probleme zu identifizieren, die im Allgemeinen mit sozialen Interaktionen verbunden sind, ihre

Gründe zu finden und Lösungen für sie vorzuschlagen. Kennzeichnend für psychische Gesundheit ist *eine systematische Beziehung zwischen individuellem Leiden und sozialen Beziehungen*. Diese Hypothese hat drei voneinander abhängige Aspekte, und ich werde mich im letzten Teil dieses Beitrags vor allem auf den dritten konzentrieren.

Der erste Aspekt ist phänomenologisch. Die Krankheitsbilder, die für den Begriff der psychischen Gesundheit wichtig sind, stehen in der Tradition der Krankheiten des modernen Lebens, die Ende des 19. Jahrhunderts mit der Neurasthenie begannen. Doch die gegenwärtige Situation ist eine völlig andere: Psychische Gesundheit ist eine neue soziale Form, die durch drei wichtige Kriterien charakterisiert wird. Erstens gilt psychisches Leiden als ebenso schlimm wie körperliches Leiden. Zweitens betrifft es jede Institution (Schule, Familie, Arbeitsstätte oder Justiz) und beschäftigt verschiedene Berufe. Drittens ist psychisches Leiden ein allgemeiner Anlass zum Handeln geworden: Nicht nur jede Krankheit, sondern auch jede problematische soziale Situation (wie etwa abweichendes Verhalten von Teenagern, Gewährung von Sozialhilfe, Beziehungen zwischen Beschäftigten und Kunden usw.) muss unter Berücksichtigung psychischen Leidens und der Wiederherstellung psychischer Gesundheit angegangen werden. Diese Aufmerksamkeit auf die Störungen individueller Subjektivität, die sich zwischen Unwohlsein und Erkrankung, schlechtem Benehmen und Abweichung bewegen, durchdringt das gesamte soziale Leben. Die Verwendung von Krankheitsbildern zur Begründung von Handeln in zahlreichen und ganz verschiedenen sozialen Situationen gibt der soziologischen Analyse eine Richtung vor: Wir können beobachten, wie neue Handlungsideale und neue Handlungsweisen eingeführt wurden. Doch zunächst gilt es, einen zweiten Aspekt anzusprechen: die Beziehung zwischen normal und pathologisch.

Wir haben eine umfassende Veränderung der Beziehung zwischen dem Normalen und dem Pathologischen erlebt. Man darf nicht fragen, wo die Grenze zwischen dem Normalen und dem Pathologischen liegt, denn dazu müsste man zuerst zwei separate substanzielle Dinge postulieren, das Normale und das Pathologische, um dann deren Beziehung zueinander zu bestimmen. Stattdessen ist es stimmiger zu beschreiben, wie die *Beziehung* normal – pathologisch selbst verändert wurde, denn jeder dieser beiden Pole ist in Bezug auf den anderen definiert, sie bedingen einander. Nicht die Gesellschaft wurde psychologisiert oder psychiatrisiert, vielmehr hat sich der Komplex Krankheit – Gesundheit – Sozialität verändert, seit die individuelle Autonomie zu einem Wert von überragender Bedeutung geworden ist.

Damit kommen wir zum dritten Aspekt, dem des sozialen Lebens, mit dem ich deutlich machen möchte, worin Autonomie heute besteht und warum sie mit Subjektivität zusammenhängt. Es ist leichter darzustellen, was mit diesen beiden Begriffen geschieht, wenn man sie mit dem Konzept der Institution betrachtet, mit dem sie eng zusammengehören. Da die Fähigkeit, selbstständig zu handeln, die Bedingung für erfolgreiche Sozialisation ist, ist die Beherrschung von Scham, Schuld, Angst oder Depression ein Hauptanliegen zeitgenössischer Sozialität. Beherrschen solche Zustände das Individuum, blockieren sie sein Handeln und beeinträchtigen seine individuelle Autonomie, und diese Beeinträchtigung wird häufig in den Begriffen psychischer Leiden oder sozialer Pathologien formuliert. Um zu verstehen, in welchem Sinne diese Vorstellungen grundlegend sozial und nur oberflächlich psychologisch sind, müssen wir die Frage der Autonomie als einen Wandel im Geist der Institution betrachten. Ich werde mich zunächst mit den Begriffen Institution und sozialer Zwang, dann mit dem sozialen Geist der Autonomie befassen.

Sozialer Zwang oder die deskriptive Natur der Institution

Um Psychologie von Soziologie oder Anthropologie zu unterscheiden, gab Edward Evans-Pritchard in einem Vortrag, den er 1950 im BBC hielt, ein einfaches und einleuchtendes Beispiel:

> »Ein Mann, der wegen eines Verbrechens vor Gericht steht, wird von zwölf Geschworenen für schuldig befunden, und der Richter verurteilt ihn zu einer Strafe. Fakten mit soziologischer Bedeutung sind: die Existenz

> eines Gesetzes, die verschiedenen Rechtsinstitutionen und gesetzlichen Verfahren, die ins Spiel kommen, wenn es gebrochen wird, das Handeln der politischen Gesellschaft durch ihre Repräsentanten bei der Bestrafung des Kriminellen. Während des Prozesses werden die Gedanken und Gefühle des Angeklagten, der Jury und des Richters zu verschiedenen Zeiten unterschiedlich sein, ebenso wie sie sich durch ihr Alter, die Farbe ihrer Haare oder ihrer Augen unterscheiden, doch haben diese Unterschiede keine Bedeutung für den Anthropologen. *Er interessiert sich nicht für die Darsteller des Dramas als Individuen, sondern als Personen, die eine bestimmte Rolle bei der Ausübung der Justiz spielen.* Dagegen sind für den Psychologen, der die Individuen studiert, die Gefühle, Motive, Meinungen usw. der Darsteller von größter Bedeutung, und die juristischen Verfahren sind zweitrangig. Dieser wesentliche Unterschied zwischen Anthropologie und Psychologie ist von grundlegender Bedeutung für das Wissen der Sozialanthropologie« (Evans-Pritchard 2004, S. 45f.; *Hervorhebungen von mir*, A.E.).

Soziologen interessieren sich nicht für die Darsteller des Dramas als Individuen, sondern als Personen, die eine bestimmte Rolle in einer sozialen Beziehung spielen – und es ist nicht vorwiegend eine funktionale Rolle.[1] Das Konzept der Person trennt weder das Individuum von der Gesellschaft noch subjektives Inneres von objektivem Äußeren; es bezieht sich nicht auf das empirische Individuum, zumindest nicht direkt. Es ist ein praktisches Hilfsmittel zur Bezeichnung und Beschreibung der Möglichkeit, die drei Positionen der sprachlichen Person einzunehmen: Um sagen zu können: »Ich spreche«, muss man sich je nach Situation als denjenigen wahrnehmen können, der spricht (ich), als denjenigen, zu dem jemand spricht (du), und als denjenigen, über den gesprochen wird (er, sie), als Nichtperson oder die Welt (es). Allokution, Interlokution und Delokution bilden eine relationale Struktur, sie stehen untereinander in Verbindung (Benveniste 1956, 1966; Ortigues 1985, 1962). Diese Struktur ist eine Notwendigkeit, ohne die das menschliche Leben unverständlich wäre: Sie erlaubt jedem Menschen, einen Platz auf der Welt einzunehmen, welcher Platz es auch sei und in welcher Welt er sich befinde. Und sie ermöglicht es dem Philosophen und dem Soziologen, die

1 Ich darf daran erinnern, dass wir Evans-Pritchard die Ablösung des Begriffs Funktion, der in der britischen Anthropologie vorherrschte, durch den der Bedeutung verdanken.

Dichotomie von Individuum und Gesellschaft zu überwinden und unabhängig von der Art der Gesellschaft über die Psychologie hinauszugehen, wenn er über Persönliches spricht: Das soziale Faktum ist keine Interlokution und keine intersubjektive Beziehung (ich/du oder selbst/anderer), sie impliziert Delokution (er/sie/es), die Nichtperson, die Welt, denn alles Persönliche könnte existieren. Das Konzept der Person ist ein triadisches Konzept, das die Beziehungen zwischen Unpersönlichem und Persönlichem strukturiert. Und diese Struktur ist diejenige des sozialen Faktums.

Was wir als Gesellschaft, soziales Leben usw. bezeichnen, ist ein *logisches* Problem; und um dies verstehen zu können, muss man ihre moralische Dimension berücksichtigen. Der heikle Punkt ist die Autorität der Gesellschaft, die nach Durkheim eine moralische Autorität ist. Das bedeutet nicht, dass die Gesellschaft zu einer Art von Autorität zurückkehren sollte, die mit dem Aufkommen von individueller Emanzipation und allgemeiner Konkurrenz im Verschwinden begriffen ist, sondern dass sie diese Autorität hat, dass sie diese Autorität ist – die Tatsache, dass wir in einer Gesellschaft des Massenindividualismus leben, ändert nichts daran. Daher müssen wir wieder auf die Frage zurückkommen, was sozialer Zwang ist. Und zwar deshalb, weil die Werte der persönlichen Autonomie in völligem Gegensatz zu der Vorstellung zu stehen scheinen, dass es eine echte Autorität der Gesellschaft und eine echte Kohärenz des sozialen Faktums gibt.

Das Problem der Autonomie wurde von Kant als Selbstgesetzgebung gedacht. Wenn ich die Frage anders formuliere, wird das soziologische Problem deutlich: Ich gebe mir selbst einen Befehl … und gehorche … oder nicht. Aber was zwingt, genauer welche Art von Zwang zwingt Subjekt X, sich selbst zu gehorchen? Es scheint, als hätten wir es mit einem Paradox zu tun.

Um das Paradox aufzulösen, müssen wir den Knoten des sozialen Zwangs als ein Ordnungsproblem betrachten, aber weder im Sinne von Gesetz und Ordnung, noch in dem eines physischen Zwangs, sondern in dem eines *logischen Zwangs*: der Zwang ist ein Zwang der Bedeutung, der *Institutionen der Bedeutung*, um ein Buch von Vincent Descombes (1997) zu zitieren.

Wittgenstein hat eine Unterscheidung zwischen zwei Formen von Bedingtheit – der kausalen und der logischen – eingeführt, die für den Soziologen äußerst nützlich ist. Kausale Bedingtheit ist zum Beispiel: Wenn man seine Hand auf eine heiße Herdplatte legt, verbrennt man sich. Dies ist eine Erfahrungstatsache, die man anhand einer Kausalbeziehung erklären muss. Logische Bedingtheit ist zum Beispiel: Man darf nicht mit seinem Vater schlafen. Dies ist ein autoritatives Argument, das jeder Erklärung und Erfahrung vorangeht. Man muss nicht definieren, was »sich verbrennen« ist, man muss jedoch definieren, was ein Vater ist, bevor man irgendetwas verbieten oder erlauben kann. Und ein Vater kann nur in einem System von Beziehungen (das heißt Verwandtschaftsbeziehungen) nach einer Regel definiert werden, die allen einleuchtet. Die Institution hat ein beschreibendes Wesen, denn nur wenn man definiert hat (was ein Bruder, ein Mörder, eine Gabe usw. ist), kann man formulieren, was erlaubt und was verboten ist. Die Institution ist kein positives, sondern ein relationales Faktum (ein Bruder ist *nur* durch seine Beziehungen definiert). Während die kausale Bedingtheit einen Bezug auf eine kausale Verknüpfung benötigt, erfordert soziale Bedingtheit einen Bezug auf eine Beschreibung. Stanley Cavell hat die grundlegende Beziehung zwischen logischer Bedingtheit und Sprache folgendermaßen zusammengefasst:

> »Im ›Lernen von Sprache‹ lernt man nicht bloß, wie die Namen der Dinge lauten, sondern was ein Name ist; nicht nur, in welcher Form ein Wunsch ausgedrückt wird, sondern was es heißt, einen Wunsch auszudrücken; nicht nur, was das Wort für ›Vater‹ ist, sondern was ein Vater ist; nicht nur, was das Wort für ›Liebe‹ ist, sondern was Liebe ist. Beim Erlernen von Sprache lernt man nicht bloß die Aussprache von Lauten und ihre grammatischen Ordnungen, sondern die ›Lebensformen‹, die solche Laute zu den Wörtern machen, die sie sind, die dafür sorgen, dass sie leisten, was sie leisten« (Cavell 2006, S. 302).

Eine Gesellschaft ist keine Gesamtheit positiver Fakten: Man hat keine Möglichkeit, sie direkt zu beobachten, um zu bestimmen, wie die Elemente innerhalb des Ganzen verortet sind – anders als bei experimentellen Wissenschaften, in denen reale Dinge beobachtet werden. Eine

Gesellschaft besteht aus Individuen, ist aber nicht die Summe aller Individuen, aus denen sie sich zusammensetzt – und eben dies ist der Ausgangspunkt Durkheim'scher Soziologie: Es gibt eine Art von Fakten, die nur im menschlichen Zusammenleben entstehen. Dies ist die Ebene des menschlichen Lebens, die die Soziologie entdeckt hat und ohne die menschliches Leben unverständlich wäre. Die Autorität von Gesellschaft ist eine moralische Autorität im Sinne einer logischen Autorität: Wenn man nicht nur nicht wüsste, wer wer ist, sondern auch nicht, wer in welchen Zusammenhängen wem was schenken kann, wer für was verantwortlich ist usw., wäre menschliche Existenz nicht möglich – nur Chaos.

Wer ist das Subjekt dieser moralischen Autorität, dieses sozialen Zwangs, dieser logischen Bedingtheit? Oder anders gefragt: Wer ist das Subjekt der Institution? Denn es gibt ein Subjekt, aber es ist kein empirisches Individuum, es ist kein Selbst. Die Antwort ist pragmatisch, das heißt, sie zielt auf Handeln ab: Am Anfang steht das Handeln, denn die Menschen müssen ihr Handeln koordinieren, um menschliches Leben möglich zu machen. Das gilt selbst dann, wenn sie allein sind, denn es geht nicht um die Anzahl von Menschen, sondern um den sozialen Geist. Man muss zwischen physikalischem Handeln und menschlichem Handeln unterscheiden. Physikalisches Handeln ist so etwas wie X verursacht Y (ich lasse den Kiesel fallen, er fällt; das ist eine kausale Mechanik, eine Kausalverknüpfung). Physikalisches Handeln impliziert die Zahl Zwei. Menschliches Handeln impliziert die Zahl Drei, das heißt, dem französischen Philosophen Descombes zufolge, die logische Form dessen, was menschlich ist. Beim Schenken, bei einer Gabe beispielsweise, gibt es einen Geber A, einen Beschenkten B und eine Gabe C. A, B und C sind drei untrennbar miteinander verbundene Elemente, denn jedes Element gibt es nur, weil auch die anderen vorhanden sind. Sie bilden ein relationales Faktum, denn ohne die Beziehung gibt es weder einen Geber noch einen Beschenkten noch eine Gabe. Ein soziales Faktum ist eine Komplementaritätsbeziehung zwischen Partnern (auch bei einem Mord) und nicht eine Interaktion zwischen Artgenossen. Im Beispiel des Schenkens gibt es *drei* Individuen, aber *ein* Subjekt der Institution. A, B und C ist *jedes* das ganze System selbst, aus der Perspektive eines seiner Mitglieder betrachtet – und das ist Vincent Descombes zufolge ein »triadisches Subjekt« (Descombes 1996, S. 256)[2]: Das Subjekt der Institution ist eine Triade. Der Geber, der Beschenkte und die Gabe sind jeder das ganze System der Gabe aus der Perspektive ihrer Position im System der von ihnen gebildeten Beziehungen. Dieses System ist zugleich die Form, die die Institution der Gabe angenommen hat. Die menschliche Wirklichkeit besteht nicht aus positiven Fakten, sondern aus relationalen Fakten. Um die Transaktion zwischen A und B als Gabe zu beschreiben und nicht als Tausch oder Erpressung, bei denen die Institution jeweils eine andere ist, muss zunächst eine Regel für die Gabe eingeführt werden. Dadurch wird die Situation für jeden, der in diesem Brauch lebt, sinnvoll oder verstehbar. Dies ist die Antwort auf die Frage nach dem sozialen Zwang: Es ist logischer Zwang. Und was Soziologen und Anthropologen, »sozial« nennen, ist die Ordnung intentionaler Beziehungen (von Gabe, Mord, Verkauf usw.), von Intentionen, die nicht im Kopf (mentalistisch, internalistisch), sondern *in der Regel* sind.

Autonomie aus einer soziologischen Perspektive: Ein unmöglicher Beruf?

Weil Autonomie offensichtlich ein allgemeines Merkmal menschlichen Handelns ist, werden wir auf einer soziologischen Ebene, im modernen Kontext nicht mehr zu Disziplin erzogen, sondern zu Autonomie. Natürlich ist mechanischer Gehorsam nicht verschwunden, doch er wurde in die Autonomie, der der höchste Wert zugemessen wird, eingebettet und ihr untergeordnet. Diese Einbettung der Disziplin in die Autonomie zeigte einen persönlichen Aspekt im Handeln (*selbstständig* zu handeln, auch dann, wenn man einem Befehl gehorcht, auch unter Zwang) und eine Verantwortung des Individuums, die es früher nicht gab. In unserer Gesellschaft denkt man jedoch im Allgemeinen, dass »persönlich« gleichbedeutend ist mit »psychisch« oder

2 In diesem Absatz folge ich Descombes.

»mental«, was wiederum gleichbedeutend ist mit »privat«. Dies ist eine der stärksten individualistischen Überzeugungen.

Um über Psychologie hinauszugehen, um über das hinauszugehen, was im Kopf der Menschen vor sich geht, muss man die zentrale Bedeutung der Subjektivität heute mit Rücksicht auf die allgemeine Bedeutung der Werte der Autonomie betrachten. Wir haben es heute, während wir das Ende des Wohlfahrtsstaats des 20. Jahrhunderts erleben, mit neuen Lebenszyklen und neuen Lebensweisen zu tun, die sich auf Familie, Beruf, Bildung und die Beziehungen zwischen den Generationen auswirken.

Diese Veränderungen weisen darauf hin, dass wir in einer Art von Sozialität leben, in der sich jeder persönlich in zahlreichen heterogenen sozialen Situationen engagieren muss. Der Bezug auf persönliche Verantwortung ist eng mit den Idealen der persönlichen Leistung und Eigeninitiative verbunden. Er bildet den allgemeinen Lebenshintergrund, unabhängig davon, welche Position das Individuum in der Gesellschaft einnimmt. In dieser Sozialität ist individuelle Subjektivität zu einem wichtigen Thema geworden, zu einer allgegenwärtigen Frage, denn *sie betont Probleme der Selbststrukturierung*. Ohne diese Selbststrukturierung ist es schwierig, selbstständig angemessen zu handeln. In einer Gesellschaft disziplinarischen Gehorsams war dies kein zentrales Problem.

Das ist ein enormer Wandel in unserem Verständnis vom Handeln: Die Handlung, die man selbstständig unternommen hat, ist von einer Art, die zugleich das höchste Prestige *und* die höchste Effizienz hat, da das Symbolische und das Instrumentelle miteinander verflochten sind. Die selbstständige Handlung ist das, was wir am höchsten respektieren und am stärksten erwarten. Dieses Ideal umfasst heute die meisten unserer alltäglichen Situationen, ist in unsere Gewohnheiten, unsere Bräuche und in unsere Institutionen eingegangen. Seine Majestät wurde uns auferlegt; seine Autorität ist zu einem Verhaltenskodex geworden. In Konsequenz heißt das, dass dieses Ideal instituiert wurde. Woraus besteht diese Institution?

Heute gehorcht man, *indem man eine Aufgabe übernimmt*, auch unter Zwang, statt *mechanisch einen Befehl auszuführen*. Dies ist der Hauptunterschied zwischen mechanischem Gehorsam und autonomem

Gehorsam. In Disziplinarsystemen sind Arbeitnehmer Objekte der Handlung, die von Managementprofis erdacht wurde, die die Agenten der Handlung sind. In handlungstheoretischen Begriffen bedeutet dies, dass der Manager der Prinzipal-Agent und der Arbeitnehmer der direkte Agent ist. Die Sozialität der Autonomie gründet auf der Vorstellung, dass das Objekt der Handlung gleichzeitig der Agent ist. Mit anderen Worten, der Arbeitnehmer ist der Prinzipal-Agent seiner eigenen Handlung, der Agent seiner eigenen Veränderung.

Es gibt ein historisches Modell für diesen Handlungsstil: Freuds drei *unmögliche Berufe*, der Staatsmann, der Pädagoge und der Psychoanalytiker. Freud meinte damit nicht, dass diese Berufe sehr schwierig seien, sondern dass Zweck und Mittel der Behandlung die Autonomie des Patienten sei (Castoriadis 1990, S. 178f.)[3]. Seiner Ansicht nach ist der Neurotiker das Subjekt seiner eigenen Konflikte, aus dem logischen Grund, dass der Patient zugleich der Agent seiner eigenen Probleme und dementsprechend auch der seiner Genesung ist: Es ist der Patient, der den Traum deutet, es ist der Patient, der seine eigenen Probleme assoziiert und darlegt, es ist der Patient, der entscheidet, wann er geheilt ist, wenn er wieder die Freiheit hat, »sich so oder anders zu entscheiden« (Freud 1923, S. 64), usw. Für das analytische Paar aus Analytiker und Patient ist das Handeln so organisiert, dass der Patient der Prinzipal-Agent der heilenden Handlung ist. Dies sieht man am Konzept der Genesung, das Freud in einem berühmten Satz auf der letzten Seite von *Studien über Hysterie* (1895) erklärt, wenn er die Veränderung charakterisiert, die für den Patienten eintritt: »Sie werden sich überzeugen, dass viel damit gewonnen ist, wenn es uns gelingt, Ihr hysterisches Elend in gemeines Unglück zu verwandeln. Gegen das Letztere werden Sie sich mit einem wiedergenesenen Seelenleben besser zur Wehre setzen können« (Freud 1970, S. 246). Mit anderen Worten, sie können der Agent ihrer eigenen Veränderung werden.

Die Sozialität der Autonomie, also die Veränderung in unserem Begriff vom Handeln, führt uns zu einer neuen politischen Perspektive, die im Kern der europäischen Diskussionen über Wohlfahrt, neue Ungleichheit usw. steht: Sie liegt darin, eine Umgebung zu schaffen, die

---

3 V. Descombes diskutiert Castoriadis' Argument in 2004, Kap. XXV.

jeden Bürger zum Agenten seines eigenen Handelns macht, ihn dazu zu befähigen, Gelegenheiten aktiv zu ergreifen, statt passiv geschützt zu werden. Dies ist, was der Träger des Nobelpreises für Ökonomie, Amartya Sen, die Gleichheit der Fähigkeiten und der dänische Soziologe Gøsta Esping-Andersen die Gleichheit der Kompetenzen nennt. Sie entspricht dem amerikanischen Begriff der Befähigung (Donzelot et al. 2003) oder dem skandinavischen Begriff des Sozialstaats (Esping-Andersen et al. 2002; Esping-Andersen 2003). Konkret geht es um die Kombination von drei miteinander verflochtenen sozialen Schemata, die in der Gesellschaft allgegenwärtig sind, die jedoch je nach ihren jeweiligen Kontexten unterschiedlich analysiert werden müssen, und zwar 1. die permanente Selbstveränderung, 2. die Entwicklung kognitiver, sozialer oder beziehungsrelevanter Kompetenzen und 3. die Begleitung von Lebenszyklen. Die Begleitung von Lebenszyklen hilft dabei, die Fähigkeiten von Individuen zu erhöhen, sich selbst zu verändern und zu transformieren, sich selbst zu motivieren, Projekte zu haben, ihre sozialen Fähigkeiten zu verbessern, kurz Kompetenzen zu erlangen, um in immer mehr sozialen Situationen selbstständig zu handeln, seien es nun Schizophrene, deviante Jugendliche oder Bankangestellte.

Wie könnte zum Beispiel eine Person mit Schizophrenie ohne ein Minimum an kognitiven und sozialen Kompetenzen außerhalb eines Krankenhauses leben? Die Entwicklung dieser Kompetenzen erfordert eine Begleitung (Sozialarbeiter, Psychotherapie, psychotrope Medikamente, kognitive Rehabilitation, soziale und psychologische Unterstützung durch Selbsthilfegruppen usw.), eine langfristige Betreuung anstelle einer lang dauernden Therapie, die sie in ihrer Autonomie unterstützt. Wie ein französischer Psychiater es formulierte, brauchen Menschen mit schweren psychiatrischen Problemen heute auch Anerkennung und Hilfe zur Stärkung ihrer Selbstachtung (Massé 2006, S. 292), um ein annehmbares autonomes Leben in einer positiven Dynamik zu führen, in der sich auch ihre Symptome bessern. Erst durch diese Veränderung in seiner Situation wird die Autonomie des Patienten zu Mittel *und* Zweck der Behandlung. Heute muss der psychiatrische Patient in der Gemeinschaft und nicht im Krankenhaus leben – und es gibt sehr gute Gründe dafür zu behaupten, dass das für den Patienten besser ist. Die Fähigkeit, ein autonomes Leben zu führen, steht im Zentrum der Behandlung, das heißt, die Fähigkeit zur *sozialen Interaktion* ist ein wichtiges Ziel geworden. Psychische Gesundheit bezeichnet die Institution des unmöglichen Berufs.

In einer solchen Gesellschaft findet man auf der ideologischen Ebene die subjektivistische Rhetorik, auf der Ebene der Wirklichkeit die Entwicklung sozialer Schemata, deren Praxis darin besteht, Bedingungen zu fördern, um Menschen auf vielfältige Weise zu den Prinzipal-Agenten ihres eigenen Handelns werden zu lassen. Es ist dieser Wandel in unserer kollektiven Auffassung vom Handeln, der den persönlichen Aspekt in sozialen Beziehungen so hervortreten lässt – ein Aspekt, der in einer Disziplinargesellschaft nicht existierte. Dies ist die einzige Möglichkeit, eine soziologische Perspektive und dementsprechend eine kohärente politische Vision zu entwickeln. Andernfalls betreibt man Psychologie, und es ist sicherlich eines der großen Probleme für die Soziologie des Individualismus, sich von Psychologie fernzuhalten.

Möglicherweise stehen die individuellen psychischen Symptome für eine neue Entfremdung, doch sie sind mit Sicherheit *Erfordernisse* der zeitgenössischen Sozialität, in dem Sinne, dass sie, mit Bezug auf einen berühmten Artikel von Marcel Mauss von 1921, ein obligatorischer Ausdruck von Emotionen sind, den jeder versteht und den jeder in zahlreichen Situationen verwendet. Dieser Ausdruck ist zugleich erwartet *und* spontan, spontan *weil* erwartet. Die psychischen Symptome bilden ein neues Sprachspiel, das eine allgemeine Rechtfertigung zum Handeln ist und nicht nur eine besondere Rechtfertigung zum Heilen. Sie sind der empirische Grund, auf dem ein Wandel im Geiste der Institutionen besonders deutlich hervortritt, der den Begriff vom *unmöglichen Beruf zur eigentlichen Institution der allgemeinen Autonomie* macht. Seit den 1970er Jahren haben wir die Ausbreitung solcher Berufe erlebt, deren Praxis darin besteht, die Beteiligten – Klienten, Kunden oder Patienten – zu Agenten ihrer eigenen Veränderung zu machen. Wir haben die Ausbreitung der unmöglichen Berufe erlebt. Sie verkörpern den eigentlichen Geist der Institution der Autonomie.

Aus dem Englischen übersetzt von Martin Klaus & Manuela Lenzen

Literatur

Benveniste, Émile (1956): La nature des pronoms. In: Benveniste, Émile (1966): Problèmes de linguistique générale. Bd. 1. Paris (Gallimard).
Castoriadis, Cornelius (1990): Psychanalyse et politique. In: Castoriadis, Cornelius: Le Monde morcelé. Carrefours du Labyrinthe 3. Paris (Seuil).
Cavell, Stanley (2006): Der Anspruch der Vernunft. Wittgenstein, Skeptizismus, Moral und Tragödie. Frankfurt/M. (Suhrkamp).
Descombes, Vincent (1996): Les Institutions du sens. Paris (Minuit).
Descombes, Vincent (2004): Le Complément de sujet – Enquête sur le fait d'agir de soi-même. Paris (Gallimard).
Donzelot, Jacques; Mével, Catherine & Wivekens, Anne (2003): Faire société. Paris (Seuil).
Esping-Andersen, Gøsta (2003): L'Etat providence nordique: ajustements, transformations au cours des années quatre-vingt-dix. Revue Française des affaires socials 57(4).
Esping-Andersen, Gøsta; Gallie, Duncan; Hemerijk, Anton & Myles, John (2002): Why We Need a New Welfare State. Oxford (Oxford University Press).
Evans-Pritchard, Edward Evan (2004): Social Anthropology. London & New York (Routledge) [Orig. 1951].
Freud, Sigmund (1923): Das Ich und das Es. Leipzig, Wien, Zürich (Internationaler Psychoanalytischer Verlag).
Freud, Sigmund (1970): Studien über Hysterie. Frankfurt/M. (Fischer TB) [Orig. 1895].
Kommission der Europäischen Gemeinschaften (2005): Grünbuch. Die psychische Gesundheit der Bevölkerung verbessern – Entwicklung einer Strategie für die Förderung der psychischen Gesundheit in der Europäischen Union. Brüssel.
Massé, Gérard (2006): Pour une réhabilitation psychosociale à la française. L'Information psychiatrique 62(4).
Ortigues, Edmond (1962): Le concept de personne. In: Ortigues, Edmond: Le Discours et le symbole. Paris (Vrin).
Ortigues, Edmond (1985): Le concept de personnalité. Critique 456.
US Department of Health and Human Services, Office of the Surgeon General (1999): Mental Health: A Report of the Surgeon General.

Die erregte Gesellschaft

Veränderungen in der postmodernen Identität?

Gerhard Schneider

Überblick

Das Thema der Jahrestagung 2008 der DGPT »Die Fähigkeit allein zu sein: Zwischen psychoanalytischem Ideal und gesellschaftlicher Realität« impliziert auf den ersten und zweiten Blick eine klare *These*. Auf der einen Seite wird darin eine psychoanalytische Primärtugend angesprochen, deren Bedeutung Winnicott dargelegt hat. Dem ist auf der anderen Seite die gesellschaftliche Realität gegenübergestellt, die diesem Ideal opponiert. Man braucht nur auf die Straße zu gehen oder an die Medien zu denken, um diese implizite Inkongruenz-These bestätigt zu finden (vgl. Balzer 2001, 2004).

Ich werde die Grundlagen der *Inkongruenz-These* in drei Schritten entfalten. *Zunächst* rekapituliere ich Winnicotts Konzeption der »Fähigkeit, allein zu sein« und verbinde sie mit seiner Annahme des »incommunicado«, eines *nicht kommunizierenden*, schweigenden Kerns des Selbst. Im *zweiten Schritt* beschäftige ich mich mit einigen zentralen Merkmalen der gegenwärtigen gesellschaftlichen Realität, die für die These relevant sind. Den Rahmen bietet Zygmunt Baumans Begriff der »flüchtigen Moderne« (liquid modernity; Bauman 2003, 2007), mit dem er die aktuelle dezentralisierte Form des globalisierten Konsumkapitalismus analysiert. Man stößt dabei zwangsläufig auf ein von uns allen leibhaftig erlebtes Phänomen: die Veränderung der Zeiterfahrung im Sinne einer enormen Beschleunigung. Der Frankfurter Soziologe Hartmut Rosa (2005) beschreibt in diesem Zusammenhang, wie sich die traditionelle, auf Kontinuität und Kohärenz gründende Identität in der Flüchtigen Moderne hin zu einer *situativen* bis *punktuellen* Identität verändert. Diese Veränderung werde ich im Rahmen meiner eigenen Konzeption personaler Identität spezifizieren (Schneider 1995).

An der Tendenz zur Punktualisierung von Identität wird ein elementares Problem sinnfällig: das des Bedeutungsverlustes, der durch die Produktion intensiver sensueller *Erregungen* kompensiert wird. Das führt zwanglos zur Konzeption der »erregten Gesellschaft« oder »Sensationsgesellschaft« des Leipziger Philosophen Christoph Türcke (2002) und zu dessen Überlegungen zur Verwandlung der Menschen der Flüchtigen Moderne in »Sender«.

Der Mensch mit einer zur Punktualisierung hin tendierenden *situativen Identität* und als *Sender* – das sind die beiden zentralen Merkmale der gegenwärtigen gesellschaftlichen Realität, mit der ich im *dritten Schritt* meiner Überlegungen die Inkongruenz-These belegen kann. Von der gesellschaftlichen Realität her gesehen, erweist sich so, wieder einmal, ein psychoanalytisches Ideal als nicht zeitgemäß. Im Sinne einer psychoanalytischen Kulturkritik lässt sich das aber auch anders wenden: Vielleicht steckt in seiner Unzeitgemäßheit, dass es dem Menschen gemäßer ist als das, was unsere Zeit als ihm gemäß erscheinen lässt.

Im *vierten Schritt* möchte ich zeigen, dass das Tagungsthema noch ein Jenseits der Inkongruenz-These enthält. Es lautet ja nicht einfach lakonisch »Die Fähigkeit allein zu sein/Pause/Psychoanalytisches Ideal und gesellschaftliche Realität«, sondern es enthält das den psychischen Raum öffnende »Zwischen«. Liest man das Thema im Sinne Winnicotts mit der Betonung auf diesem Zwischen: »Die Fähigkeit allein zu sein/Doppelpunkt/*Zwischen* psychoanalytischem Ideal und gesellschaftlicher Realität«, dann tritt die Inkongruenz-These in den Hintergrund und es entsteht ein neuer Frageraum. Könnte sich die Psychoanalyse nicht auch etwas aus der Flüchtigen Moderne aneignen? In dieser Perspektive nehme ich den Gedanken der situativen Identität für die psychoanalytische Behandlungspraxis auf und verbinde sie mit meiner Atopie-Konzeption (Schneider 2003).

Donald W. Winnicott

Die Fähigkeit, allein zu sein (1957/1958)

Winnicott trug seine Arbeit *The Capacity to be Alone* zum ersten Male 1957 vor der British Psycho-Analytic Society vor und veröffentlichte sie 1958 im International Journal of Psycho-Analysis. Wie Abram (2007, S. 42) in seinem Wörterbuch der winnicottischen Begriffe schreibt, ist sie seine einzige Arbeit speziell zu dieser Thematik. Winnicott geht in ihr »von der Annahme [... aus], daß diese Fähigkeit eines der wichtigsten Zeichen der Reife in der emotionalen Entwicklung ist« (Winnicott 1984a, S. 36), und betont, dass »eine Erörterung der *positiven* Aspekte der Fähigkeit zum Alleinsein [...] überfällig« sei (ebd.).

Der grundlegende Erwerb dieser Fähigkeit geschieht in der frühen Mutter-Kind-Beziehung, in der die »*Unreife des Ichs durch Ich-Unterstützung* von der Mutter *natürlicherweise* ausgeglichen wird«. Die »ich-unterstützende Mutter« wird im Laufe der Zeit »introjiziert«, und zwar in Form der Errichtung einer »inneren Umwelt« (ebd., S. 43), sodass das Individuum fähig wird, »allein zu sein, ohne häufig auf die Mutter oder das Muttersymbol Bezug zu nehmen« (ebd., S. 41).

In dem Gesagten ist bereits implizit die entscheidende, von Winnicott *paradoxal* genannte Struktur der dieser Fähigkeit zugrunde liegenden Erfahrung enthalten. Sie »*besteht darin, als Säugling und als kleines Kind in Gegenwart der Mutter allein zu sein*«, ist also »die Erfahrung, allein zu sein, während jemand anderes anwesend ist« (ebd., S. 38). Zwei Abgrenzungen erscheinen dabei hilfreich. Zum einen ist entsprechend der frühen Form der Säugling-Mutter-Beziehung das (innere) Alleinsein nicht als eine Art objektaler innerer Umgang mit einem anderen vorzustellen, sondern als ein sicheres *anwesenheitsumhülltes* Beisichsein. Zum anderen ist es keine Zurückgezogenheit, die dazu dient, das zentrale Selbst vor einer Verletzung zu schützen, was ein inneres Verlassen der Anwesenheitshülle implizieren würde. Das wirft zugleich ein Licht auf die spätere Form der Fähigkeit: Sie besteht darin, »sich zurückzuziehen, ohne daß die Identifikation mit dem verlorengeht, wovon man sich zurückgezogen hat« (Winnicott 1984b, S. 247). Als Beispiel dafür kann man »die Fähigkeit, sich auf eine Aufgabe zu konzentrieren« anführen (ebd.).

Die zentrale Bedeutung der Fähigkeit zum Alleinsein ist, dass nach Winnicott der Säugling nur im Alleinsein-in-Anwesenheit-von »sein eigenes personales Leben entdecken« und in diesem Sinne authentisch er selbst werden kann, im Kontrast zur »pathologische[n] Alternative« eines »falschen, auf äußere Reize aufgebauten Lebens« (Winnicott 1984a, S. 42). Winnicotts Begründung dafür geht aus seiner Beschreibung der Seinsweise des Säuglings hervor, die er in Analogie zu der des entspannten Erwachsenen beschreibt. Analog dazu, dass der Erwachsene im Entspanntsein im guten Sinne regressiv auf seine Alltagsrationalität verzichtet und sich in einen Zustand des unbestimmten, wollenslosen Inneseins begibt, kann der Säugling

> »unintegriert […] herumtasten, in einem Zustand sein, in dem es keine Orientierung gibt; er kann in der Lage sein, eine Zeitlang zu existieren, ohne ein auf äußere Anstöße reagierender oder ein aktiver Mensch mit gerichtetem Interesse oder gerichteter Bewegung zu sein. […] Mit der Zeit kommt eine Empfindung oder ein Impuls. In diesem Rahmen wird die Empfindung oder der Impuls sich real anfühlen […] und wirklich ein personales Erleben sein« (Winnicott 1984a, S. 42f.).

Winnicott sieht in der Kumulation solcher Erfahrung »die Grundlage für ein Leben, das anstatt Vergeblichkeit Realität in sich hat« (ebd., S. 43).

Der nicht kommunizierende Kern des Selbst (1962/1965)

Eine weitere, eher spekulative Konzeption Winnicotts ist im vorliegenden Sachzusammenhang wichtig, die des »incommunicado«, des nicht kommunizierenden Kerns des Selbst, die er zuerst 1962 in San Francisco vorgetragen und 1965 unter dem Titel »Die Frage des Mitteilens und des Nicht-Mitteilens führt zu einer Untersuchung gewisser

Gegensätze« in seinem Buch *Reifungsprozesse und fördernde Umwelt* (1965; dt. 1984) veröffentlicht hat.

Winnicott formuliert seine Aussage über diesen Kern mit Bezug auf eine primitive orale Auslöschungsphantasie. Das, was jemand (A) über sich kommuniziert, wird, wie es im Deutschen sehr konkret heißt, von einem Anderen (B) *aufgenommen*. Auf der Ebene der oralen Phantasie formuliert, wird also A, insoweit er in dem, was er B kommuniziert, *enthalten* ist, von B *verschlungen*. Eine vollständige Kommunikation über sich bedeutet auf dieser oralen Ebene also, sich selbst als kannibalisches Opfer anzubieten. Dementsprechend schreibt Winnicott, dass er in der Vorbereitung des Vortrags eine überraschende Entdeckung gemacht habe, nämlich seinen Wunsch, »das Recht zur Nicht-Kommunikation zu verteidigen. Dies war ein Protest aus meinem Innersten [nicht nur Inneren!; Anm. G.S.] gegen die erschreckende Phantasie, unendlich ausgenützt zu werden. In anderer Sprache wäre das die Phantasie, gefressen oder verschlungen zu werden. In der Sprache dieser Abhandlung ist es die *Phantasie, gefunden zu werden*« (Winnicott 1984b, S. 234). Demzufolge ist es wohl kein Zufall, wenn er auf einen anorektischen Patienten verweist: »Ein Anorexie-Patient lehrt mich gerade den Kern dessen, was ich jetzt sage, während ich es niederschreibe« (ebd., S. 238) – und das Recht auf ein *Geheimnis* ist ein konstitutives Merkmal der anorektischen Identität (Schneider 2004, S. 94f.).

Unbeschränkte Kommunikation ist in der genannten Hinsicht also Selbst-Zerstörung. Winnicott schließt daraus, dass es im Gesunden etwas Strukturanaloges zum pathologischen Zustand der Spaltung gibt, in dem ein Teil der Person sich aus der Kommunikation mit anderen zurückzieht und stattdessen »schweigend mit subjektiven Objekten kommuniziert« (Winnicott 1984b, S. 241):

> »Ich glaube, daß es beim Gesunden einen Kern der Persönlichkeit gibt, [... der] niemals mit der Welt wahrgenommener Objekte kommuniziert, und daß der Einzelmensch weiß, daß dieser Kern niemals mit der äußeren Realität kommunizieren oder von ihr beeinflußt werden darf. [...] Wenn auch gesunde Menschen kommunizieren und es genießen, so ist doch die andere Tatsache ebenso wahr, daß *jedes Individuum ein Isolierter ist, in ständiger Nicht-Kommunikation, ständig unbekannt, tatsächlich ungefunden*« (Winnicott 1984b, S. 245).

Kurz darauf folgt der Satz, der in seiner schon fast religiösen Tonlage die zentrale Bedeutung des Gesagten für Winnicotts Personverständnis artikuliert: »Im Zentrum jeder Person ist ein Element des ›*incommunicado*‹, das heilig und höchst bewahrenswert ist« (ebd.).

Winnicott stellt keinen direkten Zusammenhang zwischen der Konstituierung dieses Kern-Selbst und der Fähigkeit zum Alleinsein her. Er gibt allerdings anhand der analytischen Situation ein Beispiel dafür an, dass der Kommunikationspartner, hier der Analytiker, die Fähigkeit zur Anerkennung des nicht kommunizierenden Selbst des Patienten braucht. Winnicotts wichtige Einsicht ist, dass das Schweigen des Patienten als Ausdruck seines nicht kommunizierenden Selbst ein »positive[r] Beitrag« ist (ebd., S. 247). Dieses Schweigen muss der Analytiker als einen solchen positiven Beitrag und nicht als »Notsignal« misslingender Kommunikation aufnehmen können. Um das zu leisten, braucht er die Fähigkeit zum Alleinsein im genannten späteren Sinne der »Fähigkeit, sich zurückzuziehen, ohne daß die Identifikation mit dem verlorengeht, wovon man sich zurückgezogen hat« (ebd.). Meines Erachtens lässt sich das dahingehend verallgemeinern, dass die Fähigkeit zum Alleinsein eine Voraussetzung dafür ist, den Anderen in seinem Anspruch darauf anzuerkennen, *auch* ein isoliertes Für-sich zu sein und zu bleiben.

Die soziokulturelle Realität in der Flüchtigen Moderne

Zygmunt Baumans Konzeption der Flüchtigen Moderne

In Übereinstimmung mit vielen anderen Soziologen und Kulturtheoretikern sieht Bauman seit den 80er Jahren eine derart grundlegende Veränderung in der kapitalistischen Produktionsweise und den Lebensverhältnissen sich entwickeln, dass er es für notwendig hält, die klassische oder traditionelle erste (oder Früh-)Moderne von einer sich aus ihr heraus entwickelnden neuen posttraditionellen zweiten (Spät-)

Moderne zu unterscheiden. Die erste nennt er die »schwere« oder »feste Moderne« (solid modernity), die zweite die »flüssige/leichte« oder »flüchtige Moderne« (liquid modernity) (Bauman 2003, S. 7–23).

Die *Feste Moderne* ist die »Ära der *Werkzeuge*« (ebd., S. 136). Ihr Sinnbild ist die Fabrik, die durch Routinisierung (Fließband) und ihre feste Lokalisierung im Raum charakterisiert ist. Die zentrale positive Kategorie der Festen Moderne ist die der *Ordnung*. Damit verbunden ist die Gefahr der totalitären Strukturierung der Gesellschaft (vgl. Bauman 1992). Was sie dem Einzelnen positiv bot, war *Sicherheit*, dagegen wurden, wie Freud (1930a) in *Das Unbehagen in der Kultur* analysierte, *Freiheitsmöglichkeiten eingeschränkt. Sicherheit gegen Freiheit* war sozusagen das Tauschgeschäft. Das spezifische Unbehagen in dieser Moderne erwuchs also »aus einer Art Sicherheit, die im Streben nach dem individuellen Glück zuwenig Freiheit tolerierte« (Bauman 1999, S. 11).

Die *Flüchtige Moderne* stellt geradezu das Umkehrbild dar (vgl. Bauman 2003, S. 136–147). Ihr Sinnbild ist das Internet als netzartige, dezentralisierte und nicht lokal gebundene Produktionsstruktur. Ihre zentrale positive Kategorie ist die der *Flexibilität* (vgl. Sennett 1999). Für den Einzelnen bedeutet das eine beträchtliche *Vergrößerung seiner Freiheitsspielräume*, die zugleich einen enormen Individualisierungsdruck beinhaltet und darin das Gefühl der *Unsicherheit* erhöht (vgl. Bauman 1999). *Unsicherheit* wird zum Signum der Flüchtigen Moderne, deren spezifisches Unbehagen nunmehr »aus einer Freiheit [entsteht], die auf der Suche nach Lustgewinn zu wenig individuelle Sicherheit toleriert« (Bauman 1999, S. 11).

Hartmut Rosas Analyse der Zeit- und Identitätsveränderungen in der Flüchtigen Moderne

Was sich über das Gesagte hinaus von der Festen zur Flüchtigen Moderne hin fundamental verändert, ist die Bedeutung der *Zeit*, und darin wiederum liegt der Grund für eine basale Veränderung in der Struktur *personaler Identität* (Rosa 2005, Kap. X, XI).

Was die *Zeit* betrifft, so lässt sich für die gesamte Moderne konstatieren: »Modernity is about the acceleration of time« (P. Conrad, zit. n. Rosa 2005, S. 40). Rosa resümiert die »Zeit-Veränderung« in den letzten 250 Jahren wie folgt:

> »Seit etwa 1750 [...], also lange vor dem Einsetzen der industriellen und noch vor der Französischen Revolution, erscheinen in sich rasch steigerndem Maße – oft im Zustand der Fassungslosigkeit vorgetragene – Berichte über die Wahrnehmung einer ungeheuren *Beschleunigung* der Zeit und der Geschichte. [...] Dieses Gefühl verstärkt sich durch die Einführung der Eisenbahn noch einmal in besonderer Weise und wird dann im Zuge der industriellen Revolution gleichsam alltagspraktisch ›erfahrungsgesättigt‹. Im weiteren Geschichtsverlauf der Moderne kommt es dann [...] wellenförmig zu immer neuen Diagnosen der *Beschleunigung des Tempos* (des Lebens, der Welt, der Gesellschaft, der Geschichte – oder eben der Zeit selbst)« (Rosa 2005, S. 39).

Diese Entwicklung setzt sich über die Feste in die Flüchtige Moderne fort, wobei noch einmal ein qualitativer Sprung zu konstatieren ist:

> »Die Beschleunigungserfahrung bleibt bestimmend bis in die aktuelle Gegenwart hinein [...]. Tatsächlich setzt im Zuge der politischen Revolution von 1989 und der ungefähr zeitgleichen ›digitalen Revolution‹ in den Kommunikationstechnologien angesichts der dadurch ermöglichten und verstärkten Prozesse der globalen Vernetzung ein neuerlicher Beschleunigungsdiskurs ein [...]: ›Wir sind Zeitgenossen eines Beschleunigungsschubs, der in der Geschichte der Menschheit einmalig ist – und die Industriegesellschaft im Nachhinein gemütlich erscheinen lässt‹« (Rosa 2005, S. 40),

eines Schubs, der unseren gesamten Alltag von der Arbeit bis zur Freizeit umfasst (ebd., S. 40, Fn. 50).

Die Veränderung der Zeitstruktur spiegelt sich in einer charakteristischen Veränderung vieler beruflicher und auch sonstiger Lebensläufe, wie dem des Zusammenlebens, wider, wie Sennett (1999) ausführlich und anschaulich beschrieben hat: vom langfristigen, kontinuierlichen und erzählbaren Zusammenhang zum Ensemble nicht zusammenhängender Fragmente. Dafür ein Beispiel: »›Wer [in der Flüchtigen Moderne; G.S.] seine Karriere bei Microsoft beginnt, hat keine Idee, wo sie enden wird.

Bei Ford oder Renault hingegen [in der Festen Moderne; G.S.] herrschte die nahezu absolute Gewissheit, dass sie dort auch enden würde‹« (D. Cohen, zit. n. Bauman 2003, S. 138), das heißt, in der Flüchtigen Moderne »rebelliert alles gegen die Idee fester und dauerhafter Strukturen und vor allen Dingen gegen stabile Erwartungen, die sich über die gesamte Lebensarbeitszeit erstrecken« (ebd., S. 140).

An die Stelle von Dauer, Langfristigkeit, Zielvorstellungen und, psychoanalytisch formuliert, Triebaufschub tritt damit die Unmittelbarkeit des Hier-und-Jetzt mit dem Ideal der aufschublosen Wunsch-/Triebbefriedigung. An die Stelle des Bleibenden tritt das je Neue. Die Devise im »Zeitalter der Unmittelbarkeit« könnte so formuliert werden:

> »*Verschaff' dir deine Belohnung und vermeide ihre Folgen und die Verantwortung für diese.* Bleibende Spuren der Belohnung von heute sind Hypotheken auf die Belohnung von morgen. Dauerhaftigkeit wird zur Belastung, wie [...] alles, was die Bewegungsfähigkeit einschränkt« (Bauman 2003, S. 152; vgl. auch Bauman 2007, S. 166ff.).

Dieser grundlegenden Veränderung entspricht eine *Veränderung im Selbstverhältnis*, der *Identität*, die man als *»Situativierung«* (Rosa 2005, Kap. XI) der personalen Identität bezeichnen könnte (vgl. auch Bauman 2007, Kap. 4). Es geht nicht mehr um ein prinzipielles Sich-selbst-gleich-Bleiben über die Zeit (der diachrone Aspekt der *Kontinuität*) und über verschiedene Situationsklassen hinweg (der synchrone Aspekt der *Kohärenz*). Sowohl über die Zeit als auch über verschiedene Situationen hinweg ist das, was man ist, stets etwas Anderes, nicht mehr aus dem bisherigen Selbst Vorhersagbares. Die Vorhersagbarkeit soll gerade nicht sein:

> »Wer man ist, hängt davon ab, mit wem man es gerade zu tun hat [...] und in welcher Gesellschaftssphäre man sich gerade engagiert; es wird unklar, welche Identitätsdimension (Beruf, Religion, [...], Konsumstil, Freizeitaktivitäten etc.) zentral und welche peripher sind. Kohärenz und Kontinuität des Selbst werden somit kontextabhängig, flexibel konstruiert, seine Stabilität ruht nicht mehr auf substanziellen Identifikationen« (Rosa 2005, S. 371f.).

Eine identitätstheoretische Rekonstruktion der Situativierung von Identität

Ich möchte das Thema der Identitätssituativierung im Rahmen einer eigenen, in den 80/90er Jahren entstandenen dialektischen Identitätskonzeption erläutern (Schneider 1995). Diese Konzeption ist, wie mir das in der Vorbereitung der vorliegenden Arbeit deutlich geworden ist, in ihrer ursprünglichen Form im Hinblick auf die Feste Moderne hin geschrieben, bietet aber eine auch psychoanalytisch interessante Perspektive im Hinblick auf das Verhältnis der Identitätsstrukturen in der Festen und Flüchtigen Moderne.

Ich bin damals von Alfred Schütz' phänomenologischer Analyse der (alltäglichen) Lebenswelt (Schneider 1995, S. 14–23) ausgegangen. Gemeint ist damit jener »Wirklichkeitsbereich […], den der wache und normale Erwachsene in der Einstellung des gesunden Menschenverstandes als schlicht gegeben vorfindet« (ebd., S. 14). Die Lebenswelt wird als gegliedert-ordnungshaft und als Sinnzusammenhang erlebt. Entscheidend ist, dass sie für das Subjekt »fraglos und selbstverständlich ›wirklich‹ ist«. Im Erleben des Subjekts wird die Möglichkeit eingeklammert, »daß die Welt und ihre Objekte« – und man kann hinzufügen: auch das Subjekt selbst – »anders sein könnten, als sie ihm gerade erscheinen« (ebd., S. 16).

In die Sprache personaler Identität übertragen, heißt das, dass die Identität selbst und die ihr zugehörige sinn- und ordnungshafte Welt den Charakter der Selbstverständlichkeit und des gleichsam Natürlichen bekommen. Ihr Andersseinkönnen, also dass sie nicht notwendig sind, was sie sind, das heißt ihre *Kontingenz*, wird ausgeklammert. In einer psychoanalytischen Perspektive wird man diesen Naturalisierungsprozess durch Ausklammerung als *Abwehr* betrachten. Dann aber liegt es nahe, das Ausgeklammerte analog zum Unbewussten nicht einfach als der Identität extern, ihr äußerlich anzunehmen, sondern als etwas, das ihr in irgendeiner Weise auch zugehörig ist. Und mehr noch: Analog zur Auftriebstendenz des Unbewussten ist diesem ausgeklammerten Selbst prinzipiell eine dynamisch zu verstehende Verwirklichungsmöglichkeit gegen die Selbstbehauptungstendenz der Identität zuzusprechen.

Die vier zentralen Aspekte meiner eigenen Konzeption von Identität – wie gesagt: in der traditionellen, der Festen Moderne –, deren Hintergrund und Struktur ich gerade skizziert habe, sind die folgenden:

1. *Personale Identität* meint nicht einfach nur die Internalisierung von Rollenerwartungen, sondern beinhaltet internalisierte Erwartungen, Schemata, Phantasien, Skripte, mithilfe derer die natürliche wie soziale Welt und auch die eigene Person ordnungshaft strukturiert und in Sinnzusammenhängen erfahrbar werden. In dieser Hinsicht ist Identität also ein *aktives Leisten* im Sinne der Herstellung eines ordnungs- und sinnhaft strukturierten In-der-Welt-Seins. Dies ist in seinen *zentralen* Bereichen über die Zeit hinweg (diachroner Aspekt: *Kontinuität*) wie über wichtige Klassen von Situationen hinweg (synchroner Aspekt: *Kohärenz*) als sich selbst gleich anzunehmen.

   Diese Leistungsseite nenne ich die *Positivität* von Identität, Positivität nicht im Sinne des Guten gemeint, sondern im Sinne des philosophischen Sprachgebrauchs von »Setzung«. Positivität ist also die psychische Leistung einer ordnungs- und sinnhaften Welt versus ein namenloses Chaos.

2. In der Regel wird Identität, wie bei Erikson (1973), mit ihrer Positivität gleichgesetzt. Wie angedeutet, ist es aber für einen psychoanalytisch relevanten Identitätsbegriff wesentlich, die *Abwehrseite* der Positivität mitzubedenken, die sich als ihre *Tendenz zur Selbsterhaltung* beschreiben lässt. Sie zeigt sich in Form der Negation ihrer Kontingenz, das heißt des Andersseinkönnens, und lässt sich so beschreiben, dass all dem, was der inhaltlichen und strukturellen Bestimmung der Positivität nicht entspricht, keine Existenz(berechtigung) zukommen soll.

3. Durch den in der Positivität gelegenen Anspruch auf Absolutheit bekommt sie neben ihrer Leistungsseite auch etwas *Last- und Zwanghaftes*, sodass das in ihr Ausgeklammerte in seinen verschiedenen Formen die Möglichkeit einer Aufhebung dieses Zwangs beinhaltet. Dieses Moment gehört als *Aufhebungstendenz der Positivität* ebenfalls mit zur Identität. Anders formuliert: Das der Abwehrtendenz der Positivität entsprechend aus ihr Ausge-

klammerte rechnet ebenfalls zur Identität und ist als dynamischer Gegenpart zur Positivität anzusehen. Ich nenne es die *Negativität* der Identität und meine damit also nicht etwas im moralischen Sinne Schlechtes, sondern das, was in einer Identität inhaltlich oder strukturell *nicht* verwirklicht ist, als *Möglichkeit* des Andersseinkönnens ihr aber ebenfalls inhärent ist.

4. Identität ist also als spannungsvolles Gefüge von Positivität und Negativität, Selbsterhaltungs- und Aufhebungstendenzen der Positivität zu denken. Dabei *dominiert* im Alltag – oder genauer: der alltäglichen Lebenswelt der klassischen Festen Moderne – die *Selbsterhaltungstendenz* der Positivität.

Betrachtet man die situative Identität in der Flüchtigen Moderne im Rahmen dieser Identitätskonzeption der Festen Moderne, so ist sie als Teil der Negativität der traditionellen Identität einzuschätzen, denn in der situativen Identität wird die Kontingenz (der Positivität) nicht, wie traditionell, abzuwehren gesucht, vielmehr wird sie geradezu affirmiert – dafür stehen nicht negativ konnotierte Ausdrücke wie »Fragmentierung, Pluralisierung oder Multiplizierung des Selbst« (Rosa 2005, S. 372). Darüber hinaus werden Kontinuität und Kohärenz in der situativen im Vergleich zur traditionellen Vorstellung von Identität negativ bewertet, als Nichtseinsollendes.

Um es paradox zu formulieren, aber das bringt die Veränderung sehr gut auf den Punkt: Während die *traditionelle Identität* der Festen Moderne in ihrer Positivität zentriert ist, ist – von ihr aus gesehen – die *situative Identität* der Flüchtigen Moderne gerade umgekehrt in der Identitätsnegativität zentriert.

Was aber wäre, wenn ich mich heute und nicht in den 80er Jahren daran setzen würde, eine psychoanalytisch relevante Identitätskonzeption zu entwickeln? Wahrscheinlich würde ich gerade umgekehrt zum damaligen Ausgangspunkt der Konzeption der alltäglichen Lebenswelt und der mit ihr verbundenen *Abwehr* ihrer Kontingenz von der *Affirmation* ihrer Kontingenz ausgehen. Abgewehrt wird vielmehr die Vorstellung des Sich-substanziell-gleich-Bleibens, die jetzt ausgeklammert und ein Nichtseinsollendes wird. Ich vermute also, dass ich zur gleichen Struktur käme – Identität als spannungsvolles Gefüge von Positivität und Negativität, Selbsterhaltung und Aufhebung –, nur dass heute das Überdauernde (Kontinuität) und transsituativ Gleichbleibende (Kohärenz) zur abgewehrten Negativität statt, wie vor 20 Jahren, zur Positivität gehören würden.

Christoph Türcke: Die erregte Gesellschaft, Sein heißt Senden

Mit Bezug auf die Situativierung von Identität lässt sich nun beobachten, dass es die Tendenz auf eine Verschmälerung der Breite von Kontinuitäten und Kohärenzen gibt, deren Fluchtpunkt die *Punktualisierung* der Erfahrung und der Identität ist. Bei Bauman findet sich Bertmans Formulierung »Kultur des Jetzt« (Bauman 2007, S. 180), die das gut zum Ausdruck bringt:

> »In der Flüchtigen Moderne [… wird] die Zeit […] in eine Vielzahl *pointillistischer* Momente zerlegt, von denen jeder so weit reduziert ist, daß er dem geometrischen Ideal der Nulldimensionalität so nahe kommt wie irgend möglich. […] Von jedem Zeit-Punkt wird angenommen, daß er die Möglichkeit eines neuen ›Urknalls‹ […] des ›individuellen Universums‹ [in sich berge]« (Bauman 2007, S. 181),

das heißt des grundsätzlichen Neubeginns einer Identität. Analytisch gesehen ist das ein spezieller Realisierungsversuch einer Allmachtsphantasie, die aus der Herrschaft der Zeit zu befreien scheint: Der Vergangenheit, auf die kein Bezug genommen wird, scheint ihre Macht genommen ebenso wie einer Zukunft, in der man etwas erreichen will und für die man im Jetzt auf etwas, im Sinne eines Triebaufschubs, verzichten müsste.

Ohne die inhärente Einbettung eines Jetzt in signifikante Erfahrungszusammenhänge, die die Vergangenheit als ein Wo-her und die Zukunft als ein Dort- oder Worauf-hin einschließen und mit dem Jetzt verknüpfen, sind aber die einzelnen Jetzte nicht in einer bedeutsamen Weise inhaltlich voneinander unterschieden. Sie bringen also nicht etwas qualitativ Neues, sondern sind der Tendenz nach Wiederholungen des immer Gleichen. Darin liegt, nach der Beschleunigung, der andere charakteristische Aspekt der Zeit und der Zeit-Erfahrung in der Flüchtigen Moderne – Rosa bezeichnet ihn mit einer Metapher von Paul Virilio als *»rasenden Stillstand«* (Rosa 2005, S. 41).

Ein solcher rasender Stillstand beinhaltet eine schreckliche Bedrohung: die der Langeweile. Was aber vermag gegen Langeweile zu helfen, nachdem Bedeutungen bedeutungslos geworden sind? Wenn Bauman von den »nach neuen *Events* und *Erlebnissen* gierenden Verbraucher[n] in der ›Kultur des Jetzt‹« (Bauman 2007, S. 182) spricht, so weist er auf einen zentralen Aspekt hin, den man auf die Kurzformel *Erregung statt Bedeutung* (Schneider 2008) bringen kann, das heißt, als Mittel gegen die Langeweile bekommt der Konsum intensitätsmäßig hoher Erregungszustände einen besonderen Stellenwert. Dem entspricht die Kulturanalyse Türckes, der, insbesondere mit Bezug auf die Medien, die Gesellschaft in der Flüchtigen Moderne als »erregte Gesellschaft« und als »›Sensationsgesellschaft‹« (Türcke 2002, S. 8f.) charakterisiert, da »Sensationen […] im Begriff [stehen], zu Orientierungsmarken und Pulsschlägen des gesamten sozialen Lebens zu werden« (ebd., S. 11).

In seiner Darstellung von Phänomenen der Sensationsgesellschaft arbeitet Türcke etwas heraus, das sich mit dem Thema der Situativierung von Identität verbinden lässt und einen direkten Anknüpfungspunkt für die Entfaltung der eingangs formulierten Inkongruenz-These bietet: *der Mensch als Sender.*

Zur gesunden psychischen Entwicklung gehört konstitutiv das Wahrgenommenwerden durch die primären Objekte, wie es zum Beispiel im Begriff der Spiegelung zum Ausdruck gebracht wird. Die internalisierte Spiegelungs- und Anerkennungsbeziehung wird in entsprechenden späteren Interaktionserfahrungen bestätigt. Psychisch gesehen ist die alte philosophische Formel »esse est percipi«, Sein ist Wahrgenommenwerden, des Bischofs Berkeley aus dem 18. Jahrhundert also durchaus triftig. Türcke sieht in ihr, meines Erachtens in überzeugender Weise, einen charakteristischen Zustand der gegenwärtigen Conditio humana zum Ausdruck gebracht.

Zunächst weist er auf einen ursprünglich selbstverständlichen Sachverhalt hin, der mit dem Esse est percipi verbunden ist, den der *körperlichen Präsenz* von Subjekt und Objekt. Das konkrete Hier-und-Jetzt (ebd., S. 44) beider ist ihr »Da«, ihr Da-Sein mit all seinen sensorischen Attributen (ebd., S. 40). Das aber verändert sich mit dem Aufkommen der visuellen Massenmedien: Dem »›Da‹ [...] widerfährt ein einschneidender Bedeutungsverlust, seit körperliche Präsenz hinter massenmedialer Präsenz zurücktritt – im Grunde seit dem Siegeszug des Films« (ebd.). Das mediale Bild wird sozusagen lebendiger und wirklicher als die unmittelbare körperliche Präsenz selbst: »Körperliche Präsenz nimmt sich allenthalben blaß und schattenhaft aus im Vergleich zu medialer«, zum Beispiel bei allem »Gefilmte[n]. Dessen Dasein ist nur noch ›da‹, um massenmedial ›da‹ zu sein: als Unterlage und Stoff medialer Präsenz« (ebd.).

Wenn aber die mediale Präsenz realer wird als die körperliche, dann verschiebt sich die Bestätigung im Wahrgenommenwerden (esse est percipi) auf das Wahrgenommenwerden des *medialen Bildes* des Subjekts. Das Subjekt wird zum Erzeuger medialer Bilder seiner selbst, die Bestätigung suchen, das heißt, es wird zum »Sender«. Esse est percipi wird so zu: »Senden heißt wahrgenommen werden: Sein. Nichtsenden heißt Nichtsein« (ebd., S. 43).

Dadurch ändert sich nun in der Tat das Verhältnis des Subjekts zu sich selbst in tiefgreifender Weise: Es gibt nicht mehr wie in der Festen Moderne eine Identität, die durch festgehaltene innere Bedeutungen bestimmt wird; vielmehr ist Identität in der Flüchtigen Moderne primär durch ein in sich unbestimmtes, nach außen gerichtetes *Tun* charakterisiert, das Senden.

Nun gehören zu einem Sender unterschiedliche Empfänger, die nicht abschalten sollen, sodass für sie ein je unterschiedliches Programm notwendig ist. Auf diese Weise lässt sich eine Verbindung zwischen dem Prinzip des Sendens und der Thematik der situativen Identität herstellen: Situativierung ist die Verfügung über ein flexibles Programmangebot.

Der im Vorangehenden dargestellten Entwicklung entspricht die Entwicklung der *Konsumgesellschaft*, in der »zwischenmenschliche Beziehungen nach dem Muster der Beziehung zwischen Verbrauchern und Konsumgütern gestaltet [werden]« (Bauman 2007, S. 130). Wird jemand für einen anderen solcherart zur Ware (ebd., S. 132), dann muss er *als Ware* attraktiv werden – gemäß dem, was massenmedial, zum Beispiel in der Mode, vorgegeben wird. Die Sendung ist hier die Werbesendung:

> »*In der Konsumgesellschaft sind die Menschen selbst Konsumprodukte* [...]. Sie müssen eine Ware sein [...], die auf dem Markt eine Chance hat [...]. Die Attraktivität einer Ware, des potentiellen Objekts der Begierde der Verbraucher, hängt von ihrer Fähigkeit ab, die Nachfrage und damit ihren Preis zu steigern. [...] Notabene: Man muß sich dazu *machen*, man kann es nicht einfach werden« (Bauman 2007, S. 125f.).

Winnicott und die Flüchtige Moderne

Die beiden oben dargestellten Konzeptionen Winnicotts, die der Fähigkeit, allein zu sein, und die des nicht kommunizierenden Kerns des Selbst, verbindet etwas: die Bedeutung des Schweigens. Schweigen im Sinne des äußeren oder auch inneren Rückzugs bzw. der inneren Zurückgezogenheit aus der sprachlichen Kommunikation ist, wenn man den Begriff der Identität übertragen will, ein zentraler Teil der winnicottschen Konzeption personaler Identität. Schweigen ist nun das genaue Gegenteil von Senden, ist Nichtsenden. (Dem widerspricht nicht, dass gemäß dem Allgemeinplatz, man könne nicht *nicht* kommunizieren, Schweigen nicht das Gegenteil von Kommunikation ist.) Schweigen als Nichtsenden, Nichtvermittlung, kann also kein genuiner und zentraler Teil einer Identität sein, die auf dem Prinzip des Sendens basiert und für die gilt, Senden = Sein, Nichtsenden = Nichtsein. Um es in der Sprache der von mir skizzierten Identitätskonzeption zu formulieren: Das Schweigen gehört zur abgewehrten Negativität der Sender-Identität, während es bei Winnicott zur Identitätspositivität gehört.

Der zweite wesentliche Unterschied betrifft das, was den eigentlichen Kern von Wirklichkeit ausmacht. Wie dargestellt, liegt der Sender-Identität zugrunde, dass das mediale Bild wirklicher als die körperliche Präsenz selbst wird und dass dementsprechend die primäre Erfahrung des Selbst in der Wahrnehmung der Wahrnehmung des vom Subjekt produzierten Bildes seiner selbst durch andere liegt. Winnicotts Denken ist wiederum anders zentriert. Im Alleinsein ist die internalisierte *schweigende* Hintergrundspräsenz des primären Objekts gegeben. Eine ungewollt, das ist wesentlich, und ungerichtet von innen oder außen sich einstellende Empfindung oder ein Impuls wird als *wirklich* erfahren. Es ist also eine unvermittelte, *körperliche* oder letztlich *körperlich* fundierte Da-Erfahrung, die für Winnicott in sich zugleich eine Selbst-Erfahrung, eine Erfahrung des Selbst ist.

Wie steht nun das, was mit *situativer Identität* gemeint ist, zu Winnicotts Konzeption? Die Kluft zwischen ihnen lässt sich am prägnantesten formulieren, wenn man sich die Situativierung in ihrer Tendenz hin zur *Punktualisierung* von Identität mit der ihr korrespondierenden Erregungsthematik vergegenwärtigt. In der Suche nach und der Orientierung auf Erregungen hin findet wiederum die bereits mehrfach erwähnte Umzentrierung statt: statt der Fähigkeit zum Alleinsein die Vorstellung eines leeren Innen, das von außen durch Erregungszufuhr ausgefüllt werden soll. Der Verweis auf die gegenwärtige Konsum- und Konsumentengesellschaft konkretisiert das noch weiter. Wie ausgeführt, bekommt der Einzelne in ihr Warencharakter. Um als Ware attraktiv zu sein, wird die zentrale Sorge die, sich möglichst umfänglich entsprechend den Moden und der Mode zu präsentieren, mit denen es Schritt zu halten gilt – und zwar indem man sich zu einer erregenden Ware, einem Erregungsgegenstand macht. Wie zuvor liegt darin die Durchkreuzung des Zustands des in sich nicht wollenden und ungerichteten Alleinseins-mit-sich.

Auf diesem Hintergrund wird meine eingangs formulierte *Inkongruenz-These* nachvollziehbar: Winnicotts Verständnis der Conditio humana ist unzeitgemäß im Sinne dessen, was heute als zeitgemäß deklariert wird. Natürlich ist damit nicht gesagt, dass dieses Verständnis und, weiter noch, dass die Psychoanalyse überhaupt als solche obsolet seien. Ich vermute im Gegenteil, es wird sich herausstellen, dass sie dem Menschen gemäßer sind. Anders formuliert: Ihre Unzeitgemäßheit liegt daran, dass sie dem *Menschen* gemäßer sind.

Sten Nadolny hat Anfang der 80er Jahre einen unzeitgemäßen Roman geschrieben, der zugleich eine Elementarentdeckung der Psychoanalyse artikuliert: *Die Entdeckung der Langsamkeit*. Winnicott schreibt darüber hinaus von der Entdeckung des Schweigens und des Innewerdens.

Plädoyer für eine gewisse Atopie

Kritisch orientierte Diagnosen und Darstellungen aktueller soziokultureller Trends laufen leicht Gefahr, eine apokalyptische Stimmung zu verbreiten. 20 bis 30 Jahre später stellt sich dann heraus, dass man vom Ende der Zeit nicht weniger weit entfernt ist als 20 bis 30 Jahre zuvor. Mir liegt, bei allen Problemen, die ich mit der Flüchtigen Moderne verbunden sehe, nichts an einem solchen apokalyptischen Ton. Quasi im Gegenzug dazu möchte ich den Aspekt der Situativierung von Identität aufgreifen und ihn, schlussendlich in Verbindung mit Winnicott, kritisch gegen eine verbreitete Auffassung der Identität von Analytikern richten.

Weit verbreitet ist der analytische Identifizierungsimpuls: Hört oder liest man etwas von einem Psychoanalytiker oder einer Psychoanalytikerin, taucht sehr schnell die Frage auf, was der oder die sei im Sinne von: wohin, zu welcher psychoanalytischen Richtung er oder sie gehöre, etwa eine Kleinianerin? Ein Lacanianer? Ein Neo-Freudianer? Eine Jungianerin? Ein Adlerianer? Das ist nicht nur in der Außenperspektive so; Psychoanalytiker neigen auch dazu, sich selbst entsprechend einzuordnen, das heißt sich eine dieser Zugehörigkeit entsprechende Identität zuzuschreiben. Mir scheint, diese inneranalytischen Identitäten sind vom Typ der Identität in der *Festen Moderne* mit einer ausgeprägten Kontinuität wie auch, und das ist in diesem Zusammenhang entscheidend, einer ausgeprägten transsituativen Kohärenz. Kohärenz in diesem Zusammenhang bedeutet nichts anderes, als dass Analytiker über verschiedene Patienten bzw. Patientengruppen hinweg entsprechend den schulspezifischen Theorie- und Behandlungskonzepten vergleichbare Vorstellungen haben, auch wenn die je einzelne Behandlung natürlich individuelle Züge trägt.

Die Frage ist, ob nicht die Konzeption einer *situativen psychoana-*

lytischen Identität der klinischen Realität gerechter wird. Ralf Zwiebel hat vor einigen Jahren auf einer DPV-Tagung das Zuhörermodell Ferros (z.B. Ferro 2002, S. 32ff.) bei uns bekannt gemacht. In diesem Modell wird das analytische Zuhören »aus drei zentralen, aber unterschiedlichen Perspektiven formuliert« (Zwiebel 2002, S. 84): dem Freudschen Konfliktmodell, dem Melanie-Kleinschen Modell, in dessen Zentrum unbewusste Phantasien stehen, und dem Bionschen Modell, in dem es um die Transformation emotionaler Erfahrung geht.

Der im vorliegenden Zusammenhang entscheidende Aspekt bei Ferro ist, »daß er die erwähnten Perspektiven oder Modelle nicht als alternativ, sondern als gleichberechtigt ansieht« (ebd., S. 86). Das heißt konkret, dass ein solcherart sich verstehender Analytiker »nicht Freudianer, Kleinianer oder gar Bionianer [ist], sondern [...] diese Modelle in der klinischen Situation je nach der spezifischen Problematik seines Analysanden, seiner eigenen Möglichkeiten und Grenzen und der einmaligen, aktuellen analytischen Situation [›integriert‹]« (ebd.). Ein Analytiker in der Flüchtigen Moderne versteht seine Identität also *situativ*.

Gibt es in einer solchen situativen psychoanalytischen Identität überhaupt einen verbindenden Referenzpunkt? Ich habe in einer früheren Arbeit (Schneider 2003) das Konzept der *Atopie*, der *Ortlosigkeit*, und der *atopischen Haltung* formuliert. Worauf ich damit hinaus wollte, war, dass Analytiker sich von ihrer Fixierung auf bestimmte »psychoanalytische Theoriebildungen und die mit ihnen verbundenen Schulen« lösen sollten (ebd., S. 236), weil diese »eine totalisierende und überichbildende Tendenz haben, die durch den Abglanz der darin enthaltenen Ganzheits- und Vollkommenheitsillusionen zu verführen vermag. In der atopischen Haltung wird das jeweilige psychoanalytische Wissen anerkannt, aber es wird in seinem jeweiligen *Fragment*charakter gesehen« (ebd., S. 237). Dementsprechend hat die atopische Haltung ihre Heimat nicht in einem Wissen oder einer Schule hier oder dort, sondern sie hat ihr ortloses (Nicht-)Zuhause *zwischen* Wissen und Nichtwissen.

Wie kann dieses atopische (Nicht-)Zuhause gelebt werden? Winnicotts Konzeption der Fähigkeit, allein zu sein, und des nicht kommunizierenden Selbst artikulieren die dafür notwendigen psychischen Voraussetzungen.

Literatur

Abram, Jan (2007): The Language of Winnicott. A Dictionary of Winnicott's Use of Words. 2nd edition. London (Karnac).
Balzer, Werner (2001): Das Sensorische und die Gewalt. Mutmaßungen über ein Diesseits von Gut und Böse. Zs. Psa. Theorie u. Praxis 16, 365–381.
Balzer, Werner (2004): Lust am Nichtdenken? Zum Verhältnis von Erregung und Bedeutung in beschleunigten und entgrenzten Lebenswelten. Zs. Psa. Theorie u. Praxis 19, 399–416.
Bauman, Zygmunt (1992): Moderne und Ambivalenz. Das Ende der Eindeutigkeit. Hamburg (Hamburger Edition).
Bauman, Zygmunt (1999): Unbehagen in der Postmoderne. Hamburg (Hamburger Edition).
Bauman, Zygmunt (2003): Flüchtige Moderne. Frankfurt/M. (Suhrkamp).
Bauman, Zygmunt (2007): Leben in der Flüchtigen Moderne. Frankfurt/M. (Suhrkamp).
Erikson, Erik H. (1973): Identität und Lebenszyklus. 3 Aufsätze. Frankfurt/M. (Suhrkamp).
Ferro, Antonino (2002): In the Analyst's Consulting Room. Hove (Brunner-Routledge).
Freud, Sigmund (1930a): Das Unbehagen in der Kultur. GW XIV, 419–506.
Rosa, Hartmut (2005): Beschleunigung. Die Veränderung der Zeitstruktur in der Moderne. Frankfurt/M. (Suhrkamp).
Schneider, Gerhard (1995): Affirmation und Anderssein. Eine dialektische Konzeption personaler Identität. Opladen (Westdeutscher Verlag).
Schneider, Gerhard (2003): Die Zukunft? Plädoyer für eine atopische Grundhaltung in der Psychoanalyse – mit einem Exkurs zu Melvilles *Bartleby*. Psyche – Z Psychoanal 57, 226–249.
Schneider, Gerhard (2004): Die psychoanalytisch fundierte Behandlung anorektischer Patientinnen – Ein Zwei-Phasen-Modell. In: Herzog, Wolfgang; Munz, Dietrich & Kächele, Horst (Hg.): Essstörungen. Therapieführer und psychodynamische Behandlungskonzepte. 2. überarb. und erw. Aufl. Stuttgart (Schattauer), S. 94–106.
Schneider, Gerhard (2008): Einleitung. In: Laszig, Parfen & Schneider, Gerhard (Hg.): Film und Psychoanalyse. Kinofilme als kulturelle Symptome. Gießen (Psychosozial-Verlag), S. 11–13.
Sennett, Richard (1999): Der flexible Mensch. Die Kultur des neuen Kapitalismus. Berlin (Berlin-Verlag).
Türcke, Christoph (2002): Erregte Gesellschaft. Philosophie der Sensation. München (C.H. Beck).
Winnicott, Donald W. (1984a): Die Fähigkeit zum Alleinsein. In: Donald W. Winnicott: Reifungsprozesse und fördernde Umwelt. Frankfurt/M. (Fischer), S. 36–46.
Winnicott, Donald W. (1984b): Die Frage des Mitteilens und des Nicht-Mitteilens führt zu einer Untersuchung gewisser Gegensätze. In: Donald W. Winnicott: Reifungsprozesse und fördernde Umwelt. Frankfurt/M. (Fischer), S. 234–252.
Zwiebel, Ralf (2002): Die Grenzen des Analytikers. In: Schlesinger-Kipp, Gertraud & Warsitz, Rolf-Peter (Hg.): Entgrenzung – Spaltung – Integration. Arbeitstagung der Deutschen Psychoanalytischen Vereinigung in Leipzig vom 8. bis 11. Mai 2002. Bad Homburg (Geber & Reusch) S. 79–102.

Geborgen in der Volksgemeinschaft?

Versöhnungsversprechen und Angst im Nationalsozialismus

Gudrun Brockhaus

Die Bedeutung des nationalsozialistischen Volksgemeinschaftsprojektes wurde lange unterschätzt und als Propagandalüge, als bloße Verschleierung der Gewalt abgetan. Jedoch war die Herstellung fiktiver und realer »völkischer Gemeinschaft« sowohl für den Aufstieg der NS-Bewegung wie für den Erfolg des Regimes von entscheidender Bedeutung. Dabei ist es interessant zu untersuchen, warum sich solche Fehleinschätzungen der historischen Realität vollziehen und welche Konfliktlagen bei den Nachgeborenen dabei eine Rolle spielen. Diesem Aspekt widme ich mich zu Beginn meines Beitrags. Anschließend zeigt eine kurze historische Darstellung den Stellenwert des Volksgemeinschaftskonzeptes für den Nationalsozialismus und seine Realisierung mittels Inklusion und Exklusion: Die eigene aktive Beteiligung an gemeinschaftlichem Handeln und an Gewaltaktionen sollten die Zugehörigkeitsgefühle ebenso sichern wie die Mechanismen der Ausgrenzung und Verfolgung »Rasse- und Gemeinschaftsfremder«. Abschließend frage ich: Waren diese Strategien erfolgreich? Fühlten sich die »arischen« Deutschen geborgen in der nationalsozialistischen »Volksgemeinschaft«? An einem Beispiel – Johanna Haarers Mütterratgebern von 1934 und 1936 – wird aufgezeigt, dass die rassistische Klassifikation von »unwertem Leben« auf die »arische« Herrenrasse zurückschlug und Angst erzeugte, selbst aus der Volksgemeinschaft ausgestoßen zu werden, was wiederum rassistische Projektionen begünstigte.

Emotionale Wahrnehmungssperren gegen die Nazi-Zeit

In meinem Heimatdorf gab es die sogenannte Siedlung, Reihen von einfachen Häusern, die von den Vorfahren der darin wohnenden Arbeiter in monatelanger Arbeit selbst erbaut worden waren. Mein Großvater hatte dieses Projekt in den 30er Jahren initiiert und ich war stolz auf ihn, weil er schon so früh und in privater Initiative die Kluft zwischen den Klassen und zwischen arm und reich zu verkleinern versucht hatte. Sein soziales Engagement schrieb ich seinem Christentum zu.

Vor wenigen Jahren las ich dann in der Stadtchronik über die Jahre 1933–1945, dass dieser Siedlungsbau von 1934 ein charakteristisches Projekt der Nazizeit war. Mein Großvater hatte damit versucht, die Idee der klassenübergreifenden Volksgemeinschaft in die Realität zu übersetzen. Enthusiastische Schilderungen des Projektes durch einen der beteiligten Arbeiter geben der Überzeugung Ausdruck, dass nur der Nationalsozialismus diese solidarische Gemeinschaftlichkeit ermöglicht habe: Alle ziehen an einem Strang, um eine Erneuerung und Stärkung der deutschen Nation zu erreichen.

Diese Geschichte ist in mehrerer Hinsicht lehrreich: Ich wusste, dass die Siedlung aus den 30er Jahren stammte, von denen immerhin sieben in die Zeit des Nationalsozialismus fielen. Trotzdem hätte ich sie nie für ein NS-Projekt gehalten. Warum nicht? In fünf Punkten möchte ich mögliche Ursachen dieser Wahrnehmungseinschränkung benennen, die ich mit den Mitscherlichs (1977, S. 9) in der »Sperrung gegen eine Gefühlsbeteiligung an den jetzt verleugneten Vorgängen der Vergangenheit« sehe.

1. Die eigene Familie wird aus der NS-Geschichte ausgenommen – »Opa war kein Nazi«, wie Welzer et al. (2002) diesen Konsens der Nachgeborenen griffig formulierten. Während der NS-Zeit entwickelte sich »die höchste Übereinstimmung zwischen Volk und Führung, die es jemals in der deutschen Geschichte im 20. Jahrhundert gegeben hat« (Aly 2005, S. 64). Aber in unserem Familiengedächtnis findet dieses Wissen keinen Eingang: In einer repräsentativen Befragung gaben weniger als

10% der befragten Nachgeborenen an, ihre Angehörigen seien pro-Nazi gewesen (Welzer et al. 2002).

2. Der Nationalsozialismus wird »exterritorialisiert« – zum Beispiel indem er mit Vernichtungskrieg und Holocaust gleichgesetzt wird, mit Hitler, den SS-Schergen, Terror und Willkür. Damit wird er von der Familien- und Alltagsgeschichte weggeschoben in eine fremde und ferne Welt, von der wir uns leicht distanzieren können.

3. Um nicht in eine Verharmlosung oder gar Verteidigung hineinzurutschen, wird die Nazi-Zeit ausschließlich mit negativen Bewertungen belegt. Dabei wird die »hohe Integrationsleistung des nationalsozialistischen Deutschland« (Aly 2005, S. 65) entweder übersehen oder sofort auf ihre destruktive Seite hin analysiert. Psychoanalytiker sprechen von Psychose, destruktivem Narzissmus, wahnhafter Realitätsverkennung, Regression auf die paranoid-schizoide Position, wenn es um die NS-Gefolgschaft geht. Im Nationalsozialismus darf es nichts Positives geben. Es gab keine Kunst, nur Kitsch, die Wissenschaft verarmte, die Menschen waren feige, destruktiv, denunziatorisch, von eliminatorischem Antisemitismus besessen. Auch diese absurde Verzerrung des Blicks ist eine Abwehrmaßnahme, die die enge Verzahnung von Normalität und Vernichtung, die den Nationalsozialismus charakterisierte, unsichtbar macht. Dabei kann die Verschränkung gegensätzlicher Elemente als wesentliches Charakteristikum des Nationalsozialismus gelten: Ordnung und Gewalt, Rationalität und Kontrollverlust, Schauder und Idylle (Brockhaus 1997), Kitsch und Tod (Friedländer 1984). Ein wesentliches Moment der Attraktion des Nationalsozialismus besteht in dem Versprechen, diese Widersprüche seien vereinbar.

4. In der Erinnerungskultur der BRD stellte sich eine Verengung im Blick auf den Nationalsozialismus ein. Die Bedeutung von Gemeinschaft, Egalitätsversprechen, Harmonie, Sicherheit, Einigkeit, Versöhnung im Nationalsozialismus wurde – da sie den Erfordernissen der Political Correctness nicht zu entsprechen schien – nicht mehr gesehen. Dies hatte zur Folge, dass sich die Spaltung des Gedächtnisses im Nachkriegsdeutschland so vertiefte, dass es zwischen der privaten und der öffentlichen Erinnerung kaum noch Überschneidungen gab: Das offizielle Gedenken stellt den Holocaust in den Mittelpunkt, die

NS-Zeitgenossen hingegen vergruben sich in ihrem persönlichen Gedächtnis umso mehr in den schönen Erinnerungen an die Filme, die Autobahnen, die Gemeinschaft, den gläubigen Idealismus, die Ordnung und Sicherheit.

5. An der Geschichte von meinem Großvater ist vor allem brisant, dass sie die Aufmerksamkeit auf die Eigeninitiative und selbst bestimmte Aktivität der Volksgenossen lenkt. Sie belegt den Enthusiasmus ihrer Mitarbeit an dem NS-Projekt. »Wirklich bestürzend ist jedoch die starke und wachsende Unterstützung, welche die Nazis in der Breite erfuhren« (Fritzsche 2002, S. 158). In diesem Beispiel zeigt sich nicht die gleichgeschaltete, von oben formierte, durch Terror- und Strafandrohung auf Kurs gebrachte totalitäre NS-Gesellschaft, wir sehen nicht den geduckten und ängstlichen Untertan, nicht den von einer Masseninszenierung Berauschten, nicht den Hitler-Gläubigen, der sein persönliches Gewissen aufgegeben hat. Eine andere Seite tritt hervor: die Freiwilligkeit und der Enthusiasmus bei der Herstellung der Volksgemeinschaft.[1] »Dem Führer entgegen arbeiten«, nennt Kershaw (1998, S. 66ff.) in seiner großen Hitler-Biografie dieses eigeninitiative Handeln der Volksgenossen. Nur diese nicht erzwungene Aktivität erklärt, wie gut das NS-Regime bis zum Schluss funktionierte. Niemals hätte es allein mithilfe von Zwang und Terror überleben können.

Die Bedeutung der Volksgemeinschaft für den Aufstieg der Nationalsozialisten

Was hat den Aufstieg der Nationalsozialisten ermöglicht? Historische Untersuchungen (z.B. Abel 1938; Kershaw 1998; Fritzsche 2002) schränken die Bedeutsamkeit ideologischer Motive für den Erfolg der NSDAP ein. Weder der Antisemitismus[2], noch der übersteigerte Na-

1 In letzter Zeit hat Michael Wildt (2007, S. 13) die Bedeutsamkeit des aktiven alltäglichen Handelns für die Herstellung der NS-Volksgemeinschaft hervorgehoben. Im Mittelpunkt stehen bei ihm die »Praktiken der Gewalt«, die »gewalttätigen, anti-jüdischen Aktionen«, die »die deutsche Nation in eine aggressive, rassistische Volksgemeinschaft« transformierten.

2 »[...] doch spielte der Antisemitismus bei den nationalsozialistischen Wahlkampagnen

tionalismus, noch die Wirtschaftskrise, noch die »Schmach von Versailles« bildeten die entscheidenden Motive, Nazi-Anhänger zu werden. Alle diese Punkte wurden von anderen Parteien ebenso vertreten. Sie erklären nicht das spezifische Motiv für die Wahl der NSDAP.

Von allen Parteien – linken wie rechten – wurde in der von Chaos und Zerrissenheit geprägten Situation nach dem verlorenen Krieg die Gemeinschaft propagiert. Die Nazis verstanden darunter das Versprechen auf Geborgenheit in einer konfliktfreien nationalen Harmonie. Das Spezifische der Attraktion der Nazis erschließt sich, wenn man den Namen ernst nimmt, den sich die Partei gab. Die Formulierung nationaler Sozialismus behauptet, Einigkeit, soziale Gerechtigkeit, Solidarität seien nicht im Klassenkampf zu gewinnen, sondern in der Stärkung der Nation. Der »kleine Mann« konnte sich in der »Arbeiter«-Partei aufgehoben fühlen. Unaufhörlich betonte Hitler die Volksnähe seiner Person und seiner Partei. »Allein die nationalsozialistische Bewegung stehe für die Nation als Ganzes« (Kershaw 1998, S. 418), alle anderen Parteien würden nur partikulare Interessen vertreten. Dieser beständig wiederholte Vorwurf galt nicht nur den Kommunisten und Sozialdemokraten. Er sollte auch alle rechten, nationalistischen Parteien treffen.

Die Nazis wurden gewählt, weil sie eine Alternative zu dem desavouierten »System« der Weimarer Zeit boten. Die Weimarer Republik stand für alle Übel der Zeit: Chaos, Verlust materieller Sicherheit, Zerfall von patriarchaler Autorität, unbewältigte Modernisierung, die Demütigungen der Niederlage, die Zerrissenheit zwischen links und rechts. Aus der katastrophischen Gegenwart konnte nur ein umfassender Gewaltschlag helfen, der alle Feinde vernichtete. »Was die Nazis so attraktiv machte, war ihre Vision von einer neuen Nation« (Fritzsche 2002, S. 217). Sie versprachen, den Willen des gesamten Volkes zum Ausdruck zu bringen, und konnten dies glaubhaft machen, sodass paradoxerweise von vielen die NSDAP als demokratischste Partei erlebt wurde.[3]

nur eine untergeordnete Rolle. […] Im großen und ganzen wurden die Deutschen ›zum Antisemitismus hingezogen, weil sie zum Nazismus hingezogen wurden, nicht umgekehrt‹« (Fritzsche 2002, S. 169, zitiert die Frankfurter Zeitung Nr. 86 vom 1.2.1933).

3 Götz Aly (2006, S. 358) beschreibt ausführlich die Wichtigkeit des »völkischen Gleichheitsversprechens« für den Rückhalt des Regimes in der Bevölkerung.

Auch die Aggressivität und die eskapistische Realitätsverneinung trugen zum Erfolg der Nazis bei. Man musste sich nicht mit Tagespolitik abmühen, sondern konnte mit der apokalyptischen Vision der Wiedergeburt einer vereinten und starken Nation durch Zerstörung des Bestehenden aus der Gegenwart entfliehen.

Das Vorbild für das nationalsozialistische Volksgemeinschaftskonzept ist der sogenannte Geist von 1914 bzw. die Frontgemeinschaft des Ersten Weltkriegs. Die Volksgemeinschaftspolitik der Nationalsozialisten lässt sich als Versuch verstehen, die enthusiastische Ausnahmesituation der Kriegsbegeisterung 1914 und die Frontkameradschaft auf Dauer zu stellen. Schon das Vorbild beinhaltet die Verbindung von Harmonie und Gewalt: Im Kampf gegen den Feind verschwinden alle Spaltungen und es entsteht – wie der Mythos behauptet – die einige und gleiche Gemeinschaft der Deutschen. Hitler formuliert ihn 1927:

> »Es gab einen Platz in Deutschland, an dem es keine Klassenspaltung gegeben hat. Das waren die Kompanien vorn. […] Warum konnte man an der Front das tun? Weil gegenüber der Feind lag […]. Wenn ich also unser Volk zur Einheit zusammenschließen will, muß ich erst eine neue Front bilden, die einen gemeinsamen Feind vor sich hat, damit jeder weiß: wir müssen eins sein; denn dieser Feind ist der Feind von uns allen« (Hitler, zit. n. Verhey 2000, S. 351f.).

Das Ineinander von Harmoniesehnsucht und ausgrenzender Gewalt bestimmt das Konzept der NS-Volksgemeinschaft von Anfang an. Und auch der Erfolg der NS-Bewegung ist durch dieses Doppelmotiv bestimmt: Der Erfolg beruhte einerseits auf der positiven Utopie der Volksgemeinschaft, dem Versprechen auf Versöhnung und Egalität im revolutionierten Deutschland. Die besondere Attraktivität dieser Visionen von Harmonie hing mit der Weimarer Situation zusammen: Chaos, Angst, Ohnmacht, Zerrissenheit sind die immer wieder genannten Themen der Epoche. Der Erfolg beruhte jedoch andererseits auch darauf, dass die Menschen die radikale und kompromisslose Aggressivität gegenüber den »Feinden« – Marxisten, Juden, »Novemberverbrechern« – lustvoll genossen (vgl. Abel 1938, S. 176f.).

Die Integrationskraft der Volksgemeinschafts-Fiktion in der Regimezeit

Was wurde aus dem Zukunftsversprechen der Volksgemeinschaft, als die Nazis zur staatstragenden Macht wurden und sich nicht mehr als verfolgte Kämpfer gegen eine Übermacht von Feinden inszenieren konnten? Die Strategien zur Harmonisierung der sozialen Konflikte blieben dieselben. In der Konstruktion des jüdischen Feindbildes wurde versucht, das Gefühl der Bedrohung zu konservieren (Griff nach der Weltmacht, die Juden wollen Deutschland vernichten etc.). Ergänzt wurde dies durch die beständige Produktion von weiteren Volksfeinden und als rassisch, sozial oder moralisch minderwertig etikettierten »Gemeinschaftsfremden«, die es auszugrenzen und auszumerzen gelte. Ästhetisierte Inszenierungen ließen Gemeinschaft, Größe, Erhabenheit erlebbar werden und verliehen den Versprechungen Authentizität. Diese Mittel symbolischer Politik blieben auch nach 1933 zentral in der Volksgemeinschaftspolitik der Nazis.

Der zentrale Stellenwert des Volksgemeinschaftsversprechens im Nationalsozialismus verweist auf die Bedeutsamkeit symbiotischer Wünsche und einer wechselseitigen Idealisierung. Die »Psychologie des Nazismus« (Fromm 1983, S. 166–190) ist von diesen Motiven stärker geprägt als von ödipalen Momenten, von Rivalitätsaggression und Suche nach einem Vaterersatz, sadomasochistischer Unterwerfungslust und autoritärer Aggression, die die psychoanalytischen Erklärungen lange dominiert haben (Fromm 1983; Adorno 1973; A. Mitscherlich/M. Mitscherlich 1977).

Wie die Nazis diese narzisstischen Bedürfnisse aufnahmen, zeigt zum Beispiel Hitlers berühmte Rede zum 1. Mai 1933, den er zum »Feiertag der nationalen Arbeit« erklärt hatte. Die Rede ist eine Hymne auf Harmonie und Versöhnung in der völkischen Gemeinschaft. Am nächsten Tag folgte die gewaltsame Zerschlagung der sozialistischen Gewerkschaften. Der Nationalsozialismus bedeute, so Hitler, das Ende

> »des Hasses, des Bruderkampfes, des Zwistes und Leides [...] ... der Trennung und Zerrissenheit unseres Volkes ... Das deutsche Volk ist

> in sich zerfallen, seine ganze Lebenskraft wird für den inneren Kampf verbraucht [...]. Die Millionen Menschen, die in Berufe aufgeteilt, in künstlichen Klassen auseinandergehalten worden sind, die vom Standesdünkel und Klassenwahnsinn befallen, einander nicht mehr verstehen können, sie müssen wieder den Weg zueinander finden!« (Hitler, zit. n. Domarus 1987, S. 259f.)

Die gesellschaftlichen Konflikte gibt es gar nicht, Verrückte und Volkszersetzer haben sie sich nur eingebildet. Wenn man die Gemeinschaft nur will und an sie glaubt, stellt sie sich auch her. Garant dieser Phantasie einer sicheren Gemeinschaft soll die Führung sein, »die sich mit Dir verbunden fühlt und ein Stück von Dir ist, die zu Dir gehört, mit Dir für Dein Leben kämpft« (ebd.). Hitler malt das Bild einer symbiotischen Verschmelzung, in der Hierarchie und Macht vollkommen verleugnet werden, in der der Führer auf magische Weise in die Bedürfnisse jedes Einzelnen eingefühlt ist und in der die Erschaffung der Volksgemeinschaft ein gemeinsames Projekt ist. Jeder ist zum Kampf aufgerufen, jeder ein verantwortlicher Akteur.

Immer wieder wird diese Gemeinsamkeit beschworen. Diese Umdeutung der Unterwerfung in selbst verantwortete Aktivität oder zumindest deren symbolische Darstellung ist sehr wichtig zum Verständnis des erfolgreichen Funktionierens der NS-Herrschaft – die Menschen sind nicht das passive Herrschaftsobjekt, sondern empfinden sich als aktive Mitgestalter der Volksgemeinschaft.

In der charakteristischen Widersprüchlichkeit des Nationalsozialismus steht neben absolutem Gehorsam und Unterwerfung ein Führungskonzept, in dem Zwang und Gewalt nicht existent sind, in dem es keinerlei Differenzen zwischen Führung und Geführten gibt, nur die Symbiose von Volk und Führer: Der Führer »ist die sichtbare Gemeinschaft« (Janka 1997, S. 349), seine Macht ordnet sich der Gemeinschaft unter und deshalb kann ich mich bei ihm geborgen fühlen, wie Robert Ley 1942 formulierte: »Warum liebt der deutsche Mensch Adolf Hitler? Weil er sich bei Adolf Hitler geborgen weiß – das Gefühl der Geborgenheit, das ist es!« (Ley, zit. n. Janka 1997, S. 349).

Dieses symbiotische Konzept von Führung und Gefolgschaft, von Einssein in der Volksgemeinschaft verführt durch sein regressives Angebot. Die Geborgenheit in der Gemeinschaft kann nur um den Preis der Verleugnung von Differenz und Antinomie in der gesellschaftlichen Wirklichkeit aufrechterhalten werden.

Ist das Beispiel der Hitlerrede wirklich aussagekräftig für die Einschätzung der nationalsozialistischen Volksgemeinschaft? Wie sah es in der NS-Realität mit der für die »arischen« Deutschen versprochenen Geborgenheit aus? »Der Alltag im Dritten Reich gab fast jeder Bevölkerungsschicht Anlaß, mit der eigenen sozialen und wirtschaftlichen Lage unzufrieden zu sein« (Kershaw 1981, S. 284f.). Versprechungen und Realität wichen zu sehr voneinander ab. »Die Hoffnungen, die der Nationalsozialismus geweckt hatte, konnte er nicht wirklich erfüllen. Statt der erwarteten gerechten Volksgemeinschaft und ›ordentlichen‹ Regierung bot er Privilegienwirtschaft, Bonzentum und Kompetenzchaos« (Peukert 1982, S. 52). »Die NS-Alltagsszene wurde weiterhin von sozialen Spannungen und Antagonismen jeder Art bestimmt« (Kershaw 1981, S. 286).

Weil die Interessengegensätze im Alltag nicht aufhebbar waren, konnte die Harmonie nur fiktiv bleiben, sie musste durch Inszenierungen, Feste, KdF-Reisen, kosmetische Verbesserungsmaßnahmen wie zum Beispiel durch die Aktionen des Amtes »Schönheit der Arbeit«, durch Lagererlebnisse, Film, Radio am Leben erhalten werden.

> »Die Suggestion und Inszenierung von Gemeinschaftlichkeit musste als Abschlagszahlung für die weiterhin ferne Volksgemeinschaftsutopie herhalten. Massenrituale und Massenorganisationen mussten in immer neuen Kampagnen die jetzt auf das ganze Volk ausgedehnte Dynamik auf Touren halten« (Peukert 1982, S. 222),

und die Macht dieser Inszenierungen nutzte sich ab. Deshalb ist lange Zeit die Integrationskraft des Volksgemeinschaftsmythos für die NS-Gesellschaft bestritten worden. Norbert Frei hat demgegenüber auf die Realität stiftende Macht der Gefühle verwiesen:

> »Der permanente sozialpolitische Aktionismus und eine egalitäre Propaganda stifteten ›affektive Integration‹ [...]. Eine der bemerkenswertesten Erfolge nationalsozialistischer Sozial- und Gesellschaftspolitik bestand in der Verbreitung des *Gefühls* sozialer Gleichheit« (Frei 2005, S. 114).

Die symbolischen Inszenierungen der Volksgemeinschaft hatten ganz reale Auswirkungen. Die Attraktion des Nationalsozialismus ist nur zu verstehen über die Psychologisierung der Politik, die Bedeutsamkeit, die dem subjektiven Erleben verliehen wurde. Das Gefühl, der Wille, der Glaube wurden über die Realität gesetzt bzw. behauptet, das Gefühl könne die Wirklichkeit verändern: Man gewinnt den Krieg, wenn der Wille nur eisern, der Glaube nur fanatisch genug ist. Die Harmonie in der Volksgemeinschaft wird wirklich, wenn wir daran glauben und wenn wir sie gemeinsam erleben und dabei den konfliktträchtigen Alltag außer Kraft setzen:

> »In der außeralltäglichen Sphäre der Politik vermochte das Regime [...] die ersehnte Einheit des Volkes in erstaunlichem Maße zu suggerieren und den Blick von der Konflikt-Sphäre des Alltags – jedenfalls zeitweilig – abzulenken. In der außeralltäglichen Sphäre spielten Ablehnung und Opposition so gut wie keine Rolle« (Kershaw 1981, S. 286).

Hergestellt wurde dieses Gemeinschaftserleben beispielsweise durch Aktionen wie die Eintopfsonntage, bei denen Direktoren und Arbeiter gemeinsam Suppe löffeln, die Winterhilfe mit dem Motto »ein Volk hilft sich selbst«, die lückenlose Abfolge von Festen und Feiern der Volksgemeinschaft, die beschworene Solidargemeinschaft der Kämpfenden und der Zivilbevölkerung im Krieg, das Projekt des KdF-(Volks)Wagens für alle (für 1.000 Reichsmark), durch klassenübergreifende Organisationen wie BdM, HJ, Arbeitsdienst, durch die von fast allen geteilte Erfahrung von Lagerleben. In den meisten Fällen wurde die Egalität zwar nur symbolisch demonstriert und nicht in der Realität durchgesetzt, aber dies zeigte dennoch große Wirkungen, wie Frei (2005, S. 115) resümiert: »Zwar bedurfte es ihrer unentwegten Mobilisierung – aber wo diese erfolgte, war die ›Volksgemeinschaft‹ mehr als ein Mythos.«

Den Erfolg der Volksgemeinschaftspropaganda wie ihr Überleben in der Nachkriegszeit demonstriert auch der Autobahn-Mythos. Warum wurde das »Aber die Autobahnen ...« zum Hauptargument, das zur Verteidigung der Nazi-Zeit angeführt wurde? Der hohe positive Stellenwert, den die Autobahnen im Nachkriegsgedächtnis einnahmen, hat nur wenig mit dem behaupteten realen Nutzen zu tun und viel mehr mit den Erlebnisqualitäten, die sich mit den »Straßen des Führers« verbanden.

Der Autobahnbau wurde zum Symbol des erfolgreichen Kampfes gegen die Arbeitslosigkeit gemacht, weil sie gegenüber anderen, weit bedeutsameren wirtschaftlichen Maßnahmen den entscheidenden Vorteil hatte, die tätige, einige, starke Volksgemeinschaft anschaulich demonstrieren zu können.

Immer wieder wurde im Rückblick die Zerrissenheit, das Chaos der Weimarer Zeit beschworen. Dann kommt der Führer und stellt mit der Autobahn Einheit und Harmonie her: »Majestätisch wird sie in Jahrhunderten kündigen von der Zeit der Einigung des Deutschen Reiches« (zit. n. Schütz/Gruber 1996, S. 62). Die Autobahnen werden als die Adern des Volkskörpers beschrieben: »›Adern vergleichbar, durch die Lebenssäfte strömen‹, lassen sie das Volk ›körperlich eins werden‹« (ebd., S. 127).

Zentrales Moment des Autobahnmythos ist – wie bei dem Siedlungsprojekt meines Großvaters – die aktive Gemeinschaftsleistung: Wir haben die Autobahnen gemeinsam gebaut. Der Nationalsozialismus hat diese vorher in uns schlummernden Kräfte zum Leben erweckt und sie zu einer gewaltigen kreativen Gemeinschaftsleistung zusammengefügt. Das deutsche Volk wird erlöst aus der Rolle des passiv Erleidenden und zum fiktiven Akteur, zum Erbauer der Autobahn gemacht. Die Dominanz des Autobahnmythos nach 1945 belegt, wie präsent die enthusiastisch und stolz sich selbst feiernde Volksgemeinschaft im kollektiven Gedächtnis blieb.

Integration durch Ausmerzung der »Gemeinschaftsfremden«

Aber fühlten sich die nicht-jüdischen Deutschen wirklich sicher und geborgen in der Volksgemeinschaft? Im letzten Teil dieses Beitrags soll es nun nicht mehr um die positiven Strategien zur Integration gehen, sondern um die Herstellung der Volksgemeinschaft durch Ausgrenzung und Ausmerzung von »Gemeinschaftsfremden«.

»[T]rotz mancher Widerstände dagegen, setzte sich eine Gesellschaftspolitik der inneren ethnischen, sozialen und politischen Säuberung durch« (Knoch 2004, S. 45). Eine immer radikaler werdende Politik der Verfolgung und Ausmerzung sollte die reine einige Volksgemeinschaft verwirklichen: »Anstelle des versprochenen einigenden nationalen Aufbruchs grenzte er [der Nationalsozialismus, G.B.] immer erneute Verfolgungsobjekte aus« (Peukert 1982, S. 52).

Es gab eine breite Zustimmung zur Gewalt und zum Terror, wenn sie sich gegen sogenannte Gemeinschaftsfremde richteten und mit der Wiederherstellung der Ordnung legitimiert wurde – das belegt zum Beispiel der Popularitätsschub des Regimes nach der Ermordung Röhms und 80 anderer früherer Parteigenossen. Ebenso wurde die Verfolgung und Terrorisierung der Linken 1933/34 mit großem Beifall bedacht. Das gilt auch für den Terror gegen Zigeuner, Asoziale, Homosexuelle und Kriminelle. Duldung und tödliche Indifferenz wurde gegenüber der Ausgrenzung, Ausraubung, Entrechtung, und schließlich Vernichtung der Juden an den Tag gelegt.

Den Erfolg des Ausmerzungsprogramms zeigt auch die aktive Teilnahme an Pogromen, an Ausgrenzungs- und Vernichtungsaktionen, die aktive und höchst freiwillige Beteiligung an der Sterilisation von 400.000 Menschen durch Mediziner, Pfleger, Fürsorger und an der Auslese von zu lebensunwert Erklärten, die unmenschliche Behandlung von Kriegsgefangenen und Zwangsarbeitern durch einen hohen Anteil der Bevölkerung, die hohe Denunziationsrate.

Ebenso wie die Autobahnen wurden nach 1945 die gewalttätigen Ordnungspraxen des Regimes zu seiner Erfolgsgeschichte gezählt und ungebrochen idealisiert: Drakonische Strafen haben die Kriminalität wirksam eingedämmt, die Arbeitsscheuen hat man in Lager gesteckt und erzogen – die Terrorpraxen wurden auch im Nachhinein als Garant für Sicherheit und Ordnung gesehen. Diese nachträgliche Idealisierung scheint dafür zu sprechen, dass die Projektion alles Inakzeptablen und Verhassten insbesondere auf die Juden gelungen ist und zwischen sich selbst als selbstgewissem »arischen« Volksgenossen und den »lebensunwerten Untermenschen« eine klare Trennwand gezogen werden konnte. Diese klare Grenzziehung hätte es ermöglicht, dass man sich in der deutschen Volksgemeinschaft mit der richtigen, »arischen« Rassezugehörigkeit sicher und geborgen fühlen konnte.

Gab es wirklich diese selbstverständliche Überzeugung von der eigenen Überlegenheit und dem Recht auf Ausmerzung alles für minderwertig Erklärten? Kann es nicht sein, dass die Zustimmung zum Terror und die eigene Beteiligung an der Ausmerzung nicht nur ein narzisstischer Triumph der Bestätigung eigener Machtvollkommenheit darstellte, sondern auch zur Abwehr der Ängste diente, selbst zu den lebensunwerten Gemeinschaftsfremden erklärt zu werden? In meinem letzten Abschnitt diskutiere ich diese Fragen und ziehe ein Beispiel heran: die Mütterratgeber Johanna Haarers von 1934 und 1936.

Die Erinnerung an die rassistische Politik des Nationalsozialismus fokussierte in den letzten Jahren die Vernichtung der Juden. Das zeigt sich in der Mahnmal-Diskussion, in der »holocaust education«, in der Allgegenwart der Diskussion über Antisemitismus. Dabei ist der Sozialrassismus des Nationalsozialismus in den Hintergrund gerückt. Jedoch, »Rassismus bedeutet nicht nur die Diskriminierung ›fremder Völker‹, sondern auch die ›Aufartung‹ des eigenen Volkes, angestrebt durch Diskriminierung von ›Minderwertigen der eigenen ethnischen Gruppe‹« (Bock 1986, S. 16). Vor allem ab 1940 führte die geplante rassische und soziale Sanierung des deutschen Volkskörpers zu einer immer stärkeren und willkürlicheren Ausweitung der Selektionskriterien und trug die Gefahr von Exklusion in die Mitte der Gesellschaft. Norbert Frei schreibt über die »Euthanasie«-Aktionen:

> »Die Befürchtungen besonders älterer Menschen, die Aktionen könnten sich schließlich gegen jeden richten, der keinen Nutzen mehr für die Allgemeinheit erbringe, traf im Grunde zu: Mit dem fortschreitenden Krieg wurde das Euthanasieprogramm auf immer weitere Gruppen ›gesellschaftlich Unbrauchbarer‹ ausgedehnt. […] getötet wurden schließlich auch sogenannte Asoziale, Kriminelle, Psychopathen, Homosexuelle, Kriegshysteriker, erschöpfte Fremdarbeiter und bettlägerige Alte« (Frei 2005, S. 120).

Diese Ausweitung der Selektion von »Unwerten« zeigt sich auch in der Sterilisationspolitik, in der Sozialarbeit und Psychiatrie, in der Behandlung der Mutterkreuz-Empfängerinnen. Mit dem 1944 geplanten

»Gesetz gegen Gemeinschaftsfremde« konnte schließlich fast jeder unter die Kriterien fallen, die eine Ausgrenzung aus der Volksgemeinschaft rechtfertigten (vgl. dazu nach wie vor unübertroffen Peukert 1982).

Die Geborgenheit in der Volksgemeinschaft wurde so immer prekärer, zumal nicht nur die Selektionskriterien, sondern auch die Bedrohung eskalierte. Die Ausgrenzung als lebensunwert hatte immer massivere Folgen (KZ-Haft, Sterilisierung und Tötung). Allerdings ist Frei der Auffassung, dass der »Monstrosität des nicht nur nach außen, sondern auch nach innen, gegen die Deutschen selbst gerichteten sozial- und rassebiologischen Projekts« mit »kollektiver Erkenntnisverweigerung« begegnet wurde und deshalb das Gefühl »eigenen, persönlichen Bedrohtseins« (Frei 2005, S. 121) kaum entstand. Auf der bewussten Ebene mag das richtig sein. Aber ein sicheres Gefühl von Zugehörigkeit zur nationalsozialistischen Volksgemeinschaft konnte sich nicht entwickeln, weil die richtige Rassenzugehörigkeit keine Garantie für die Anerkennung als Volksgenosse darstellte. Der Wert des Menschen bestimmte sich nach seinem Nutzen und seiner Leistung für die Volksgemeinschaft, den er ständig demonstrieren und neu unter Beweis stellen musste.

Wie virulent die Ängste waren, bei Versagen selber in die Kategorie der Minderwertigen zu rutschen, lässt sich zum Beispiel an den während der NS-Zeit äußerst erfolgreichen Erziehungsratgebern von Johanna Haarer zeigen (genauer dazu Brockhaus 2006, 2008). Haarer arbeitet in ihren Ratgebern ebenfalls mit der Attraktion des Volksgemeinschaftsversprechens: Sie beschwört die Solidarität und Egalität der durch ihre völkische Aufgabe (des Gebärens und der Aufzucht von Kindern) vereinigten Frauen: »Wie von unsichtbarer Hand hinweggeräumt versinken alle künstlichen Schranken, die zwischen den Frauen errichtet sind« (Haarer 1938, S. 5).

Die »deutsche Mutter« beschreibt sie als überlegene, niemals unsichere Feldherrin und alleinige Gebieterin in ihrem Hoheitsbereich Familie. Bei näherer Betrachtung weist das Bild der überlegenen »arischen« Herrscherin jedoch Sprünge und Risse auf. Der Subtext bei Haarer beschreibt die »deutsche Mutter« als von tiefen Ängsten vor Versagen und eigener Minderwertigkeit durchdrungen. Denn nur die perfekte

Mutter ist eine echte deutsche Mutter. Haarer formuliert einen nicht enden wollenden Leistungskatalog. Die Mutter ist pflichtbewusst, von unermüdlichem Fleiß, ordentlich, mutig, kaltblütig, tapfer, besonnen, Alkohol-, Nikotin-, Vergnügungsabstinent, ohne Schwäche und Zweifel. »›Es geht nicht‹ sollte im Wörterbuch einer Mutter nicht vorkommen« (ebd., S. 104). Hat sie Angst, spürt man ihre Unsicherheit, ist sie keine »echte Frau«, keine »rechte deutsche Mutter«.

Ist sie in der Lage, Kinder großzuziehen, die der Volksgemeinschaft nützen? Die Mutter wird für alle Fehler und Schwächen des Kindes verantwortlich gemacht. Charakterliche Mängel des Kindes beweisen die Unfähigkeit der Mutter. Jedoch sind die Erziehungsziele so hochgesteckt, dass sie nicht erreicht werden können. Die Mutter muss scheitern. In ihrer eigenen Fehlbarkeit wie in den Mängeln des Kindes wird das »bedrückende Gefühl eigener Minderwertigkeit« (Haarer 1938, S. 121) ständig an die Frau herangetragen, das rassistische Selektionsdenken schlägt auf die »deutsche Mutter« zurück. Gleichzeitig wird jedoch immer wieder gesagt, dass die deutsche Mutter Angst und Unsicherheit nicht kennt und jeder Anflug von Schwäche als Beweis von Entartung und Instinktlosigkeit zu werten ist – ein unauflöslich scheinendes Dilemma.

Der Ausweg ist, die Seite von Schwäche und Angst vor Minderwertigkeit vollständig zu verleugnen und alles Negative im Außen zu verorten und so von sich fernzuhalten. Der Selbstzweifel am eigenen und am Lebenswert des eigenen Kindes verführt zum Versuch der Kanalisierung dieser Ängste mittels rassistischer Projektionen. Aber bei Haarer bleiben die rassisch Fremden nicht die einzig Minderwertigen: Von Haarer ausgegrenzt und der Verachtung preisgegeben werden auch die Faulen, die Eitlen, die Egoisten, die Weinerlichen, die Weichen, die Dicken und natürlich vor allem die Mütter, die Erziehungsfehler begehen. Das bedeutet, dass die Grenzziehung zu den »Unwerten« scheitert und wegen dieser existenziellen Bedrohung erneute Abwehrleistungen erforderlich sind.

Die Aufwertung und der narzisstische Gewinn aus Herrschaft, Gewalt und projektivem Hass werden gebraucht, weil sie Ängste vor eigener Minderwertigkeit kurzfristig lindern können. Die Lektüre von

Haarer legt nahe, dass das rassistische Denken einer Aufteilung der Welt in »Lebenswerte« und »Unwerte« bis in das Seelenleben der Einzelnen durchgedrungen ist. Das Gefühl der Geborgenheit in der arischen Volksgemeinschaft kann sich nicht dauerhaft einstellen, weil der eigene Lebenswert niemals sicher garantiert ist. Gerade diese Unsicherheit verstärkt die Bereitschaft zur Identifikation mit rassistischen Mustern. Die negative Strategie zur Herstellung der Volksgemeinschaft mittels Ausgrenzung und Ausmerzung ist, da sie auf tiefen und unbewussten Ängsten basiert, sehr wirksam.

Literatur

Abel, Thedore (1938): Why Hitler came into Power. An Answer Based on the Original Life Stories of Six Hundred of His Followers. New York (Prentice Hall).
Adorno, Theodor W. (1973): Studien zum autoritären Charakter. Frankfurt/M. (Suhrkamp).
Aly, Götz (2005): Hitlers Volksstaat. In: Schlag, Thomas & Scherrmann, Michael (Hg.): Bevor Vergangenheit vergeht. Schwalbach (Wochenschau), S. 64–72.
Aly, Götz (2006): Hitlers Volksstaat. Raub, Rassenkrieg und nationaler Sozialismus. Frankfurt/M. (Fischer).
Bock, Gisela (1986): Zwangssterilisation im Nationalsozialismus. Opladen (Westdeutscher Verlag).
Brockhaus, Gudrun (1997): Schauder und Idylle. Faschismus als Erlebnisangebot. München (Antje Kunstmann).
Brockhaus, Gudrun (2006): »Dann bist Du verloren, liebe Mutter!« Angst und Rassismus in NS-Elternratgebern. In: Diehl, Paula (Hg.): Körper im Nationalsozialismus. Bilder und Praxen. München (Fink), S. 33–50.
Brockhaus, Gudrun (2008): Die deutsche Mutter in Johanna Haarers NS-Erziehungsratgebern – eine sozialpsychologische Untersuchung. In: Krauss, Marita (Hg.): Sie waren dabei. Mitläuferinnen, Nutznießerinnen, Täterinnen im Nationalsozialismus. Göttingen (Wallstein), S. 23–41.
Domarus, Max (Hg.) (1987): Hitler. Reden und Proklamationen 1932–1945. Erster Band 1932–1934. Leonberg (Pamminger & Partner) 1973.
Frei, Norbert (2005): 1945 und wir. Der Nationalsozialismus im Bewusstsein der Deutschen. München (Beck).
Friedländer, Saul (1984): Kitsch und Tod. Der Widerschein des Nazismus. München (dtv).
Fritzsche, Peter (2002): Wie aus Deutschen Nazis wurden. München (Ullstein).
Fromm, Erich (1983): Die Furcht vor der Freiheit. Frankfurt/M., Berlin, Wien (Ullstein) 1945.
Haarer, Johanna (1938): Die deutsche Mutter und ihr erstes Kind. München (Lehmann) 1934.
Haarer, Johanna (1939): Unsere kleinen Kinder. München (Lehmann) 1936.
Janka, Franz (1997): Die braune Gesellschaft. Ein Volk wird formatiert. Stuttgart (Quell).

Kershaw, Ian (1998): Hitler 1889–1936. Stuttgart (DVA).
Knoch, Habbo (2004): Die Tat als Bild. Fotografien des Holocaust in der deutschen Erinnerungskultur. Hamburg (Hamburger Edition).
Mitscherlich, Alexander & Mitscherlich, Margarete (1977): Die Unfähigkeit zu trauern. Grundlagen kollektiven Verhaltens. München (Piper).
Peukert, Detlev (1982): Volksgenossen und Gemeinschaftsfremde. Anpassung, Ausmerze und Aufbegehren unter dem Nationalsozialismus. Köln (Bund).
Schütz, Erhard & Gruber, Eckhard (1996): Mythos Reichsautobahn. Bau und Inszenierung der ›Straßen des Führers‹ 1933–1941. Berlin (Ch. Links).
Verhey, Jeffrey (2000): Der Geist von 1914 und die Erfindung der Volksgemeinschaft. Hamburg (Hamburger Edition).
Welzer, Harald; Moller, Sabine & Tschuggnall, Karoline (2002): »Opa war kein Nazi«. Nationalsozialismus und Holocaust im Familiengedächtnis. Frankfurt/M. (Fischer).
Wildt, Michael (2007): Volksgemeinschaft als Selbstermächtigung. Gewalt gegen Juden in der deutschen Provinz 1919 bis 1939. Hamburg (Hamburger Edition).

Eiszeit – Vereinsamungsangst durch Arbeitsverlust

Eine analytische Betrachtung im Komplex von Globalisierung und Prekarität

Uwe Langendorf

> »Das Rad an meines Vaters Mühle brauste und rauschte schon wieder recht lustig, der Schnee tröpfelte emsig vom Dache, die Sperlinge zwitscherten und tummelten sich dazwischen; ich saß auf der Türschwelle und wischte mir den Schlaf aus den Augen, mir war so recht wohl in dem warmen Sonnenscheine. Da trat der Vater aus dem Hause; er hatte schon seit Tagesanbruch in der Mühle rumort und die Schlafmütze schief auf dem Kopfe, der sagte zu mir: ›Du Taugenichts! Da sonnst du dich schon wieder und dehnst und reckst dir die Knochen müde, und lässt mich alle Arbeit allein tun. Ich kann dich hier nicht länger füttern. Der Frühling ist vor der Türe, geh auch einmal hinaus in die Welt und erwirb dir selber dein Brot.‹ – ›Nun‹, sagte ich, ›wenn ich ein Taugenichts bin, so ist's gut, so will ich in die Welt gehen und mein Glück machen‹« (Eichendorff 1826, S. 5).

Damit beginnt die Erzählung von Eichendorff *Aus dem Leben eines Taugenichts* von 1826. Es ist die heiter-romantische Beschreibung einer tragischen Gestalt, eines Ausgestoßenen, und es bedarf mehrerer Wunder, um den verlorenen Sohn doch noch ins Glück zu bringen. Und so endet die Erzählung – anders als oft im Leben – mit den Worten: »und es war alles, alles gut« (Eichendorff 1826, S. 101).

Der Taugenichts ist eine archetypische Gestalt, die für das analytische Verständnis eine besondere Herausforderung darstellt. Der Begriff drückt Ablehnung und Verachtung aus, aber wofür? Die Untauglichkeit kann auf einen Mangel an sozialer Kompetenz hinweisen, ebenso auf passive Verweigerung. Oder handelt es sich um Begabungen, die in der betreffenden Gesellschaft nicht wahrgenommen werden oder unerwünscht oder gefürchtet sind? Oder drückt der Begriff eine soziale Schmähung aus, eine Ausstoßung aufgrund kollektiver Projektion? In all diesen Fällen muss sich die Analyse an ihre Aufgabe erinnern, das systemkritische Potenzial der Psychoanalyse nicht aufzugeben.

Taugenichtse sind Menschen, die nicht in die Ordnung passen, die auf der Schwelle sitzen und hinausgewiesen werden. Es hat sie immer gegeben. Seit dem Ende des Mittelalters war immer ein Teil der Bevölkerung ohne Arbeit und feste Behausung. Die Industriegesellschaft hat neue Elendsmassen der Arbeitslosen oder Schlechtbezahlten hervorgebracht. Staat und Kirche hatten immer Mühe, die »Powertät« mehr zu verwalten als zu beseitigen Die Ausgeschlossenen stellten immer die andere Seite der ordentlichen Gesellschaft dar, ob sie feudal, bürgerlich oder postmodern genannt wird. Heute finden wir das organisierte Elend wieder in den Verhältnissen des Prekariats, bei Menschen, die in die Armuts- und Verschuldungsfalle geraten sind, ohne Arbeit und Einkommen oder als bedürftige Geringverdiener. Da die Schere zwischen Arm und Reich weiter auseinanderklafft, wächst die Masse des »abgehängten Prekariats« stetig an. Als Taugenichtse, Fortschrittsverlierer, Problemfälle oder Sozialschmarotzer wird ihre Situation individualisiert.

Viele Taugenichtse finden sich in unserer Praxis ein, Scheiternde. Nichts will klappen, nicht die Arbeit, nicht die Beziehung, nicht das Geld. Pechvögel. Finden keinen Job oder verlieren ihn wieder. Wir diagnostizieren vielleicht eine Arbeitsstörung. Aber liegt die Störung wirklich nur beim Patienten? Taugen die Taugenichtse nicht für die Arbeitswelt, oder taugt die Arbeitswelt manchmal nicht für die Menschen und wird zur Ursache für körperliche oder psychische Erkrankungen?

An dieser Stelle ist daran zu erinnern, dass das Verhältnis von individualanalytischer zu soziologischer und historischer Sichtweise immer wieder kritisch zu überprüfen ist. Wie können kollektive Prozesse in das Verständnis der Konflikte des Individuums Eingang finden? Freud scheint für eine klare Trennung und zeitliche Reihenfolge plädiert zu haben, wenn er auf den kritischen Einwand bezüglich der Wirkungslosigkeit der analytischen Kur gegenüber den realen Verhältnissen seinen Kranken antwortete:

> »Ich zweifle ja nicht, dass es dem Schicksale leichter fallen müsste als mir, Ihr Leiden zu beheben: aber Sie werden sich überzeugen, dass viel damit gewonnen ist, wenn es uns gelingt, Ihr hysterisches Elend in gemeines Unglück zu verwandeln. Gegen das letztere werden Sie sich mit einem wiedergenesenen Seelenleben besser zur Wehre setzen können« (Freud 1895, S. 312).

Es gibt bisher wenige analytische Veröffentlichungen, die sich speziell mit Problemen der Arbeits- und Sozialwelt befassen. Aber haben nicht äußere Umstände wie Kündigung, Mobbing, Lohnkürzung Auswirkungen auf den Verlauf analytischer Behandlungen? Scheitern wir nicht manchmal an der Übermacht der Umstände? Denken wir auch an die Auswirkungen eines destruktives Milieus, sei es am Arbeitsplatz, wo Konkurrenzneid herrscht, sei es in Armutsbezirken, wo dumpfe Wut und Resignation vorherrschen.

Es gibt gute Gründe, die Arbeitswelt auf krank machende Faktoren zu untersuchen. Wie Bruder-Bezzel beschrieben hat, besteht ein Zusammenhang zwischen Arbeitslosigkeit und Erkrankungshäufigkeit, sowohl für körperliche wie seelische Störungen, zum Beispiel Depressionen und Suizidalität (Bruder-Bezzel 2005, S. 55). Dass das Arbeitsmilieu krank machend sein kann, zeigt auch die neuere Stressforschung. Es wurde nachgewiesen, dass fehlende Anerkennung die Krankheitshäufigkeit steigert, ebenso die Angst vor Arbeitsverlust (Dragano 2008, S. 28).

Barwinski hat Arbeitslosigkeit als kumulative Traumatisierung beschrieben (Barwinski 1992, S. 316). Der Arbeitslose verliert seine berufliche Identität, seine soziale Einbettung, sein Einkommen. Arbeitslose schämen sich, halten sich für Versager oder grollen der Umwelt und glauben sich verachtet, ziehen sich zurück, und die Isolation vertieft ihr Minderwertigkeitsgefühl. Sie werden abhängig von Unterstützung und sind zu demütigenden Zugeständnissen gezwungen. Verzweifelt suchen sie oft nach irgendeiner Arbeit, die ihnen dann sinnlos erscheint. Sinnlose Arbeit aber bestärkt das Gefühl, selbst sinnlos zu sein.

Fabricius beschreibt Verachtung als Mittel zur Festigung von Standes- und Besitzdifferenzen:

> »Verächtlichmachen sorgt für eine Vergrößerung sozialer Distanz. Indem Kategorien für Verachtete etabliert werden, wird die gesellschaftliche Struktur verändert, werden dauerhafte Positionen geschaffen, auf die man Individuen versetzen kann« (Fabricius 2008, S. 1054f.).

Vielleicht wird die Wirksamkeit kollektiver Verachtung in analytischen Studien zu wenig berücksichtigt. Möglicherweise erklärt sich die Abstinenz vieler Kollegen in Bezug auf soziale Fragestellungen auch damit, dass sie die soziale Umwelt als eine relativ unveränderliche Matrix des psychischen Geschehens ansehen und daher glauben vernachlässigen zu müssen. Mir scheinen jedoch vor allem in den letzten 10 bis 15 Jahren Wandlungen in unserer sozial-ökonomischen Welt in Gang gekommen zu sein, die vermehrt zu psychischen Störungen führen und daher auch unsere Arbeit betreffen: Unter der Flagge der »Globalisierung« lässt sich eine zunehmende Umstrukturierung unserer Arbeitsgesellschaft beobachten. Dazu ist einschränkend zu sagen, dass »Globalisierung« in vielerlei Zusammenhängen genannt wird und zu einem schillernden Begriff geworden ist. Ursprünglich bezeichnet »Globalisierung« eine neue »neoliberal« genannte Weltwirtschaftsordnung. Als Eckpunkt kann die Gründung der WTO (World Trade Organisation) 1994 angenommen werden. Von ihr wurde ein globaler Wirtschaftsaufschwung erwartet, von dem alle Beteiligten profitieren würden. Man sprach von »der steigenden Flut, die alle Boote emporheben wird« (Mander 2002, S. 10). Vom Ökonomischen hat sich der Begriff auf viele andere Bereiche unserer Zivilisation ausgedehnt, ermöglicht durch die Entwicklung der Informationstechnologie und des Internets. Erst durch sie wurden die technischen Möglichkeiten geschaffen, Informationen rund um den Erdball ohne Zeitverzögerung zu koordinieren und zu kontrollieren. Morgenroth spricht von einem »Wandel von der Industriegesellschaft zur Informationsgesellschaft« (Morgenroth 2005, S. 992), in der das Erleben einer konstanten Beschleunigung in ein »Zeiterleben der Simultaneität übergeht. Gemeint ist ein Umschlagen von linearer Zeit in eine Form der Zeitverdichtung und gleichzeitigen Entzeitlichung, das sich mit dem Begriff der Fragmentierung des Zeiterlebens beschreiben lässt« (ebd., S. 993f.).

Im Zusammenhang mit der Globalisierung lässt sich von einem

soziokulturellen Paradigmenwechsel sprechen. Die Prinzipien diese Wandels lassen sich zusammenfassen in: Liberalisierung, Deregulierung, Flexibilisierung, Individualisierung und Beschleunigung. Es geht um eine neue Denkweise, ein neues Wertesystem.

Bisher beruhte unsere Arbeitswelt auf den Prinzipien erstens der »handwerklichen Einstellung« (Sennett 2005, S. 12): sich mit seiner Tätigkeit zu identifizieren und sie nach bestem Können auszuführen, und zweitens dem Solidarvertrag: Jeder leistet auf seinem Platz, was ihm möglich ist, und erhält von der Solidargemeinschaft so viel Unterstützung, wie er braucht Auf dieser Grundlage arbeiten auch wir Analytiker im Rahmen des kassenärztlichen Versorgungssystems.

Die Idee der Solidargesellschaft lässt sich bis in die Zeit Bismarcks zurückverfolgen. Nach Sennett diente der »soziale Kapitalismus«, wie Bismarck ihn konzipierte, der sozialen Integration der Massen (Sennett 2005, S. 90), um den sozialen Gefahren der Proletarisierung und der politischen Gefahr der Sozialistenbewegung entgegenzuwirken. Durch weiteren Ausbau der »Wohlfahrtskultur« (Butterwegge 2005, S. 44) entstanden die Grundzüge einer Solidargesellschaft, die auf dem Generationenvertrag und dem Gleichgewicht zwischen Arbeitsleistung und Risikoabsicherung beruhte. Darüber hinaus bedeutete die Solidargesellschaft auch eine Humanisierung des Sozialen: Sie vertiefte das Gefühl der sozialen Einbindung, unterstützte die Bildung einer stabilen Identität und ermöglichte die Ablösung des Selbstwertes vom reinen Nutzwert der beruflichen Funktion.

Im Zuge der Globalisierung scheint der Wertekanon der Solidargesellschaft schrittweise durch die Prinzipien der Flexibilisierung und der Selektion abgelöst zu werden. Vielleicht stehen wir am Übergang von der Wohlfahrtskultur zu einer Selektionskultur. Nicht mehr handwerkliche Einstellung wird gefordert, sondern flexible Anpassung an wechselnde Aufgaben. Berufserfahrung, Betriebstreue, Identifikation mit dem Beruf könnten zum Hindernis werden. Zusammenhängende Berufsbiografien werden zur Ausnahme werden. Patchworkbiografien gehört die Zukunft. Jeder Einzelne soll sich als selbstverantwortlicher »Arbeitskraftunternehmer« auf dem Markt mit seiner Kreativität behaupten. Flexibel muss er dem Arbeitsangebot folgen und sein erlerntes

Wissen gegen neue Informationen eintauschen. »Lebensbegleitendes Lernen wird zum lohnenden Freizeitspaß«, sagte Ministerin Ulla Schmidt (2002, S. 11). Feste Bindungen könnten hinderlich sein, gefragt ist kommunikative Kompetenz.

Gleichzeitig ändern die großen Unternehmen ihre Struktur. Die Hierarchie wird »abgeflacht«, Teile werden ausgelagert oder in Untereinheiten umgewandelt, die eigenverantwortlich miteinander konkurrieren. Das neue Modell ist das »Projekt«. Eine Gruppe wird für eine bestimmte Aufgabe zusammengestellt. Sie bekommt nur einen Handlungsrahmen abgesteckt und muss ihre Arbeitsweise selbst entwickeln. Es können mehrere Projektgruppen für die gleiche Aufgabe angesetzt werden nach dem Prinzip: »The winner takes it all.« Im »Projekt« werden die Mitarbeiter sich gegenseitig wie eine Sportmannschaft antreiben und kontrollieren, also viel mehr Leistung aus sich herausholen als in einem herkömmlichen Betrieb. Damit nimmt der Leistungsdruck enorm zu (Morgenroth 2005, S. 992).

Dieses neue System kann positiv zur Befreiung von Kreativität, Eigeninitiative und narzisstischer Selbstentfaltung führen; negativ führt es, wie Ehrenberg beschreibt, zur narzisstischen Ausbeutung und Entleerung und schließlich zur depressiven Erschöpfung, dem Ausbrennen, »erschöpft von der Anstrengung, er selbst werden zu müssen« (Ehrenberg 2004, S. 4).

Wir können das Prinzip der Flexibilisierung fast rundum beobachten. Dauereinstellungen werden von Zeitverträgen abgelöst, Teilbereiche von Betrieben durch Leiharbeitsfirmen bedient, mit schlechteren sozialen Konditionen. Spätestens mit 50 werden Menschen aus dem Arbeitsleben gedrängt. Rationalisierungen führen zu kalten Kündigungen, Löhne werden bis unter das Existenzminimum heruntergefahren, sodass auch Vollbeschäftigte auf zusätzliche Jobs oder Sozialleistungen angewiesen sind (working poor). Langzeitarbeitslose haben kaum eine Chance, wieder Arbeit zu finden. Die große Masse der Arbeitslosen wird aufgefangen von Maßnahmen der Arbeitsämter, die mehr der Beschäftigung als der Vermittlung dienen.

Die »Schere« zwischen Arm und Reich hat sich in den letzten 30 Jahren immer weiter geöffnet. Real ist die Schicht der geringer Verdienenden in den letzten Jahren ärmer geworden bei steigenden Preisen. Die staatlichen Reformen der letzten zehn Jahre haben hierzu kräftig beigetragen, und wir hören immer wieder: »Die Reformen gehen noch nicht weit genug, verkrustete Strukturen müssen aufgebrochen werden.« Gemeint ist damit, dass die verbliebenen sozialen Sicherungen noch weiter zurückgefahren werden müssen.

Nach Bude wird ein Teil unserer Gesellschaft dauerhaft aus dem Arbeits- und Sozialleben ausgeschlossen (Bude 2008, S. 9). Ausschluss ist nur ein anderes Wort für sozialen Tod.

All diese Veränderungen werden mit der Globalisierung gerechtfertigt. Unser Land müsse im globalen Wettlauf mithalten, und hierfür müssten Opfer gebracht werden. Die kriegerische Sprache ist nicht zu überhören.

Mit dem Titel *Eiszeit* will ich sagen, dass in unsere Gesellschaft eine neue Kälte eingezogen ist. Die Solidargesellschaft wird Schritt für Schritt durch eine Selektionsgesellschaft abgelöst. Wenn in unserer Gesellschaft soziale Kälte zum Prinzip wird, können wir als analytische Therapeuten davon nicht unberührt bleiben. Das Problem stellt sich konkret, wenn wir mit den Ausgeschlossenen zu tun haben.

Wer sind diese Ausgeschlossenen? Man verweist auf die Bildung, die jedoch nur bedingt vor Ausschluss schützt. Wir finden die Ausgeschlossenen in allen Schichten und Berufen, vom Arbeiter bis zum Akademiker. Ausgeschlossene befinden sich in einer Situation realer Ohnmacht und kämpfen mit einem Komplex von Wut und Scham, wobei sich beide Affekte gegenseitig verstärken (Bohleber 2008, S. 835). Sie werden isoliert und isolieren sich selbst, sie werden verachtet und verachten sich als Versager.

Arbeitslosigkeit traumatisiert. Die Betroffenen verarbeiten dies je nach ihrer neurotischen Grundstruktur, bauen es in ihre Schicksalserzählung ein, teils depressiv: Sie sind schuld, sie haben versagt – teils paranoid: Sie werden schikaniert und benachteiligt. Fast immer, so mein Eindruck, wird die persönliche Komponente überbewertet. Es ist wohl leichter zu ertragen, das »gemeine Unglück« auf eigenes Versagen oder bösen Willen eines Mächtigeren zurückzuführen, als sich als Opfer anonymer Willkür und der kalten Macht des Marktes zu sehen.

Als Analytiker geraten wir in ein Dilemma. Wir müssen uns fragen, ob nicht die sozialen Werte der Globalisierungsgesellschaft den Grundlagen unseres Selbstverständnisses als Analytiker widersprechen. Unsere Arbeit beruht auf dem Solidarprinzip: Jeder bekommt die Hilfe, die er braucht. Die Selektionsgesellschaft muss nach einem anderen Prinzip verfahren: optimale Hilfe nur den Leistungsträgern, damit sie ihre Funktion weiter erfüllen, den Unbrauchbaren bliebe nur eine minimale Grundversorgung. Gleiche Leistung für alle würde dem Selektionsprinzip widersprechen, weil dies den Leistungsanreiz unterläuft. Das würde im Endergebnis zu einer Zweiklassenmedizin und zur Dehumanisierung der Gesellschaft führen. Damit wäre unserer analytischen Arbeit die moralische Grundlage entzogen.

Wie ist unsere Position? Wir dürfen nicht vergessen, dass wir selbst an der Entwicklung teilnehmen, ob wir das wollen oder nicht. Auch wer gegen den Strom schwimmt, wird mitgetragen, nur etwas langsamer. Die Frage nach unserer Position wird kontrovers beantwortet.

Brüggen (2006, S. 63) meint, die Psychoanalyse sei in ihren Anfängen der Motor der Modernisierung der Gesellschaft gewesen und werde jetzt zum Hort traditionell bürgerlicher Werte. Er fährt fort: »Offenbar fällt es der Analyse schwer, hier ebenso kompromisslos für die Enttraditionalisierung Partei zu ergreifen, wie sie es damals tat.« Und weiter: »Da ist es besonders fatal, wenn sich die Psychoanalyse der notwendigen Modernisierung des psychischen Apparates verweigert« (ebd., S. 66).

Konsequent führt er die Depression, die laut Ehrenberg (2004, S. 3) zum Leitsymptom unserer Gesellschaft geworden ist, auf die Angst vor der neuen Freiheit zurück. Ganz im Sinn des neuen Denkens fordert er, dass »in einer zunehmend enttraditionalisierten Welt [...] sich das Subjekt gerade dadurch verwirklicht, dass es in der Lage ist, sich seine eigenen neotraditionalen Gegenwelten selbst zu erschaffen und zu verteidigen« (Brüggen 2006, S. 76).

Damit scheint Brüggen den Kern des neuen Menschenbildes erfasst zu haben: Der Mensch wird als autonomer Schöpfer und Erhalter seines eigenen Selbst aufgefasst und soll eigenverantwortlich seine innere Konstanz und seine narzisstische Stabilität erhalten, ohne beständige Bindungen zu benötigen. Die geforderte »Modernisierung des psychischen Apparates«, um sich der Globalisierung anzupassen, wirft ein Licht auf die Verdinglichung, Vernützlichung und Dehumanisierung, die in dem Begriff aus der Unternehmersprache »Humankapital« zum Ausdruck kommt. Das Wort vom Arbeitslosen als »totem Humankapital ohne Rendite« hat in den Medien die Runde gemacht.

Die »Modernisierung des psychischen Apparates« kann man den neoliberalen Reformen des Sozialsystems an die Seite stellen. Beide werden unausweichlich durch die Globalisierung erzwungen, um nicht den Anschluss zu verpassen, so heißt es.

Bruder-Bezzel stellt sich der weit verbreiteten Auffassung entgegen, dass Psychoanalyse für soziale Fragen nicht kompetent sei. Sie benennt die Probleme der heutigen Massenarbeitslosigkeit und der prekären Beschäftigungsverhältnisse, die durch die Reformpolitik der letzten zehn Jahre verstärkt wurde, was zur Verschlechterung der sozialen Lage von Millionen Menschen geführt habe. Sie schreibt:

> »Arbeitslosigkeit ist ein Risikofaktor erster Güte, körperlich, psychisch oder psychosomatisch krank zu werden oder zu bleiben [...] auch ein häufiger Wechsel zwischen Beschäftigung, Arbeitslosigkeit und Wiederbeschäftigung stellt eine besondere Belastung dar« (Bruder-Bezzel 2005, S. 54).

> »Auch Suicidversuche kommen bei Arbeitslosen 20mal häufiger vor als bei Arbeitenden« (ebd., S. 55).

Sie beschreibt die besonderen Probleme der Übertragung und Gegenübertragung, wenn Belastungen durch die soziale Situation sich in den Vordergrund drängen. Aber: »Dies ist jedoch kein Argument gegen die Notwendigkeit von Therapie und Analyse. Gerade Arbeitslose brauchen Therapie, um den Alp der Zukunft – neben dem der Vergangenheit – abzutragen« (ebd., S. 58). Morgenroth stellt zur Diskussion, ob

> »depressive Reaktionen [als Folge der Selbstausbeutung und Überforderung] nicht nur ein Ausdruck von individuellen Konflikten, sondern auch als Verweigerung von Anpassung und Kooperation zu verstehen [sein könnten], sie sind eine Antwort auf die gesellschaftliche Situation, die das Subjekt im Ringen um seine innere Autonomie zeigt« (Morgenroth 2005, S. 1009).

Während also Brüggen für eine »kompromisslose Modernisierung des psychischen Apparates« plädiert, um den Menschen von heute für die Globalisierung bereit zu machen, stellen Bruder-Bezzel und Morgenroth (neben anderen) die krank machende Potenz dieser Modernisierung heraus.

Wenn ich versuche, analytisch mit diesen Problemen umzugehen, bin ich ebenfalls mit der Übermacht des sozialen Drucks konfrontiert, der das Erleben der Betroffenen beherrscht. Die reale Ohnmacht des Patienten wird zu meiner therapeutischen Ohnmacht, die auch ich schwer aushalten kann. Das Ohnmachtsgefühl kann in der Gegenübertragung auf mehrere Weisen abgewehrt werden:

1. durch individualisierende Pathologisierung. Das entspricht meinem gelernten Handwerk am besten: Ich suche die eigentlichen Wurzeln der Wut und Scham, der Depression oder des Grolls in der individuellen Genese und leite den Komplex in die Übertragung, um ihn dort zu bearbeiten. Die Angst vor Kündigung wird zur Angst, vom Analytikervater verlassen zu werden; die Lohnkürzung wird zum Versiegen der Mutterbrust. Ohne Zweifel können so wichtige Komplexe bearbeitet werden. Ich fürchte aber, dass die übermächtige Realität meine Deutungsarbeit unterläuft und unwirksam macht. Der Patient mag sich in meiner therapeutischen Nische aufgehoben fühlen, aber die harte Realität auf dem Arbeitsamt spricht eine andere Sprache. So wird er sich in seiner Not nicht ernst genommen fühlen und mich nicht ganz ernst nehmen.
2. durch unbedingte Solidarisierung. Ich nehme engagiert an seinem Kampf gegen die Realität teil, fühle mit, empöre mich mit ihm. Er wird sich verstanden und bestärkt fühlen, da ich seine soziale Notlage ernst nehme. Aber nun spaltet sich die Welt in die Bösen draußen und die Guten drinnen; die neurotischen Anteile des Patienten sowie eigene neurotische Gegenübertragung bleiben unbewusst. Folge: Ich komme nicht weiter, und irgendwann werden die Wut und der Neid sich gegen mich kehren, und ich werde der Beschämte sein.
3. soziale Zielsetzung: Ich wehre die Ohnmacht ab, indem ich mich mit dem Ziel identifiziere, das ja dem Patienten am nächsten liegt:

Arbeit zu finden. Bald entdecke ich, dass er zu wenig Initiative entwickelt. Seine Arbeitsstörung wird zum Widerstand, den ich nun bearbeite. Je mehr ich mich ins Zeug lege, um so hartnäckiger wird der Widerstand. So gerate ich in eine sadomasochistische Kollusion.

4. Ich kann in die »Täter-Opfer-Falle« laufen: Der oder die Betroffene fühlt sich von den Mächtigen (Vorgesetzter, Amt usw.) sadistisch behandelt, was ohnmächtige Wut, Scham und Groll auslöst. Ich werde in meiner Gegenübertragung von einem ähnlichen Affekt überschwemmt. Der Patient scheint hilfloses Opfer, der Machtträger sadistischer Täter. Da ich nicht helfen kann, erscheine ich dem Patienten ebenfalls als sadistisch. Ich fühle mich ohnmächtig und unbewusst als Opfer des Patienten, weil er mich in diese quälende Situation bringt, in der ich mich hilflos fühlen muss.

Es ist wichtig, den Realanteil solcher Beziehungsfallen zu klären. Es gibt verschiedene Situationen, die in diese Falle führen können. Oft sind es gewisse Maßnahmen vonseiten der Oberen, die das Ohnmachtsgefühl besonders kränkend machen.

Zwei konkrete Beispiele: Eine junge Frau mit Berufsausbildung findet trotz hunderter Bewerbungen keine Stelle, lebt von ALG II. Sie zieht von Bezirk A nach Bezirk B; dort ist das Wohnen günstiger. Das Sozialamt B ist acht Wochen lang nicht in der Lage, ihren Fall zu bearbeiten. So erhält sie vom Amt A keine Unterstützung, dort wohnt sie nicht mehr, vom Amt B auch nicht, der Computer kennt sie noch nicht. Die ständig wechselnden Sachbearbeiter wissen nicht Bescheid; Übergangsgeld gibt es nicht. Acht Wochen ohne Geld für eine Mittellose ist extreme Härte.

Eine ältere MS-kranke Frau, die nur geringe Rente bezieht, beantragt einen Zuschuss. Die Sachbearbeiterin fordert immer neue Nachweise, die die Frau zum Teil schon mehrfach eingereicht hat, die aber sonderbarerweise in der Akte nie vorliegen, sodass ihr Antrag monatelang liegen bleibt. Die Beschwerdestelle des Amtes ist nie besetzt.

In beiden Fällen bin ich mit der hilflosen Wut des Opfers identifiziert und habe ein sadistisches Bild der »Täter«. Andererseits herrscht in manchen Ämtern ein Zwang zur Sparsamkeit auf Kosten der Menschlichkeit bis in die höchsten Stellen. Meine Fantasie vom sadistischen Täter ist eine Projektion.

Es handelt sich in diesen Fällen um eine typische Täter-Opfer-Deutungsfalle, in der der Affekt das Bild verzerrt. Dies anzuerkennen heißt aber das Ohnmachtsgefühl noch zu steigern, weil nun nicht einmal ein Objekt da ist, das man hassen und verachten kann.

In anderen Fällen scheint die Schuld bei der Arbeitsstörung des Patienten zu liegen, der zum Beispiel die Bewerbungen regelmäßig verzögert. Hier entsteht eine doppelte Hilflosigkeit. Ich fühle mich hilflos der hartnäckigen Verweigerung gegenüber, die jeder Deutung standhält; der Patient fühlt sich ebenfalls hilflos seiner Handlungslähmung ausgeliefert. Allmählich bekomme ich Wut, und es entsteht ein sadomasochistischer Clinch.

Ich berichte vom Fall eines jungen Mannes, dessen Vater nach lebenslanger Berufstätigkeit infolge eines wirtschaftlichen Umschwunges seine Arbeit verlor. Er wurde depressiv, fand schließlich eine andere Tätigkeit, stand unter Stress, starb plötzlich am Herzinfarkt. Mein Patient war durch den Tod seines Vaters traumatisiert, konnte seine Ausbildung lange nicht zu Ende bringen. So kam er schließlich zu mir. Als Berufsanfänger ohne Abschluss, mit einer ebenfalls arbeitslosen Partnerin, von Unterstützung lebend, hatte er sich aus Scham von allen zurückgezogen. Mithilfe der Therapie konnte er seine Ausbildung beenden, bewarb sich, aber erfolglos: zu alt, zu lange studiert, sein Fach überlaufen, keine Chance. Er versuchte es mit einem Vertreterjob, aber ebenfalls erfolglos, weil er an den Wert des Produkts selbst nicht glauben konnte. Inzwischen hatte er geheiratet und ein Kind, schämte sich aber, nur Hausmann zu sein, und bekam Potenzängste. Im Auftrag des Arbeitsamtes aussichtslose Bewerbungen zu schreiben, kränkte ihn, aber bot sich etwas Passendes, konnte er nicht zugreifen. Ich musste immer wieder meine Enttäuschungswut verarbeiten, damit ich seine Arbeitshemmung deuten konnte. Unbewusst fürchtete er, das Schicksal seines Vaters zu erleiden, den er als Opfer der Umstände erlebt hatte. Noch schwerer verstand ich, dass seine Verweigerung die einzige Möglichkeit war, seine innere Autonomie zu behaupten. So war er wenigstens selbst die Ursache seines Unglücks, statt ohnmächtig ausgeliefert zu sein.

Scheinbar glücklich müsste sich schätzen, wer einen festen Arbeitsplatz hat. Weit gefehlt! Eine Frau Mitte 50, in einem ehemals staatlichen Großbetrieb, bisher eine tüchtige und gewissenhafte Kraft, sieht sich von immer neuen Anforderungen und Umstrukturierungen überfordert. Wiederholt körperlich krank, am Rande der depressiven Erschöpfung glaubt sie, die Arbeit nicht mehr zu schaffen, würde aber, wenn sie in Ruhestand ginge, mit der Rente nicht auskommen und verarmen. Macht sie weiter, mit zusammengebissenen Zähnen, wird sie ihre Gesundheit vollends ruinieren.

In ähnlicher Lage findet sich ein Berliner Busfahrer, der den täglichen Pöbeleien und körperlichen Attacken seitens der (meist ausländischen) Fahrgäste nicht mehr gewachsen ist und mit nervlichen Krisen reagiert. Macht er weiter, riskiert er seine Gesundheit oder Schlimmeres, kündigt er, reicht seine Rente nicht aus zum Überleben.

In all diesen Fällen ist das Gefühl therapeutischer Ohnmacht angesichts der erdrückenden Situation schwer auszuhalten. Ich behaupte nicht, einen Ausweg aus dem Dilemma zu wissen. Hilfreich war mir ein Begriff von David Becker, den er methodisch in der Arbeit mit Folteropfern aus Chile entwickelt hat: »vinculo comprometido« (sich einlassende Bindung; Becker 1989, S. 48). Bei diesen Foltertraumatisierten besteht ebenfalls das Dilemma: entweder sich auf die professionelle Ebene zurückzuziehen und die soziale Gewalt auszublenden oder sich mit dem Opfer zu solidarisieren und seine neurotischen Verstrickungen wie auch die eigene Gegenübertragung zu ignorieren. »Vinculo comprometido« bedeutet engagierte Anteilnahme, Anerkennung der destruktiven Gewalt, die dem Opfer widerfahren ist, Unterstützung für seinen Kampf, aber zugleich Aufmerksamkeit für seine neurotischen Anteile und die eigene Gegenübertragung. Also Verzicht auf die Rolle des Guten oder des Rettungsboots.

Es kann auch helfen, sich von der Übermacht der Situation nicht einfangen zu lassen, wenn man verborgene Ressourcen entdeckt, die dem Patienten zur Verfügung stehen (könnten), kulturelle Interessen, Hobbys, Beziehungen. Das relativiert den Druck der Situation und führt ein drittes Element ein. Ich erlebe es als ein gutes Zeichen, wenn ein Arbeitsloser eine ehrenamtliche Tätigkeit übernimmt. Er findet darin Bestätigung und soziale Struktur, und manchmal entsteht daraus – ein kleines Wunder – auch eine bezahlte Tätigkeit. Ungünstig ist, wenn der Betroffene eine solche Möglichkeit entrüstet zurückweist. »Ich arbeite doch nicht für 'n Appel und 'n Ei.« Das kann ein Hinweis sein, dass Groll und Versorgungsanspruch überwiegen, dass auch Neid in der Übertragung eine größere Rolle spielt.

Bei dem jungen Vater mit der Arbeitshemmung hat die Suche nach Ressourcen einen Ausweg gebracht. Es ist ihm gelungen, eine ehrenamtliche Tätigkeit zu finden, die ihn ausfüllt, fordert und ihm das Gefühl gibt, ein Mann und Vater zu sein, »der morgens zur Arbeit geht«. (Sein kleiner Sohn hatte ihn schon gefragt: Papa, warum gehst du nicht zur Arbeit wie andere Papas?)

Nicht immer ist der Ausgang so glücklich. Besonders belastend sind Situationen, die objektiv keine Aussicht auf Besserung bieten und unvermeidlich ins soziale Abseits, in Einsamkeit und Verarmung führen. Betroffene leisten dieser Erkenntnis größten Widerstand. Sie täuschen sich lieber durch hektische Aktivitäten und aufgesetzte Zuversicht. Soll man sie in ihrer Illusion belassen?

Ich denke unter anderem an einen Mann Mitte 50, Akademiker, der als Selbstständiger mit großen Aufträgen gut verdient und sich einen Namen gemacht hat. In den letzten Jahren aber bleiben die Aufträge aus; das zurückgelegte Geld geht zur Neige. Versuche, eine Anstellung zu finden, sind wegen seines Alters und in seinem Metier fast aussichtslos. Leider hatte er versäumt, für sein Alter vorzusorgen, und hat nur eine minimale Rente zu erwarten. Er wusste das und verleugnete es zugleich, um seine Angst und Verzweiflung abzuwehren. Eine Ressource fand sich in dem Partnerproblem, das ihn ursprünglich zu mir geführt hatte. Im Innern hält er sich wegen seiner Erfolglosigkeit für einen Gescheiterten und verachtet sich, projiziert diese Verachtung auf seine Partnerin, was zu Potenzproblemen führt. Ich konnte ihm zeigen, dass diese Frau seine Verachtung nicht teilt und dass in der Beziehung eine Ressource liegen kann.

Die Frage »Was bleibt, wenn nichts mehr bleibt?« könnte eine immer größere Rolle spielen, wenn es zutrifft, dass in den kommenden Jahrzehnten ein wachsender Teil der Bevölkerung von Altersarmut betroffen sein wird, und zwar unausweichlich, wenn der Prozess der Globalisierung ungebremst weitergeht.

Ich nannte den Ausschluss durch Arbeitslosigkeit und Prekarität »sozialen Tod«. Die Selektionsgesellschaft wird eine immer größere Zahl sozial Toter zurücklassen. Dabei geht es nicht nur um materielle Not, sondern auch um soziale und kulturelle Verarmung. Der Mensch lebt nicht vom Brot allein, sondern auch von Beziehung und Anerkennung. Gerade dies wird durch die Barriere der sozialen Scham verbaut. Die Scham treibt in die Vereinzelung und lässt die soziale Lage zur Eiszeit erstarren.

Kafka hat in seinem Roman Das Schloss ein Bild dieser kalten Vereinzelung gezeichnet: Der Landvermesser K. ist bei seinem vergeblichen Versuch, seinen zuständigen Beamten Klamm zu erreichen, in den Gasthof der Beamten, den »Herrenhof« vorgedrungen, wo er unerwünscht ist, wie überall in dem Dorf. Er will den Moment abpassen, da der Beamte seine bereitstehende Kutsche besteigt. Was geschieht? Da K. nicht weicht, ziehen sich alle andern von ihm zurück, das Licht wird gelöscht – »wem hätte es leuchten sollen?« – und K. bleibt allein in dem verschneiten Hinterhof.

> »Da schien es K., als habe man nun alle Verbindung mit ihm abgebrochen und als sei er nun freilich freier als jemals und könne hier auf dem ihm sonst verbotenen Ort warten, solange er wolle, und habe sich diese Freiheit erkämpft, wie kaum ein anderer es könnte, und niemand dürfe ihn anrühren oder vertreiben, ja kaum ansprechen; aber – diese Überzeugung war zumindest ebenso stark – als gäbe es gleichzeitig nichts Sinnloseres, nichts Verzweifelteres als diese Freiheit, dieses Warten, diese Unverletzlichkeit« (Kafka 1958, S. 109).

Wenn unsere Gesellschaft immer mehr von sozialer Kälte bestimmt wird, was bedeutet das für die analytische Arbeit? Könnten wir genötigt sein, uns ebenfalls – wie der Beamte Klamm – von den Ausgeschlossenen zurückzuziehen?

Literatur

Barwinski, Rosemarie (1992): Arbeitslosigkeit. Trauma oder Konfliktreaktivierung? Forum Psa. 8, 311–326.
Becker, David (1989): Psychoanalytische Sozialarbeit mit Gefolterten in Chile. Psychosozial 12: Psychose und Extremtraumatisierung, 43–52.
Bohleber, Werner (2008): Zur Psychoanalyse von Schamerfahrungen. Psyche – Z psychoanal 62, 831–839.
Bruder-Bezzel, Almuth (2005): »Wirtschaftliche und soziale Fragen können hier nicht zur Behandlung kommen«. Kann die Psychoanalyse mit der Realität der Arbeitslosigkeit umgehen? In: Springer, A.; Gerlach, A. & Schlösser, A.-M. (Hg.): Macht und Ohnmacht. Gießen (Psychosozial-Verlag).
Brüggen, Wilhelm (2006): Über die älter werdende Psychoanalyse und die geheimen Verführungen der Moderne. In: Springer, A.; Münch, K.; Munz, D. (Hg.): Psychoanalyse heute. Gießen (Psychosozial-Verlag).
Bude, Heinz (2008): Die Ausgeschlossenen. München (Hanser).
Butterwegge, Christoph (2005): Krise und Zukunft des Sozialstaates. Wiesbaden (VS-Verlag).
Dragano, Nico (2008): Arbeitsstress als Risikofaktor für die Frührente. neuro aktuell 6/08, 27–29
Ehrenberg, Alain (2004): Das erschöpfte Selbst. Frankfurt/M. (Campus).
Eichendorff, Joseph von (1826): Aus dem Leben eines Taugenichts. Stuttgart (Reclam).
Fabricius, Dirk (2008): Die Verachtung des Täters ist die Grundlage für die Zumessung der Strafe. Psyche – Z psychoanal 62, 1039–1067.
Freud, Sigmund (1895): Studien über Hysterie. GW I.
Kafka, Franz (1958): Das Schloss. Frankfurt/M. (Fischer).
Mander, Jerry & Goldsmith, Edward (Hg.) (2002): Schwarzbuch Globalisierung. München (Riemann).
Morgenroth, Christine (2005): Subjektives Zeiterleben, gesellschaftliche Entgrenzungsphänomene und depressive Reaktion. Psyche – Z psychoanal 59, 990–1011.
Schmidt, Ulla (2002): Lebensbegleitendes Lernen: Herausforderungen für die Politik. In: Friedrich-Ebert-Stiftung. Gesprächskreis Arbeit und Soziales Nr. 99: Zukünftige Qualifizierung von Beschäftigten, S. 11–18.
Sennett, Richard (2005): Die Kultur des neuen Kapitalismus. Berlin (Berlin-Verlag).

Individualität – Subjektivität – Intersubjektivität

Die archaischen Wurzeln von Ver-Bindung und Pseudo-Autonomie

Klaus-Jürgen Lindstedt

Mit seinem Vortrag über »die Fähigkeit zum Alleinsein« von 1957 hat Winnicott – quasi visionär – ein Thema aufgeworfen, das die psychoanalytische Anthropologie zentral betrifft (Winnicott 1974). Es tauchen die Fragen auf: Was ist Individualität, Subjektivität, Intersubjektivität, was sind Selbst(-modelle), was verstehen wir unter Bindung und Autonomie bzw. deren Verzerrungen, die etwa mit Vorsilben wie »Pseudo-« beschrieben werden?

Heute, ca. 50 Jahre später, haben sich in verschiedenen wissenschaftlichen Disziplinen, wie insbesondere der Neurobiologie, Genetik, Archäologie sowie den Kognitions- und Kulturwissenschaften, Daten und Einsichten in das Wesen des Menschen angehäuft, die Winnicotts damalige Ideen über den potenziellen Raum, die Übergangsphänomene und das Phänomen des Alleinseins in einem neuen Licht aufleuchten lassen.

Ich möchte einen Versuch wagen, etwas von diesem Ideen-»Material« aus den Nachbarwissenschaften mit unseren analytischen Vorstellungen zu amalgamieren, vielleicht einen mentalen Ariadnefaden zu knüpfen, auf dass wir uns nicht allzu sehr verirren im Labyrinth der Imagination, in das wir uns begeben müssen.

Besonders beziehe ich mich auf die Neurobiologie und die Erkenntnisse über die evolutionären Schritte in der Menschheitsgeschichte, unser phylogenetisches Erbe.

Edward Wilson (2000), Begründer der Soziobiologie, schrieb: »Wir ertrinken in Wissen und dürsten nach Einsicht. Wir sind hochbegabte

Schmalnasenaffen, deren Erfolg die Welt zerstört, an die uns die Evolutionsgeschichte in Milliarden von Jahren perfekt angepasst hat.« Wie aber wurden wir zu dem, was wir sind?

Theodosius Dobzhansky (Genetiker, Zoologe und Evolutionsbiologe) schrieb 1973 in The American Biology Teacher eine Abhandlung mit dem Titel: »Nothing in Biology makes sense except in the light of evolution.« (Nichts in der Biologie ergibt einen Sinn außer im Licht der Evolution.) Ich stimme dem voll und ganz zu und bin der Überzeugung, dies trifft ebenso zu auf die Entwicklung von Kultur, von kollektiven und kulturellen Phänomenen, also auf unser kollektives Gedächtnis, die Sprachentwicklung, Symbolisierungsfähigkeit, auf unser Zeitgefühl, auf die Entwicklung spezifischer Affektqualitäten und Abwehrmechanismen sowie auch auf die Prozesse in der Ontogenese jedes Individuums.

Auch Freud interessierte sich sehr für die damals noch relativ neuen darwinistischen Ideen sowie für Haeckels »Biogenetische Grundregel« – nach welcher die Ontogenese die Phylogenese rekapituliert –, und diese Vorstellungen prägten wichtige Aspekte seiner Metapsychologie. Sah Freud den psychischen Apparat als monadenartiges intrapsychisches System oder Struktur, so muss man heute wohl eher davon ausgehen, dass der Mensch ein primär kontextualisiertes bzw. intersubjektiv eingebundenes Wesen ist.

Von Maturana und Varela, Lakoff und Johnson und anderen wird der menschliche Geist als ein verkörperter postuliert. Dieser »embodied mind« scheint – auf den ersten Blick – ein ureigenstes innenweltliches Phänomen zu sein, ein Epiphänomen neuronaler Verschaltungen und elektrischer Aktivitäten. Die sogenannte äußere Welt erscheint also im Inneren als Repräsentation des Äußeren. An dieser habe er über die Sinnesorgane Anteil, und er konstruiere, deute, interpretiere oder erschaffe sie lediglich.

Folgt man der aktuellen Neurophilosophie und -anthropologie, so könnte man fragen:

> »Befinden wir uns in einer Dunkelkammer und sehen uns darin eine Show an, aus Beiträgen von Verrechnungsprodukten unserer Sinnes-

organe (Wolf 1987)? Sehen wir nur das, wovon unser Gehirn glaubt, es sei da (Crick 1994)? Befanden wir uns schon immer in einem biologisch erzeugten ›Phänospace‹, also in einer durch mentale Simulation erzeugten virtuellen Realität (Metzinger 1999)? Ist unsere Wahrnehmung eine Online-Simulation der Wirklichkeit, die unser Gehirn so schnell und unmittelbar aktiviert, dass wir diese fortwährend für echt halten (Siefer u. Weber 2006)? Erleben wir eine geistige Multimedia-Show (Damasio 2002)? Ist die tatsächliche Welt eher ein trostloser Ort von Energiefeldern und Teilchenbewegungen, bar jeder Qualitäten (Fuchs 2008)? Die Wissenschaft belehrt uns, dass wir die naive Vorstellung aufgeben müssen, in der Wahrnehmung seien wir mit den Dingen selbst in Kontakt« (Fuchs 2008, S. 26).

So hören wir zum Beispiel von dem Neurophilosophen Thomas Metzinger, dass der Mensch keine Seele habe, kein substanzielles Selbstmodell; jenseits des »Flackerns der Neuronen« gebe es das Selbst nicht als Ding oder Eigenschaft, sondern als einen Prozess. Man hat keine Identität, sondern bestenfalls eine Beziehung zu sich selbst. Nichts im Gehirn oder Geist sei durch die Zeit hindurch haltbar, nichts gibt Stabilität im Sinne von Kernen der Person (z.B. Ich-Kernen).

»Das Subjekt ist [im Gehirn] gar nicht zu finden. Das Gehirn ist vielmehr das Organ, das unsere Beziehung zur Welt, zu anderen Menschen und zu uns selbst vermittelt. Es ist der Mediator, der uns den Zugang zur Welt ermöglicht, der Transformator, der Wahrnehmungen und Bewegungen miteinander verknüpft. Das Gehirn für sich wäre nur ein totes Organ. Lebendig wird es erst in Verbindung mit unseren Muskeln, Eingeweiden, Nerven und Sinnen, mit unserer Haut, unserer Umwelt und mit anderen Menschen« (Fuchs 2008, S. 21).

Externe Faktoren in der Kultur entscheiden darüber, ob phänomenale Zustände – also die Erlebnisse selbst, die auf dynamisch aktiven neuronalen Mustern basieren – als realitätsbezogen oder als halluzinatorische, krankhafte Phänomene zu deuten sind.

Unter dem Blickwinkel eines verkörperten Geistes könnte man allerdings annehmen, dass »unser ganzer Körper gewissermaßen ein Sinnes- und Fühlorgan« ist (Fuchs 2008, S. 36). »Der gesamte Körper ist das Vermittlungsorgan, durch dessen periphere Empfindungen hindurch die Umwelt wahrgenommen wird. Die Wahrnehmung bestand in ihrer evolutionär ursprünglichen Form darin, die Außenwelt durch die Veränderungen zu repräsentieren, die sie im Körper hervorruft« (ebd., S. 35). So wird Subjektivität durch das gelebte Eingebettetsein in die äußere physische Welt erzeugt. Dies aber ist eine genuin intersubjektive Erlebniswelt. Was könnte dann Alleinsein bedeuten?

Weiter könnten wir fragen: Sind wir Bioautomaten, Transportmittel für egoistische Gene (R. Dawkins, S. Blackmore), die sich unserer Körper bedienen, um im evolutionären, blinden, ziellosen Spiel von Mutation und Selektion zu überleben? Sind wir ohne freien Willen (siehe Experimente von Kornhuber und B. Libet)? Sind wir die einsamen Nomaden auf einem Planeten, einem einsamen Splitter, der einen einsamen Stern auf einem äußeren Spiralarm einer einsamen Galaxis (mit einem alles verschlingenden schwarzen Loch im Zentrum) umkreist, verloren in einem riesigen, teilnahmslosen Strudel von Materie, die seit dem Urknall vor etwa 15 Milliarden Jahren durch Raum und Zeit wirbelt – wie Francis Crick (1994) es ähnlich beschrieb? Oder ist das Universum eine Brutstätte des Lebens, in der Milliarden Biosphären treiben, die die Materie und Energie in einen kreativen Prozess der Evolution lenken? Und wieder fragt man sich: Was bedeutet Alleinsein?

Ich möchte zunächst die Geschichte der Hominiden skizzieren, soweit dies möglich geworden ist: Unsere *Erde* sei 4,5 Milliarden Jahre alt. Erst im *Kanäozoikum*, nach dem Massenaussterben der Kreidezeit, seit ca. 65 Millionen Jahren hatten die Säugetiere eine große Entwicklungschance.

Sogenannte Menschenaffen gibt es seit 33 Millionen Jahren. Älteste Fossilien von gemeinsamen Vorfahren des Menschen (Homo) und der Menschenaffen (Pongiden), ca. 15 Millionen Jahre alt, fand man in Ostafrika (Tansania, Äthiopien und Kenia). Mittlerweile wird die Entwicklung des Menschen in diesem Lebensraum als höchst wahrscheinlich und evident angesehen. Ostafrika ist also die Wiege der Menschheit. Ebenso ist die Out-of-Africa-Hypothese, also die Ausbreitung des Menschen von Afrika aus über die Welt, aufgrund genetischer Fingerabdrücke anerkannt.

Vor ca. zehn Millionen Jahren sonderte sich eine frühe Affenart von einem gemeinsamen Vorfahren ab. Die Australopithecinen entstanden vor ungefähr sieben Millionen Jahren und existierten bis vor ca. zwei Millionen Jahren. In dieser Zeitspanne entwickelten viele der dieser Gruppe zugerechneten Arten die Fähigkeit zum ständigen aufrechten Gang. Aus den Australopithecinen ging *hervor.*

Vor etwa eineinhalb bis zwei Millionen Jahren entwickelte sich *Homo sapiens haben teilweise zur selben Zeit gelebt.*

Den anatomisch »modernen« Menschen gibt es seit ca. 100.000 Jahren. Seitdem ist die Vergrößerung des Hirnvolumens beendet. *Homo sapiens sapiens* hat ein ca. dreifaches Gehirnvolumen, verglichen mit den frühen Hominiden. Er lebte als Jäger und Sammler in Horden von ca. 30 Mitgliedern, wie auch schon seine Vorfahren. Seine Toten bestattete er nachweislich seit 100.000 Jahren, was ein deutlicher Hinweis auf die Entwicklung von Bewusstsein, insbesondere selbstreflexivem Bewusstsein ist. Er begann, sich mental auf Zeitreisen zu begeben, und machte sich Gedanken über sein Woher und Wohin, über Leben und Tod. Vielleicht waren es zunächst nur rudimentäre Fragen, aber sie wurden zum wichtigsten Motor für die Entwicklung seines Gehirns, seines Vernetztseins und für die Entwicklung von Kultur.

Der Übergang von der prähistorischen Zeit zur (Alt-)Steinzeit – zum *Paläolithikum* – begann vor ca. 2,5 Millionen Jahren (in Europa erst vor 1,5 Millionen Jahren) definitionsgemäß mit dem ersten Gebrauch von Steinwerkzeugen, und sie dauerte bis vor ca. 8000 Jahren, stellt also den größten Teil der belegten Menschheitsgeschichte dar. Es ist eine Geschichte der Selbstzähmung: von der ersten Benutzung von natürlichen Dingen zum Gebrauch, zur Erleichterung des Lebensalltags, bis zur Nutzbarmachung, zur Bearbeitung von Objekten. Der Mensch begann zu hämmern, schleifen, schärfen, spitzen, bohren, spalten, schneiden. Mit Geduld und Ausdauer, Triebaufschub, Intentionalität, Zukunftsphantasie und Gebrauchsidee begann er zu arbeiten. »Eine Spezies, die zu arbeiten beginnt, kann offenbar nicht anders. Ein ungeheurer Druck lastet auf ihr« (Türcke 2005, S. 14). Es wirkt wie ein Bedürfnis nach Dauer und Haltbarkeit, auch nach Überdauern, Über*leben*. Vor 600.000 Jahren entwickelte sich eine erste Werkzeugkultur – eine Faustkeilindustrie (Acheuléen). Einen großen Technologiesprung gab es vor ca. 130.000 Jahren (Levalloisetechnik im Moustérien).

Einen enormen Wandel gab es vor ca. 40.000 Jahren: der Beginn einer immer differenzierter werdenden Kulturentwicklung – die kulturelle Revolution. Aus dieser Zeit sind vielfältige künstlerische Arbeiten bekannt: Felsenzeichnungen, Höhlenmalereien, Kleinplastiken.

Die neolithische Revolution begann vor ca. 10.000 Jahren nach der letzten Eiszeit. Es folgten rasche, tiefgreifende Veränderungen: wechselnde Kulturen, Ackerbau, Viehzucht, hochkulturelle Zentren; erste Städte und Bauanlagen vor ca. 6000 – 5000 Jahren. Vor 6000 Jahren entwickelte der Mensch die Schrift, anfänglich von Bildern und deutbaren Symbolen ausgehend. Die industrielle Revolution ist 200 Jahre alt, die technologische ca. 50 Jahre alt.

Wir sind wohl nun – um zu überleben – als Teil des Ganzen, der Horde, zu einer neuen ständigen Präsenz übergegangen, sind fast total vernetzt. In den Medien (Matrix) wie TV, Radio, Telefon, Videofonie, Internet hat sich eine Telepräsenz entwickelt. Unser Erdball ist von einem Netz von Informationen umgeben, das uns einhüllt, in dem wir virtuell leben, ohne das wir bald nicht mehr in der Lage sind zu sein (Globalisierung, wirtschaftliche Vernetzung).

Der »psychische Apparat« hat sich in der Evolution der Hominiden nicht als monadenartige intrapsychische Struktur entwickelt, sondern dürfte, auch wenn man sich die Ergebnisse der Primatenforschung anschaut, schon bei den Australopithecinen und den früheren sogenannten Menschenaffen ein evolutionärer Vorteil gewesen sein. Er ist immer schon eine intersubjektive Konstruktion gewesen. Die Neurowissenschaften zeigen heute klar, dass das Gehirn ein soziales, ja ein Beziehungsorgan ist; und Paläontologen belegen: Homo hätte nie überleben können, wenn nicht die Gruppe, Horde, Gemeinschaft den Einzelnen getragen hätte. Wir sind eher Schwarmwesen. Das Individuum scheint es nur als Idee, als mentales Konstrukt zu geben, vermutlich basierend auf der Emergenz von Bewusstsein und Selbstreflexivität in der Evolution der Hominiden. Diese Fähigkeit, Gedanken zu haben, zu denken, Ideen in einem eigenen Gehirn zu haben und zu lokalisieren, scheint relativ neu zu sein.

> »Ideen verursachen Ideen und tragen dazu bei, dass neue Ideen entwickelt werden. Sie interagieren miteinander und mit anderen geistigen Kräften

im selben Gehirn, in benachbarten Gehirnen, und dank der globalisierten Kommunikation in weit entfernten Gehirnen in anderen Ländern. Außerdem interagieren sie mit der äußeren Umgebung und stoßen, aufs Ganze gesehen, einen explosionsartigen Fortschritt in der Evolution an, der alles übersteigt, was bislang in der Geschichte der Evolution geschehen ist – sogar das Auftauchen der ersten lebenden Zelle« (Hofstadter 2008, S. 61).

Es ist offensichtlich, dass ab einem bestimmten Zeitpunkt – der vielleicht viel weniger Punkt war – bewusstseinsfähige Absichten, Intentionen, Interessen und Ideen einen großen Überlebenswert bekamen, zunehmend größer als die über Millionen Jahre entwickelten instinktgebundenen Fähigkeiten zur Bewältigung von Angst, Schreck und anderen starken Affekten auf der Lust-Unlust-Skala.

»Wir sind Lebewesen, deren Wahrnehmung begrenzt ist auf die Welt der makroskopischen Objekte« (Hofstadter 2008, S. 64) oder den Mesokosmos, in den wir aufgrund der Kapazitäten unserer Sinnesorgane und Sinnesfelder eingebunden sind. Diese haben sich in der Evolution an einen Lebensraum adaptiert und sind so den Zwängen des Alltagslebens abgerungen. Erst in den letzten 200 Jahren haben wir unsere Wahrnehmungspotenziale in unglaublicher Weise in den Nano- und Makrobereich technologisch ausgeweitet, und unsere Ideen haben Technologien entwickelt, die die Welt und unsere Selbst- und Weltbilder geöffnet haben; und vielleicht sind wir dabei, uns in artifizielle Welten zu katapultieren (Cyborgs, Androiden, wie Hans Moravec eindrucksvoll beschreibt; Moravec 1990).

Deutlich wird, wie unser Gehirn, unser Mega-Ganglion, eingebettet in den Körper ist und wie dieser über seine Grenzen hinaus über Sinnesfelder mit der Welt verschränkt und verbunden ist.

Das Subjektive, das Subjekt, der subjektive Raum ist in den »objektiven Raum des Organismus in seiner Umwelt eingebettet. Ebenso sind der ›objektive‹ Raum des physischen Organismus und der subjektive Raum des leiblichen Erlebens ineinander verschränkt und sie modifizieren sich ständig wechselseitig« (Fuchs 2008, S. 37).

Dieser »embodied mind«, diese »schwankenden Knollen aus Traum und Trauer« (aus Russell Edsons Gedicht *The Floor*, zitiert nach Hofstadter 2008, S. 62), ist und war offensichtlich immer schon ein Produkt seiner Gemeinschaft, war von Geburt an intersubjektiv eingebunden – und er ist es natürlich auch noch heute. Das kollektive und besonders das kulturelle Gedächtnis bindet den Einzelnen ein in kognitiv kaum begreifbare Zeitspannen und lässt ihn Zukunftsentwürfe phantasieren, denen er dann folgt. Immer ist und war er eingebettet in ein virtuelles intersubjektives Netz von Ideen, Wünschen, Sehnsüchten, Hoffnungen, Ängsten, Intentionen, die ihn, vermittelt über das »virtuelle Selbst« seiner Eltern, schon vorgeburtlich umfingen. Entlang der vorrangig unbewussten Intentionen der Eltern und frühen Pflegepersonen entwickelt sich sein Selbst und sein Eingebettetsein in soziokulturelle Netze. Lediglich der Körper scheint also ein »Einzelwesen« zu sein. Aber auch das ist fraglich, wenn man bedenkt, dass auch dieser einem ständigen Umbau und Wandel unterworfen ist. Innerhalb weniger Jahre ist selbst die materielle molekulare, atomare bzw. subatomare Substanz ausgetauscht, mit Fremdmaterial wieder aufgefüllt. Was bleibt also konstant? Ein Bauplan, morphogenetische Felder? Selbst die Vorstellung, wir seien (oder hätten) eigene Körper, die uns Beweis genug dafür sein könnten, Einzelwesen zu sein, wird auf dieser Ebene fraglich.

Blicken wir noch einmal in die Welt unserer Vorfahren: Womit ist der prähistorische Hominide konfrontiert gewesen? Was waren die Bedingungen, die zur Entwicklung des modernen Menschen geführt haben? Wie hat er seine Welt erfahren, gestaltet und somit simultan seine Erlebniswelt, den »embodied mind« und gleichzeitig Kultur geschaffen?

Seine Instinktgebundenheit – wie die nicht menschlicher Tiere – ist eine Reminiszenz der Erfahrung unzähliger Generationen vor ihm. Sein Erleben, vermittelt über die Sinnesorgane, schwankend zwischen Lust und Leid, war gebunden an die reflexhaften vitalen Erregungen seines Körpers. In der Entwicklungsgeschichte hat er die Welt verinnerlicht, in sich aufgenommen. Die Dinge und die belebte Welt hatten wohl vorrangig affektiv erregende und erregte Qualitäten, über die er eingebettet war. Seine Orientierung im Raum, der qualitative Gehalt des erlebten Augenblicks, seine Gebundenheit an die Gruppe, die ständig präsenten Konflikte mit dieser sowie die allgegenwärtige Bedrohung durch die physische Welt und die machtvollen Raubtiere (besonders Katzen) dürften seinen Organismus in permanenter Erregung gehalten haben. Naturgewalten wie Blitz, Donner, Feuer, Vulkantätigkeit, Rauch, Regen, Eis und Schnee, Überschwemmungen, Fluten, Wind, Sturm, Erdbeben, Erdrutsche und vieles andere mehr dürften seinen Lebensalltag bestimmt haben. Aber auch die Rhythmen und Zyklen der Jahreszeiten sowie die Tag-Nacht-Rhythmen haben ihn sicher beeindruckt. Hell – dunkel, kalt – warm, trocken – feucht, fest – flüssig, lebend – unlebendig – tot sind basale zwingende Qualitäten seiner somatischen Erregung. Seine Freiheit bestand im Abstand zwischen dem Jäger und dem Gejagten.

»Höchste Erregung ist leider stets traumatische« (Türcke 2005, S. 42). Hatten die Dinge bislang ihre natürlichen Schrecken, so war die Einbettung in die Horde eine »gemeinsame Notwehr gegen den Naturschrecken, ein verzweifelter kollektiver Bewältigungsversuch traumatischer Erfahrung. Niemand durfte sich dabei ausnehmen [...] An die Stelle von Naturgewalt und Überlebensdrang, die in einem langen Evolutionsprozess Reiz und Reaktion zusammengezwungen haben« (Türcke 2005, S. 34), trat eine neue Entwicklung: die Entfaltung des Bewusstseins, besonders des selbstreflexiven Bewusstseins.

Im endlosen, mühevoll-gnadenlosen Spiel von Leben oder besser Überleben und Sterben, von Mutation und Selektion, Akkommodation und Assimilation, autoplastischer und alloplastischer Adaptation entfaltete sich diese neue Qualität; und sie bot dem verhältnismäßig hilflosen Wesen, ohne scharfe Zähne und Krallen, ohne widerstehende Hüllen und mit relativ schwacher Muskulatur ausgestattet, deutlich verbesserte Überlebenschancen. Dieses Bewusstwerden seiner selbst löste unseren Vorfahren aus dem Klammergriff der Naturgebundenheit.

So schreibt der amerikanische Zivilisationskritiker Theodore Roszak in *Where the wasteland ends*:

> »Mit welchen Vorstellungen verbinden wir von Kindesbeinen an den Inbegriff von Ekel und Abscheu? Worin suhlen sich Horror und Science-fiction-Literatur, wenn sie uns Gänsehaut machen wollen? In allem, was lebendig und klebrig, was matschig, sabbernd, feucht, stinkend, schleimig, gurgelnd, vermodert, breiig, madig ist [...], in Dingen, die amöbenartig sind oder schleimig, die kleben und hängenbleiben, in Dingen wie

Speichel, Kot, Kotz, Rotz oder Pisse, Schweiß, Eiter oder Blut […], mit einem Wort, in allem was organisch ist, so widerlich wie Geburt, Sex, Tod und Verfall. Wir weichen zurück vor allem, was an das Innere unseres Körpers erinnert, und wir suchen Sicherheit im Klinisch-Ordentlichen, Hartkantigen, Trockenen, Steifen, Festen, Geruchlosen, Aseptischen, Dauerhaften. Mit anderen Worten, in allem was leblos ist – so leblos und funkelnd steril wie Glas und Aluminium, rostfreier Stahl und Plastik in der Hochhausarchitektur und den dazugehörenden Einrichtungen, die heute die städtisch-industrielle Welt füllen« (Roszak 1972, S. 96).

Das fremde, andere, gefährliche Leben sperren wir aus, haben Angst, es könnte durch die Ritzen wieder Eingang in unsere Welt finden. Das Sehen, Riechen, Hören, Schmecken, Ahnen der inneren lebenden Substanz macht uns schaudern. Sind es tief in unserer Natur, in unseren Instinkten, den Erinnerungen unseres Hominidennervensystems Spuren des durchlebten, durchfühlten Schreckens? Sind es die archaischen starken Affekte, die uns zusammengehalten, zusammengebunden haben, um in der Gemeinschaft eine Chance zum Überleben zu haben? Und haben sich nach und nach Affektqualitäten ausdifferenziert, die uns einbinden – wie liebevolles Sichhineingezogenfühlen, Vertraut- und Sichersein, aber auch beispielsweise Scham und Schuldgefühle, die uns auf ihre angespannt verpflichtende Art, zu erleben, festhielten, uns schützten vor dem sozialen Tod, der immer auch der baldig physische sein musste?

Erlebten wir Erleichterung, wenn einer aus der Gruppe Opfer eines Angriffs machtvoller Raubtiere wurde und nicht wir selbst es waren? Aber vermischten sich mit der Erleichterung nicht auch das Entsetzen über den Verlust und Trauer und Verzweiflung, wenn innige lebenswichtige Bindungen aufgebrochen wurden? Wir waren wohl anfänglich eher Pflanzenfresser und eher Opfer als Jäger, eher Katzenfutter.

Diese traumatische Erregung in Schmerz oder Schreck führte unsere nervöse Erregung offenbar hinein in die Fähigkeit, Symbole zu bilden, natürliche Bedeutungszusammenhänge aufzulösen und neue zu schaffen.

»[T]raumatische Erfahrung kann nicht gemacht werden, ohne selbst schon ein Fliehen vor sich zu sein. ›Weh spricht: Vergeh‹«, schreibt Türcke

(2005, S. 43). Im Kern dieser Erfahrung liegt also schon die Verneinung, die Verleugnung, Verdrängung, aber auch der Kern der Depersonalisation, Derealisation, Spaltung, Externalisation, Projektion, und »diese Sprache« – meint Christoph Türcke – »könnte man ›vorbedeutend‹ nennen«. Sie bedeutet also noch nichts, symbolisiert noch nicht und weist doch schon auf die Bedeutung hin. »Die ganze Tierwelt spricht sie. Ihr Ausbruch in Schreien, Klagen und Seufzen ist ein fortgesetztes Ansetzen zur Bedeutung« (Türcke 2005, S. 43).

Aber erst langsam gelingt es dem Nervensystem durch angestrengtes Halluzinieren, Hineindeuten, Umdeuten, Spalten, Ausstoßen, Projizieren, das Schreckliche zu bannen. Nur langsam können sich daraus Bedeutung, Geist, Vernunft und ein Symbolsystem entwickeln, das wir heute Kultur nennen. »Unerträgliche nervliche Erregung […] ist ein nervliches Neuland, für das sich erst viel später der Name ›Geist‹ einbürgerte. Bedeutung ist Geist, Geist aber bloß transfigurierte Erregung« (Türcke 2005, S. 42). – »Der reine Geist ist reine Lüge« (Nietzsche, *Der Antichrist*, zit. n. Türcke 2005, S. 42), also der Versuch der Verneinung des Schmerzes.

Als wir begannen, die Welt neu – symbolisch – zu erschaffen, vorausplanen zu können, uns untereinander besser zu synchronisieren und so schützen zu können, als wir begannen, Objekte zu benutzen, und unsere Gehirne das Potenzial, imitieren zu können, entwickelten, begann der Siegeszug dessen, was wir heute so gern Mentalisierung, »theory of mind«, und ähnlich nennen. Es ist unser kognitives Potenzial, das sich wohl aus dem, was Titchener (1973) als Gefühlsansteckung, Einfühlung, Empathie beschrieb, heraus zu entfalten begann. Es ist bei genauer Betrachtung am ehesten eine Welt aus traumähnlichen, sich aufspleißenden Fäden, in die wir holistisch wahrnehmend eintauchen und aus der sich unser intentional ausgerichteter Geist, wie an einem Ariadnefaden aus dem Labyrinth, wieder herauszieht – eine Welt kollektiver Symbole, in der wir uns über unglaubliche Zeiträume in Sekundenbruchteilen bewegen, Ideen kreativ miteinander kombinieren und lösen können und in der wir spielerisch mit der phänomenalen Welt umgehen können.

So evolvierte aus einer traumatischen Welt eine Traumwelt voller Chancen und Potenzial. Wir begannen, uns zu dem mächtigsten Raubtier zu entwickeln, das die Erde bislang kannte. Geist siegte über Muskeln, Krallen, Zähne; aber unsere Urängste, unsere traumatische Erfahrung wurden wir nicht los. Auf dieser »Lichtung der neuen Realität des menschlichen Daseins« (Giambattista Vico) erkannten wir uns selbst, unsere Sterblichkeit, wurden zu dem vermutlich einzigen Tier, das um seinen Tod weiß. Diese Erkenntnis trieb uns immer weiter: Wir fingen an, unsere Toten zu begraben, und blieben mit ihnen in Ahnenkulten in Kontakt.

Es evolvierten reifere Abwehrmechanismen, die den Naturschrecken, die Konflikte in der Horde und die sogenannten intrapsychischen Konflikte unter Kontrolle bringen mussten und die Kompetenz und Sicherheitsgefühle erzeugen sollten. Aber – alles hat seinen Preis – es entstanden neue Schwierigkeiten: Was zuvor reflexartig ablief, erforderte nun zunehmend ein Abwägen. Die Fähigkeit zur Impulskontrolle, das Aushalten von negativen Gefühlen wie Wut, Angst, Neid, Eifersucht, Schuld und Scham sowie Toleranz gegenüber Ambivalenzen und -tendenzen stärkte uns zunehmend. Aber die Freiheit, sich entscheiden zu können, wurde zum gnadenlosen Zwang, sich entscheiden zu müssen. Unser Nervensystem öffnete sich für die Entwicklung der assoziativen Netze. Projektiv interpretierten wir die Welt, die Dinge, die Beziehung zu den Dingen und zur belebten Welt. Wir belebten die Natur neu, belegten die Naturkräfte mit neuen Bedeutungen, erschufen das Übernatürliche, das Unbegreifliche, das wir in den Raum des Sakralen verschoben. Sakral bedeutet ja bekanntlich heilig, heil (ganz, vollkommen), unverletzlich, hat die Konnotation von verborgen, geheimnisvoll. Aber es ist auch der Raum des Sakrilegs, des Verstoßes, des Verbrechens, dessen wir schuldig werden können. Und es wurde zum Lebensraum der erschaffenen Götter, Dämonen, Gespenster, Engel, Schutzgeister, Heiligen. Wir animierten die dingliche, die natürliche Welt, erschufen Symbole, die für etwas standen, Chiffren der Transzendenz, und das umso mehr, je sicherer und selbstverständlicher wir uns in der phänomenalen, der sogenannten natürlichen Welt einzurichten begannen. Waren wir zuvor Opfer des Natürlichen, so mussten wir nun Opfer bringen, um unsere imaginierte Welt sicher zu gestalten. Wir opferten dem Geheimnisvollen – anfänglich Menschen, später Tiere und Dinge, die uns wichtig waren. Im Opfern fanden wir neuen Schutz und Beruhigung, so kann zum Beispiel der Sündenbock die Gemeinschaft im phantasmagorischen Raum einigen und beruhigen. *Lapidar gesagt entwickelten wir uns vom Katzenfutter zur Götterspeise.*

Unser sich entfaltendes Bewusstsein, vielleicht angeregt durch halluzinogene psychoaktive Substanzen in der Nahrung (McKenna 1996), schuf also virtuelle Welten, Annahmen und Vorstellungen über Kausalitäten, hilfreiche animistisch-magische Vorstellungen und Verknüpfungen. Wir begannen also, die »verinnerlichte« Welt wieder nach außen zu verlagern, die Naturkräfte mit unseren Visionen und Imaginationen zu überlagern. Unser Gehirn, unser soziales, unser Beziehungsorgan, diese soziokulturell imprägnierte Substanz, brachte Licht in das Dunkel, vor dem wir immer Angst hatten, verschlungen zu werden.

Dank seiner Spiegelneurone – wie man seit zehn Jahren weiß – ist der Mensch in der Lage, zu imitieren, zu kopieren, Welten und Beziehungen, Bedeutungen und symbolgetragene Netzwerke zu erzeugen. Dank seiner Fähigkeit, sich Phantasien über die vermeintliche Innenwelt anderer zu machen (Empathie, stellvertretende Introspektion), eine »theory of mind« zu erzeugen, erschafft er ebenso seine scheinbar eigene Welt; und der Blick des andern wird zum eigenen Blick auf sich selbst. Die Bedürfnisse seines Körpers werden hochgradig getriggert, gesteuert, getunt, synchronisiert mit denen der anderen, besonders der wichtigen Menschen, mit denen er sich verbunden hat oder verbunden wurde. Seine Beziehungen regulieren seine somatischen Regelkreise und zeitlichen Taktungen bis in die Genexpression hinein; und so ist er nie wirklich allein. Er kann es nicht; die Vernetzung, die Bezogenheit, die Bindungen, sein Eingebettetsein lassen es nicht zu.

Wir beginnen erst langsam zu erkennen, dass unsere mentalen Erfolge uns in wahnähnliche Gebilde von vermeintlicher omnipotenter Kontrolle und Beherrschung der Welt getrieben haben, dass wir den Schrecken des Urwaldes und der Savanne noch in uns tragen und bekämpfen müssen. Die Verinnerlichung, dieses »wahre innere Afrika«, wie Jean Paul es einmal nannte, versuchen wir noch immer – nun wohl total physikalisch-virtuell vernetzt – zu bändigen. Klassifizierung, Ordnung schaffen, bleibt bloß ein Exotismus der Vernunft.

Nur in seiner virtuellen, vorstellungshaften, kollektiven, traumähnlichen Erlebniswelt kann er die verrückte Illusion der Individualität aufrechterhalten. Auch im ärgsten physischen Rückzug aus der Sozietät und der kulturellen Einbettung, im verbittertsten Alleinsein, ist er in der Vernetzung gefangen, vielleicht in Angst und Schrecken oder im virtuellen, endlosen und verstrickten grauenvollen Kampf mit ihr – und so mit sich.

Angelehnt an Calderon de la Barca, Pascal, Shakespeare und andere meine ich: »La vida es sueño.« Das Leben ist ein [kollektiver] Traum (Calderon de la Barca, 1635). »Wir sind der Stoff, aus dem die [kollektiven] Träume sind, und unser kleines Leben umhüllt ein großer Schlaf« (Shakespeare, *Der Sturm*, 4. Akt, 1. Szene, Prospero). »Das Leben ist nur ein um ein Weniges weniger unbeständiger [kollektiver] Traum« (Pascal 1670, S. 386). »Es gibt nichts Verworreneres als die Vorstellungen, die den Menschen innerhalb einer einzigen Stunde durch den Kopf gehen, nichts Schwankenderes als ihre Ansichten, nichts Unbeständigeres als ihre Handlungen« (Niessen 1993, S. 209). Die in der Regel unbewussten Phantasien, unsere Imaginationen, die wir über die Welt entwickeln, während sie sich der direkten Wahrnehmung entzieht, sind viel wirklicher, wirksamer als alles, was in unserem Bewusstsein vor sich geht.

Der Traum ist kein Gebilde der Nacht allein, kein Epiphänomen der nächtlichen neuronalen Aktivität. Er ist eher der eigentliche erlebnishafte Zustand des Seins, das allgegenwärtige Dasein, Verwickelt- und Vernetztsein in kulturelle und soziale Symbolsysteme, aus denen wir nicht ausbrechen können, ohne erhebliche Störungen (Psychosen) zu erleiden. So wie der Traum ständig unbewusste Dynamismen mittels Symbolisierungsprozessen (sinnhaft-prozesshaft) zu ordnen versucht – eine sinnvolle subjektive Realität zu erzeugen sucht, in der wir überlebenstechnisch sinnvoll handeln können/müssen –, so ist auch unser Wacherleben, unser selbstreflexives, sekundärprozesshaftes Erleben ständig von primärprozesshaften unbewussten Dynamismen »durchseucht« (wir sind nicht Herr/Frau im eigenen Haus). Dass wir dennoch meist die Illusion aufrechterhalten, dass es anders wäre, ist immer wieder ein erstaunliches und phantastisches Phänomen – vielleicht die grundlegendste Täuschung, der wir unterlegen sind, die aber dennoch enorme evolutionäre Vorteile mit sich gebracht hat – bis jetzt zumindest.

Sprache und andere (z. B. bildhafte) Symbolsysteme sind die zentralen Modulatoren, die den menschlichen Geist einbetten, konturieren, in Ordnungssysteme bzw. energetische Kraftfelder einschließen. Diese Kraftfelder sind innerhalb ethnischer und sozio-kultureller Vernetzungen sinn- und identitätsstiftend wirksam.

Das Individuum ist im Kulturraum Träger des kollektiven/kulturellen Gedächtnisses und entwirft für die folgende Generation den mentalen Erlebnisraum, in dem die Gedächtnisspuren sich nach evolutionären Prinzipien weiter fortpflanzen.

Diese kollektiven Träume haben wir nicht, wir sind sie, sind voller Symbole, gestalthafter Phänomene in einem endlosen Medium, welche unsere Gehirne in potenziellen, virtuellen, affektiven Räumen prozessieren. In diesen semantischen, interpersonellen, intersubjektiven, transpersonalen, intermediären, konsensuellen, konventionellen Räumen bewegt sich unser Geist, ein einsames und doch immer ver- und gebundenes Gespenst, das sich nach Vereinigung, Verschmelzung sehnt, aber davor zurückschreckt und wohl bis zum Tod warten muss, dem letzten großen Abenteuer. Erst hier wird sich vielleicht erweisen, was wir wirklich sind. Ob unsere Zweifel, unsere Hoffnung auf Individualität, auf eigene Substanzialität, auf Überleben berechtigt sind, ob eine letzte dünne Membran unsere Identität aufrechterhält oder wir im All*eins*sein aufgehen, mit oder ohne Bewusstsein.

Literatur

De la Barca, Calderón (1955): Das Leben ist ein Traum. Stuttgart (Reclam). Orig. (1935): La vida es sueño.

Dennet, Daniel. C. (1995): Darwin's dangerous ideas. Evolution and the meaning of life. New York (Simon & Schuster Paperbacks).

Dobzhansky, Theodosius (1973): Nothing in biology makes sense exept in the light of evolution. The American Biology Teacher 35, 125–129.

Donald, Merlin (2001): A mind so rare. The evolution of human consciousness. New York (W. W. Norton).

Ehrenreich, Barbara (1999): Blutrituale. Ursprung und Geschichte der Lust am Krieg. Reinbek bei Hamburg (Rowohlt).

Ferro, Antonino (2005): Im analytischen Raum. Gießen (Psychosozial-Verlag).

Fuchs, Thomas (2008): Das Gehirn – ein Beziehungsorgan. Eine phänomenologisch-ökologische Konzeption. Stuttgart (Kohlhammer).
Grassi, Ernesto (1984): Die Macht der Phantasie. Zur Geschichte abendländischen Denkens. Frankfurt/M. (Syndikat/EVA).
Harris, Paul L. (1992): Das Kind und seine Gefühle. Wie sich das Verständnis für die anderen Menschen entwickelt. Bern (Huber).
Hauser, Marc D. (2001): Wilde Intelligenz. Was Tiere wirklich denken. München (C.H. Beck).
Hofstadter, Douglas (2008): Ich bin eine seltsame Schleife. Stuttgart (Klett-Cotta).
Humphrey, Nicolas (2002): The mind in the flesh. New York (Oxford University Press).
Khan, Masud M. (1977): Die Rolle der Illusion im analytischen Raum und im analytischen Prozeß. München (Kindler).
Kohl, Karl-Heinz (2003): Die Macht der Dinge. München (C.H. Beck).
Leroi-Gourhan, André (1973): Die Religionen der Vorgeschichte. Frankfurt/M. (Suhrkamp).
Lewin, Roger (1992): Spuren der Menschwerdung. Die Evolution des Homo sapiens. Heidelberg (Spektrum Akademischer Verlag).
Lewin, Roger (2000): Die Herkunft des Menschen. Heidelberg (Spektrum Akademischer Verlag).
Lumsden, Charles J. & Wilson, Edward O. (1984): Das Feuer des Prometheus. Wie das menschliche Denken entstand. München (Piper).
McKenna, Terrence. (1996): Speisen der Götter. München (Piper).
Metzinger, Thomas. (1999): Subjekt und Selbstmodell. Paderborn (Mentis Verlag).
Moravec, Hans (1990): Mind Children. Der Wettlauf zwischen menschlicher und künstlicher Intelligenz. Hamburg (Hoffmann & Campe).
Niessen, Stefan (1993): Traum und Realität. Ihre neuzeitliche Trennung. Würzburg (Königshausen & Neumann).
Pascal, Blaise (1670; dt. 1972): Pensées. Über die Religion und einige andere. Stuttgart (Reclam).
Renfrew, Colin (2007): Prehistory. Making of the human mind. London (Weidenfeld & Nicolson).
Roszak, Theodore (1972): Where the wasteland ends. Politics and Transcendence in Post-industrial Society. New York (Doubleday).
Schrenk, Friedeman (2003): Die Frühzeit des Menschen. Der Weg zum Homo Sapiens. München (C.H. Beck).
Shakespeare, William (1796): Der Sturm.
Titchener, Edward B. (1973): Lectures on the elementary psychology of feeling and attention. New York (Arno Press).
Todorov, Tzvetan (1998): Abenteuer des Zusammenlebens. Frankfurt/M. (Fischer).
Türcke, Christoph (2005): Vom Kainszeichen zum genetischen Code. Kritische Theorie der Schrift. München (C.H. Beck).
Wilson, Edward (2000): Die Einheit des Wissens. München (Goldmann).
Wilson, Edward (2004): Die Zukunft des Lebens. München (Goldmann/Random House).
Winnicott, Donald W. (1974): Die Fähigkeit zum Alleinsein. München (Kindler).

Allein bei sich, außer sich: einsam

Lebenskunst in Zeiten des Massenindividualismus

Rolf Haubl

Jenseits von Ratgeberliteratur, wie sie die Regale von Bahnhofsbuchhandlungen füllt, verweist der Begriff der Lebenskunst auf eine Tradition praktischer Philosophie, die bis in die Antike zurückreicht (vgl. Schmid 1999). Ihr Thema ist die bewusste Gestaltung des menschlichen Lebens als »gutes Leben«. Während Tiere ihr Leben lediglich leben, weil ihnen ihre Instinktgebundenheit wenige Freiheitsgrade lässt, haben Menschen die Möglichkeit, sich zu entscheiden, wie sie leben wollen. Dies ist freilich keine Erfolgsgarantie, denn ihre Chance, ihr eigenes Leben bewusst gestalten zu können, schließt das Risiko zu scheitern ein. Zudem entscheidet sich kein Mensch unabhängig davon, wie sich die anderen Menschen in seiner Lebenswelt entscheiden, denn individuelle Entscheidungen fallen immer im Rahmen soziokultureller Normen, die mehr oder weniger strikt eine Lebensführung vorschreiben, die den jeweiligen kollektiven Vorstellungen genügt.

Grundsätzlich betrachtet hat es alle Lebenskunst mit den universalen Konstitutionsproblemen der menschlichen Gattung zu tun, die sich als spannungsreiche Gegensätze fassen lassen: Leben und Tod, Liebe und Hass, Körper und Geist, Träumen und Wachen, Erinnern und Vergessen, Wollen und Können, Sein und Sollen – und andere Gegensätze mehr. Spannungsreich sind sie deshalb, weil eine übergewichtige Betonung eines Pols auf Kosten des anderen geht, auf dessen Beachtung aber nicht verzichtet werden kann, ohne Schaden zu nehmen. So entsteht die Frage nach dem rechten Maß: Wie lässt sich soziokulturell und individuell ein Leben führen, das zwischen den Polen eine kreative Balance sucht und findet.

Erfolgreich ist Lebenskunst unter anderem dann, wenn es ihr gelingt, psychophysische Gesundheit zu gewährleisten. Falls nicht, bedarf es therapeutischen Handelns. Zu dessen Hintergrundannahmen gehören immer Vorstellungen über eine gekonnte Lebensführung (Gödde/Zierfas 2006). Therapie markiert einen Ausnahmezustand. In diesem Zustand hilft sie, pathogene Aspekte einer Lebensführung zu reflektieren und im Alltag eine Lebensführung zur Geltung zu bringen, die Gesundung fördert.

Im Zentrum einer psychoanalytisch informierten oder orientierten Lebenskunst steht die Maxime, das eigene Leben im Bewusstsein zu führen, dass es in erheblichem Maße einer unbewussten Psychodynamik unterliegt, folglich niemand »Herr im eigenen Hause« ist.

These

Ein für unsere Kultur historisch bedeutsames Feld identitätsrelevanter Metaphern besagt: Ein Mensch ist »bei sich« oder »außer sich«. Wenn er »aus sich herausgeht«, droht ihm die Gefahr, »sich zu verlieren«. Wird das Bei-sich-Sein in der Regel positiv gewertet, dann das Außer-sich-Sein vergleichsweise negativ. Denn ein Mensch, der bei sich ist, hat Kontrolle über sich, ist »mit sich eins«. Gerät er außer sich, dann deshalb, weil er Emotionen erlebt, deren Intensität seine Selbstkontrolle sprengt: Ein Mensch kann aus Wut außer sich geraten, aber auch aus »unbändiger« – also: nicht zu kontrollierender – Freude. Und »vor Empörung«, was auf eine moralisch legitimierte Wut verweist. Von einem Menschen, der außer sich ist, wird erwartet, dass er »sich findet« und wieder »zu sich kommt«, wobei die Vernunft als probates Mittel gilt. Denn in der Regel soll er, wenn er zu sich kommt, ja »zur Vernunft kommen«. Ähnlich klingt es, wenn es heißt, ein Mensch, der außer sich ist, sei »nicht bei Trost«. Denn vom Standpunkt der Vernunft aus betrachtet, erscheint ein solches Erleben und Handeln unvernünftig, wenn nicht gar verrückt. Buchstäblich stellt der Ausdruck aber fest, dass ein Mensch, der außer sich ist, Trost benötigt (Blumenberg 2006).

Wer über die Fähigkeit verfügt, allein zu sein, ist bei sich, weil bei Trost. Dagegen sind einsame Menschen trostlos oder gar untröstlich und deshalb außer sich, auch wenn dies nur in ihrer Innenwelt stattfindet. Ein Ziel der Lebenskunst ist es, das eigene Leben so zu führen, dass man bei sich bleibt, sich nicht verliert, zumindest nicht dauerhaft, sondern immer wieder zu sich findet: dass man Alleinsein sucht und Einsamkeit meidet.

Vom Glück, allein sein zu können

Die Überlegungen von D.W. Winnicott (1958) führen die Fähigkeit, allein zu sein, auf frühkindliche Erfahrungen zurück. Allein sein kann ein Kind, das die mentale Repräsentanz eines hinreichend guten Objekts gebildet hat, weil es in Situationen der Trennung von anderen Menschen dieses hinreichend gute innere Objekt zu Hilfe rufen kann. Bindungstheoretisch gesprochen, hängt ein solcher innerer Dialog davon ab, wie sicher gebunden das Kind ist.

Die Übergangsobjekte, mit denen sich Winnicott (1985; Orig. 1971) beschäftigt, sind Gegenstände, die der sinnlich-symbolischen Unterstützung der mentalen Repräsentanzen dienen, weil der Prozess der Internalisierung noch nicht abgeschlossen ist. Schmusedecke und Teddybär vertreten das hinreichend gute Objekt in dessen Abwesenheit. Sie sind buchstäblich Gegen-Stände, weil sie der totalen Kontrolle des Kindes widerstehen, aber es sind keine Dinge, weil ihnen deren Härte fehlt, die sie eindeutig als der Außenwelt zugehörig erwiese. Indem ihnen diese Härte fehlt, erlauben sie dem Kind die Illusion, dass es keine scharfe, unüberwindliche Grenze zwischen Innenwelt und Außenwelt gibt.

Gegenstände, welche die Funktion haben, die fragile mentale Repräsentanz eines hinreichend guten Objekts zu stabilisieren, sind nicht auf die Kindheit beschränkt (vgl. Habermas 1996; Haubl 2000). Auch wenn die Internalisierung voranschreitet, treten sie lediglich in den Hintergrund, wobei sie zudem ihre Gestalt nach Maßgabe der Gegenstandswelt der Erwachsenen ändern. Auch Erwachsene haben und brauchen, vor allem in Krisenzeiten, entsprechende Gegenstände, die sie gebrauchen können, um sich eines hinreichend guten Objekts in ihrer Innenwelt zu vergegenwärtigen: Der ehrgeizige Angestellte einer Investmentbank, der nach einem langen Arbeitstag, während dem er ständig unter einem hohen, ängstigenden Konkurrenzdruck steht, endlich nach Hause kommt und sein altes ausgewaschenes und löchriges Sweatshirt anzieht, knüpft mit dieser Handlung unbemerkt an die kindliche Praxis an.

Anders als Fetische sind es immer Gegenstände, die nicht zwanghaft gebraucht werden. Ihr Gebrauch verliert nie ganz das Spielerische. Allgemein gesprochen, dient diese Klasse von Gegenständen der Emotionsregulation: Sie beruhigen, spenden Trost und machen neuen Mut, besänftigen Aggressionen: Wenn das Kind nach einer ernsten mütterlichen Ermahnung erst seinen Teddy schlägt, um ihn anschließend zu herzen, setzt es seine Zuversicht in Szene, dass ihm seine Mutter nicht auf Dauer »böse« sein werde, weil es auch selbst nicht auf Dauer »böse« sein mag.

In der Modellszene, die Winnicott beschreibt, spielt das Kind in der Gegenwart der Mutter. Es besitzt die Fähigkeit, allein zu sein, wenn es für sich spielt, mithin nicht durch die Gegenwart der Mutter gestört wird bzw. sich nicht durch ihre Gegenwart stören lässt. Es spielt für sich – nicht für die Mutter. Und auch die Mutter ist für sich. Sie verzichtet auf Kontrolle, greift nicht ein, stellt keine Leistungsanforderungen, überlässt ihr Kind sich selbst. Eine solche Mutter vermag etwas mit sich anzufangen; sie braucht nicht die ständige Aufmerksamkeit ihres Kindes, um sich ihrer selbst sicher zu sein.

Mütter, denen die Fähigkeit fehlt, allein zu sein, unterbrechen ständig das Spiel ihres Kindes: Das Kind spielt sein Fort-Da-Spiel, räumt zum zigsten Mal zwei Bauklötze in seinen Plastikeimer hinein und holt sie wieder heraus. Seine Mutter hält das nicht aus, drängt sich ihm auf, um ihm zu zeigen, was es mit den Klötzen sonst noch alles machen kann. Ohne dass es ihr bewusst ist, fühlt sie sich durch den latenten beziehungsdynamischen Gehalt von Fort-Da-Spielen bedroht. Eingedenk des von Freud analysierten Garnrollenspiels, wird in Fort-Da-Spielen die existenzielle Situation von Trennung und Vereinigung in Szene gesetzt. Die Mutter erträgt die vermeintliche Monotonie des Spiels nicht, weil ihr Kind mit seiner Inszenierung bei ihr Trennungsängste weckt. Es nimmt eine Autonomie für sich in Anspruch, die es zwar noch nicht faktisch, aber doch potenziell besitzt. Realisiert ihr Kind dereinst, was ihm möglich ist, bleibt die Mutter – wie sie befürchtet: verlassen – zurück. Mütter wie die beschriebene Mutter verhindern von früh an, dass ihr Kind fähig wird, allein zu sein.

Die Fähigkeit, allein zu sein, impliziert die Fähigkeit, die eigenen Emotionen so zu regulieren, dass die psychische Integrität – das Gefüge einer Selbstwert stiftenden Innenwelt von Selbst- und Objektrepräsentanzen – gewahrt bleibt. Wer über diese Fähigkeit verfügt, bewältigt Trennungssituationen, insbesondere Situationen der Trennung von geliebten Menschen, nicht nur besser, sondern sucht auch gerne immer wieder aktiv Situationen auf, in denen er oder sie allein sein kann. Allein sind er oder sie »bei sich«. Selbstvergessen.

Diese Selbstvergessenheit geht mit einem Glücksgefühl einher. Denn sie hebt nicht nur die Differenz von Sein und Sollen auf, sondern hält auch die Zeit im Gefühl eines ewigen Augenblicks an. Bei J.J. Rousseau, eine Erkenntnis von F. Nietzsche vorwegnehmend, heißt es:

> »Bei dem kleinsten und bei dem größten Glück ist es immer eins, wodurch Glück zum Glücke wird: das Vergessenkönnen der Zeit oder das Vermögen, während seiner Dauer zeitlos zu empfinden. Wer sich nicht auf der Schwelle des Augenblicks, alle Zeit vergessend, niederlassen kann, wer nicht auf einem Punkt wie eine Siegesgöttin ohne Schwindel und Furcht zu stehen vermag, der wird nie wissen, was Glück ist, und noch schlimmer: er wird nie etwas tun, was andere glücklich macht« (Rousseau, zit. n. Wendorff 1988, S. 638).

Das Ende der Gelassenheit

Mit der Fähigkeit, allein zu sein, sind weitere Fähigkeiten verbunden, die – normativ gewendet – auch als Tugenden gelten. Allen voran die Gelassenheit und die mit ihr verschwisterte Geduld. Wer Geduld hat, kann Warten. Und auch der Gelassene fühlt sich nicht gezwungen, sofort auf jeden Reiz zu reagieren, sondern nimmt sich Zeit, um sich zu besinnen.

Leo Rangell beschreibt Gelassenheit als eine bestimmte Ich-Funktion, die sich auf soziale Situationen bezieht; in sozialen Situationen

> »richtet sich die Angst darauf, dass der Strom narzisstischer Zufuhr abreißen und an seine Stelle Beschämung und Scham treten. Nicht-Gelassenheit ist ein traumatischer Zustand der Scham. Gelassenheit zielt darauf, an der Quelle narzisstischer Zufuhr festzuhalten, dazuzugehören, in einer größeren und gefestigten Einheit (einer Person oder Gruppe) verankert zu sein« (Rangell 1976, S. 69).

Theoretisch aktueller formuliert: Gelassenheit hat mit sozialer Anerkennung zu tun, die von anderen Menschen vergeben wird (vgl. Honneth 2003). Wer gelassen ist, hat nicht nur die Hoffnung, sondern die Zuversicht, soziale Anerkennung zu erhalten und auch nicht zu verlieren. Ohne sozial anerkannt zu sein, droht einem Menschen der soziale Ausschluss (vgl. Bude 2008). Da soziale Anerkennung eine elementare Ressource jeglicher Zugehörigkeit ist, hat sie eine soziokulturelle und eine anthropologische Dimension: Am sozialen Leben – einer Gruppe – teilnehmen und durch diese Teilnahme wissen und gewiss sein, wer man ist, kann nur, wer über anerkennungswürdige Merkmale verfügt. Andernfalls droht der soziale Tod.

Erich Fromm (1999, S. 47–56; Orig. 1947) hat für den Nachkriegskapitalismus den Siegeszug eines Sozialcharakters ausgemacht, den er »Marketing-Charakter« nennt. Das Eigentümliche dieses Charakters ist es, dass ihm jede Gelassenheit fehlt, weil im Zuge einer fortschreitenden Individualisierung selbstverständliche Zugehörigkeiten schwinden. Eines seiner prägnantesten Merkmale ist seine Orientierung an Bewunderung (vgl. auch Voswinkel 2002).

Menschen mit einem »Marketing-Charakter« betreiben ständig »Selbstreklame« (Simmel), weil Aufmerksamkeit ein knappes Gut ist, das immer knapper wird, wenn immer mehr Menschen darum konkurrieren (Franck 1998). Für Menschen mit einem »Marketing-Charakter« heißt es, ständig aufmerksam zu sein, um keine Gelegenheit zu verpassen, auf sich aufmerksam zu machen.

Sozialphobie

Unter den historischen Bedingungen eines erregt geführten Kampfes um Aufmerksamkeit wächst die Angst des Menschen vor dem Menschen – und zwar so sehr, dass es das Medizinsystem für notwendig erachtet hat, innerhalb der Angststörungen einen bestimmten Subtypus zu markieren: die Sozialphobie, die mehr oder weniger generalisiert sein kann (vgl. Katschnig et al. 1998).

Sozialphobiker sind Menschen, die ihren Mitmenschen in der lebensgeschichtlich gebildeten Erwartung begegnen, von diesen nicht anerkannt, weil negativ evaluiert zu werden. Nicht selten macht sich diese Erwartung an der Vorstellung fest, die Kontrolle über den eigenen Körper zu verlieren: in der Begegnung mit anderen Menschen flammend zu erröten, stark zu schwitzen und unverständlich zu stottern, mithin bereits körperlich für andere unzumutbar zu sein. Häufig treten die befürchteten Symptome aber gar nicht auf. Denn ihre Funktion ist es, Sozialphobikern eine Rationalisierung zu liefern, sich von ihren Mitmenschen fernzuhalten. In schweren Fällen ziehen sie sich immer weiter aus sozialen Situationen zurück und vereinsamen.

Die Schamangst, an der sie leiden, ist ihnen in ihrer vollen Tragweite erst einmal nicht bewusst. Viele Sozialphobiker sind in Herkunftsfamilien und außerfamiliären Gruppen aufgewachsen, in denen ihre Eltern und andere Bezugspersonen enorm darauf aus waren, in den Augen anderer gut dazustehen. Gemessen an dem, was andere über sie sagen und denken, zählt die eigene Selbstwahrnehmung nichts. Wer bei sich bleibt, wird verspottet und lächerlich gemacht, also mittels Beschämung diszipliniert.

In der sozialcharakterologischen Begrifflichkeit, die D. Riesman mit seinen Kollegen in ihrem Buch *Die einsame Masse* (1954) entwickelt hat, kann man davon ausgehen, dass Sozialphobiker extrem »außengeleitet« sind. Darüber hinaus lässt ihre Analyse eine bestimmte Psychodynamik erkennen: Um die brennende Scham abzuwehren, den sozialen Anforderungen nicht zu genügen und damit minderwertig zu sein, kommt es zu einer kompensatorischen Selbstüberschätzung (Gabbard 1992). Unbewusst werden die Ansprüche an sich selbst gesteigert, um nicht nur mit anderen mithalten zu können, sondern sich an ihnen zu rächen, indem man sie durch grandiose Leistungen zur Bewunderung zwingt – für andere unübersehbar wird. Gerade diese Abwehr aber wirkt selbstschädigend.

Die Erhöhung der Ansprüche an sich selbst vermehrt die Schamangst, weil Scheitern wahrscheinlicher wird: »Die angestrebte Perfektion der Leistung«, so S.O. Hoffmann (2002, S. 55), »sollte eigentlich mehr Sicherheit bringen und bewirkt verstärkte Unsicherheit. Sie sollte die Selbstwahrnehmung stabilisieren und destabilisiert sie konsequent«. In dieser Perspektive sind Sozialphobiker »schüchterne Narzissten« (Mertens 2005, S. 167ff.), die sich nach sozialer Anerkennung sehnen, gleichzeitig aber alle sozialen Situationen vermeiden, in denen sie soziale Anerkennung erhalten könnten, weil ihnen nur Bewunderung genügt. Vorübergehend mögen sie sich mit Beziehungsphantasien behelfen, die auf der Vorstellung beruhen, wie sehr andere sie bewundern müssten, wenn sie sich mit ihnen messen würden. Langfristig finden sie in solchen kompensatorischen Phantasien aber keinen Trost.

So verwundert es nicht, wenn die Komorbidität zwischen Sozialphobie und depressiver Verstimmung auf 80% geschätzt wird (Resch 1998), wobei sich die Form der Depression – je nach Theorie – als »narzisstische Depression« (Will et al. 2000, S. 375) oder »Schamdepression« (Morrison 1989, S. 113) spezifizieren lässt.

Auch wenn es keine hundertprozentige Entsprechung zwischen Gesellschaft und Psychopathologie gibt, so imponiert die Sozialphobie doch als Spiegelbild einer Gesellschaft, in der es in allen Lebensbereichen ständig um soziale Vergleiche geht, deren Ausgang über den Wert eines Menschen entscheidet. Wenn in einer Gesellschaft die bewertungsfreien sozialen Räume schwinden, weil Positionskämpfe überhandnehmen, bleiben viele auf der Strecke. In der massenhaften Einsamkeit der Sozialphobiker verelendet die moderne Gesellschaft, wenn nicht materiell, dann psychosozial.

Die Einsamkeit des Homo clausus

Sozialphobikern fehlt die Fähigkeit, allein zu sein. Sie sind einsam. Einsame Menschen kämpfen ständig mit einer inneren Unruhe, die sie solange vergeblich unter Kontrolle zu bringen suchen, bis sie in der Resignation erlischt. Insofern sind sie nicht »bei sich«, sondern »außer sich«. Statt Selbstvergessenheit stellt sich bei ihnen eine schmerzliche Selbstaufmerksamkeit ein, sie fühlen sich beobachtet und missachtet, auch wenn keine anderen Menschen anwesend sind. Ziehen sich Sozialphobiker von anderen Menschen zurück, um deren Aufmerksamkeit zu entgehen, so ändert das an ihrer Selbstaufmerksamkeit nichts: Es fehlt ihnen ein hinreichend gutes inneres Objekt, das die innere Stimme eines verurteilenden oder gar verfolgenden Objekts zum Schweigen bringen könnte, die ihnen den Wert abspricht und dadurch ihre psychische Integrität bedroht.

Einsamkeit in diesem Sinne ist »emotionale Einsamkeit« (Weiss 1973), die mit der Abwesenheit anderer Menschen wenig zu tun hat. Sozialphobiker macht nicht erst ihr Rückzug einsam. Sie sind es bereits unter Menschen. Emotionale Einsamkeit lässt sich nicht dadurch aufheben, dass sich der emotional Einsame in Geselligkeit begibt, auch wenn er zunächst glauben mag, dass er sich dadurch weniger einsam fühlen wird. Emotionale Einsamkeit ist das mehr oder weniger quälende Gefühl, zu anderen Menschen keine innere Verbindung herstellen zu können. Wer darunter leidet, erlebt sich inmitten anderer, nicht nur fremder, sondern auch bekannter und sogar vertrauter Menschen einsam. Mehr noch: Inmitten anderer Menschen zu sein, verstärkt das Gefühl – das Gefühl, nicht dazuzugehören, vielleicht überhaupt zu niemandem zu gehören.

Diese Einsamkeit ist nicht nur ein individuelles Problem. Norbert Elias (1978; Orig. 1939) hat ihre zivilisationsgeschichtlichen Voraussetzungen rekonstruiert. Er beschreibt die psychosoziale Dimension des Modernisierungsprozesses als die Sozialisation der Menschen zu einem »homo clausus«: einem Menschentypus, der sich in sich selbst eingeschlossen fühlt, weil er alle seine spontanen emotionalen Regungen kontrolliert oder gar einstellt. Das führt zu einer Distanznahme von seiner Mit- und Umwelt, die ihm deren Instrumentalisierung erlaubt, wofür er gleichzeitig aber mit einem Verlust an Vitalität bezahlt: Er nimmt die Welt nicht mehr unmittelbar wahr, sondern fühlt sich von ihr wie durch eine »unsichtbare Mauer« (Elias 1978, S. LXIII) getrennt.

Der Homo clausus hat eine lange Ahnenreihe. Um hier nur eine der Konzeptionen anzuführen: Im 16. Jahrhundert propagiert M. de Montaigne in seinem Essay *Über die Einsamkeit* den selbst gewählten Rückzug aus der Welt – geschrieben kurz nach dem Tod seines Vaters und dem Tod seines besten Freundes, der ihn veranlasst hat, seine öffentlichen Ämter abzugeben. Dieser Rückzug ist für ihn gleichermaßen Bedingung wie Ergebnis des einzig wahrhaft lohnenden Bemühens: »sich selbst zu gehören« (Montaigne 1998, S. 126; Orig. 1580–1588). Um dieses Ziel zu erreichen, müsse man sich von allen Menschen und Dingen lösen, die einen binden können.

> »Wir müssen uns ein Hinterstübchen zurückbehalten, ganz für uns, ganz ungestört, um aus dieser Abgeschiedenheit unseren wichtigsten Zufluchtsort zu machen, unsere wahre Freistatt. Hier gilt es, den alltäglichen Umgang mit uns selbst zu pflegen, von unserer Einsamkeit so in Anspruch genommen, dass für den Umgang mit andern Menschen und Dingen kein Platz bleibt. [...] Unsere Seele vermag ihre Bahn um die eigene Mitte zu ziehn; sie kann sich selbst Gesellschaft leisten, sie hat genug anzugreifen und zu verteidigen, genug sich zu geben und von sich zu empfangen« (Montaigne 1998, S. 125f.).

Das Selbst, das Montaigne in diesen Passagen konzipiert, ist psychostrukturell ein Ort, an dem ein Mensch anscheinend ganz »bei sich« ist: »in sich ruht« – freilich als Homo clausus, der seine Bindung an die Welt letztlich deshalb löst, um keine Trennungsangst zu erleben. Dies wird deutlich, wenn Montaigne schreibt, worin seine Selbstvergewisserung besteht: »indem wir mit uns Zwiesprache halten und indem wir lachen, als hätten wir keine Frau und keine Kinder, kein Hab und Gut, kein Gefolge und keine Dienerschaft, auf dass, wenn wir sie eines Tages verlieren, es uns nichts Neues sei, ohne sie zurechtzukommen« (Montaigne 1998, S. 125). Was auf den ersten Blick als Montaignes Fähigkeit erscheint, allein zu sein, erweist sich so gesehen als Angstabwehr.

Bis heute ist der Homo clausus ein männliches Sozialisationsmodell. Es sind vorwiegend Männer mit einer »hegemonialen Männlichkeit« (Connell 1993), die emotional vereinsamen. So gibt es eindrucksvolle Belege sowohl für eine habituelle männliche Alexithymie (Levant et al. 1998) wie für eine spezielle männliche Depression (Real 2000), deren beider Charakteristikum die verleugnete emotionale Bedürftigkeit ist.

Untaugliche Versuche, emotionale Einsamkeit zu vertreiben

So wie Gelassenheit und Geduld aus der Fähigkeit hervorgehen, allein zu sein, so gibt es eine enge Verbindung zwischen Einsamkeit und Langeweile (vgl. Bernstein 1975). In ihrer Langeweile spüren emotional einsame Menschen für eine lange Weile (und deshalb schmerzlich) ihr ungestilltes Sehnen nach sozialer Anerkennung als eine diffuse Stimmung, ohne dass sie kompensatorische Phantasien haben oder gravierender noch: ohne zu ahnen, wonach sie sich sehnen. Hinzu kommen Ärger, Groll und verhaltene Wut, die aber ebenfalls ungerichtet – objektlos – sind und sich deshalb auch jederzeit gegen die eigene Person wenden können. So gesehen, impliziert die leere Zeit der Langeweile einen vagabundierenden Protest, der schnell aggressiv zu werden vermag: Dann suchen sich die betreffenden Menschen ein Objekt, das sie angreifen, verletzen und zerstören, um sich selbst die Zeit zu vertreiben, in der sie sich wertlos und missachtet fühlen.

Gewalt kann ein Mittel sein, von sich selbst abzulenken, um die emotionale Einsamkeit nicht mehr schmerzlich spüren zu müssen. Es ist ein extremes Mittel und deshalb nicht alltäglich. Andere Mittel sind alltäglicher. Zu ihnen gehören – ohne Anspruch auf Vollständigkeit – »zwanghafte Geselligkeit« (Mendelson 1990, S. 331), impulsiver und süchtiger Konsum, nicht nur von Drogen (Haubl 2002), und – folgt man M. Schafer (1988, S. 302) in seiner Kulturgeschichte des Hörens – die positive Besetzung eines Lärmpegels, der betäubt.

> »Der Mensch liebt es, Geräusche zu machen, um sich bewusst zu bleiben, dass er nicht allein ist. Von diesem Standpunkt aus ist totale Stille die Negation des Menschen. Der Mensch fürchtet die Abwesenheit von Lauten, wie er die Leblosigkeit fürchtet. Die endgültige Stille kommt mit dem Tod […].
>
> Da der Mensch der Moderne den Tod, mehr als in vergangenen Zeiten fürchtet, meidet er die Stille, um seine Vorstellung vom immerwährenden Leben zu nähren. In der westlichen Gesellschaft ist Stille etwas Negatives, ein Vakuum. Stille bedeutet für den westlichen Menschen Verweigerung von Kommunikation. Wenn einer nichts zu sagen hat, redet ein anderer;

> daher rührt die Geschwätzigkeit der modernen Welt, die durch Lauterzeuger noch vergrößert wird.«

Eine Pubertierende, die große Schwierigkeiten mit ihrer Selbstfindung hat, erzählt: Wenn sie nach der Schule nach Hause kommt, ist niemand da. Beide Eltern arbeiten. Sobald sie die Wohnung betritt, macht sie sofort in allen Zimmern das elektrische Licht an, geht zu ihrer Musikanlage, legt eine CD ein und dreht den Lautstärkeregler bis fast zum Anschlag auf. Obwohl sich die Nachbarn regelmäßig beschweren und ihre Eltern schimpfen, lässt sie es nicht bleiben. Das Bedürfnis, das ihr Verhalten motiviert, ist offensichtlich stärker als jede Strafandrohung oder Bestrafung.

Interpretiert man das Verhalten der Jugendlichen als eines, das gegen das Erleben emotionaler Einsamkeit gerichtet ist, so lassen sich verschiedene Aspekte vermuten: Mit der lauten Musik macht sie andere auf sich aufmerksam und stellt so mit ihnen eine virtuelle Gemeinschaft her, mehr noch: Sie zwingt sie, ihr zuzuhören, vielleicht aus der Angst, anders kein Gehör zu finden, nicht über die Gespenster sprechen zu können, die aus ihrer Innenwelt aufsteigen, die leere Wohnung bevölkern und die sie mit ihrem Flutlicht aus den dunklen Ecken zu vertreiben sucht. Auf die Frage, wie laut denn die Musik sein müsse, sagt sie Bemerkenswertes: »bis ich sie spüre«. Damit wählt sie einen Ausdruck, der viel körperlicher ist als Hören. Die Vorstellung, die sie entwirft, ist die einer Tonfülle, die so dicht wird, dass sie geradezu eine stoffliche Qualität erhält, die ihr Halt gibt. In Töne eingehüllt, verliert der menschenleere Raum seinen Schrecken. Und sie fühlt sich wenigstens vorübergehend nicht mehr einsam.

Empirische Untersuchungen belegen (Elbing 1991, S. 203ff.), dass junge Menschen sich einsamer fühlen als ältere, obwohl es ältere Menschen sind, denen vorrangig zugeschrieben wird, einsam zu sein. Knapp ein Viertel der Jugendlichen zwischen 12 und 16 Jahren berichten von einem Gefühl quälender Einsamkeit, in dem ihre Sorge überwiegt, ob sich denn ihre Sehnsucht nach (sexueller) Intimität jemals erfüllen wird, die sie sich und anderen nur verschämt einzugestehen vermögen. »Krank vor Liebeskummer« fühlen sie sich zu Recht unverstanden, weil die Erwachsenen dazu neigen, solchen Kummer nicht ernst zu nehmen. Dabei geht er nicht nur symbolisch zu Herzen. Psychosomatische Untersuchungen liefern Hinweise dafür, dass es einen Zusammenhang zwischen emotionaler Einsamkeit und einem erhöhten Risiko für Herzkrankheiten gibt (Lynch 1987).

Einsamkeit und Endlichkeit

Historisch betrachtet, ist das Lebenstempo der Menschen im Verlauf des Modernisierungsprozesses immer schneller und ihre Lebenswelt immer lauter geworden. In der vorherrschenden Kultur werden Langsamkeit und Stille damit zu einem Makel, auch wenn es vielleicht gerade wegen ihres Schwindens eine Sehnsucht nach ihnen gibt. Werden Langsamkeit und Stille als Makel erlebt, geht die Angst um, zu langsam und zu still zu sein, weil das Vakuum, das dann entsteht, an den Tod gemahnt, den der moderne Mensch in seiner »transzendentalen Obdachlosigkeit« (Lukacs) als Inbegriff existenzieller Einsamkeit fürchtet.

> »Kennst du das auch, dass manches Mal
> Inmitten einer lauten Lust,
> Bei einem Fest, in einem frohen Saal,
> Du plötzlich schweigen und hinweggehen musst?
>
> Dann legst du dich aufs Lager ohne Schlaf
> Wie einer, den ein plötzlich Herzweh traf;
> Lust und Gelächter sind verstiebt wie Rauch,
> Du weinst, weinst ohne Halt – kennst du das auch?«

Was H. Hesse in seinem zwischen 1899 und 1902 entstandenen Gedicht *Kennst du das auch?* beschreibt, ist die plötzliche Konfrontation mit dem Bewusstsein der Endlichkeit des eigenen Lebens. Mitten in ausgelassener Geselligkeit taucht die melancholische Gewissheit auf, dass es jederzeit damit zu Ende sein kann. Diese Gewissheit führt dazu, sich zurückzuziehen, weil sie die existenzielle Einsamkeit eines jeden Menschen schmerzlich in Erinnerung ruft. Jeder Mensch ist ein vereinzelter Mensch, von jedem anderen Menschen radikal getrennt. Diese Trennung lässt sich nur symbolisch, nicht aber real überwinden. Selbst der Orgasmus, der früheste symbiotische Erfahrungen wiederbelebt, kommt zu einem Ende. Post coitum omne animal triste: Das erfüllte sexuelle Begehren lässt die Liebenden, die sich nach Verschmelzung sehnen, im Bewusstsein ihrer existenziellen Einsamkeit zurück.

Das Reale ist der Tod. Deshalb verlangt das Realitätsprinzip, ihn nicht zu verleugnen. Wie aber kann ihm im Leben der ihm gebührende Platz eingeräumt werden, ohne dass er die Lebensfreude zunichtemacht?

In seinem kleinen Text *Über Vergänglichkeit* stellt Freud (1960a; Orig. 1916) zwei ästhetische Positionen gegenüber, die gleichzeitig unterschiedliche Lebensstile markieren. Die eine Position betrachtet eine Rose, die hier und jetzt blüht, im Futurum II: Morgen wird sie erblüht gewesen sein. So betrachtet, erscheint sie heute nicht als schön. Im Unterschied dazu erhebt die Gegenposition die Vergänglichkeit zu einer Bedingung für Schönheit: Nur, weil sie morgen verwelkt ist, erscheint sie heute als schön (vgl. dazu auch Phillips 2007; Orig. 1999).

Freud plädiert für die zweite Position, die man als »depressive Position« (Winnicott 1976; Orig. 1954) bestimmen kann, als Fähigkeit, sich Lebensfreude nicht durch das Bewusstsein der Endlichkeit des eigenen Lebens verderben zu lassen; mehr noch: Vergänglichkeit zu bejahen, sie vielleicht sogar für eine Steigerung der Lebensfreude zu nutzen. Denn ohne Vergänglichkeit gibt es auch keine Hoffnung. Nur unter der Bedingung der Vergänglichkeit kann es Besserung geben, die aber nicht ohne das Risiko der Verschlechterung zu haben ist, auch wenn das Wunschdenken möchte, dass das Gute ewig währt und nur das Schlechte vergeht. Um Vergänglichkeit, insbesondere ihre eigene, bejahen zu können, sind Menschen auf Trost angewiesen.

Trost findet sich dort, wo die eigene Vergänglichkeit in Gutem aufgehoben wird, das fortbesteht. Eine solche Transzendierung des eigenen Endes ist etwa durch ein generatives Engagement möglich, seien es Kinder oder Wertsysteme, in die zu Lebzeiten investiert wird. Generativität (McAdams et al. 1998) vermag auf diese Weise die existenzielle »Einsamkeit der Sterbenden« (Elias 1982) zu mildern.

Arbeit und Leben

Es gibt verschiedene Motive, aufgrund deren Menschen arbeiten. Unter anderem kann Arbeit ein Mittel sein, Einsamkeit zu bewältigen: Die süchtige oder zwanghafte Bearbeitung von Gegenständen der Außenwelt soll verhindern, sich mit der eigenen Innenwelt auseinandersetzen zu müssen. Als Arbeitsgesellschaft hat die moderne Gesellschaft dieses Mittel jenseits psychopathologischen Gebrauchs normalisiert und zudem unter das Diktat einer ständigen Leistungssteigerung gestellt. Spätestens seit P. Lafargues *Recht auf Faulheit* (1981; Orig. 1883) aber steht eine auf Arbeit fixierte Lebensführung in der Kritik.

In M. Endes philosophischem Kinderbuch *Momo* (1996; Orig. 1973) wird diese Kritik von Beppo Straßenkehrer personifiziert, der seine Arbeit gerne und gründlich macht, weil er sie für gesellschaftlich notwendig erachtet, der sie aber geruhsam erledigt, weil ihre zunehmende Beschleunigung ihn aus dem Rhythmus bringt und ihn erschöpft:

> »›Manchmal hat man eine lange Straße vor sich. Man denkt, die ist so schrecklich lang; das kann man niemals schaffen, denkt man.‹ Er blickte eine Weile schweigend vor sich hin, dann fuhr er fort: ›Und dann fängt man an, sich zu eilen. Und man eilt sich immer mehr. Jedesmal, wenn man aufblickt, sieht man, dass es nicht weniger wird, was noch vor einem liegt. Und man strengt sich noch mehr an, man kriegt es mit der Angst, und zum Schluss ist man ganz außer Puste und kann nicht mehr. So darf man es nicht machen.‹« (Ende 1996, S. 42f.)

Beschleunigung (vgl. Rosa 2005) hat einen höchst ungesunden Fluchtpunkt: den der Besinnungslosigkeit. Wer ständig vorwärtsstrebt, verliert die Zeit, sich zu besinnen, weil Besinnung Innehalten verlangt.

Zu den Faktoren, die es dem modernen Menschen schwermachen, innezuhalten, gehört ihr steigendes Kontingenzbewusstsein. Um mit M. Young (1988, S. 217) zu sprechen:

> »Sie [die modernen Menschen] sind sich vermehrt bewusst, dass es andere Orte auf der Welt gibt, wo sie sein könnten, zusammen mit anderen Männern oder mit anderen Frauen, in anderen Zusammenkünften, bei anderen Konferenzen oder Ausstellungen, auf anderen Wanderwegen. Sie könnten andere Bücher lesen, in anderen Mondnächten.«

Wenn die Möglichkeit besteht, eine bestimmte Lebensführung zu wählen, und dies im Bewusstsein geschieht, damit gleichzeitig bestimmte – und sogar noch ganz unbestimmte – andere Lebensführungen abzuwählen, ist jede Wahl von der Unsicherheit begleitet, ob sie denn gemessen an dem, was möglich wäre, die richtige gewesen ist: ob sie ein »gutes Leben« garantiert. Leben Menschen zudem im Bewusstsein, dass ihre Lebenszeit knapp ist, um ein »gutes Leben« zu leben, weil nach dem Tod nichts mehr kommt (vgl. Weinrich 2004), dann sind sie versucht, ihre Chancen zu maximieren, indem sie etwa auf Zeitverdichtung setzen, heißt: dass sie immer mehr in immer weniger Zeit erleben wollen, wobei sie das Risiko eingehen, während ihres Lebens viel erlebt, aber nur wenig erfahren zu haben.

Um aus diesem vermeintlichen Zwangszusammenhang aussteigen zu können, bedarf es Mut – eines Mutes, der auf der Fähigkeit beruht, allein zu sein: auf die eigene innere Stimme zu hören. Wer dagegen einsam ist oder Angst vor Einsamkeit und sozialer Isolation hat, wird sein Heil eher in Betriebsamkeit suchen, wenn er nicht bereits resigniert ist.

Melancholie

Otto Marquard (1994, S. 116ff.) entwickelt in seinem *Plädoyer für die Einsamkeitsfähigkeit* einen emphatischen Begriff selbst gewählter Einsamkeit, der im Sinne von Winnicott der Fähigkeit, allein zu sein, entspricht. Sein Plädoyer gipfelt in der Diagnose, dass die moderne Gesellschaft einen hohen Bedarf an selbst gewählter Einsamkeit hat – anders gewendet: dass es ihren Mitgliedern an der Fähigkeit fehlt, allein zu sein.

Die gesellschaftliche Funktion dieser Fähigkeit soll abschließend durch ein Bild illustriert werden, das die Kulturgeschichte des Abendlandes nachhaltig geprägt hat: Es ist *Melancholia I* von A. Dürer (vgl. Haubl 2007). Mit einem Begriff von Freud lässt sich die geflügelte Melancholie-Figur auf dem Kupferstich als Allegorie des Menschen, als »Prothesengott« (Freud 1960b, S. 451) begreifen. Zahllose Gerätschaften liegen, wie achtlos fallen gelassen, auf dem Boden. Es sind Werkzeuge der

A. Dürer, »Melancholia I«

instrumentellen Vernunft, die dazu dienen, eine Welt »more geometrico« zu bauen, die der menschlichen Kontrolle unterliegt. Zwischen ihnen sitzt die Figur, ein Baumeister, der sein Bauen unterbrochen hat. Macht er Pause, um dann sein Werk fortzusetzen? Oder hat er es aufgegeben? Und wenn er es aufgegeben hat, mit welchen Gefühlen? Wird seine

Melancholie als Depression gedeutet, verzweifelt er an seinen eigenen Ansprüchen, daran, mit seinem Turm immer höher hinauszuwollen. Soweit aber ist es noch nicht. Das Bild zeigt die geflügelte Figur in einer Entscheidungssituation: Sie besinnt sich, denkt nach. Allein. Nicht außer sich, sondern bei sich. Ohne Depression, aber in einer melancholischen Haltung, aus der heraus sie ihren Ehrgeiz besänftigt: mit ihrem Turm nicht immer höher hinauszuwollen, sondern sich mit einem nicht perfekten Werk und damit auch mit den Grenzen der eigenen Leistungsfähigkeit zu bescheiden. Solche Entscheidungen zu treffen, setzt die Fähigkeit voraus, allein zu sein: sich zurückzuziehen, den bestehenden Handlungsdruck zu reduzieren, ohne die Angst zu haben, dadurch zu vereinsamen, weil man soziale Erwartungen nicht erfüllt.

Die Fähigkeit, allein zu sein, ist so gesehen eine Bedingung der Freiheit, durch Nachdenken umzudenken. Durch sie bleiben Menschen auch in Situationen einer Gefährdung ihrer psychischen Integrität »bei sich«. Sie geraten nicht dauerhaft »außer sich«, weil sie Trost in der beruhigenden Vorstellung finden, immer schon durch ein hinreichend gutes inneres Objekt gehalten zu sein. Es mag als Rückprojektion psychoanalytischen Denkens ins Jahr 1514 erscheinen, aber vielleicht ist es kein Zufall, dass Dürer die *Melancholia I* im Todesjahr seiner geliebten Mutter erschafft, das gleichzeitig auch als das Jahr in die Annalen eingeht, in dem er sich in einer künstlerischen Krise befindet, weil es ihm nicht gelingt, seine perfektionistischen ästhetischen Ansprüche einzulösen. Insofern lässt sich die geflügelte Melancholie-Figur auch als Personifikation des Künstlers deuten, der sich wieder »zu finden« sucht. So gesehen, illustriert der Kupferstich eine existenzielle Situation, deren kreative Bewältigung eine Bewährungsaufgabe aller Lebenskunst ist.

Literatur

Bernstein, Haskell F. (1975): Boredom and the ready-made life. Social Research 42(3), 512–537.

Blumenberg, Hans (2006): Trostbedürfnis und Untröstlichkeit des Menschen. In: Blumenberg, Hans: Beschreibung des Menschen. Aus dem Nachlass hg. v. M. Sommer. Frankfurt/M. (Suhrkamp), S. 623–656.

Bude, Heinz (2008): Die Ausgeschlossenen. Das Ende vom Traum einer gerechten Gesellschaft. München (Hanser).

Connell, R. W. (1993): The big picture: maculinities in recent world history. Theory and Society 22(5), 597–623.

Elbing, Eberhard (1991): Einsamkeit. Psychologische Konzepte, Forschungsbefunde und Treatmentansätze. Göttingen (Hogrefe).

Elias, Norbert (1978): Über den Prozess der Zivilisation. 2 Bde. Frankfurt/M. (Suhrkamp).

Elias, Norbert (1982): Über die Einsamkeit der Sterbenden. Frankfurt/M. (Suhrkamp).

Ende, Michael (1996): Momo oder Die seltsame Geschichte von den Zeit-Dieben und von dem Kind, das den Menschen die gestohlene Zeit zurückbrachte. Ein Märchen-Roman. Stuttgart, Wien (Thienemann) [Orig. 1973].

Franck, Georg (1998): Die Ökonomie der Aufmerksamkeit. München (Hanser).

Freud, Sigmund (1960a): Über Vergänglichkeit. GW X, 357–361.

Freud, Sigmund (1960b): Das Unbehagen in der Kultur. GW XIV, 419–506.

Fromm, Erich (1999): Psychoanalyse und Ethik. Bausteine zu einer humanistischen Charakterologie. In: Fromm, Erich: Gesamtausgabe in 12 Bänden. Bd. II. Stuttgart (DVA), S. 1–157.

Gabbard, G. O. (1992): Psychodynamics of panic disorder and social phobia. Bull. Menninger Clin. 56, Suppl. A, A3–A13.

Gödde, Günter & Zierfas, Jörg (2006): Das Unbewusste in Lebenskunst und Psychotherapie – ein Brückenschlag. In: Buchholz, Michael B. & Gödde, Günter (Hg.): Das Unbewusste in der Praxis. Gießen (Psychosozial-Verlag), S. 746–782.

Habermas, Tilmann (1996): Geliebte Objekte. Symbole und Instrumente der Identitätsbildung. Berlin, New York (de Gruyter).

Hartog, Joseph; Audy, J. Ralph; Cohen, Yehudi A. (Hg.) (1981): The Anatomy of Loneliness. New York (International Universities Press).

Haubl, Rolf (2000): Be-dingte Emotionen. Über identitätsstiftende Objekt-Beziehungen. In: Hartmann, Hans A. & Haubl, R. (Hg.): Von Dingen und Menschen. Funktion und Bedeutung materieller Kultur. Opladen (Westdeutscher Verlag) S. 13–37.

Haubl, Rolf (2002): Consumo, ergo sum – Geld und Konsum als Stimmungsmacher. In: Uhlig, Stephan & Thiele, Monika (Hg.): Rausch – Sucht – Lust. Gießen (Psychosozial-Verlag), S. 161–177.

Haubl, Rolf (2007): Melancholie: Glück im Schatten des Saturn. In: Hoyer, Timo (Hg.): Vom Glück und glücklichen Leben. Sozial- und geisteswissenschaftliche Zugänge. Göttingen (Vandenhoeck & Ruprecht), S. 172–185.

Hoffmann, Sven Olaf (2002): Die Psychodynamik der Sozialen Phobien. Forum Psa. 18(1), 51–71.

Honneth, Axel (2003): Kampf um Anerkennung. Frankfurt/M. (Suhrkamp).

Katschnig, Heinz; Demal, Ulrike & Windhaber, Johann (Hg.) (1998): Wenn Schüchternheit zur Krankheit wird. Wien (Facultas).

Lafargue, Paul (1981): Das Recht auf Faulheit und andere Satiren. Berlin (Stattbuch Verlag).

Levant, R. F. (1998): Desperately seeking language: Understanding, assessing and treating normal male alexithymia. In: Pollack, W. S. & Levant, R. (Hg.): New Psychotherapy for Men. New York (Wiley & Sons), S. 35–56.

Lynch, James J. (1987): Einsamkeit und Blutdruck. Psychologie Heute 14(3), 25–27.

Marquard, Odo (1994): Plädoyer für die Einsamkeitsfähigkeit. In: Marquard, Odo (Hg.): Skepsis und Zustimmung. Stuttgart (Reclam), S. 110–122.

McAdams, Dan P.; Hart, Holly M. & Maruna, Shadd (1998): The anatomy of genera-

tivity. In: McAdams, Dan P. & St. Aubin, Ed de (Hg.): Generativity and Adult Development. How and Why we Care for the Next Generation. Washington, DC (APA-Press), S. 7–43.
Mendelson, Myer D. (1990): Reflections on loneliness. Contemporary Psychoanalysis 26, S. 330–355.
Mertens, Wolfgang (2005): Psychoanalyse. 6. völlig überarbeitete Auflage. Stuttgart (Kohlhammer).
Montaigne, Michel de (1998): Über die Einsamkeit. In Montaigne, Michel de: Essais. Frankfurt/M. (Eichborn), S. 124–129 [Orig. 1580–1588].
Morrison, Andrew P. (1989): Shame – the underside of narcisissm. Hillsdale (Analytic Press).
Phillips, Adam (2007): Darwins Würmer und Freuds Tod. Über den Sinn des Vergänglichen. Göttingen (Vandenhoeck & Ruprecht).
Rangell, Leo (1976): Zur Psychologie der Gelassenheit. In: Rangell, Leo: Gelassenheit und andere menschliche Möglichkeiten. Frankfurt/M. (Suhrkamp), S. 25–72.
Real, Terrence (2000): I don't want to talk about it: overcoming the secret legacy of male depression. New York (Fireside).
Resch, Franz (1998): Stigma, Minderwertigkeitsgefühl und soziale Ängste bei Kindern und Jugendlichen. In: Katschnig, Heinz; Demal, Ulrike & Windhaber, Johann (Hg.): Wenn Schüchternheit zur Krankheit wird. Wien (Facultas), S. 81–89.
Riesman, David; Denney, Reuel & Glazer, Nathan (1958): Die einsame Masse. Eine Untersuchung der Wandlungen des amerikanischen Charakters. Reinbek bei Hamburg (Rowohlt).
Rosa, Hartmut (2005): Beschleunigung: die Veränderung der Zeitstrukturen in der Moderne. Frankfurt/M. (Suhrkamp).
Schafer, Murray R. (1988): Klang und Krach. Eine Kulturgeschichte des Hörens. Frankfurt/M. (Athenäum).
Schmid, Wilhelm (1999): Philosophie der Lebenskunst. Eine Grundlegung. Frankfurt/M. (Suhrkamp).
Stern, Daniel N. (2005): Der Gegenwartsmoment. Veränderungsprozesse in Psychoanalyse, Psychotherapie und Alltag. Frankfurt/M. (Brandes & Apsel).
Storr, Anthony (1988): Solitude. New York (Free Press).
Voswinkel, Stephan (2002): Bewunderung ohne Würdigung? Paradoxien der Anerkennung doppelt subjektivierter Arbeit. In: Honneth, Axel (Hg.): Befreiung aus der Mündigkeit. Paradoxien des gegenwärtigen Kapitalismus. Frankfurt/M., New York (Campus), S. 65–93.
Weinrich, Harald (2004): Knappe Zeit. Kunst und Ökonomie des befristeten Lebens. München (Hanser).
Weiss, Robert S. (1973): Loneliness: The Experience of Emotional and Social Isolation. Cambridge, Mass. (The M.I.T. Press).
Wendorff, Rudolf (1988): Konflikt und Koexistenz verschiedener Zeiten. In: Zoll, Rainer (Hg.): Zerstörung und Wiederaneignung von Zeit. Frankfurt/M. (Suhrkamp), S. 628–640.
Will, Herbert; Grabenstedt, Yvonne; Völkl, Günter & Banck, Gudrun (2000): Depression: Psychodynamik und Therapie. Stuttgart (Kohlhammer).
Winnicott, Donald W. (1958): Über die Fähigkeit, allein zu sein. Psyche – Z psychoanal 12, 344–352.
Winnicott, Donald W. (1976): Die depressive Position in der normalen emotionalen Entwicklung. In: Winnicott, Donald W.: Von der Kinderheilkunde zur Psychoanalyse. München (Kindler), S. 270–292.

Winnicott, Donald W. (1985): Übergangsobjekte und Übergangsphänomene. In: Winnicott, Donald W.: Vom Spiel zur Kreativität. Stuttgart (Klett-Cotta), S. 10–36.
Young, Michael K. (1988): The Metronomic Society. Natural Rhythms and Human Timetable. London (Thames & Hudson).

Teil II

Alleinsein – Klinische Aspekte und psychoanalytische Theorie

Allein sein – von Formen der Autoerotik zum Autismus

Denys Ribas

Das Tagungsthema hat mich an einen Gegensatz denken lassen: den zwischen der von Kanner (1942/43) beschriebenen *aloneness*, die in den Augen des Beobachters wie Einsamkeit aussieht, aber ein ziemlich schreckliches Abgeschottetsein ist, und der von Winnicott (1958) beschriebenen sehr wertvollen Fähigkeit des Kindes, in Gegenwart des Objekts allein zu sein, woran bestimmte Schweigemomente in einer Analyse erinnern, die von einer starken Integrationsbewegung getragen sind und mit lastender Gehemmtheit oder feindseliger Transgression der Grundregel nicht das Geringste zu tun haben.

Dies gibt mir Gelegenheit, die Meinungsverschiedenheiten mit Winnicott hinsichtlich seiner theoretischen Auffassung zu präzisieren, ohne die Bedeutung dessen, was er beschreibt, infrage stellen zu wollen, wenn ich die in der französischen Psychoanalyse gut ausgearbeiteten Positionen darlege.

Ein erstes Missverständnis

Bleuler (1911) hat den schizophrenen Rückzug bekanntlich irrtümlich Autismus genannt, wobei er sich von Freuds Konzept der Autoerotik inspiriert glaubte: Die masturbatorischen Handlungen des von der Welt abgeschnittenen Schizophrenen haben nichts mit der verbindenden Funktion der Formen von Autoerotik gemein, die auch das Aufkommen des Narzissmus mit sich bringen und die Objektbesetzung vorbereiten. Dies ist einer meiner wenigen Punkte, in denen ich mit der hoch geschätzten Frances Tustin (1986) begrifflich nicht einig bin, die die autistische *Autosensualität* von den Formen von Autoerotik unterscheidet, um eben diesen Unterschied zu unterstreichen. Mir erschiene es zutreffender, den erotischen Aspekt gewisser Aktivitäten der Autisten nicht zu übersehen, die ja gerade das Versagen der *auto*-Funktion, ihre Selbstbezogenheit und fehlende Kontaktnahme unterstreichen. Es wäre passender, im Anschluss an Meltzer von *zerstörter Erotik* zu sprechen (siehe dazu auch die Position von Botella et al. 1977). Diese Bewegungen haben eben einen ungenügend verdrängten erotischen Charakter und verunsichern das Pflegepersonal tief, das in Konflikt kommt zwischen dem Reflex, eine transgressive Kontaktnahme zurückzuweisen, und der Befürchtung, dadurch vom Aufbau einer Verbindung abzuschrecken. Beim Psychodrama mit einem autistischen Kind begann dies, den Lederrock und die Strümpfe einer der Psychodramatikerinnen zu streicheln, wie es ein verführter Erwachsener täte und nicht ein schmusendes Kind. Die Erzieher kennen das Geheimnis der Erforschung ihrer Körper durch Kinder, die einerseits keine Kinder mehr, andererseits aber doch noch Säuglinge sind, und die Schwierigkeit, hierauf adäquat zu reagieren.

»Das Kind betrachtet den Aktenschrank ebenso wenig wie den Psychiater. Aber nur der Psychiater beklagt sich darüber« (Beate Harmelin, zit. n. Frith 1996, S. 236). Die Existenz der Abwehr, die vom autistischen Kind durch Blickvermeidung vollzogen wird, ist von den Kognitivisten bezweifelt worden. Meiner Ansicht nach haben sie Unrecht. Zum Beweis ziehe ich Kanners Beobachtungen des kleinen Don heran, der mit der Rutsche, die man ihm geschenkt hat, nur dann spielt, wenn die anderen Kinder nicht da sind, wie die Eltern präzisieren:

> »Diesen Sommer (1937) haben wir ihm zum Spielen eine Rutsche gekauft, und am ersten Nachmittag, als die anderen Kinder damit beschäftigt waren zu rutschen, wollte er es nicht, und als wir ihn drauf gesetzt haben, damit auch er rutscht, schien er von Entsetzen gepackt. Am nächsten Morgen aber, als niemand da war, ging er nach draußen, stieg die Leiter hinauf und rutschte hinunter; seitdem hat er oft auf ihr gerutscht, aber nur dann, wenn kein anderes Kind zugegen war, das sich ihm beim Rutschen hätte anschließen können« (Kanner 1942/43; Berquez 1983, S. 218).

Damit ist bewiesen, dass eine Gegenwart wahrgenommen wird und ein Vermeiden stattfindet. Beim Autismus ist also sehr wohl ein Abwehrvorgang am Werk, selbst wenn unsere Kollegen von der Tavistock Clinic heute die Bedeutung eines inneren traumatischen Faktors und den Anteil der organischen Störungen anerkennen (Alvarez et al. 1999). Jean-Marie Vidal hat dies am Beispiel erwachsener Autisten bewiesen, indem er anhand von Aufzeichnungen des interaktiven Sprachverhaltens die Reaktionen eines autistischen Patienten auf die Einmischung eines Dritten in einen Zweier-Dialog untersuchte (Vidal 2000).

Meiner Auffassung nach sollte als Grundlage anerkannt werden, dass die autistische Einsamkeit die Vermeidung eines zu erschreckenden Kontaktes ist, weil dieser Kontakt im Sinne Meltzers zu adhäsiv ist: Jede Trennung wird demzufolge wie ein Wegreißen eines Teils seiner selbst erlebt. Die ganze klinische Ausarbeitung von Frances Tustin (1986) geht in diese Richtung, spricht von einer Amputation des Mundes beim Verlust der Brustwarze, wenn die Trennung vom Objekt noch nicht hatte stattfinden können, dank derer das abwesende Objekt vorstellbar und seine Halluzinierung möglich wird. Die Autisten lehren uns also, dass ihre »Einsamkeit« vor Kontakt schützt – vor dem Hintergrund mangelnder Abgegrenztheit.

An dieser Stelle sei auch darauf hingewiesen, dass die Arbeiten der Kognitivisten und die psychoanalytischen Forschungsergebnisse konvergieren, denn erstere unterstreichen mit der Unzulänglichkeit einer *Theorie vom Wesen des anderen als eines vom Subjekt unterschiedenen* das Fehlen des Bewusstseins einer Trennung der psychischen Systeme, womit die Kommunikation, die Alterität impliziert, erst gar nicht in Betracht kommen kann.

Dies zeigt, wie treffend Winnicotts (1958) Analyse ist: Um Zugang zu Trennung und Intimität finden zu können, muss Trennung zunächst in Gegenwart des Objekts erprobt werden. Man hat mir von der schrecklichen Kindheit des Sohnes einer blinden Mutter erzählt: Selbst wenn er allein in seinem Zimmer war und beim Auspacken eines Bonbons mit dem Papier knisterte, konnte er seine Mutter, deren Gehör sehr fein war, aus einem anderen Zimmer sagen hören: »Iss doch nicht diese Zuckersachen!«

Rokia

Rokia ist ein fünf Jahre altes sprachloses autistisches Mädchen afrikanischer Herkunft, das ich dreimal pro Woche in Kinderanalyse habe. Sie ist das dritte von sechs Kindern einer Familie sehr beengt wohnender Migranten. Im ersten Jahr ihrer Psychoanalyse bemächtigt sie sich der Spielsachen aus der Spielkiste, um Personen in Szene zu setzen, die aus der Kiste herauskommen oder in sie zurückkehren. Ein Paar fährt sein Kind in einem Kinderwagen spazieren. Eine andere Frau kümmert sich um ein Baby. Sitzung um Sitzung nimmt das Spiel unter Mitwirkung der Tiere aus der Kiste, auf denen die menschlichen Figuren zuweilen reiten, langsam eine repetitive Form an. Eine männliche Figur nähert sich und nimmt eine Frau mit. Er legt sich auf sie, und die beiden Partner bewegen sich einer auf dem anderen. Von meiner kleinen Patientin werden dabei kleine spitze Schreie ausgestoßen. Dann, während das Paar sich weiterhin heftig bewegt, stöhnt sie laut und schnell! Die Inszenierung eines Koitus ist evident – mit einem aufmerksamen Mann, der auf die Lust seiner Partnerin wartet, bevor er der eigenen nachgibt ... Aber die Szene wiederholt sich Sitzung um Sitzung mehrere Monate lang, wobei ein anderes Figurenpaar aus der Therapiekiste ins Spiel kommt.

Davon stutzig gemacht frage ich schließlich bei meinem Kollegen nach, der Berater der Familie ist, und erfahre, dass der Vater in Afrika eine weitere Frau hat, mit der er sechs weitere Kinder hat! Die Ehefrauen telefonieren miteinander, und die Familiensituation ist also allen Kindern bekannt. Meine kleine sprachlose Patientin hat mich also über ihre Konfrontation mit der Urszene und sogar deren Duplizierung bei den jährlichen Reisen des Vaters nach Afrika informiert. Die Wiederholung dieser Vorstellungen in jeder Sitzung wirft die Frage nach deren Prozesshaftigkeit auf. Handelt es sich nicht um Wahrnehmungen, die ihren traumatischen Charakter behalten haben, sich in identischer Form wiederholen und für die Vorstellung vom Objekt und für die Urszenenphantasie das sind, was die nächtliche Angst für den Traum ist: ein Diesseits des Albtraums? Wie lässt sich hier Verdrängung fördern?

Eines Tages bemerkt das Mädchen, dass mein Macintosh auf dem Büro an ist. Von der Vorschullehrerin hat sie gelernt, sich dieses Geräts zu bedienen, und ergreift davon Besitz. Ich folge daraufhin ihrem Interesse, das im weiteren Verlauf nach dem Liebesspiel der Eltern zunächst den zweiten Teil der Sitzungen ausfüllt und dann immer mehr die ganze Sitzungszeit. Sie besetzt das Zeichenprogramm, das ich ihr zeige, und zu meiner großen Überraschung benutzt sie die Dropdownmenüs perfekt: visuelle Orientierung oder Lektüre? Im Anschluss an einen banalen Gebrauch der Zeichenmöglichkeiten exploriert sie dann eine minimalistische künstlerische Dimension: Sie platziert drei farbige Rechtecke, wobei die Farbe des mittleren Rechtecks eine Mischung der beiden anderen Farben ist, stets in harmonischen Kombinationen von Formen und Farbtönen. Dieses Dispositiv wird in jeder Sitzung wiederholt: Aus Zweien entsteht ein Drittes, das deren Mischung ist, was mir die Urszene in anderer Form zu symbolisieren scheint. Was soll man dazu aber sagen?

Ich begnüge mich damit, ihrer kreativen, aber wiederum äußerst repetitiven Suchbewegung zu folgen. Sie scheint dabei in meiner Gegenwart allein zu sein, wobei ich mich bemühe, aufmerksam zu bleiben – im Gegensatz zu Winnicotts Beschreibung eines Kindes und seiner Mutter, in der beide mit etwas beschäftigt sind. Eine solche Besetzung scheint mir der Garant einer analytischen Position zu sein, die sich allerdings wohl weniger auf die Deutung als auf die Sinngebung des Materials in der Psyche des Psychoanalytikers im Sinne einer *Rêverie-Fähigkeit* (Bion 1962) stützt. In dieser Besetzung durch das Objekt manifestiert sich eine Triebmischung, die die psychische Strukturierung des Kindes fördert. Ich habe den Vorschlag gemacht, den kindlichen Autismus als einen Zustand weitgehender Triebentmischung zu verstehen (Ribas 1998), und in diesem Punkt liegt für mich ein wesentlicher Ansatzpunkt der Therapie. Man beachte, dass wir darin auch die Erklärung der therapeutischen Wirkungen verschiedener psychoanalytische Techniken finden könnten, die sich auf ganz unterschiedliche Theoriegebäude stützen: Ihnen ist gemeinsam, dass sie ein Verständnis des Materials und eines Prozesses ermöglichen, Sinngebungen und zeitliche Einordnungen (Ferro [1999] insistiert auf der narrativen Dimension), die dessen Besetzung ermöglicht und eine mentale Aktivität unterstützt: die verbindungsstiftende *Funktion Alpha* (Bion 1962).

Ich möchte auch klarstellen, dass diese rezeptive und respektvolle therapeutische Haltung dem Kind gegenüber nur innerhalb der Sitzungszeit und gegenüber einem Kind gerechtfertigt ist, das eine von Besetzungen getragene Aktivität an den Tag legt. Die Dinge liegen anders, wenn sich das Kind in der Sitzung in Stereotypien flüchtet. In diesem Fall ist es von essenzieller Bedeutung, es in unserer Gegenwart *nicht* allein zu lassen. Täten wir dies, würden wir zum Komplizen von Autismus und Nichtleben. Seit den fünfziger Jahren haben sich die Auffassungen der Psychoanalytiker hierzu in der Tat sehr weiterentwickelt und warnen nun davor, auf die narzisstische Abwehr die klassische und im Prinzip weiterhin wertvolle Haltung vorsichtigen und respektvollen Abwartens anzuwenden, nach der die Bewegung vom Patienten kommen muss. Tustin (1986) schrieb am Ende ihres Lebens, der Analytiker müsse in seiner Liebe so streng sein wie die Eltern eines Drogenabhängigen, und Meltzer (1975) konstatiert, dass »die im Autismus verbrachte Zeit für die Reifung verloren ist«. Man muss innerhalb der Sitzung also auf die Stereotypien einwirken oder sie unterlaufen, indem man ein Element von Spiel einbringt, und innerhalb der übrigen erzieherischen, pädagogischen und therapeutischen Behandlung innerhalb der kinderpsychiatrischen Tagesklinik muss man sich meiner praktischen Erfahrung nach aktiv um das Kind bemühen und es nicht in seiner Rückzugsposition belassen (siehe dazu Ribas 1992, dt. 1995).

Aus dem spannenden Studium der Erfahrungsberichte früherer Autisten, die erwachsen geworden sind (Ribas 2004/2006), haben wir schließlich noch gelernt, wie nützlich es ist, ihnen in ihre eigenartigen Interessen zu folgen. Man erinnert sich beispielsweise an die Art und Weise, in der ein Handarbeitslehrer von Temple Grandin sie selbst mit Holz ein »vorgetäuschtes Zimmer« bauen lässt, weil sie nicht verstand, was eine optische *Täuschung* ist. Winnicott lässt grüßen, aber Temple muss den Weg über eine konkrete Konstruktion nehmen, um begreifen zu können. Einem Kind in sein einsames Interesse hinein zu folgen, hat eine einfache Konsequenz: Es kommt zu gemeinsamer, geteilter Besetzung, das Kind ist dabei nicht mehr allein, und dies wird ihm klar.

Kommen wir auf Rokia zurück, um zu sagen, dass ich begeistert bin, deuten zu können, wenn die dafür erforderlichen Bedingungen gegeben sind, selbst wenn die Wahl der Worte, die beim Sprechen mit einem sprachlosen Kind verwendet werden können, natürlich eine heikle Angelegenheit ist. Und dies umso mehr, wenn es um Sexualität geht. Wenn sich in den Zeichnungen Rosa und Braun mischen, bieten sich zur Deutung am besten unsere jeweiligen Hautfarben an. Ich nehme ihre Hand, drehe sie um, lege meine Hand auf ihren helleren Handteller und spreche aus, was ähnlich und was verschieden ist. Danach bringt sie Zeichnungen ins Spiel, die nur aus einigen Punkten bestehen. In einer ersten Etappe fügt sie Punkte hinzu, wischt andere aus und gelangt so zu sechs Punkten weniger drei, was mir den Deutungsvorschlag ermöglicht, ihre Eltern hätten es doch mit drei Kindern genug sein lassen können: also mit ihr! Endlich eine abgesicherte Deutung.

Der weitere Verlauf wundert mich nicht mehr: Meine Patientin fertigt dann nämlich eine Zeichnung aus drei Punkten an, die man für schwarz halten könnte; in Wirklichkeit ist einer von ihnen aber nachtblau, der andere dunkelbraun und der dritte im dunkelsten Grün, das es überhaupt gibt! Kein Zweifel, nun ist sie es, die an der Frage von Ähnlichkeit und Unterscheidung arbeitet. Darauf folgt ein weiterer Abschnitt: Meine kleine Künstlerin imitiert Yves Klein und produziert vollkommen monochrome Blätter – ganz blau, ganz rot, ganz violett …, gerät aber in eine völlig autistische Wut, als der Drucker weiteres Ausdrucken ablehnt, weil seine Kartuschen leer sind!

Im Jahr darauf beunruhigt mich ihr Bestehen auf Nichtveränderung *(sameness)*, als ich meinen Computer wechsele, bis dahin ein iMac, der einem blauen Kistchen geähnelt hatte: Als sie aber ihre Dokumente und Programme im neuen, flachen, weißen iMac wiederfindet, akzeptiert sie problemlos die Veränderung des Geräts, mit dem sie an ihren Dokumenten, die sie wiederfindet, die gleichen Dinge tun kann wie zuvor. Das konkrete Objekt kann jetzt wechseln, wenn es seine Funktion behält. Etwas mehr Rätsel gibt mir auf, als ich bemerke, wie Rokia im Programm Word das Icon der Grafikpalette verwenden will, um eine Farbe auszuwählen, indem sie eines der kleinen Farbvierecke des Icons anklickt. Gelingt es ihr nicht, das Prinzip des Palettenicons zu verstehen, da sie es ja wie die Palette selbst behandelt? Wieder einmal Konkretismus. Oder versteht sie nicht, warum man über das Icon des Druckers, das die Aktion auslöst, direkt drucken kann, mit dem der Palette aber nur die Farbauswahl öffnet? Dann hätten wir es ganz im Gegenteil mit dem Erkennen einer logischen Ungereimtheit in der Ergonomie des Programms zu tun ... Man sieht jedenfalls, dass das Freilegen der Urszene diesem Kind zur Aufnahme eines Bemühens um Symbolisierung verholfen hat.

Rokias Werdegang interessiert mich, um zu illustrieren, dass das Aufkommen einer Verdrängung der Urszene beim Autismus (im Gegensatz zur Neurose) wichtig ist und dass ich meine Patienten aus diesem Grund bei ihrer Loslösung aus der Gefangenheit in der Urszene begleite. Mir kommt es dabei auf die Verdrängung an, die einen Anfang schafft (frz.: *refoulement »originant«*). Ich muss an dieser Stelle René Roussillon anerkennend erwähnen, der unsere Aufmerksamkeit für den Sachverhalt geschärft hat, dass das Ursprüngliche etwas anderes ist als das Frühe (Roussillon 1991). Das Ursprüngliche ist für ihn das Produkt und nicht die Ursache der frühen Symbolisierung, die – mit einem unbezweifelbaren Verlust – von der Wahrnehmung zur Sachvorstellung übergeht. In dieser Konzeption erzeugt die Symbolisierung die Urverdrängung, die dann Sekundärverdrängtes an sich zieht, und bewahrt uns vor einer psychoanalytischen Defektlehre: Wenn der Ursprung voller Mängel ist, welche therapeutische Hoffnung lässt sich dann noch vertreten? Wenn es aber zu Strukturierung kommen kann, dann sind auch strukturelle Veränderungen vorstellbar, wie die Entwicklung meiner kleinen Patientin zeigt. Dank auch ihrer institutionellen Behandlung in der Tagesklinik, in der sie viel mit Badegästen spielte, aber auch mit Kindern beiderlei Geschlechts Beziehungen aufnahm, trat sie in die Sprache ein, indem sie mir eines Tages in einer Sitzung: »Hör auf!« sagte – und dann die Tür öffnete, um die Sitzung zu beenden!

Fähigkeit, allein zu sein, und Formen der Autoerotik

Dies führt uns dazu, über die Problematik nachzudenken, die Winnicott (1958) beim gesunden Kind sieht, indem wir zwei Parameter einführen, die er nicht verwendet – das Über-Ich und die Verdrängung –, und die Beziehungen diskutieren, die seiner Auffassung nach zwischen Autoerotik und Masturbation bestehen.

Winnicott (1951) setzt Autoerotik und Masturbation praktisch gleich, wobei er die Ich-Triebe auf einer triebfreien Ebene ansiedelt, was innerhalb der ersten Triebtheorie relativ kohärent ist, wenn man der Logik der *Drei Abhandlungen zur Sexualtheorie* (1905) folgt. Winnicott interessiert sich für die Phänomene, die der Aufrichtung – der Erschaffung – des Objekts vorausgehen, und stellt logisch fest, dass es ohne Objekt keinen Sexualtrieb geben kann.

Im Sinne der zweiten Freud'schen Triebtheorie ist aber wichtig festzuhalten, dass die Lebenstriebe sexuelle *und* Selbsterhaltungstriebe umfassen. Ob es Winnicott nun gefällt oder nicht, für Freud (1920) stellte sich die Problematik des Seins zunächst in Begriffen von Lebens- und Todestrieben und nicht nur als Frage danach dar, ob es nun zu Befriedigung komme oder nicht.

Aber gerade dies ist die Problematik, die Winnicott in einem Artikel wie *Die Kreativität und ihre Wurzeln*, insbesondere am Ende des Abschnittes »Gegenüberstellung des männlichen und weiblichen Anteils« (Winnicott 1971) beschäftigt: Nachdem er daran erinnert hat, dass das Allmachtsgefühl des Kindes für sein Existenzgefühl unerlässlich ist, präzisiert er:

> »Ich bin aber der Meinung, daß wir den Ursprung der Erfahrung, zu sein, jedoch gerade darin suchen müssen, daß das Kind völlig von einem ganz speziellen Angebot der Mutter abhängig ist, durch das sie die frühesten Funktionen des weiblichen Anteils befriedigt (oder nicht befriedigt). An anderer Stelle habe ich festgestellt: ›So hat es keinen Sinn, das Wort ›Es‹ für Phänomene zu verwenden, die nicht mit Hilfe der Ich-Funktion besetzt, erfaßt, erfahren und schließlich gedeutet werden‹ (Winnicott 1962). Ich möchte jetzt sagen: Erst ist das Sein, dann das Handeln und Mit-einem-gehandelt-Werden. Zu Anfang jedoch ist das Sein« (Winnicott 1971, S. 99).

Diese Unterschiedlichkeit der Auffassungen scheint mir also im Wesentlichen erkenntnistheoretisch begründet, denn man muss darauf hinweisen, dass sich Winnicotts Blick auf die Dyade richtet, während Freud eine strikt intrapsychische Sichtweise hat. Hinsichtlich der Unterscheidung zwischen Innen und Außen steht man vor der Aporie, wie man die Entstehung der Differenz von Innen und Außen intrapsychisch beschreiben soll. Man stößt hier wieder auf die Paradoxien der Frage nach den Ursprüngen, wie sie in dem Umstand zum Ausdruck kommen, dass Freud nur in einer Fußnote die mütterliche Pflege erwähnen konnte, dank derer der Säugling ein psychisches System realisieren kann, das allein vom Lustprinzip beherrscht wird (Freud 1911, S. 232). In derselben Fußnote fügt Freud das Beispiel des Vogeleis hinzu: »Ein schönes Beispiel eines von den Reizen der Außenwelt abgeschlossenen psychischen Systems, welches seine Ernährungsbedürfnisse autistisch (nach einem Worte Bleulers) befriedigen kann« (ebd.).

Die Fähigkeit, in Gegenwart des Objekts allein zu sein, liegt weit hierüber hinaus in der Konstruktion der Psyche und markiert ganz im Gegenteil den Beginn einer Fähigkeit zur Unabhängigkeit, die Winnicott stets sehr am Herzen lag und die sein eigener Werdegang gut illustriert. Wie Winnicott am Ende seines Artikels resümiert, beschreibt er den Beitrag der Mutter zur Unterstützung des kindlichen Ichs mit dem Begriff der »Beziehung zum Ich«, obwohl er den Begriff *Introjektion* benutzt, um zu beschreiben, was aus »dieser Umgebung [wird], die dem Ich als Grundlage dient« und ermöglicht, »dass sich die Fähigkeit, wirklich allein zu sein, herausbildet« (Winnicott 1958 [letzte Seite]). Er schließt daraus auf die innere Präsenz von »jemandem, der unbewusst letztlich mit der Mutter gleichgesetzt ist, die sich in den ersten Tagen und Wochen zeitweise mit ihrem Kind identifiziert und für die in dieser ersten Zeit nichts anderes zählt als die Pflege, die sie ihm zukommen lässt« (ebd.).

Winnicott schließt seinen Artikel damit, dass er die primäre mütterliche Verrücktheit ins Spiel bringt. In seinen Darlegungen erwähnt er zwar den Ödipuskonflikt und die Urszene, bringt sie aber direkt mit der Masturbation in Verbindung. Anschließend geht er zum entwicklungsmäßig früheren *verinnerlichten guten Objekt* über, bemerkt aber, dass Innen und Außen, Einheit und Integration doch bereits stattgefunden haben müssen. Dann macht er sich anheischig, jenen frühesten Moment zu beschreiben, in dem die Unreife des Ichs in ganz selbstverständlicher Weise durch die Ich-Stützung kompensiert wird, die von der Mutter geboten wird, was ihm ermöglicht, bereits erste Erfahrungen mit einer Fähigkeit, allein zu sein, zu machen.

»Die Zensur der Liebenden«

Michel Fain und Denise Braunschweig haben Fains Gedanken zur *Zensur der Liebenden* weiter ausgearbeitet, die er in *Prélude à la vie fantasmatique* (Fain 1971) formuliert hatte. Diese Zensur setzt der Verschmelzung von Mutter und Kind eine Grenze und gibt dem Kind zu erkennen, dass ihm zugunsten eines Dritten Besetzung entzogen wird, womit für die Besetzungsbewegung des Kindes auf den Vater verwiesen wird.

> »Für die Mutter, die einen normal entwickelten Mutterinstinkt hat, hat das Baby ein Ich, ihr eigenes, und eine Liebesfähigkeit, ihre eigene – und sie hat Recht. Ein charakteristischer Aspekt von Melanie Kleins und auch Winnicotts Werk liegt im Verschwinden der Frau, und zwar der, die in bestimmten Momenten nicht zögern würde, sich von ihrem Kind zu befreien, um vom Penis des Mannes zum Orgasmus zu kommen. Um das Kind loszuwerden, hat sie nur *ein* legales Mittel: das Kind zum Schlafen zu bringen. Mutter und Frau werden immer unversöhnliche Gegner bleiben. Ist die Mutter präsent, besetzt sie das Es ihres Kindes, das dadurch zu ihrem Ich wird. Das ist es, was Melanie Klein als das ›angeborene‹ Ich bezeichnet. Seine Existenz steht außer Zweifel. Wird diese Mutter aber wieder zur Frau, wird das Es – auch wenn es Winnicott nicht gefällt – wieder ein Es, das zum Schweigen gebracht, das ausgeschaltet werden muss. Wirft der väterliche Penis dann seinen Schatten auf die Brust, ist das keineswegs verwunderlich, auch wenn es so einfach auch wieder nicht ist. Das wirkliche Trauma kommt daher, dass diese Brust dann nicht mehr nährend ist, sondern Lust hat, liebkost zu werden: Sie ist dann das Korrelat zur Existenz der Vagina. Der väterliche Penis in der Brust der Mutter ist dann gleichbedeutend mit der ›vollen Vagina‹ [Braunschweig/Fain 1970, D.R.] als ein Symbol für den Besetzungsabzug vom Kind, das vorübergehend verwaist und der Außenwelt ausgesetzt ist« (Fain 1971, S. 44; dieser letztere Punkt entspricht der Phantasie vom verlassenen, »der Außenwelt ausgesetzten« Kind).

Nach Auffassung dieser beiden Autoren macht die *Zensur der Liebenden* die Herausbildung der Formen von Autoerotik möglich – im Sinne eines »Vorspiels zum Phantasieleben« [*Prélude à la vie fantasmatique* (Fain 1971)], das die Besetzung der Denktätigkeit und den Zugang zur Phantasie ermöglicht. Soll damit gesagt sein, dass allein das Negative Psychisches hervorbringt und diese Autoren damit Winnicotts (1967) Vorstellung widersprechen, eine zu lange Abwesenheit der Mutter führe zum Trauma, wenn zur Zeit x+y eine Zeit z hinzukommt, die für das Kind tatsächlich den Tod bringen kann? Nein, denn die Modulation von Besetzungsabzug und Besetzung durch die Mutter erzeugt natürlich nur dann psychisches Leben, wenn sie auf der stabilen Grundlage einer Besetzung stattfindet, die dem Kind Triebmischung ermöglicht.

An späterer Stelle des Textes spricht Michel Fain von der Existenz eines primären Fetischismus und präzisiert:

> »Wird einem Subjekt von seinen Objekten Besetzung entzogen, reaktiviert dies stets eine frühe Sensorialität, die bis zu einem bestimmten Niveau die Vorstellungstätigkeit fördert, sie aber zertrümmert, wenn dieses Niveau überschritten wird. Dieser Anteil von Zertrümmerung verleiht der Urszene ihre traumatisierende Wirkung, wobei im Bild der Urszene die ganze Libido zusammengefasst ist, die zur Entstehung der Familiengruppe geführt hat« (Fain 1971, S. 85).

Dieses quantitative Zuviel hatte ich bei Rokia vermutet, wodurch traumatisch wurde, was eigentlich Organisator des Phantasielebens hätte sein können. Um nicht in simplifizierende Vorurteile zur Ätiologie zurückzufallen, sei erwähnt, dass die Sensibilität des Kindes aus inneren Gründen und nicht nur aufgrund der Umgebung Ursache hierfür sein kann. Es läge dann beim Kind ein Mangel vor, aufgrund dessen es eine Urszene – eine Präkonzeption im Sinne Bions – nicht in eine Urphantasie des psychischen Lebens umwandeln könnte: in eine Konzeption (ein in diesem Fall besonders treffender Begriff!).

Das Über-Ich

Bei Michel Fain haben wir gesehen, dass die Zensur über den Todestrieb lief, um das Kind zu *beruhigen* und einen Vater ins Spiel zu bringen, zu dessen Bedeutung Freud – im Gegensatz zu Winnicott – bekanntlich das Postulat hatte, es gebe aufseiten des Kindes eine primäre Identifizierung mit ihm. Wäre dies ein Weg dorthin? Wir bringen von Beginn des psychischen Lebens an die Geschlechterdifferenz ins Spiel, weil sie in der Psyche der Eltern präsent ist. In gleicher Weise werden wir auch den Generationsunterschied einführen, indem wir das freudsche Über-Ich herbeizitieren, dessen Affinität zum Todestrieb bekannt ist. In der Tat sagt uns Freud etwas sehr Feines: Es richtet sich nicht nur durch die Introjektion der verbietenden Eltern selbst auf, sondern durch die Introjektion des *Über-Ichs* der Eltern. Die transgenerationelle Weitergabe der seelischen Organisation wird also durch die Introjektion einer Introjektion sichergestellt. Jean-Luc Donnet hat in einem neueren Text (Donnet 2008) seine Arbeiten zum Über-Ich wieder aufgegriffen; im Zusammenhang mit der Bearbeitung des Humors unterstreicht er, dass die Identifizierung mit einer Triebentmischung einhergeht, die sich aus der Desexualisierung ergibt, und erinnert daran, dass sich für Freud in *Das Ich und das Es* das postödipale Über-Ich aus Identifizierungen mit der Mutter und dem Vater zusammensetzt, die »irgendwie miteinander vereinbart« werden müssen (Freud 1923, S. 262). Eine einzigartige freudsche Formulierung, die in der Vollendung des Über-Ichs und dem überpersönlichen Charakter, der sie charakterisiert, eine tolerierbar und schützend gewordene Urszene aufzeigt (Francis Pasche [1999] legte auf diesen letzteren Aspekt großen Wert). Das Über-Ich ist also nicht nur – wie in der Melancholie – grausam und mörderisch, sondern es schützt auch vor einer zu grausamen Realität und einer zu rohen Phantasie.

Jean-Luc Donnet zeigt, dass die Beiträge Freuds und Winnicotts miteinander verschränkt werden können, wenn er den Gedanken anbietet, der Humorist verfüge via Regression über Spuren der beiden Wurzeln des Über-Ichs im Es – den triebhaft besetzten introjizierten Objekten – und in der Außenwelt – von der die Eltern ein bedeutender

Teil sind. Er kann infolgedessen »die Ambiguität in den Beziehungen zwischen Lust- und Realitätsprinzip spielen lassen« (womit auch das vorgezeichnet wäre, was bei Winnicotts Übergangsthematik ins Spiel kommt, D.R.). »Indem der Regressionsprozess in diesem Sinne bis zu den Ursprüngen des Über-Ichs zurückgeht, kann er das frühe Mutterobjekt und zugleich die Ebene der primären Illusion mit einschließen« (Donnet 2008, S. 19).

Die Fähigkeit, allein zu sein, wurzelt in einer narzisstischen Sicherheit, die mit den ersten Beziehungen zu tun hat, nicht nur mit der zur Mutter und deren Besetzung ihres Ehemanns, sondern auch in den Formen der Autoerotik, die die *Zensur der Liebenden* gefördert hat und die in einen langen Weg der Ausarbeitung der Phantasie und der Sublimierungen durch ein Über-Ich eingebunden sind, das vor der masturbatorischen Abfuhr schützt. Dieses Über-Ich liefert den Hintergrund der Introjektion der beiden Eltern – wobei diese Introjektion wiederum um deren Introjektion ihrer eigenen Eltern angereichert ist – und desexualisiert die innere Vorstellung von ihnen.

Aus dem Französischen übersetzt von Eike Wolff

Literatur

Alvarez, Anne & Reid, Susan (Hg.) (1999): Autism and Personality. Findings from the Tavistock Autism Workshop. London (Routledge).

Berquez, Gérard (1983): L'autisme infantile. Paris (PUF).

Bion, Wilfred R. (1962): Learning from Experience. London (Basic Books).

Bleuler, Eugen (1911): Dementia praecox oder Gruppe der Schizophrenien. Leipzig, Wien (Franz Deuticke).

Botella, Sara; Botella, César & Haag, Geneviève (1977): En deçà du suçotement. Revue française de psychanalyse 41(5–6), 985–992.

Braunschweig, Denise & Fain, Michel (1970): Mündlicher Kommentar zum Bericht von A. Green vor dem Congrès des Psychoanalystes des Langues Romanes. (Nach einer Notiz des Autors).

Donnet, Jean-Luc (2008): Une rare liberté de pensée. In: Rire de soi, Libres cahiers pour la psychanalyse. Heft 17. Paris (Édition In Press).

Fain, Michel (1971): Prélude à la vie fantasmatique. Revue française de psychanalyse 35(2), 291–364.

Ferro, Antonino (1999): La psycoanalisi come letteratura et terapia. Milano (Raffaello Cortina Editore).

Freud, Sigmund (1905): Drei Abhandlungen zur Sexualtheorie. GW V.

Freud, Sigmund (1911): Formulierungen über die zwei Prinzipien des psychischen Geschehens. GW VIII.
Freud, Sigmund (1920): Jenseits des Lustprinzips, GW XIII.
Freud, Sigmund (1923): Das Ich und das Es. GW XIII.
Frith, Uta. (1989): Autism: Explaining The Enigma. Oxford (Basil Blackwell). Französische Fassung (1996): L'énigme de l'autisme. Paris (Éditions Odile Jacob).
Kanner, Leo (1942/43): Autistic disturbances of affective contact. Nervous Child 2–3, 217–230. Auch in: Berquez (1983), S. 218ff.
Meltzer, Donald et al. (1975): Explorations in Autism: A Psycho-Analytical Study. Perthshire (Clunie Press).
Pasche, Francis (1999): Du Surmoi ambivalent au Surmoi impersonnel. In: Pasche, Francis: Le passé recomposé. Paris (PUF), S. 59–76.
Ribas, Denys (1992): Un cri obscur. L'énigme des enfants autistes. Paris (Calmann-Lévy). Deutsche Fassung (1995): Autismus. Ein Blick über die Mauer aus Schweigen. Aus dem Französischer von Michaël Fischer und Anne Löhr. München (Heyne Verlag).
Ribas, Denys (1998): Autism as the defusion of drives. I. J. Psycho-Anal. 79(3), 529–538.
Ribas, Denys (2002): Chroniques de l'intrication et de la désintrication pulsionnelle. Revue française de psychanalyse 66(5) (Kongreß-Sonderheft), 1689–1770.
Ribas, Denys (2004): Controverses sur l'autisme et témoignages. Paris (PUF). Englische Fassung (2006): Autism – Debates and Testimonies. London (Free Association Books).
Roussillon, René (1991): Paradoxes et situations limites de la psychanalyse. Paris (PUF).
Tustin, Frances (1986): Autistic Barriers in Neurotics Patients. London (Karnac).
Vidal, Jean-Marie et al. (2000): Une approche »méta-relationnelle« de l'autisme. I: Fondements théoriques et premières évaluations. II: Repères dans le suivi de rencontres avec des patients autistes. Essai sémiologique. In: Riboni, Christiane & Gerardin-Collet, Véronique (Hg.): Autisme. Perspectives Actuelles. Paris (L'Harmattan), S. 79–107.
Winnicott, Donald W. (1951): Transitional Objects and Transitional Phenomena. I. J. Psycho-Anal. 34 (1953), und in: Winnicott, Donald W. (1971): Playing and Reality. London (Routledge) 1991. Deutsche Fassung (1971, 1973 etc.): Vom Spiel zur Kreativität. Stuttgart (Klett-Cotta).
Winnicott, Donald W. (1958): The Capacity to be alone In: Winnicott, Donald W. (1965): The Maturational Processes and the Facilitating Environment. London (Hogarth).
Winnicott, Donald W. (1962): Ego Integration in the Child Development. In: Winnicott, Donald W. (1965): The Maturational Processes and the Facilitating Environment. London (Hogarth).
Winnicott, Donald W. (1967): The Location of Culturel Experience. I. J. Psycho-Anal. 48, und in: Winnicott, Donald W. (1971): Playing and Reality. London (Routledge) 1991. Deutsche Fassung (1971, 1973 etc.): Vom Spiel zur Kreativität. Stuttgart (Klett-Cotta).
Winnicott, Donald W. (1971): Playing and Reality. London (Routledge) 1991. Deutsche Fassung (1971, 1973 etc.): Vom Spiel zur Kreativität. Stuttgart (Klett-Cotta).

Der Todestrieb

Phänomenologische Perspektiven in der zeitgenössischen kleinianischen Theorie[1]

David Bell

Hanna Segal setzt eine wesentliche Tradition Freuds dahingehend fort, dass sie die Psychoanalyse als einen Wissensschatz über die menschliche Psyche versteht, dessen Bedeutung weit über die analytische Praxis hinaus bis zum Kern der menschlichen Natur als solcher reicht. Auf beispielhafte Weise hat sie es geschafft, ihr politisches Engagement mit einer psychoanalytischen Weltanschauung zu verknüpfen. Die depressive Position zieht für sie ein leidenschaftliches Sich-auf-die-Welt-Einlassen nach sich.

Für Segal existiert kein tieferer menschlicher Konflikt als der zwischen den lebenserhaltenden Kräften, die nach Entwicklung streben, und denjenigen, die sich einer Entwicklung entgegenstellen: dem Lebens- und dem Todestrieb.

Mit meinem Beitrag möchte ich das zeitgenössische Denken zum Todestrieb zum einen auf theoretischer Ebene umreißen und zum anderen aufzeigen, wie sich diese Prozesse in der klinischen Arbeit darstellen. Dazu werde ich, Segals Beispiel folgend, auf die weiter reichende Relevanz dieser Problematik für die sozial-politische Bühne hinweisen.

In Goethes epischem Meisterwerk der Neuzeit, *Faust*, beklagt der Wissen suchende Protagonist frustriert die Früchte seiner Arbeit, tobt gegen ihre beschränkte Natur und gegen die Hindernisse, die sich ihm in den Weg stellen:

---

1 Dieser Beitrag basiert auf einem Vortrag des Autors während der Konferenz »Hanna Segal Today«, University College London, 2. Dezember 2007.

»Quillt innerlich doch keine neue Kraft;
Ich bin nicht um ein Haar breit höher,
Bin dem Unendlichen nicht näher.«
(Faust, 1. Teil, Zeile 1813–1815)

Faust verlangt es nach dem Unendlichen, die magere Ausbeute seines ewigen Strebens nach Wissen verblasst zur Bedeutungslosigkeit angesichts des wahren Objekts seiner Begierde: Allwissenheit. Diese psychische Verfassung bietet fruchtbaren Boden für des Teufels Werk. Mephistoteles bietet eine Welt ohne Hindernisse, in der alles Ersehnte verwirklicht werden kann. Mephistoteles stellt sich vor als »der Geist, der stets verneint«; er fährt fort:

»Denn alles was entsteht
Ist wert, dass es zugrunde geht;
Drum besser wär's, dass nichts entstünde.«
(Faust, 1. Teil, Zeile 1339–1341)

Er personifiziert das negative Prinzip, die Antithese zu Denken und Kreativität. Er hat keine unabhängige Existenz, sondern wird durch die Gegenwart des Guten ins Leben gerufen.

Manche mögen das Böse, den menschlichen Hass lediglich als *Abwesenheit des Guten* betrachten. Psychoanalytiker, wie auch Goethe, sehen die menschliche Destruktivität jedoch nicht in solch passivem Licht, verstehen sie nicht nur als Gegenpol zum Guten, sondern als *Negation* des Guten.

Herr A., ein Patient Anfang 30, gab sich ein völlig distanziertes und gefühlsunterdrücktes Äußeres. Sein Leben war für ihn eine Aneinanderreihung von bedeutungs- und sinnlosen Tatsachen. Wichtige Ereignisse in seinem Leben, die auf eine echte Weiterentwicklung in seiner Analyse hindeuteten, schienen keinerlei Bezug zu ihr zu haben. Die Atmosphäre in den Analysestunden war typischerweise von einer bestimmten tödlichen Stimmung durchdrungen. Den folgenden Traum berichtete er zu einem frühen Zeitpunkt in der Analyse: *Es gab da eine atomare Explosion. Der Staub, Fallout, fiel ganz auf mich herab. Das war angenehm und friedlich.*

Dieser Traum veranschaulicht sehr deutlich die Funktionsweise einer destruktiven Aktivität. Wie dies allerdings zu verstehen ist, ist nicht so offensichtlich.

Innerhalb zeitgenössischen kleinianischen Denkens wird der Todestrieb nach verschiedenen Modellen konzeptualisiert. Hierbei wird der Todestrieb überwiegend von Freuds Gedankenmodell der biologischen Wurzeln losgelöst und seine Funktion unter rein psychologischen Aspekten verstanden. Hier scheint es mir sinnvoll, drei Modelle zu unterscheiden, auch wenn diese sich zu einem gewissen Grad überschneiden:

Modell 1 betont einen Trieb, der danach trachtet, Leben und alles, was damit verbunden ist, zu zerstören, insbesondere Gedanken und die Wahrnehmungsfähigkeit, die dem Denken zugrunde liegt. Wir sprechen hier von der Vernichtung eines Teils des Selbst (oder einer psychischen Funktion). Die Faktoren, die dies in Gang setzen können, sind die Gegenwart des Guten, welches vom Selbst getrennt erlebt wird, und die Wahrnehmung von Begrenzung oder Hindernissen. Die daraus resultierende Befriedigung ist eine Lust an der Zerstörung, welche oft auch als tiefliegender Neid verstanden wird. Dies entspricht ziemlich genau Mephistoteles' Beschreibung des Geistes, »der stets verneint«. Das Erscheinungsbild dieser Tätigkeit ist vorwiegend gewalttätig, laut und periodisch, aus diesem Grunde also mehr offenkundig.

Diesem Modell stehen zwei andere gegenüber, die eher eine *Tätigkeit* als einen *Handlungsakt* oder ein *Ereignis* – und daher eine stillere Funktionsweise – betonen.

Modell 2 betont ebenfalls die Vernichtung von Selbst und Objekt, zeigt jedoch eine andersartige Phänomenologie auf. Hier operiert der Todestrieb als unterschwellige Tendenz oder Veranlagung, welche sich als verführerische Verlockung zur Gedankenentleerung darstellt. Man könnte dies als aktive Verfolgung von tödlicher Passivität bezeichnen.

Modell 3 strebt auf ähnlich versteckte Weise nach Abtötung und Verhinderung von Entwicklung, zielt aber nicht auf Vernichtung, sondern eher auf die Aufrechterhaltung einer bestimmten Art von Lähmung. Das Objekt muss zu diesem Zweck am Leben bleiben, um weiterhin so behandelt werden zu können. Die daraus bezogene Lust hat einen sadistischen Charakter. Wie in Modell 2 können wir hier von einer eher kontinuierlichen Natur sprechen; seine Erscheinungsform verleiht ihm einen recht subtilen und oftmals schwer zu erkennenden Charakter.

Um zu dem Traum zurückzukehren:

- Wenn man sich auf die Explosion konzentriert, so lässt das an Modell 1 denken.
- Der kontinuierliche Fallout, welcher die Objekte abtötet, dabei auf stille Weise das Selbst in einen angenehmen Zustand der Gedankenleere versetzt – also ein leises Auswischen psychischer Funktionen –, legt das Modell 2 nahe.
- Alternativ dazu könnte man den Fallout als kontinuierliche Aktivität verstehen, eine Verstrahlung von Selbst und Objekt, die in einem merkwürdigen halblebendigen Zustand erhalten werden, was mit einer grausamen Lust verbunden ist. Dies wiederum entspräche Modell 3.

Eine Zwiespältigkeit bezüglich der Phänomenologie des Todestriebs existiert seit seiner Einführung durch Freud. Er benutzt dieses Konzept – so scheint es zumindest auf den ersten Blick – zur Durchleuchtung von ganz anderen Phänomenen. In *Jenseits des Lustprinzips* beschreibt er einen stillen Sog und allgegenwärtige Tendenz hin zu einem Zustand, der einer Spannungs- und Gedankenlosigkeit, einem Stillstand, dem »Nirvanaprinzip« nahekommt. Diese Idee entstammt dem Gedanken, dass sich die Psyche von Spannung zu entledigen sucht. Andererseits gibt es auch hier, wie in Modell 1, eine laute Destruktivität, die sowohl nach außen als auch gegen das Selbst gerichtet ist und deren letztendliches Ziel es ist, Verbindungen aufzulösen und Dinge zu zerstören (Freud 1930).

Dieser gedankenlose Zustand erzeugt eine ganz spezielle Art der Lust – was uns sofort mit einem der zentralen Widersprüche von *Jenseits des Lustprinzips* konfrontiert. Denn was zu Anfang als Prinzip herangezogen wurde, um die Wiederholung von Un-Lust zu erklären, also von dem, was »jenseits« von Lust angesiedelt ist, vermag sich nun, durch seine Fähigkeit, die Psyche in primitivere Zustände hineinzuziehen und dadurch von Spannung zu befreien, auf mysteriöse Weise in einen lustgesteuerten Trieb zu verwandeln. Die Lust ist hierbei von einer ganz bestimmten, endgültigen Qualität gekennzeichnet. Was also jenseits des Lustprinzips ist, befindet sich nicht in dem Sinne jenseits, dass es nichts mit Lust zu tun hat, sondern ist jenseits in dem Sinne, dass es mit keiner bestimmten Lust verbunden ist. Es handelt sich nicht um die Lust, die aus der Befriedigung eines bestimmten Bedürfnisses gewonnen wird, sondern um eine Lust, die sich aus der Verneinung allen Verlangens speist. Denken erfordert geistige Arbeit, wohingegen der Lustgewinn durch das Nirvanaprinzip aus der Abwesenheit von Arbeit entsteht, aus Gedankenleere.

Freud (1925) stellt einer eher gutartigen Verneinung, sozusagen einer halbwegs erlangten Erkenntnis, etwas qualitativ ganz anderes gegenüber, nämlich den »Negativismus mancher Psychotiker«, welcher von Freud mit einem »Destruktionstrieb« in Verbindung gebracht wird.

Im Fall Schreber (Freud 1911c) wird diese psychotische Verneinung als passives Geschehen beschrieben, als ein Abzug von Libido. Um dies in seiner eigentlichen Natur zu erfassen, zitiert Freud folgende Zeilen aus *Faust*:

> »Weh! Weh!
> Du hast sie zerstört,
> Die schöne Welt,
> Mit mächtiger Faust;
> Sie stürzt, sie zerfällt!
> Ein Halbgott hat sie zerschlagen!«
> (Faust, 1. Teil, Zeile 1607–1612)

Hiermit unterstreicht er seine Einschätzung, dass sich der beschriebene Prozess auf extreme Gewalt stützt.

In ihrer Darstellung des Todestriebs beschreibt Klein psychische Zustände, die sowohl gewalttätig als auch sadistisch sind. Aus der Umlenkung des Todestriebs entsteht eine verfolgende Welt, welche den Boden für Projektionen bietet. Das hassende Baby erschafft eine hasserfüllte Brust; diese fungiert, sobald sie internalisiert wird, als Grundlage von gewalttätigen Angriffen auf Selbst und Objekt. Die internalisierte lebensverneinende Brust stellt also den Prototyp einer neidvollen inneren Beziehung dar (das innere Erbe des Todestriebs). Obwohl Klein von Zerstörung und der Vernichtung von Objekten spricht, werden sie natürlich nicht wirklich zerstört; es handelt sich vielmehr um eine nie enden-könnende Dialektik der Zerstörung, da jedes angegriffene Objekt als Verfolger wieder auftaucht.

Bion verdeutlicht in expliziter Weise, was meines Erachtens in Freuds Beschreibung[2] der psychotischen Verneinung implizit enthalten ist. Er konzentriert seine Aufmerksamkeit auf die mentalen Funktionen (anstelle von Objekten), insbesondere diejenige Funktion, die er Denken nennt. Denken beinhaltet ein mentales Zusammenführen von Objekten, verbindet Ideen mit Gefühlen und verleiht ihnen auf diese Weise ihren tieferen Sinn. Laut Bion drückt Denken den von Freud und Klein beschriebenen Wissenstrieb aus. Er beschreibt ein Mephistoteles-Prinzip, welches sich jeglichem Gedanken entgegenstellt – es trennt Gedanken von Gefühlen, entleert Ideen jeglicher Bedeutung und attackiert jeglichen Sinn. Dieses Prinzip nennt er »-K«, und eben dieser Prozess unterliegt der Verneinung, auf die Freud in seiner Schrift Bezug nimmt. Für Freud, Klein und Bion ist dieser Vorgang also eine Offenbarung höchst destruktiver mentaler Prozesse. Verneinung unter den Zeichen dieses Prinzips kann *nicht* als erster Schritt in Richtung Urteilsbildung verstanden werden, sondern als »Ausschalten« jener Funktion, die jegliches Urteilsvermögen überhaupt erst möglich macht.

Wenn wir mit der Wahrnehmung von Bedürfnissen konfrontiert sind, stehen uns laut Segal zwei mögliche Wege offen:

> »zum einen Bedürfnisbefriedigung anzustreben, was lebensfördernd ist und zu Objektsuche, Liebe und schließlich Sorge ums Objekt führt – zum anderen der Zerstörungstrieb, der das erfahrende und wahrnehmende Selbst ebenso zu vernichten sucht wie jegliche Erfahrung als solche« (Segal 1993, S. 18).

Symbolisches Denken repräsentiert die Arbeit eines internen kreativen Paares – die Früchte dieser Arbeit, neue Gedanken, entsprechen den

2 Die Entwicklung der Denkfähigkeit setzt voraus, dass »Objekte verloren gegangen sind, die einst reale Befriedigung gebracht hatten« (Freud 1925, SE 19, S. 238, GW XIV, S. 14). Dies entspricht deutlich Bions »die innere Nicht-Brust wird zum Gedanken« (Bion 1962b, S. 306).

gezeugten Babies. Für Bion besteht das wichtigste Wesensmerkmal des Prinzips -K eben in dem »Hass auf jede neue Entwicklung in der Persönlichkeit, als ob die neue Entwicklung ein Rivale wäre, der zerstört werden muss« (Bion 1962a, S. 98, in dt. Übers. S. 156). Dies findet seinen Widerhall in Goethes Beschreibung, derzufolge Mephistoteles durch die Anwesenheit des Guten ins Leben gerufen wird.

Offensichtlich betonen Klein, Segal und Bion [beim Todestrieb, Anm. d. Übers.] eher den offenen gewalttätigen Angriff, die Zerstörung der guten Objekte und der Denkfähigkeit. Doch betrachten sie ihn eindeutig auch als kontinuierliche Aktivität. Bion schreibt, dass der Todestrieb »seine Überlegenheit geltend macht, indem [er] an allem etwas auszusetzen findet« (Bion 1962a, S. 98, in dt. Übers. S. 156).

Insbesondere Betty Joseph und Michael Feldman (Feldman 2000) haben einen Blickwinkel ausgeführt, welcher die sadistische Kontrolle und Verhinderung eines Zusammenkommens des inneren Paares betont.

Um noch einmal zum Traum meines Patienten zurückzukehren: *Es gab da eine atomare Explosion. Der Staub, Fallout, fiel ganz auf mich herab. Das war angenehm und friedlich.*

Ich möchte die Aufmerksamkeit auf ein weiteres meines Erachtens typisches Merkmal solcher Situationen lenken: Der Traum *bezieht* sich auf etwas sehr Gewalttätiges, jedoch wird dies nicht direkt miterlebt, wie wir der passiven Erzählhaltung entnehmen können: »*Es gab da* eine atomare Explosion.«

Einige Zeit später jedoch, nachdem wir ein Stück sinnvolle Arbeit geleistet hatten, infolge derer sich mein Patient stärker der Realität meiner menschlichen Anwesenheit bewusst geworden war (anstatt mich lediglich als Interpretiermaschine zu sehen), verfiel er plötzlich in Schweigen. Auf die Frage hin, was er gerade dächte, sagte er teilnahmslos: »Nichts.« Dann erklärte er, dass er die Farben blau, gelb und weiß sehen könne, eine zugleich bedeutungslose und doch angenehme Erfahrung. Als ich ihn darauf aufmerksam machte, dass der Bezug der Couch tatsächlich aus genau diesen Farben bestand, bestätigte er, wie ihm dies völlig entgangen sei.

Zu diesem Zeitpunkt hatte ich dies etwa so verstanden: Die Realität des analytischen Kontaktes, repräsentiert durch den Couchbezug, wurde verneint und durch seine Augen in der Form von bedeutungslosen und gleichzeitig angenehmen Fallout-Wolken ausgestoßen. So wie auch im Traum lässt sich der gewalttätige Angriff auf seine Denkfähigkeit nicht mitverfolgen – der Patient *erlebt* nicht die Explosion, sondern lediglich was danach folgt, den angenehmen Fallout, der dazu dient, alle Gedanken zu lähmen. Das lässt uns an die Lust an der Vernichtung von Kontakt denken (die atomare Explosion).

Alternativ dazu könnte man sich einen Sog in einen angenehm betäubten Zustand hinein vorstellen, mit nichts als angenehm farbigen Wolken, die ihn von jeglicher Wahrnehmung von Bedürfnissen, Trennung und Frustration fernhalten. Dies beinhaltet eine doppelte Verneinung – die gewaltsame Verneinung von Aspekten der Wirklichkeit und die Verneinung, dass ebendies geschehen ist.

Zuletzt könnte man sich den angenehmen Zustand der Befriedigung auf dem Gefühl beruhend vorstellen, dass ich kontrolliert oder gelähmt wurde, zwar am Leben erhalten, jedoch in einem »ernsthaft verkümmerten und untergrabenen Zustand« (Feldman 2000, S. 54). In diesem Fall veranschaulicht der radioaktive Fallout die minutiösen Attacken bei jeder Berührung, welche infolge der Explosion weiter stattfinden.

Allen drei Modellen ist die Betonung des Angriffs auf das Denken gemein. Hier stellt sich dann natürlich die Frage, ob der Hass auf das Denken ein nicht weiter zu reduzierendes Faktum ist oder ob er einen tiefer liegenden Prozess zum Ausdruck bringt. Freud hat das Ich in seiner primordialen Nichtanerkennung der Außenwelt und allem, was nicht es selbst ist, beschrieben (Ron Britton nannte dies den xenozidalen Impuls). Natürlich steht die externe Realität der Omnipotenz im Wege, dies wird aber erst zu einem psychologischen Problem, wenn es auch ein *Bewusstsein* dessen gibt – was wiederum so etwas wie Anerkennung von Objektverlust und von der unvermeidlichen Unerfüllbarkeit unserer Wünsche mit einschließt.[3]

Für die Psyche stellt sich das Denken daher immer als Hindernis

3 Dies ist die Welt, die der entscheidenden Differenzierung vorausgeht, welche durch das Realitätsprinzip in unserem Bewusstsein errichtet wird: »Es wurde nicht mehr vorgestellt, was angenehm, sondern was real war, auch wenn es unangenehm sein sollte« (Freud 1911b, SE 12, S. 220, GW VIII, S. 232).

dar und wird deswegen gehasst, weil es zum einen Gedanke (und nicht Tat) ist und auch weil es die soeben beschriebenen Aspekte der Realität ins Bewusstsein rückt. In gewisser Weise handelt es sich hier um eine Situation, in der der Bote erschossen wird (das Wissen um die Realität), da die Nachricht (die von der Welt auferlegten Begrenzungen und Hindernisse) nicht ertragen werden kann.

So wie ich den Begriff hier verwende, basiert Denken auf der Fähigkeit zu differenzieren, wo Dinge beginnen und enden, also Grenzen zwischen den Arten zu erkennen und als Begrenzungen zu akzeptieren – ganz im Gegensatz zu einer Sicht dieser Grenzen als Hindernisse, die zerstört werden müssen.

Joan, ein psychotisches Kind, verneinte in einem Zustand beständig aufgewühlter Erregung all diese Unterscheidungen. Nach drei Jahren Analyse behauptete sie noch immer, nicht zu wissen, wann ihre Stunden anfangen oder enden. Joans Welt war »eindimensional«: Alles Gute ist wahr, und alles Wahre ist gut und in mir. Das Böse ist außerhalb.

Es war typisch für sie, dass sie, wenn sie zu ihren Sitzungen eintraf, auf gedankenlose Weise vor sich hin sang. Sie sang, wenn sie aus dem Aufzug stieg und durch meine Praxistür trat, sang weiterhin in der Eingangshalle, wenn sie das Analysezimmer betrat und verließ und wenn sie zur Toilette ging und zurückkam. Ich verstand dieses Lied als eine Art konkretes Ding, so wie eine Schnur, auf der sie alle Zwischenräume aneinanderreihte und verband, mit dem Ergebnis, dass jegliche Differenzierung verschwand. Sie bestand darauf, die Tür des Analysezimmers immer offen zu halten. Allerdings führten gewisse Fortschritte dazu, dass es möglich schien, die Tür des Analysezimmers zu schließen. Als ich Joan dies mitteilte, antwortete sie auf ihre charakteristische Art: »Ich kann machen, was ich will, wann immer ich will«, doch ich schloss die Tür. Als sie den Raum durchquerte, hörte ich Joan zu sich selbst flüstern: »Die Tür ist offen.« Freud zufolge könnten wir sagen, dass sie die Wirklichkeit verneinte (leugnete) und sich stattdessen einer Wahnvorstellung bediente, die »wie ein aufgesetzter Fleck dort gefunden wird, wo ursprünglich ein Einriß in der Beziehung des Ichs zur Außenwelt entstanden war« (Freud 1924, SE 19, S. 150, GW XIII, S. 389).

In der nachfolgenden Sitzung wurde deutlich, dass Joan genügend Zeit gehabt hatte, sich von dieser Notlage etwas zu erholen. Beim Eintritt ins Zimmer ließ sie die Türe offen stehen, wandte sich mir zu und – genau den Zeitpunkt abpassend, als ich mich aus meinem Sitz aufrichten wollte, um die Tür zu schließen – schrie: »Geh doch und mach die Tür zu, du Arschgesicht!« In diesem Fall akzeptierte sie zwar die Realität der geschlossenen Tür, verleugnete aber ihre Bedeutung und brachte sie *scheinbar* unter ihre eigene Kontrolle. Dadurch zerstörte sie ihre Wahrnehmungsfähigkeit, hielt ihre Omnipotenz aufrecht, vermied Denken und Urteilsvermögen und somit auch Wissen.

Ich möchte noch ein paar weitere Merkmale dieser Interaktion hervorheben. Auf den ersten Blick mag der Eindruck entstehen, dass Joans sofortiger Reaktion, also ihrer »Wahnvorstellung«, ein bösartigerer Prozess zugrunde lag. Ich teilte diesen Eindruck zunächst, habe dann jedoch meine Meinung geändert. Zum einen denke ich, dass es sich streng genommen nicht um eine Wahnvorstellung handelte. Sie wusste, dass die Türe zu war, und das Flüstern, »die Tür ist offen«, verstehe ich eher als einen verzweifelten Versuch, mit einer schrecklichen inneren Situation fertig zu werden. So gesehen war Joan sehr wohl mit der Realität in Kontakt.

Das Material des nächsten Tages präsentiert eine komplett andere Art Schwierigkeit. Was zuvor in Joans Denken als wirkliches Bewusstsein einer Welt außerhalb ihrer Kontrolle existierte, hatte sich grundlegend verändert. Sie brauchte nun nicht mehr vorzutäuschen, dass die Tür offen ist. Sie akzeptierte, dass sie geschlossen ist, doch hat sie die Bedeutung dessen mit ihrer Omnipotenz in Einklang gebracht. Die Rückkehr ihrer omnipotenten Kontrolle war mit großer Erregung verknüpft und einem Gefühl der Verwirrung und äußersten Hoffnungslosigkeit in mir.

Diese *Bewegung* möchte ich für einen Moment näher betrachten, denn hier scheint sich mir ein Weg durch das Dickicht eines nicht unbekannten Dilemmas zu weisen, welches bei unseren Versuchen, destruktive mentale Prozesse zu erörtern, entsteht. Ich denke hier an sich wiederholende Situationen, welche als Beweis dafür umgedeutet werden, dass Patienten nach einem Weg suchen, am Leben zu bleiben. Ein jüngeres Beispiel aus der Literatur soll dies illustrieren.

Feldman (2000) beschreibt einen Patienten, der ganz besonderes

Lustgefühl und Genugtuung daraus bezog, seine Objekte abzutöten. Alexander (2000) versteht dies in seiner Interpretation des Materials als Abwehr des Patienten von unerträglichem Schmerz, also eine grundsätzlich nicht destruktive Tätigkeit.

Wenn wir unser Augenmerk aber darauf richten, wie destruktive Tätigkeit *funktioniert*, können wir oftmals eine Umwandlung beobachten. Einige solcher psychischer Prozesse haben ihren Ursprung in der Abwehr von etwas als unerträglich Empfundenem und sind in diesem Sinne schützend (wie Joans Behauptung, dass die Tür offen ist). Was jedoch als Abwehr seinen Anfang nimmt, kann sich auf subtile Weise dahingehend umwandeln, dass es in der Psyche ein gewisses idealisiertes Eigenleben annimmt. Von seinen Wurzeln der Abwehr abgeschnitten, weist es oft eine bestimmte manische Qualität auf. Dies trifft etwa auf Patienten zu, die den Kontakt mit anderen Menschen fürchten, dann aber ihre Fähigkeit zur völligen Loslösung als Beweis ihrer Überlegenheit verstehen.

Freud (1937) beschreibt das Streben im Menschen, solche Lebenssituationen zu reproduzieren, die Abwehrmechanismen rechtfertigen, was sich dann als mächtige Kraft jeglicher Veränderung widersetzt, »ein Widerstand gegen die Aufdeckung von Widerständen« (Freud 1937, SE 23, S. 239, GW XVI, S. 85) – ein *Meta-Widerstand* gegen jegliche Bewegung überhaupt und sich somit jeglicher Bewegung, ob im Leben oder in der Analyse, entgegensetzend. Dies betrachtete Freud als Ausdruck des Todestriebs. Man kann man es auch so sehen, dass die Psyche alles daran setzt, das innere Bild der Welt im Äußeren wiederzuerschaffen, die Phantasie zur Wirklichkeit zu machen (vgl. Feldman 1997). Das Paradigma dieses Zustandes ist die halluzinatorische Wunscherfüllung, welche Freud mit der »Wahrnehmungsidentität« gleichsetzte. Die Illusion – und es bleibt immer eine Illusion, da eine Gleichsetzung mit der Realität natürlich nie erreicht werden kann – beseitigt die Grundlagen (Wahrnehmung von Unterschieden), auf denen das Denken beruht. Der Grad, zu dem dies erreicht wird, ist auch der Grad, zu welchem Denken und Urteilsvermögen unmöglich werden. Die Schaffung solch einer Gleichsetzung von Innerem und Äußerem ist oft mit einem angenehmen Zustand der Konfliktlosigkeit verbunden. Dieser Sog hin zur Gedankenleere enthüllt sich wiederum als Nachkomme des Nirvana-ähnlichen Zustandes, auf den sich Freud in *Jenseits des Lustprinzips* bezieht.

> »Die herrschende Tendenz des Seelenlebens, [...] das Streben nach Herabsetzung, Konstanterhaltung, Aufhebung der inneren Reizspannung [ist] eines unserer stärksten Motive, an die Existenz von Todestrieben zu glauben« (Freud 1920, SE 18, S. 55–56, GW XIII, S. 60).

Zurück zu meiner Patientin Joan: Ihr Angriff auf die Realität konnte gewalttätig und plötzlich wirken, wenn sie in wilder, manischer Weise ihre eigene Denkfähigkeit zerstörte und letztendlich in einem Zustand jämmerlicher Gedankenleere landete. Was Gedanken hätten sein können, war zu »Scheiße« [»Arsch-gesicht«, *engl.* »shit-head«, Anm. d. Übers.] geworden (entsprechend Modell 1). In anderen Situationen wiederum wird die errichtete Illusion der Gleichsetzung auf eine gewisse Art als betäubend empfunden; Gedankenleere verbindet sich mit einem ganz eigenen Lustgefühl (Modell 2 und 3).

Diese Prozesse sind in solchen Patienten leicht zu erkennen, die sich offen und lärmend bemühen, die Analyse zum Stillstand zu bringen. Jedoch können ähnliche Kräfte in anderen Patienten auf subtilere Art mobilisiert werden. Herr C. bemühte sich darum, einen ruhigen Zustand der Annehmlichkeit zu schaffen, der von keinerlei Bewegung gestört werden durfte. Mir machte es zu schaffen, wie ich darüber nachdenken solle. Manchmal schien es mir, dass diese Ruhigstellung dazu diente, ihn vor unerträglicher Verzweiflung zu schützen, dann wiederum gab es Momente, in denen ich mich fragte, ob das Inszenieren seiner familiären Lebenssituation, vernachlässigt zu sein, nicht auch versteckten Lustgewinn mit sich brachte.

Herr C.

Herr C., ein Lehrer in einem Arbeitsverhältnis weit unter seinen Fähigkeiten, fand sich im ersten Jahr seiner Analyse in einer scheinbar recht angenehmen Position wieder. Nach außen hin widmete er sich seiner Analyse mit mir voll und ganz, ja, er betonte, wie privilegiert er sich fühle, und scheute weder Kosten noch Mühe, diese zu unterstützen. So bot er mir auch ein sehr großzügiges Honorar an, von dem ich erst viel später erfuhr, dass er es sich gar nicht leisten konnte. Gelegentlich gelang es mir jedoch, Einblicke in einen anderen Teil von ihm zu erhaschen, welcher all meine Verfehlungen genau registrierte.

Am Ende der Analysestunde pflegte er, noch einen Moment auf der Couch zu verweilen, als ob er meine letzte Interpretation noch einmal sorgfältig bedächte, dann aufzustehen und sich mir mit einem »Dankeschön« zuzuwenden, bevor er ging. Dabei war ich mir nie sicher, wofür er sich bei mir bedankte, denn in seinem Leben fühlte er sich nicht weniger verfolgt und unglücklich als zum Zeitpunkt unseres ersten Treffens. Er blieb von der Besänftigung seiner Objekte beherrscht, denen er misstraute, von denen er aber auch abhing. Ganz anders als die Patienten, die die Analyse dazu nutzen, ihren Groll gegen diverse Menschen in ihrem Leben zu pflegen, schien Herr C. seine bösen Objekte augenscheinlich durch die Analyse zu entlasten. Man könnte seine Sicht der Analyse etwa so auf den Punkt bringen: Durch die Analyse kann ich erkennen, wie ich meine Objekte dadurch verzerre, dass ich Teile meiner selbst in sie hineinprojiziere. Die Analyse bringt mich dazu, diese wieder als zu mir gehörig zurückzunehmen, wodurch ich meine Objekte als gut anstatt böse sehen kann. Diese energetische Selbstentblößung, die dem Zweck diente, die Wirklichkeit seiner Objekte zu ändern, fand in einer »moralisch« höchst aufgeladenen Atmosphäre statt. Der Patient hatte sich auch deswegen speziell um eine kleinianische Analyse bemüht, da er sich hier Unterstützung für seine Vorgehensweise versprach.

Nichtsdestotrotz wurde auch deutlich, dass er, trotz seiner Beteuerungen des Gutseins seiner Objekte, ihnen gegenüber – zumeist uneingestanden – großen Argwohn hegte. In projektiver Identifikation mit einer »Dave«-Version von mir existierend, blieb er davor bewahrt, zum Untersuchungsgegenstand der furchterregenden Figur »Dr. Bell« zu werden.

Eine typische Szene in den Analysestunden verläuft wie folgt: Zunächst beschreibt er eine empörende Situation, wie etwa wenn seine Freundin ihn im Stich lässt, wenn sie zu einem dringenden Anlass, z. B. einem wichtigen Arbeitsessen, »nicht auftaucht« oder wenn er sie dabei ertappt, sich mit potenziell neuen Partnern zu verabreden. Dann jedoch, noch bevor ich mich von seinem letzten Bericht erholt habe, stelle ich fest, dass er all dies schon hinter sich gelassen hat und gerade dabei ist, ihr beim Einrichten ihres Hauses oder beim Aufstellen ihrer Regale zu helfen.

Um Freud aufzugreifen, könnten wir sagen, dass sein Leben dahingehend strukturiert war, seine Abwehr zu rationalisieren und dem Aufdecken seiner Widerstände zu widerstehen.

Einmal entdeckte er, dass seine Freundin B. eine Affäre mit einem Mann K. hatte. Als er sie jedoch damit konfrontierte, versicherte sie ihm, sie werde das alles irgendwie »in Ordnung bringen«, was mein Patient schnell zu akzeptieren schien, ich jedoch überhaupt nicht überzeugend fand. Danach versuchte er sie anzurufen, und das Telefon war – wie öfters – besetzt. Er ging zu ihrer Wohnung, wo er sie durchs Fenster schauend beim Abendessen mit ihrem Liebhaber sehen konnte. Als er sie daraufhin auf ihrem Handy anrief und fragte, was sie mache, antwortete sie, sie sei »müde und früh zu Bett gegangen«. Er sagte: »Von meinem Standpunkt sieht das allerdings anders aus.«

In der nachfolgenden Stunde beschrieb er, wie er sich mit B. wieder versöhnt habe. Nun verstünden sie einander, es sei eine besondere Art Beziehung. Herr C. hatte sich von der Wahrnehmung der Tragweite dieser Ereignisse dissoziiert. Jegliches Wissen, wie es um seine Beziehung zu B. stand, wurde in mich projiziert. Ich fand mich in der Position wieder, die »romantischen Liebenden«, die ihre Differenzen bereinigt hatten, von außen zu beobachten, und mir lag es auf der Zunge zu sagen: Von meinem Standpunkt sieht das allerdings anders aus!

Obwohl es mir klar war, dass seine Art der Lebensbewältigung dem Zweck diente, Herrn C. vor Situationen zu bewahren, die er nicht zu bewältigen wusste, stellte sich mir doch allmählich die Frage, ob für ihn nicht auch eine gewisse Lust mitschwang, wenn er mir immer und immer wieder vorführte, wie unfähig seine Objekte doch waren. Immer wenn eines seiner Objekte versagte, äußerte vielleicht eine innere Stimme ein durchaus befriedigtes »Typisch!«. Dies bewirkte zuweilen eine Lähmung der Analyse, und es wurde mir nie so richtig klar, inwieweit dies eine notwendige Abwehr gegen unerträglichen Schmerz darstellte oder sich mit einem besonderen Lustgewinn verband.

An dieser Stelle möchte ich einen Traum aus einer jüngeren Sitzung einbringen, der eine offenere bedrohliche Qualität aufzeigt. Diese war *möglicherweise* schon immer präsent, zeigte sich nun aber in zugänglicherer Form. Der Traum tauchte nach einer Periode beträchtlichen Fortschritts auf, währenddessen auf bewegende Weise ein vollerer Kontakt mit mir hergestellt werden konnte: Er erlebte mich zunehmend als Person, die darum kämpft, Dinge zu erreichen, die der Mühe wert sind.

Er geht John (seinen einzigen engen Freund) besuchen. Im Traum besitzt John ein riesiges Landgut. Der Patient geht in die Gärten hinaus, die auf verschiedenen Ebenen angelegt sind (es hörte sich an wie Terrassen, auch wenn er diesen Begriff nicht benutzte). Er schaut sich um und ist beeindruckt, sieht dann aber, wie sich im Gebüsch ein Gorilla herumtreibt. Er findet das nicht richtig – und kontrastiert die Häuslichkeit der Szene mit dem wilden Biest, das in den Büschen lauert. Im Traum denkt er: »Wilde Tiere sollten von Menschen getrennt gehalten werden und sich nicht auf diese Weise untermischen.« Er vermittelt auch, dass er der Einzige ist, der sich um diese Gefahr sorgt. Es gibt da ein Podium, eine Art Bühne. Der Gorilla tritt hervor und stellt sich darauf. Er bewegt sich auch auf allen Vieren. (Das Podium assoziierte er damit, dass er mit seinen Kindern zu einer Flugzeugschau gegangen war und dort ein Auto auf einer Bühne ausgestellt sah: ein blauer Mercedes Coupé. Er liebt Autos und ist von ihren Qualitäten sehr angetan.)

Dann sind da Leute, die über den Rasen gehen und Tischdecken ausbreiten. Sie scheinen sich an dem Gorilla gar nicht zu stören. Er betont nochmals, dass ihm dies nicht richtig vorkommt.

Dann geht er mit John ins Haus und eine langhaarige Katze taucht auf. Die Katze attackiert John, beißt sich an seinem Fußgelenk fest. John kann nichts tun und mein Patient fühlt sich hilflos, ihn von dem Tier zu befreien.

In der Stunde verstanden wir folgende Aspekte:

➢ Er machte mich auf etwas Gefährliches aufmerksam, das in den Büschen lauert – insbesondere nahm er mich als jemand wahr, der mit seiner Arbeit sehr zufrieden ist und dabei nicht erkennt, wie etwas Wildes und Bedrohliches in ihm angeregt wurde und wie gefährlich die Situation nun geworden war.

- In seinen Assoziationen sprach er über die Fehler, die ich gemacht, und die er genau registriert hatte. Er sagte, er hätte dies mit einem »freundlichen« Lächeln zur Kenntnis genommen, der *scheinbar* freundlichen Häuslichkeit.
- Er registriert sorgfältig meine Schwächen, sozusagen meine »Achillesferse« und krallt sich wie die Katze daran fest, während ein anderer Teil von ihm hilflos zuschaut.

Ich habe bereits erklärt, dass für meinen Patienten eine gewisse Gedankenleere bezeichnend war, und sah diese auf verschiedene Weise ausgedrückt. Teilweise schien sie von versteckten gewalttätigen Angriffen auf seine Objekte zu stammen. Der Traum machte diese Aktivität zugänglicher.

Jedoch war der Angriff auf das Denken durch etwas Unablässiges gekennzeichnet, denn Herr C. wurde immer und immer wieder in ein Ausagieren des gleichen zentralen Szenarios hineingezogen. Dies entspricht mehr dem zweiten Modell, wo eine gewisse Gedankenleere durch die kontinuierlichen Angriffe auf sein eigenes Ich erreicht wird, wenn er in der Außenwelt seine bekannten Objektbeziehungen in Szene setzt. Dadurch entsteht eine fortlaufende subtile Lähmung der analytischen Arbeit. Obwohl dies wiederum als Abwehr entstanden sein mag, entwickelt es in der oben beschriebenen Art ein Eigenleben. Dies erinnert an die Beweiskraft, die Freud für sein Konzept des Todestriebs aus dem Wiederholungszwang bezog.[4]

Der Traum könnte auch in dem Sinne verstanden werden, dass er eine fortlaufende grausame Tätigkeit aufzeigt, wo der Patient sich an

4 Dieser Umstand lässt mich an die Art von Patienten denken, die den Eindruck erwecken, sie verstünden und stimmten den Interpretationen ihres Analytikers zu. Dann allerdings realisieren wir, dass sie diese auf stille Weise umändern und so ganz anders wahrnehmen. Die Interpretationen werfen dann keine neuen Fragen und Möglichkeiten auf, sondern bestätigen das Weltbild des Patienten und zeigen ihm, was er sowieso schon »weiß«. Eine Bemerkung »offenbart« zum Beispiel, dass der Analytiker verärgert oder verführerisch ist. Falls der Analytiker manchmal ein bisschen verärgert ist, so beschränkt sich die Wahrnehmung des Patienten darauf, alle anderen Aspekte werden weggewischt. Dadurch wird ein inneres Bild der analytischen Situation bestätigt, eines, das dem »Bauchgefühl« des Patienten entspricht und von dem er glaubt, dass der Analytiker es auch teilt, ohne dies jedoch zuzugestehen.

die Schwächen, die er in mir sieht, anhaftet. So erhält er sich sein eingeschränktes Verständnis seiner selbst und seiner Objekte. Die grausame Lust, die sich mit dem Anhaften an meine von ihm so empfundenen Schwachpunkte verbindet, legt nahe, dass mit der Lähmung der analytischen Arbeit eine ganz spezielle Lust einhergeht.

Was ich besonders bemerkenswert fand, war die Umwandlung der vorausgegangenen guten Stunde, welche von einer gewissen Normalität geprägt war: Daraus entstand eine Version von mir als einer Person auf einem riesigen Gut, mit phantastischem, mühelos und ohne jede Anstrengung erlangtem Reichtum gesegnet. Auch wenn man das als neidauslösend verstehen könnte, betrachte ich diese Sicht meiner Person eher als Folgeerscheinung von Neid – es gibt keinen Grund, auf ein Objekt neidisch zu sein, das keine eigenen Fähigkeiten hat, sondern diese lediglich wie ein Erbe erwirbt.

Eine Bemerkung zur Zerstörungslust

Segal meint, dass solcherart Zerstörungslust sich aus einer »Libidinalisierung und Sexualisierung« des Todestriebes speist. Außerdem schlägt sie vor, dass eine gewisse Art des Lustgefühls als natürliches Beiwerk aus der Befriedigung des Todestriebs hervorgeht. Manche Autoren neigen dazu, Lust mit Eros gleichzusetzen und erklären die durch Zerstörung gewonnene Lust lediglich durch das Konzept der Instinktverschmelzung. Das wird jedoch zur tautologischen Aussage (die Lust stammt ja per definitionem vom Eros ab). Wenn wir aber die Lust vom Eros loskoppeln, schaffen wir einen Raum für *Zerstörungslust.*

Laplanche (1970) weist darauf hin, dass wir der Problematik des Masochismus nicht dadurch entgehen können, dass wir die Lust *anderswo* zu lokalisieren suchen, wie zum Beispiel bei der Meinung, dass der Masochist seine Lust aus der Identifikation mit dem Sadisten bezieht, welcher das Objekt attackiert, also dass der Schmerz erlitten wird, um *andernorts* Lust zu erlangen. Laplanche hält daran fest, dass es in diesem Falle kein »ökonomisches Problem des Masochismus« geben würde. Er betont, dass die Lust genau an der Schmerzstelle liegt.

Auf vergleichbare Weise ist die Zerstörungslust nicht eine Lust, die an anderer Stelle empfunden wird – es handelt sich um die Befriedigung *eben an der Zerstörung*. Hier können wir wiederum unterscheiden zwischen dem Lustgewinn aus der Zerstörung selbst und dem Lustgewinn aus dem kontinuierlichen Sog hin zu einem Zustand angenehmer Gedankenleere.

Sozialpolitische Überlegungen

Hanna Segal hat uns die Relevanz des Konzepts vom Todestrieb nicht nur für die klinische Arbeit, sondern auch im Verständnis weitreichender sozial-politischer Belange aufgezeigt (Segal 1987, 1993, 1997). In ihren Beiträgen zum Atomkrieg und zum (ersten) Golfkrieg erörtert sie nicht nur die unbewussten tödlichen Phantasien, welche in Kriegssituationen mobilisiert werden. Sie demonstriert darüber hinaus ihre Anziehungskraft und wie es uns davon wegzieht, uns mit diesen tödlichen Kräften in uns selbst und somit in der Welt auseinanderzusetzen. Der Todestrieb tritt hier sowohl als Lust an der Vernichtung (das erregende Element des Krieges) als auch der Zerstörung der Denk- und Wahrnehmungsfunktionen, welche solch tödliche Aktivitäten hätten bremsen können, zutage. Sie selbst stellt dies so dar:

> »[V]on Anfang an richtet sich der Wunsch zu vernichten sowohl gegen das wahrnehmende Selbst, als auch das wahrgenommene Objekt, beides ist kaum voneinander zu unterscheiden« (Segal 1993, S. 18).

Ein lebhaftes Beispiel finden wir im Bericht des Piloten, der die Atombombe auf Hiroshima geworfen hat, über den Moment des Einschlags.

> »Jetzt befinde ich mich in dieser Kurve, so eng es geht, das hilft mir, meine Höhe und Fluggeschwindigkeit und alles andere rundrum zu halten. Als ich das Flugzeug wieder aufrichte, ist die Nase ein bisschen hoch, ich schaue nach oben und sehe den ganzen Himmel in den hübschesten Blau- und Rosatönen erleuchtet, die man sich nur vorstellen kann. Es war einfach großartig« (Tageszeitung *The Guardian*, 6. August 2002).

Auschwitz versinnbildlicht eine Form der Destruktivität, die am extremen Ende unserer Vorstellungskraft angesiedelt ist, und dient uns als grausame Mahnung an jeden naiven Glauben an die Unweigerlichkeit des menschlichen Fortschritts. Dass jeglicher Bericht über den Holocaust nicht unumstößlich auf des Menschen Veranlagung zur Destruktivität hinweisen muss, lässt sich kaum begreifen. Soziologen tendieren dazu, die zivilisierende Kraft der Moderne als gegeben hinzunehmen. Der Holocaust hat daher eine entscheidende Schwäche dieses theoretischen Konzepts enthüllt, die fehlende Beachtung des Hasses im menschlichen Handeln. Für den Soziologen Zygmunt Bauman (1989) stellt der Holocaust nicht ein bizarres Geschehen außerhalb des Fortschritts der Moderne dar, sondern er erwächst direkt *aus ihrer Mitte*. Die Destruktivität wird hier also nicht als »dort drüben« und »vor langer Zeit« verstanden, sie betrifft unsere Welt, im Hier und Jetzt.

In ihrem maßgeblichen Werk über den Totalitarismus stellt Hannah Arendt die Beziehung zwischen Destruktivität und dem Verlust der Fähigkeit, die sie Denken nennt, ins Zentrum, wobei ihr Verständnis von Denken dem psychoanalytischen Gebrauch dieses Begriffs sehr nahe kommt – vor allem wie er von Segal und Bion entwickelt wird. Die Denkfähigkeit in diesem Sinne ist einer inneren zivilisierenden Struktur gleichzusetzen, welche in ihrer Funktion die Destruktivität gewissermaßen ausbremst. Somit wird die menschliche Destruktivität von äußeren Strukturen gehalten, welche die Fähigkeit zu denken unterstützen. Gemeint ist hier die Fähigkeit, sich reflektierend mit sich selbst und der Welt auseinanderzusetzen, ein Ausdruck der depressiven Seinsweise, die Raum schafft für Einfühlungsvermögen und moralisches Handeln. Was sich allerdings immer wieder offenbart, ist die schockierende Zerbrechlichkeit dieser zivilisierenden Strukturen.

Als sie Eichmann zuhörte, widerstand Arendt der Versuchung, ihn als animalischen und brutalen Sadisten zu sehen, der von der Leidenschaft zur Parteiideologie angetrieben wurde. Er war kein leidenschaftlicher Sadist, »Eichmann war weder Iago noch Macbeth, und nichts hätte ihm ferner gelegen, als sich mit Richard III festzulegen, ›einen Bösewicht abzugeben‹« (Arendt 1963, S. 287). Peter Baehr drückt es so aus: »Ihrer Ansicht nach beging Eichmann seine Verbrechen nicht aus einem Übermaß an

Ideologie, sondern aus einem Mangel an *Gedanken*« (Baehr 2000, S. 25; *Hervorh. von mir*, D.B.). In gewisser Weise entspricht dies Freuds Ansicht über Perversionen. Als sie Eichmann zuhörte, lauschte Arendt nach den Wahrheiten, die er uns über die menschliche Natur berichten konnte.

Hier können wir eine Entsprechung finden zwischen Arendts Arbeit und dem zeitgenössischen Denken über den Todestrieb.[5] Ein genozidaler Akt verleiht dem Todestrieb durch eine offenkundige Handlung Ausdruck, die *Voraussetzungen* jedoch für solche Phänomene haben in der eher subtilen Vernichtung der Denkfähigkeit ihren Ursprung, welche eine gedankenleere Welt, ein schreckliches moralisches Vakuum schafft, wo die Zerstörung ungehindert toben und um sich greifen kann.

Arendts Buch über den Eichmann-Prozess trägt den Untertitel *Die Banalität des Bösen*, um auf die Tatsache aufmerksam zu machen, nicht etwa dass das Böse banal sei (wie sie merkwürdigerweise missverstanden wurde), sondern dass die bösartigsten Handlungen von gedankenentleerten und leidenschaftslosen Köpfen durchgeführt werden.

Eichmann, der Bürokrat, lieferte Arendt mit seinem Charakter ein Modell von niederschmetternder Pathologie des Geistes und Denkens, und sie besteht darauf, dass solch ein Geist erfasst und verstanden sein will um dessentwillen, was er uns über unsere Welt enthüllt.

Diese Überlegungen sind eindeutig relevant in Bezug auf die entscheidenden Katastrophen, mit denen wir uns heute auseinandersetzen müssen: die Eskalation des sogenannten Krieges gegen den Terror – ein sich selbst propagierendes paranoides System, das wesentlich von der Macht der eigenen Propaganda abhängt, uns in eine Welt des Nichtdenkens zu ziehen und die Hindernisse zu beseitigen, die das Nachdenken liefern würde.

In der Literatur, die über den Holocaust existiert, zeigt sich eine Spannung zwischen der Ansicht, der Holocaust sei einzigartig, und der Meinung, er sei ein besonderer Ausdruck allgemeinerer Phänomene. Arendt zeigt uns mit ihrer Analyse von Totalitarismus einen Weg durch diese Problematik. Denn die Elemente, die sie beschreibt (Expansion von Nationalstaaten, die Schaffung von »überflüssigen Menschen«, Rassismus) existieren schon lange durch die Geschichte hindurch und

5 In einem Vortrag zum IPA Kongress 2007 habe ich die Bedeutung des Werks von Hannah Arendt für die Psychoanalyse ausführlicher erörtert.

sind Teil unserer modernen Welt. Allerdings sind die historischen Ereignisse, die diese Elemente zusammenführen und zu einer Art historischer Detonation zusammenschmelzen lassen, von den jeweiligen Umständen und vom Zufall bestimmt und somit einzigartig. Man kann sicher sagen, dass dies auf alle großen historischen Ereignisse zutrifft.[6]

Diese Denkweise hat große Ähnlichkeit mit dem psychoanalytischen Verständnis eines psychischen Zusammenbruchs – dessen spezifische Form ist einzigartig im Leben des betroffenen Individuums, wird aber letztendlich durch das Zusammentreffen von schon lange wirkenden Elementen ausgelöst. Tatsächlich ist es so, dass ein Zusammenbruch das hervorhebt, was dem Charakter der Person schon immer innewohnte. Diejenigen Elemente, die bei ihrem Zusammentreffen den Holocaust hervorbrachten, sind seitdem keineswegs verschwunden, sie existieren immer noch. Es ist also wesentlich zu erkennen und zu identifizieren, welche sozial-politischen Strukturen sie unterstützen und welche dazu dienen können, ihre Macht zu begrenzen.

Ein solch offensichtliches, weiterhin aktives Element zeigt sich in unserer Haltung »Asylbewerbern« gegenüber – unser zeitgenössisches Beispiel »überflüssiger« Menschen. Sie sind unsere Nicht-Bürger, in einer Art und Weise zusammengeworfen, die Überflüssigkeit mit Rassismus kombiniert. Ihres Status als Mitbürger beraubt, haben sie keinerlei Rechte und werden in unserer Vorstellung zur Verkörperung von Überflüssigkeit. Auf diesen entmenschlichten und welt-losen Zustand reduziert, können sie im »Schnellverfahren« abgehandelt werden, was darauf hinausläuft, sie lediglich als Nummern zu verwalten. Als Auffangbecken für alle möglichen Arten von Projektionen werden sie zu einer Art weltweiter Plage.

Arendt hat viel Wert auf die »Polis«, wie sie es nannte, gelegt, also die freie Teilnahme der Bürger am politischen Leben. Ich denke, dass sich in

6 Die Ereignisse des 11. September waren einzigartig, kamen aber nicht aus heiterem Himmel. Die Elemente, die in dieser Katastrophe explodierten, schwelten schon seit Langem vor sich hin. Das Ereignis als solches jedoch hatte eben jene Mischung aus vorhersehbaren historischen Kräften, die als Tendenz fungieren (der durch das koloniale und neo-koloniale Vermächtnis hervorgerufene Hass, der zunehmende Abscheu vor dem Westen etc.), und dem völlig unvorhersehbaren historischen Zusammentreffen von Geschehnissen.

unserer heutigen Zeit nur eine stark geschwächte Form der Polis erhalten hat. Systeme von Nichtdenken infiltrieren und korrumpieren zunehmend unser öffentliches Leben. Echtes politisches Engagement fällt dem Markt zum Opfer, Politiker sorgen sich lediglich um kurzfristige Umfrageergebnisse, und das öffentliche Leben degeneriert dementsprechend zunehmend. Öffentliche Einrichtungen wie der National Health Service finden sich ebenfalls in der Situation wieder, einfach nur Ware zu produzieren, ganz der Logik des Marktes unterworfen, wobei das eigentliche Kernstück ihrer Identität, die menschlichen Werte, verloren gehen.

Ich glaube, dass das Dogma des freien Marktes gewisse totalitäre Elemente aufweist: Es darf nicht hinterfragt werden, es dringt in alle Lebensformen ein und kennt keine Grenzen. Der Gedanke der Demokratie kollabiert in der Freiheit, kaufen … oder auch nicht kaufen zu können. Dieses ist, wie Hannah Arendt es nannte ein *welt-loser Zustand*, ein moralisches Vakuum.

Der »Freie Markt« bezieht seine Rechtfertigung zum einen aus der Ideologie des »Survival of the fittest«, zum anderen treibt er diese weiter voran – eine Ideologie, die einem primitiven Moralismus Kraft verleiht: Diejenigen, die überleben, haben ein Recht darauf, da sie ja deshalb überlebt haben, weil sie denjenigen gegenüber überlegen sind, die – nun moralisch unterlegen – versagt haben. Letztere haben, so die Logik, eben deswegen versagt, weil sie zum Überleben nicht berechtigt waren. Dies unterstützt eine narzisstische, a-soziale Charakterstruktur (Bell 1996) und liefert die rationale Rechtfertigung für die omnipotente Durchsetzung des Rechts, über andere zu triumphieren. Diese Ideologie feiert diejenigen, die solchermaßen triumphieren, und stärkt so auf unbewusste Weise brudermörderische Impulse, was wiederum eine tiefe Furcht vor Schuld und paranoide Angst nach sich zieht.

Schlussfolgerung

Ich habe vorgeschlagen, dass die Betrachtung des Todestriebes drei verschiedene Prozesse enthüllt, deren Phänomenologie sich klar unterscheiden lässt:

- gewaltsame Zerstörungs- und Vernichtungsakte, inklusive *interner* Phänomene wie die Vernichtung von Gedanken,
- die verführerische Verlockung einer Welt des Nichtdenkens, Freuds angenehmer »Nirvana-ähnlicher Zustand«,
- die sadistische Kontrolle des Objekts, die jegliche Bewegung unterbindet, was mit einer besonderen Lust einhergeht.

Diese zerstörerischen Handlungen lassen sich als Ereignisse, aber auch als Funktionen verstehen (wie etwa bei der Verlockung hin zum Nichts).

Des Weiteren kann das Ziel der Zerstörung ein Objekt oder eine Funktion sein. Freuds Zitat aus Faust unterstreicht diesen letzten Punkt:

> »Als seinen Gegner nennt der Teufel selbst nicht das Heilige, das Gute, sondern *die Kraft der Natur zum Zeugen*, zur Mehrung des Lebens, also den Eros« (Freud 1930, SE 21, S. 121, GW XIV, S. 480; *Hervorh. von mir*, D.B.).

Eine zusätzliche Unterscheidung findet sich in den Prozessen, die sich laut äußern, dabei offenkundig destruktiv sind und alle Grenzen zu vernichten suchen, und jenen, die eher leise vor sich hin arbeiten.

Das Konzept des Todestriebs ruft immer noch viel Widerstand hervor,[7] doch obwohl wir heutzutage eher daran zweifeln mögen, ob es

7 Manche Stimmen werfen ein, Freuds Entdeckung des Todestriebs sei unwesentlichen Faktoren, so wie dem biografischen Umstand seines Krebsleidens oder der deprimierenden Tatsache des Ersten Weltkrieges zuzurechnen. Der Ausgangspunkt dieses Arguments ist, dass das Konzept keinen Sinn macht. Daraufhin wird das, was als Freuds merkwürdige Abirrung gesehen wird, durch ein Stück »wilde Analyse« gerechtfertigt. Selbst wenn es so wäre, dass diese äußeren Faktoren dazu beitrugen, Freud gegenüber der Wichtigkeit von destruktiver Aktivität empfänglicher zu machen, so würde dies doch kein Gegenargument gegen das Konzept als solches liefern. Man könnte etwa auch vorschlagen, dass Freuds Entdeckung des Ödipuskomplexes in gewisser Weise zu seiner eigenen Familienkonstellation in Beziehung stünde, doch würde dies nicht das Konzept als solches in Frage stellen. Der Herkunftsgang einer Idee hat keine offensichtliche Beziehung zu ihrem Wahrheitsgehalt, selbst brillante Ideen können merkwürdigen Orten entstammen. Ein Konzept wie der Todestrieb muss aufzeigen, dass er mit Phänomenen zu tun hat, die durch die schon existierende Theorie nicht belegt werden können, und muss die notwendige theoretische Basis liefern. Wollheim (1971) hat in seinem maßgeblichen kleinen Buch über Freud überzeugend behauptet, dass das Konzept des Todestriebs sich mit einem, seit der

sinnvoll ist, diesen im biologischen Sinne zu verstehen, so scheint mir doch, dass die Existenz einer psychischen Kraft, die sich den Lebens- und Entwicklungskräften entgegenstellt, auf empirisch solidem Boden steht. Hier wird uns ein überzeugender theoretischer Denkrahmen geliefert, der uns die tiefgreifende Dualität erschließt, welche unser psychisches Leben regiert. Man mag diese als mächtige, immer präsente Tendenzkräfte verstehen.

Ich habe versucht darzustellen, dass diese Betrachtungen nicht nur von klinischer und theoretischer Wichtigkeit sind, sondern ebenso weitreichende Relevanz für unser Verständnis der menschlichen Natur in unserer modernen Welt haben. Schließen möchte ich mit einem Zitat von Norman Mailer (2003), das für unser Thema relevant ist:

> »Demokratie kann leicht zugrunde gehen. Ich glaube, für die meisten Leute entspricht der Faschismus der natürlichen Regierung, wenn man die hässlichen Tiefen der menschlichen Natur in Betracht zieht. Der Faschismus entspricht eher einem natürlichen Zustand als die Demokratie. Die gutmütige Annahme, Demokratie lasse sich mir nichts dir nichts in andere Länder unserer Wahl exportieren, kann paradoxerweise zu mehr Faschismus im In- und Ausland führen. Demokratie ist ein gnadenvoller Zustand, der sich nur in Ländern erreichen lässt, die eine Menge Individuen aufweisen können, welche Bereitschaft zeigen, nicht nur die Freiheit zu genießen, sondern vor allem die harte Arbeit zu leisten, sie aufrechtzuerhalten.«

Aus dem Englischen übersetzt von Annerose Winkler

Narzissmus Schrift vorhandenen theoretischen Strang auseinandersetzt. Dieser Strang bedrohte den Dualismus, welcher für Freuds Theorie vonnöten war. Laut Wollheims Ausführungen wurde durch die Theorie des Lebens- und Todestriebs eine tiefliegende Dualität im Seelenleben wieder hergestellt. Interessanterweise liefert Norman O. Brown (1959) ein ähnliches Argument.

Literatur

Alexander, Richard P. (2000): Letter. I. J. Psycho-Anal. 81, 1007f.

Arendt, Hannah (1963): Eichmann in Jerusalem: A Report on the Banality of Evil. New York (Viking Press). Revised and enlarged edition 1965. Deutsche Übersetzung von Brigitte Granzow (2008): Eichmann in Jerusalem: Ein Bericht über die Banalität des Bösen. München (Piper).

Baehr, Peter (2000): The Portable Hannah Arendt. London (Penguin Books).

Bauman, Zygmunt (1989): Modernity and the Holocaust. Oxford (Polity Press). Deutsche Übersetzung (1992): Dialektik der Ordnung. Die Moderne und der Holocaust. Hamburg (Europäische Verlagsanstalt).

Bell, David (1996): Primitive Mind of State. Psychoanalytic Psychotherapy 10, 45–58.

Bell, David (2007): »Anything is possible and everything is permitted«. Psychoanalytic Reflections on Hannah Arendt's Elements of Totalitarianism. Paper given to IPA Congress, Berlin 2007.

Bion, Wilfred R. (1962a): Learning from Experience. London (Heinemann). Deutsche Übersetzung von Erika Krejci (1990): Lernen durch Erfahrung. Frankfurt/M. (Suhrkamp).

Bion, Wilfred R. (1962b): The psychoanalytic study of thinking. I. J. Psycho-Anal. 43, 306–310.

Brown, Norman O. (1959): Life against Death: The Psychoanalytical Meaning of History. Middletown, USA (Wesleyan University Press).

Feldman, Michael (1997): Projective Identification: the analyst's involvement. I. J. Psycho-Anal. 78, 227–241.

Feldman, Michael (2000): Some views on the manifestation of the death instinct in clinical practice. I. J. Psycho-Anal. 81, 53–65.

Freud, Sigmund (1911b): Formulations on the two principles of mental functioning. SE 12, 218–226. Deutsch: Formulierungen über die zwei Prinzipien des psychischen Geschehens. GW VIII, 230–238.

Freud, Sigmund (1911c): Psycho-analytical notes on an autobiographical account of a case of paranoia (Dementia Paranoides). SE 12, 9–79. Deutsch: Psychoanalytische Bemerkungen über einen autobiographisch beschriebenen Fall von Paranoia. GW VIII, 239–316.

Freud, Sigmund (1920): Beyond the pleasure principle. SE 18, 7–64. Deutsch: Jenseits des Lustprinzips. GW XIII, 1–69.

Freud, Sigmund (1924): Neurosis and psychosis. SE 19, 149–153. Deutsch: Neurose und Psychose. GW XIII, 387–391.

Freud, Sigmund (1925): Negation. SE 19, 235–239. Deutsch: Die Verneinung. GW XIV, 11–15.

Freud, Sigmund (1930): Civilisation and its discontents. SE 21, 64–145. Deutsch: Das Unbehagen in der Kultur. GW XIV, 419–506.

Freud, Sigmund (1937): Analysis terminable and interminable. SE 23, 216–253. Deutsch: Die endliche und die unendliche Analyse. GW XVI, 59–99.

Laplanche, Jean (1970): Vie et mort en psychanalyse. Paris (Flammarion). Deutsche Übersetzung (1974): Leben und Tod in der Psychoanalyse. Olten/Freiburg, (Walter). Englische Übersetzung von Jeffrey Mehlman (1976): Life and Death in Psychoanalysis. Baltimore (Johns Hopkins University Press).

Mailer, Norman (2003): Only in America, conversation with Barbara Lane. URL: http://www.commonwealthclub.org/archive/03/03-02mailer-speech.html

Segal, Hanna (1987): Silence is the real crime. In: Psychoanalysis, Literature and War. Ed. J. Steiner. London (Routledge/New Library of Psychoanalysis) 1997.

Segal Hanna (1993): The clinical usefulness of the concept of the death instinct. In: Psychoanalysis, Literature and War. Ed. J. Steiner. London (Routledge/New Library of Psychoanalysis) 1997.

Segal, Hanna (1997): From Hiroshima to the Gulf war and after socio-political expressions of ambivalence. In: Psychoanalysis, Literature and War. Ed. J. Steiner. London (Routledge/New Library of Psychoanalysis) 1997.

Wollheim, Richard (1971): Freud. London (Fontana).

Über die Unfähigkeit, mit anderen zusammen zu sein

Ulrich Streeck

Die Angst, mit unvertrauten anderen zusammenzutreffen, ist häufig mit einer Unfähigkeit verbunden, allein zu sein. Das mag auf den ersten Blick paradox erscheinen, könnte man doch vermuten, dass Menschen, die Geselligkeit scheuen, umso mehr das Alleinsein suchen. Sozialen Ängsten korrespondiert aber nur selten ein Zustand ausgeglichener Zurückgezogenheit, der freiwillig gesucht wird. Im Gegenteil: Menschen, deren Angst davor, sich in den Augen von anderen lächerlich zu machen, so groß ist, dass sie soziale Situationen, in denen sie Fremden begegnen könnten, meiden, leiden daran, dass sie sich sozial isolieren müssen und hegen meist intensive Wünsche nach Kontakten und Zugehörigkeit.

Bei Patienten mit psychischen Störungen sind solche sozialen Ängste häufig und beschränken sich bei Weitem nicht auf die als soziale Phobie oder ängstlich-vermeidende Persönlichkeitsstörung etikettierten Beeinträchtigungen.

Zur Phänomenologie sozialer Ängste

Im Zentrum sozialer Ängste steht der Affekt der Scham, die Angst davor, beschämt und bloßgestellt zu werden. Sich den Blicken von Fremden auszusetzen oder ungezwungenen Kontakt aufzunehmen, bringt die Gefahr mit sich, von anderen lächerlich gefunden zu werden, und allein der Gedanke daran, gesehen und beobachtet zu werden, kann dazu führen, dass soziale Situationen gemieden werden. Die Vorstellung gar, durch das eigene Verhalten Aufmerksamkeit zu erregen, kann überwältigende Angst nach sich ziehen. Darum versuchen Menschen mit ausgeprägten sozialen Ängsten, anderen so weit wie möglich aus dem Weg zu gehen. Wo sich das nicht vermeiden lässt, halten sie es in deren Gegenwart nur mit Mühe aus und stehen unter erheblicher Stressbelastung, auch wenn sie nach außen hin unbewegt erscheinen mögen. Weil die Angst so groß ist, in den Augen von anderen lächerlich und sonderbar gefunden zu werden, beobachten sie das gesellige Leben oft nur aus der Ferne und lassen das bunte Treiben der anderen sehnsüchtig an sich vorbei ziehen. Nicht wenige Patienten, die unter nennenswerten sozialen Ängsten leiden, nehmen am Zusammenleben mit anderen schon lange nur noch am Rande teil und haben sich sozial weitgehend zurückgezogen. Wieder andere sind schon als Kinder sozial ängstlich gewesen mit der Folge, dass ihre sozialen Kompetenzen eingeschränkt sind. Bei keiner anderen Patientengruppe ist das Vermeidungsverhalten so ausgeprägt wie bei Patienten mit sozialen Ängsten (Hoffmann 2002).

Die sogenannte soziale Phobie

Das in den formalen diagnostischen Klassifikationssystemen als »soziale Phobie« definierte Störungsbild taucht unter diesem Begriff erstmals 1966 im American Journal of Psychiatry auf (Marks/Gelder 1966). Wenige Jahre später, 1980, fand das Krankheitsbild unter der Bezeichnung »social anxiety disorder« Aufnahme in das Diagnostic and Statistical Manual of Mental Disorders (DSM) – im selben Jahr wie das umstrittene Störungsbild der ADHS. Ähnlich wie bei der ADHS erschöpfen sich die therapeutischen Empfehlungen zur »social anxiety disorder« bis heute und mit nur wenigen Ausnahmen in einem Ensemble von Psychoedukation, Psychopharmaka und Verhaltenstherapie. Und auch die pharmazeutische Industrie hat von Beginn an großes Interesse an der »sozialen Phobie« bekundet. So enthalten Fachzeitschriften, die sich in erster Linie über Anzeigen der pharmazeutischen

Industrie finanzieren, mit großer Regelmäßigkeit Artikel über das Störungsbild der sozialen Phobie in Verbindung mit der therapeutischen Empfehlung für SSRIs. Im Unterschied zur ADHS wurde das Störungsbild der sozialen Phobie von psychoanalytischer Seite bis heute weitgehend ignoriert, obwohl die große klinische Bedeutung sozialer Ängste unzweifelhaft sein dürfte.

Laut DSM IV soll die Diagnose »soziale Phobie« unter anderem bei einer ausgeprägten und anhaltenden Angst vor sozialen und Leistungssituationen gestellt werden, die zu Peinlichkeiten führen könnten (Kriterium A), wenn die Konfrontation mit der sozialen Situation eine massive Angstreaktion auslöst (Kriterium B), die die Form einer Panikattacke annehmen kann und als übertrieben oder unbegründet eingeschätzt wird (Kriterium C), in der Folge entsprechende Situationen meistens vermieden oder nur unter großer Angst ertragen werden (Kriterium D), sodass der Alltag dadurch sehr weitgehend beeinträchtigt sein kann und die Beeinträchtigungen erhebliches Leiden verursachen können (Kriterium E).

Im DSM werden eine einfache soziale Phobie – etwa die Angst, vor fremden anderen zu sprechen, oder die Angst, in Gegenwart anderer Menschen zu essen – und die generalisierte soziale Phobie – die Angst, mit anderen überhaupt in Interaktion zu treten – unterschieden. Einfache, umschriebene soziale Phobien tauchen im klinischen Alltag so gut wie nie auf; sie können verhaltenstherapeutisch in wenigen Sitzungen meist gut behandelt werden. Soziale Ängste bei psychisch schwerer beeinträchtigten Patienten manifestieren sich aber kaum jemals als einfache soziale Phobien, sondern die Patienten leiden an diffusen profunden Ängsten, die mit der bewussten oder unbewussten Überzeugung einhergehen, mangelhaft und lächerlich zu sein, zu versagen und in den Augen von anderen eben so gesehen zu werden.

Wie durchdringend diese generalisierten sozialen Ängste sein können, wie häufig sie sind und welche Bedeutung die damit einhergehenden Beeinträchtigungen für die Betroffenen haben, wurde lange nicht erkannt. Viele wegen psychischer Störungen stationär behandlungsbedürftige, nicht psychotische Patienten scheuen die Blicke der Öffentlichkeit und leben zurückgezogen. Insbesondere unter Patienten mit sogenannten strukturellen Störungen bzw. Entwicklungsstörungen der Persönlichkeit ist der Anteil derer, die sich sozial isoliert haben und aus Angst davor, gesehen zu werden und mit Fremden in Kontakt treten zu müssen, manchmal kaum noch die eigene Wohnung verlassen, erschreckend hoch:

In den Jahren 2001 und 2002 wurden über einen Zeitraum von 18 Monaten hinweg alle im Krankenhaus Tiefenbrunn behandelten Patienten im Erwachsenenalter auf soziale Ängste hin untersucht (vgl. Dally et al. 2005). Zu diesem Zweck wurde den Patienten über die Routinediagnostik[1] hinaus eine Reihe von Instrumenten gegeben, die für die Erfassung von sogenannten sozialen Phobien entwickelt und als spezifische Untersuchungsinstrumente für deren Erfassung empfohlen werden, mit der Social Phobia Scale (SPS) und der Social Interaction Anxiety Scale (SIAS), außerdem dem Unsicherheitsfragebogen von Ullrich/de Mynck und dem Beckschen Depressionsinventar.

In die Studie wurden 930 Patienten einbezogen. Während in den meisten Studien ein Patient als sozial phobisch gilt, wenn er *entweder* in der SPS pathologische Werte zeigt – gewöhnlich lautet die Diagnose dann »umschriebene soziale Phobie« – *oder* in der SIAS entsprechend der Diagnose »generalisierte soziale Phobie«, wurden hier strengere Kriterien gewählt und ein Patient nur dann als sozial ängstlich klassifiziert, wenn die Werte in *beiden* Untersuchungsinstrumenten *gleichzeitig* pathologisch waren.

Trotz dieser strengen Kriterien zeigten von den 930 Patienten 422, entsprechend 45% aller Patienten, pathologische Werte in *beiden* Untersuchungsverfahren *gleichzeitig*. Lediglich 274 Patienten, entsprechend 29%, wiesen weder in dem einen noch in dem anderen Verfahren pathologische Werte auf, somit weniger als ein Drittel aller Patienten. Wäre als Kriterium für die Zuordnung zur Gruppe der sozial ängstlichen Patienten ein pathologischer Wert entweder im SPS oder im SIAS gewählt worden, wären insgesamt 656 der 930 Patienten als sozial ängstlich klassifiziert worden bzw. hätte die Diagnose »soziale Phobie« lauten müssen.

1 Zur Routinediagnostik gehören neben Erstinterview, ausführlicher psychodynamischer Anamnese und Zweitsicht SCL 90 R, IIP, HAQ, VEV, Fragebogen zur Lebensqualität.

Zur Bedeutung sozialer Ängste

Zerbe (1994), eine der wenigen Psychoanalytikerinnen, die sich mit der sozialen Phobie beschäftigt haben, weist mahnend darauf hin, dass das ganze Ausmaß der Folgen sozialer Ängste leicht übersehen wird. Soziale Ängste seien »responsible for larger economic loss, greater interpersonal disruption, and deeper personal pain than can be easily measured by modern accounting measures« (Zerbe 1994, S. A7).

Soziale Ängste werden vielfach in einem Atemzug mit anderen Phobien genannt, und in den diagnostischen Klassifikationssystemen wird die soziale Phobie in der Reihe der phobischen Störungen aufgeführt. Damit werden jedoch bedeutsame Unterschiede außer Acht gelassen: Bei Phobien wie der Höhenangst und anderen objektgebundenen Ängsten symbolisiert die äußere Situation bzw. das äußere Objekt eine innere Gefahr; das Angstobjekt ist von innen nach außen verschoben. Indem die betroffene Person vermeidet, dem äußeren Angstobjekt zu begegnen, kann sie sich mehr oder weniger angstfrei bewegen. Auch wenn das im Einzelfall nur mit erheblichen Einschränkungen zu erreichen ist, muss das Alltagsleben der betroffenen Person infolge der Ängste und des damit verbundenen Vermeidungsverhaltens nicht unbedingt nennenswert eingeschränkt sein.

Das unterscheidet soziale Ängste von anderen Angststörungen. Bei sozialen Ängsten, den als generalisierte soziale Phobie klassifizierten Beeinträchtigungen, gilt die Angst nur scheinbar einem äußeren Objekt oder einer äußeren Situation. Im Zentrum steht nicht die Angst vor anderen Menschen, auch nicht die Angst vor bestimmten äußeren Situationen. Nicht ein inneres Angstobjekt ist hier nach außen auf andere Menschen, die eine innere Gefahr repräsentieren, verschoben, sondern im Mittelpunkt sozialer Ängste steht die Gefahr, in den Augen von anderen als lächerlich, dumm, komisch, minderwertig, inkompetent oder peinlich dazustehen und deshalb sozial marginalisiert zu werden. Das öffentlich dargestellte Selbst droht unter den Blicken der unvertrauten anderen enthüllt und bloßgestellt und das als schwach, inkompetent und minderwertig erlebte private Selbst öffentlich zu werden. Indem aus Angst, sich der Lächerlichkeit preiszugeben und beschämt zu werden, soziale Kontakte gemieden werden, sind die Folgen gravierender als dann, wenn ein bestimmtes gefürchtetes Objekt oder ein besonderer Typ einer ängstigenden Situation zum Zweck der Konfliktvermeidung gemieden werden muss. Die Teilnahme am öffentlichen Leben aufgeben, auf Zeichen der Anerkennung verzichten und das Bedürfnis, beachtet zu werden, unerfüllt lassen zu müssen, ist zutreffender mit der Situation knapper werdender Luft zum Atmen vergleichbar als mit einer an Objekte gebundenen Gefahr – auch wenn das Gefühl der Angst sich hier wie dort gleichen mag. In Auseinandersetzung mit den französischen Moralisten hat Todorov das Zusammenleben mit anderen eine »Grundbestimmung der Conditio humana« (Todorov 1998, S. 26) genannt, das Bedürfnis nach Anerkennung »konstitutives menschliches Faktum« (ebd., S. 34):

> »Denn die Menschen vollziehen niemals einen solchen Schritt zum Zusammenleben: die Beziehung zu anderen geht dem einzelnen voraus. Die Menschen leben nicht aufgrund von Interessen, aus Tugend oder sonst irgendeinem starken Grund in Gesellschaft. Sie tun es, weil es für sie keine andere mögliche Daseinsform gibt« (Todorov 1998, S. 17).

Wir bedürfen der anderen,

> »nicht um unsere Eitelkeit zu befriedigen, sondern weil wir, gezeichnet durch eine ursprüngliche Ungenügsamkeit, ihnen unsere bloße Existenz verdanken« (ebd., S. 26f.).

Und weiter heißt es bei Todorov:

> »Das Bedürfnis, beachtet zu werden, ist nicht ein menschlicher Beweggrund unter anderen – es ist der Wahrheitsgrund aller anderen Bedürfnisse« (ebd., S. 29). »In diesem Sinn existiert der Mensch nicht vor der Gesellschaft [...] das Menschliche gründet im Zwischenmenschlichen (ebd., S. 34). »So tief man auch in den menschlichen Geist vordringt, man wird niemals ein isoliertes Wesen finden, sondern nur Beziehungen zu anderen Wesen« (ebd., S. 54).

Wie wir in die Gemeinschaft eingebunden sind, hat maßgeblichen Einfluss auf unsere seelische und körperliche Gesundheit. Verlässliche Beziehungen sind der wichtigste psychosoziale Schutzfaktor. Darum besteht für Patienten mit generalisierten sozialen Ängsten die Gefahr weiter reichender Folgeerkrankungen. Über den erzwungenen Verzicht auf Zeichen von anderen und die damit einhergehende Einsamkeit hinaus tragen sie auch noch ein erhöhtes Risiko, depressiv zu werden, an Herz-Kreislauf-Störungen zu erkranken oder eine Alkohol- oder Tablettenabhängigkeit zu entwickeln. Sie haben ein erhöhtes Suizidrisiko, und nicht zuletzt ist ihre Lebenserwartung geringer als die sozial integriert lebender Menschen. Auch die Täterprofile jugendlicher Gewalttäter und Amokläufer in US-amerikanischen Studien enthalten Hinweise darauf, dass es sich häufig um »loners«, um sozial ängstliche, isolierte junge Männer handelt.

Warum soziale Ängste häufig nicht erkannt werden

Die Darstellung sozialer Ängste nimmt im klinischen Bereich nur wenig Raum ein; soziale Ängste tauchen dort meist nur unter eher beiläufigen symptomatischen Beschreibungen wie »Kontaktprobleme« oder »Beziehungsschwierigkeiten« auf. Die Gründe dafür sind vielfältiger Art:

Zum einen werden soziale Ängste häufig aus Schamgründen verschwiegen. Selbst denen, von denen sie aufgrund ihrer psychischen Probleme Hilfe erhoffen, berichten Betroffene oft nicht davon. Ihre Scham greift um sich: Sie schämen sich ein weiteres Mal auch noch der Beeinträchtigungen, denen die Angst vor Beschämung zugrunde liegt, weil sie – so ein Patient – »nicht einmal zustande bringen, was jedermann kann«. Davidson et al. (1994) sprechen darüber hinaus davon, dass sozialängstliches Verhalten oftmals zu einem »way of life« geworden sei.

Auf der Seite der Fachleute kommt hinzu, dass Psychiater und Psychotherapeuten soziale Ängste oft nicht für ein relevantes Problem halten oder davon ausgehen, dass es sich dabei lediglich um ein Epiphänomen tieferer unbewusster Konflikte handelt. Auch bei Kindern und Jugendlichen wird die Bedeutung sozialer Ängste leicht unterschätzt, obwohl soziale Ängste den Weg in soziale Isolierung und Außenseitertum schon in frühen Lebensjahren bahnen können. Hoffmann (2002) macht darüber hinaus Gegenübertragungsgründe dafür verantwortlich, dass soziale Ängste oft nicht gesehen werden, was zumal dann leicht der Fall sei, wenn Untersucher selber ähnliche soziale Ängste hätten.

Ein weiterer Grund dürfte mit einer innerhalb der Psychotherapie verbreiteten Auffassung zusammenhängen, die in der Welt des Interpersonellen lediglich eine Oberfläche sieht, die sich aus der ihr vermeintlich zugrunde liegenden psychischen Erfahrungswelt erklärt. Danach gelten die soziale Welt als Produkt der psychischen Welt, interpersonelle Phänomene als Hervorbringungen psychischer Erfahrung, und Probleme, die sich im Feld sozialer Interaktion zeigen, werden ausschließlich als Ausdruck von seelischen Beeinträchtigungen aufgefasst, die eine der beteiligten Personen hat.

Ein letzter, klinisch bedeutsamer Grund mag schließlich mit einer Besonderheit sozial ängstlicher Manifestationen zusammenhängen: Soziale Ängste und deren Folgeerscheinungen treten makroskopisch in der dyadischen therapeutischen Beziehung oftmals nicht in Erscheinung; die Patienten vermeiden es nicht nur, über ihre Ängste zu sprechen, sondern die sozialen Ängste sind in der dyadischen therapeutischen Situation auch weniger virulent. Das psychotherapeutische Setting scheint hier gleichsam eine diagnostische Lücke aufzuweisen – möglicherweise deshalb, weil mit der dyadischen therapeutischen Situation nicht jener Charakter von Öffentlichkeit verbunden ist, an den sich die Befürchtung knüpft, das entwertete private Selbst könne öffentlich werden.

Dass soziale Ängste auch im Hinblick auf psychoanalytische Behandlungen mit erheblichen Implikationen verbunden sind, machen Gray und Brauer (2004) deutlich. Sie berichten, dass die seit 1996 bei den Mitgliedern der American Psychoanalytic Association durchgeführte Untersuchung ergab, dass aus der Gruppe der Patienten mit einer Achse-I-Störung im Durchschnitt 60% die analytische Behandlung regulär abgeschlossen hatten. Anders jedoch, wenn die Patienten Ängste im Sinne einer sozialen Phobie hatten: In diesem Fall betrug der Anteil derer, die die analytische Behandlung abgeschlossen haben, lediglich 30%. Werden soziale Ängste nicht vor Beginn der psychoanalytischen Behandlung erkannt, ist dementsprechend die Wahrscheinlichkeit hoch, dass der Patient die Therapie vorzeitig abbricht.

Psychodynamische Aspekte

Darwin (1986/1872) hat in seinem »Ausdruck der Gemütsbewegungen« auf zwei Bedingungen hingewiesen, die mit Schüchternheit einhergehen: die Anwesenheit nicht vertrauter Personen und eine besondere »Empfindlichkeit hinsichtlich der Meinung anderer zur eigenen Person«. Dabei kann man Schüchternheit als eine nicht pathologische, milde, soziale Integration sichernde Form sozialer Angst verstehen.

Freud (1915) hat den Begriff »soziale Angst« in der Verbindung zum Über-Ich verwendet – gleichbedeutend mit »Gewissensangst«: »denn unser Gewissen ist nicht der unbeugsame Richter, für den die Ethiker es ausgeben, es ist in seinem Ursprunge ›soziale Angst‹ und nichts anderes« (Freud 1915, S. 330). Demgegenüber lassen die wenigen Äußerungen zur »Menschenfurcht« vermuten, dass Freud keine einheitliche Verursachung dafür gesehen hat: Auf der einen Seite bringt Freud die Angst vor Fremden mit persistierender Trennungsangst in Verbindung, so wie der Anblick eines Fremden die Trennungsangst des Kindes hervorbringt (z.B. Freud 1905, S. 125; Freud 1921, S. 132); auf der anderen Seite finden wir den Hinweis, dass »zum Motiv so vieler Fälle von Menschenscheu und Gesellschaftsangst« »die weibliche Aufmerksamkeit für die durch die Kleider wahrnehmbaren Umrisse der männlichen Genitalien [...] nach ihrer Verdrängung« werde (Freud 1905, S. 190). In der Krankengeschichte der Baronesse Fanny Moser, Frau Emmy von N. (Freud 1895, S. 143), versteht Freud die »Menschenfurcht« seiner Patientin schließlich als Folge realer traumatisierender Erfahrungen: Es sei »aber leicht zu merken, dass diese Furcht vor Menschen wesentlich auf [...] Verfolgungen zurückgeht« (Freud 1895, S. 118). Und in der Epikrise heißt es:

> »Die Furcht vor fremden Menschen, die Menschenfurcht überhaupt, erweist sich als Rest aus jener Zeit, in der sie den Verfolgungen ihrer Familie ausgesetzt und geneigt war, in jedem Fremden einen Agenten der Verwandtschaft zu sehen, oder in der ihr der Gedanke nahe lag, die Fremden wüssten um die Dinge, die mündlich und schriftlich über sie verbreitet wurden« (Freud 1895, S. 143).

Gabbard (1992) sieht den unbewussten Wunsch, im Mittelpunkt der Aufmerksamkeit zu stehen, im Zentrum der Psychodynamik der sozialen Phobie, ein Wunsch, der Erfahrungen aktualisiere, von Elternfiguren zensiert worden zu sein, und der das Gefühl von Beschämung nach sich zieht. Die Interaktion mit fremden anderen könne zudem mit einem aggressiven Wunsch nach ungeteilter Aufmerksamkeit einhergehen und sich mit dem Wunsch verbinden, die Rivalen zu eliminieren. Konsekutive Schuldgefühle verbinden sich mit Scham, die dadurch verstärkt wird, dass man nicht wirklich in der Lage ist, die Wünsche in die Tat umzusetzen und die Rivalen tatsächlich zu vertreiben. Bei einer dritten Gruppe von Patienten führen Gabbard zufolge die Bemühungen, Kontakt mit anderen außerhalb der Familie zu haben und autonom zu werden, zu der Befürchtung, die Liebe der Eltern zu verlieren.

Hoffmann (2002), der die Aufnahme der sozialen Phobie in die formalen diagnostischen Klassifikationssysteme für eine der wichtigsten Neuerungen der letzten Jahre hält, sieht eine narzisstische Problematik im Zentrum der sozialen Phobie. Bei vielen Patienten liege der sozialen Angst ein defizitäres Selbstkonzept zugrunde. Die Patienten seien davon überzeugt, für ihre soziale Umwelt eine Zumutung zu sein. In ihrer Selbstabwertung könne sich – so Hoffmann – der Versuch ausdrücken, Kongruenz zwischen der Wahrnehmung einer Umgebung, die sich real abwertend verhält, und dem Bild der eigenen Person herzustellen; Hoffmann spricht in diesem Zusammenhang von einer interaktionellen Ausgestaltungsform der »Identifikation mit dem Aggressor« (Hoffmann 2002, S. 54). Die perfektionistischen Anforderungen seien meist Ausdruck unbewusster Größenphantasien, mit denen Minderwertigkeitsgefühle abgewehrt werden. Im Mittelpunkt des Erlebens stehe entsprechend der Affekt der Scham. Dabei kann Hoffmann zufolge der Entstehung sozialer Ängste auch Bindungsunsicherheit als Folge eines Mangels an Sicherheit gebenden inneren Objekten zugrunde liegen.

Dass jenseits einer primären narzisstischen Problematik auch grenzüberschreitende traumatisierende Erfahrungen, insbesondere aggressiver und sexueller Missbrauch, soziale Unsicherheit und massive soziale Ängste nach sich ziehen können, hat Joraschky (1998) betont.

Die Befunde zur Psychodynamik legen den Schluss nahe, dass die soziale Phobie kein einheitliches Störungsbild ist. Vielmehr können sozialen Ängsten ganz unterschiedliche psychodynamische Konstellationen zugrunde liegen.

Einige kasuistische Vignetten zur Psychodynamik sozialer Ängste

Die häufigsten Varianten des psychodynamischen Hintergrunds, vor dem sich soziale Ängste entwickeln können, werden im Folgenden anhand kurz gefasster Vignetten dargestellt:

Soziale Angst als Angst, als sexuelles Wesen gesehen zu werden

Frau C., eine junge hübsche Frau, hatte in einer geschlossenen psychiatrischen Einrichtung zwangsernährt werden müssen, weil sie lebensbedrohlich abgemagert war. Sie hatte nach Abschluss der Schule mehrere vergebliche Anläufe genommen, eine Ausbildung zu beginnen. Sie lebte noch im Haus ihrer Eltern, das sie kaum jemals verließ, weil es für sie nicht auszuhalten war, sich den Blicken von Fremden außerhalb der ihr vertrauten Umgebung auszusetzen. Sie war voller Furcht, von anderen für eine lächerliche Gestalt gehalten zu werden und sich im Kontakt mit Fremden auf eine Weise zu verhalten, die unerträglich peinlich sein könnte.

Sie erinnerte sich, dass sie schon als kleines Kind ängstlich und scheu war. Der Versuch, sie in einem Kindergarten unterzubringen, hatte aufgegeben werden müssen, weil sie jedes Mal, wenn sie sich von der Mutter trennen sollte, untröstlich weinte und nur dadurch zu beruhigen war, dass die Mutter sie wieder abholte.

Die Eltern lebten selber sozial zurückgezogen. Der Vater brachte durch missbilligendes Schweigen seine Verachtung für die Gewöhnlichkeit der Menschen in der näheren und weiteren Umgebung der Familie zum Ausdruck, und auch das Geschehen in der Familie beherrschte er mit missbilligendem Schweigen. Die Mutter vermochte sich dem weder zu widersetzen, noch war sie in der Lage, ihrer eigenen Wege zu gehen. Bei ihrer Mutter fand die junge Patientin nicht die gewünschte Anerkennung; sie fühlte sich von ihr wenig gesehen und hatte sich früh dem Vater zugewandt, mit dessen perfektionistischen Ansprüchen sie sich identifiziert hatte. Als sie in die Pubertät kam, entzog sich der Vater und versagte seiner Tochter den intensiven Wunsch, gesehen und in ihrer töchterlichen Existenz bestätigt zu werden. Jetzt traten massive soziale Ängste in den Vordergrund. Die Veränderungen ihres körperlichen Erscheinungsbildes verstärkten ihre Ängste vor den Blicken der Öffentlichkeit, die sie beschämen und bloßstellen könnten. Mehr und mehr zog sie sich von Gleichaltrigen zurück und verfolgte deren Aktivitäten nur mehr aus der Ferne mit verstohlener Neugier und Neid.

Mit der Essstörung wurden ihre sozialen Ängste milder. Der Versuch, die sie beunruhigende Entwicklung zur Frau durch exzessive Abmagerung rückgängig zu machen, brachte es mit sich, dass sie die Blicke der anderen, die sie zuvor so sehr gefürchtet hatte, auf sich zog. Aber jetzt ging von deren Blicken nicht mehr die Gefahr aus, dass sich ihre Unansehnlichkeit, Peinlichkeit und Lächerlichkeit enthüllen würden, was – wie sich herausstellte – daran gebunden war, dass sie als sexuelles weibliches Wesen erkannt würde.

Soziale Angst als Angst, in der Öffentlichkeit außer Kontrolle zu geraten

Herr M. lebte seit mehreren Jahren sozial weitgehend isoliert, finanziell unterstützt von seinen Eltern. Einen größeren Teil des ihm zur Verfügung stehenden Geldes verwendete er für tägliche Cannabisrationen. Seine Tage verbrachte er meist im Bett. Einkäufe erledigte er gewöhnlich abends, sobald es dunkel war. Er war davon überzeugt, auf andere abstoßend zu wirken und Ablehnung zu provozieren. Er hielt sich für ein Mängelwesen – von Geburt an – und war sicher, dass die Menschen, an denen er vorbeiging, wenn er sich einmal in der Öffentlichkeit bewegen musste, ihn abstoßend finden und für eine lächerliche Gestalt halten. Um sich der tiefen Beschämung und der maßlosen Wut, die das bei ihm weckte und die ihn ängstigte, nicht aussetzen zu müssen, mied er Kontakte mit Fremden, so weit das irgend möglich war. War es unvermeidlich, mit anderen zusammenzutreffen, half ihm ein Joint, die Angst auszuhalten.

Nachts saß er meist an seinem Computer, wie getrieben stundenlang Spiele spielend, um wenigstens dabei einen Erfolg verbuchen zu können. Sein soziales Leben beschränkte sich außer auf gelegentliche Besuche bei den Eltern, die beide krank waren, auf den Kontakt zu einem ehemaligen »Kollegen« – so nannte er einen Bekannten aus der Drogenszene, an deren Rand er in früheren Jahren mitgelaufen war.

Mehrere Lehr- und Arbeitsstellen waren ihm jeweils nach wenigen Wochen gekündigt worden, nachdem er es nie geschafft hatte, über längere Zeit hinweg morgens rechtzeitig aufzustehen.

Im Gespräch vermied Herr M. Blickkontakt und zeigte sich misstrauisch. Manchmal äußerte er sich wie unvermittelt über Themen, die gleichsam weltumspannenden Charakter hatten – etwa zur Philosophie des Lebens ganz allgemein oder zu weltpolitischen Fragen –, und versuchte sich damit als jemand zu zeigen, der nicht ganz so dumm und lächerlich ist, wie er sicher war, das in den Augen von anderen zu sein.

Seine Angst, sich den Blicken von fremden anderen auszusetzen, war nicht nur Ausdruck der Angst, als mangelhaft und ungenügend beschämt und bloßgestellt zu werden, sondern ebenso davor, dadurch geweckte Wut- und Racheimpulse in der Öffentlichkeit nicht kontrollieren zu können, unversehens loszuschlagen oder zu schimpfen und sich damit erst recht der Beschämung auszusetzen.

Ganz ähnlich war der Hintergrund der sozialen Ängste bei Herrn D. Im Unterschied zu anderen Patienten mit ausgeprägten sozialen Ängsten hatte Herr D. einige wenige Kontakte zu Gleichaltrigen, die er noch aus seiner Schulzeit kannte und bei denen er als besonnener Ratgeber geschätzt war. Er hatte ein Studium abgebrochen, weil er seine sozialen Ängste nicht hatte überwinden und in die Universität gehen können, um Lehrveranstaltungen zu besuchen. Er hatte große Angst, sich dort vor Kommilitonen auf eine Weise zu verhalten, die peinlich sein und ihn zutiefst beschämen und demütigen könnte. Dem stand die Angst zur Seite, abrupt und blindlings auf andere einzudreschen und ihnen Arme und Beine zu brechen, so wie es Inhalt seiner Albträume war. Angesichts dieser Gefahr musste er sich in jedem Moment sicher fühlen, die Kontrolle zu haben. Darum hatte er nur noch das Allernotwendigste gesprochen, sich insbesondere aller nicht sachbezogenen informellen Gespräche enthalten, um sicher zu gehen, dass er keine Fehler macht und sich nicht lächerlich verhalten kann.

Herr D. war davon überzeugt, schon seit jeher anders als andere zu sein. Er hatte sich von anderen Kindern gehänselt gesehen, weil er – aus einem osteuropäischen Land eingewandert – nicht gut deutsch hatte sprechen können. Auch später behielt er eine Außenseiterposition bei, fand sich selber sozial unbeholfen und inkompetent und fühlte sich nur dann sicher, wenn er mit seinem Zwillingsbruder zusammen war. Von seinem alkoholkranken Stiefvater über Jahre hinweg gedemütigt, geschlagen und erniedrigt, hegte er Rachegedanken und meinte, zum Mörder werden zu können, wenn er seinem Stiefvater, von dem die Mutter sich vor langer Zeit getrennt hatte, noch einmal auf der Straße begegnen sollte. Ausreichend sicher im Zusammensein mit anderen fühlte er sich nur dann, wenn sich das Gespräch auf sachliche Themen bezog und er sich auf sein Wissen stützen konnte. Als das mit Beginn des Studiums nicht mehr möglich war, wurden die Ängste übermächtig.

Soziale Angst und die »scheiternde Hybris«

Frau S., die kaum noch aus dem Haus ging, weil sie sicher war, sich vor anderen bloßzustellen und sich der Lächerlichkeit preiszugeben, hatte ihren Beruf als pharmazeutisch-technische Assistentin nach Beendigung der Ausbildung, die sie nur unter großen Ängsten und mit medikamentöser Unterstützung hatte zu Ende bringen können, nicht aufnehmen können. Sie fühlte sich dem nicht gewachsen, bei ihrer Arbeit mit fremden Personen zusammentreffen zu müssen. Sie war im Kontakt höchst angespannt und unruhig, wirkte verängstigt, verhielt sich wortkarg und beobachtete ihre Umgebung aus den Augenwinkeln.

Sie sah sich in Gegenwart von anderen immer dicht davor, zu erröten, keine Luft zu bekommen, mit einer Tachykardie zu reagieren und in Panik zu geraten. Sie hatte keine Zweifel daran, den Anforderungen und Erwartungen, gleich welcher Art und gleich, wer diese an sie richten könnte, nicht im Geringsten zu genügen. Sie war fortlaufend damit beschäftigt, sich selbst zu bewerten, mit dem Ergebnis, dass sie sich für unwert, dumm, hässlich und inkompetent hielt.

Frau S. war das Kind eines Schauspieler-Ehepaars, und es war für sie ganz selbstverständlich gewesen, dass auch sie den Beruf einer Schauspielerin ergreifen würde. Nach erfolgreichem Abschluss einer bekannten Schauspielschule hatte sie das Angebot einer renommierten Bühne erhalten und war zum Vorsprechen eingeladen worden. Vor der Einstellungskommission hatte sie einen Panikanfall erlitten, hatte das Vorsprechen fluchtartig verlassen müssen und leidet seither in öffentlichen Situationen unter diffusen und unspezifischen Ängsten vor Beschämung, Bloßstellung und Demütigung. Sie gab den Schauspielerinnen-Beruf auf und machte eine Ausbildung zur PTA, ohne dass sich ihre sozialen Ängste dadurch entscheidend gebessert hätten.

Ihre Scham bewegte sich in der Nähe jener »scheiternden Hybris«, die Schüttauf et al. (2003) unterschieden haben: Nicht was verborgen bleiben soll, drohte unter den Blicken der anderen enthüllt zu werden, sondern das exhibitionistische Wagnis, die Darstellung ihrer Schauspielkunst vor der Einstellungskommission, fällt unter den Blicken der anderen durch. Was Präsentation des eigenen Vermögens hatte sein sollen, wird als Unvermögen enthüllt.

Soziale Angst und eingeschränkte soziale Kompetenzen

Frau A., Anfang 40, hatte außer zu ihrem 19-jährigen Sohn und ihrem Lebensgefährten keine Kontakte. Sie mied die Begegnung mit anderen Menschen fast vollständig. Wenn es doch einmal ganz unvermeidlich ist, dass sie mit fremden anderen zusammentrifft, ist sie unsicher und voller Angst, hat das Gefühl, am ganzen Leib zu zittern, errötet, reagiert mit verstärktem Schwitzen und verhält sich schweigsam, weil sie fürchtet, sich beim Reden zu verhaspeln, dadurch umso mehr Aufmerksamkeit auf sich zu ziehen und abschätzig bewertet zu werden. Wenn sie bei ihrer Arbeit als Friseurin Männern die Haare hatte schneiden müssen, konnte sie das Händezittern trotz größter Anstrengung kaum unterdrücken. Nach der Arbeit war sie dermaßen erschöpft, dass sie ihren Beruf als Friseurin nach wenigen Jahren hatte aufgeben müssen. Umschulungsmaßnahmen mussten jeweils nach kurzer Zeit abgebrochen werden, weil sie befürchtete, im Kontakt mit anderen nicht die richtigen Worte zu finden, wenn sie etwas gefragt würde, und deshalb für dumm und lächerlich gehalten zu werden.

Frau A. war sich sicher, dass sie ihre Ängstlichkeit und Unsicherheit nicht verbergen könnte und dass sie in den Augen anderer deshalb eine komische Figur sei. Nur aus Höflichkeit zeige man ihr das nicht deutlicher. Tatsächlich verhielt sie sich im Kontakt förmlich, steif und unbeholfen. Auch in kurzen Gesprächen musste sie sich durch ständige Nachfragen vergewissern, wie genau ihr Gegenüber etwas gemeint hatte; dann wieder schrieb sie sich mitten im Gespräch etwas auf, weil sie nichts vergessen wollte. So trug sie tatsächlich dazu bei, dass andere ihr Verhalten befremdlich fanden.

Aufgewachsen in einer Familie, in der die Versorgung der Kinder für die Mutter eine lieblos erledigte Pflichterfüllung war und der Vater sich stolz darauf gab, mit Beschämung, Bloßstellung, Demütigungen und der Androhung von körperlichen Strafen seine Familie »im Griff« zu haben, hatte Frau A. sich ständig ängstlich kontrollieren müssen, nicht zuletzt deshalb, damit ihr Protest und ihre Rachegefühle dem Vater gegenüber nicht offenkundig würden. Ihre Haltung hatte sich schließlich habitualisiert und dazu geführt, dass sie nicht nur Angst hatte, in der Öffentlichkeit beschämt und bloßgestellt zu werden, weil sie etwas falsch machte, sondern dass ihr einige soziale Kompetenzen auch tatsächlich fehlten.

Soziale Phobie – eine Selbstwertstörung?

Immer stehen Scham und Angst vor Beschämung und Bloßstellung bei sozialen Ängsten im Zentrum des Erlebens. Gleichwohl spiegelt sich in sozialen Ängsten nicht unbedingt eine narzisstische Problematik im Sinne einer unsicheren und instabilen Besetzung des Selbst, überhöhten Idealanforderungen und unbewussten Vollkommenheitsphantasien wider. Das Selbst ist keine über die Zeit und über verschiedene Situationen hinweg mehr oder weniger gleichbleibende Struktur. Vielmehr konstituieren sich das Selbst in Interaktion mit anderen und damit Identität immer neu. Das Selbst, das wir in öffentlichen Situationen präsentieren, ist nicht ganz das Selbst des privaten Raumes. Vielmehr ist die Trennung von privatem und öffentlichem Selbst der Normalfall und kein irgendwie pathologisches Phänomen. Die Angst vor Beschämung und Bloßstellung verweist auf die Gefahr, dass das öffentliche Selbst vor den Augen der fremden anderen als Schein entlarvt und Aspekte des privaten Selbst, die vor den Blicken der Öffentlichkeit verborgen werden sollen, enthüllt zu werden drohen. In öffentlichen Situationen – intrapsychisch: in Gegenwart eines »observing object« (Steiner 2006) – droht die Gefahr, dass öffentlich werden könnte, was hässlich, ungesteuert, schlecht, lächerlich und verachtungswürdig gefunden werden könnte und deshalb fremden Blicken entzogen bleiben muss.

Bei psychischen Störungen sind soziale Ängste möglicherweise deshalb so häufig, weil die Patienten fürchten, dass ihre psychischen Beeinträchtigungen, die sie in ihrem Selbstwertgefühl einschränken und als Teil des privaten Selbst vor fremden Blicken verborgen bleiben sollen, enthüllt und öffentlich werden, mit der Folge, dass sie beschämt und bloßgestellt werden und Anerkennung und Zugehörigkeit verlieren.

Literatur

Dally, Andreas; Falck, Ole; Ferrari, Thomas; Leichsenring, Falk; Rabung, Sven & Streeck, Ulrich (2005): Soziale Ängste in einer klinischen Population. PPmP. Psychother. Psychosom. med. Psychol. 3/4, 169–176.

Darwin, Charles (1986/1872): Der Ausdruck der Gemütsbewegungen bei den Menschen und den Tieren. Nördlingen (Franz Greno).

Davidson, J. R.; Tupler, T. L. A. & Potts, N. L. S. (1994): Treatment of Social Phobia With Benzodiazepines. J. Clin. Psychiatry 55, 28–32.

Freud, Sigmund (1895): Studien über Hysterie. GW I, 75–312.

Freud, Sigmund (1905): Bruchstück einer Hysterie-Analyse. GW V, 161–286.

Freud, Sigmund (1915): Zeitgemäßes über Krieg und Tod. GW X, 323–355.
Freud, Sigmund (1921): Massenpsychologie und Ich-Analyse. GW XIII, 73–161.
Freud, Sigmund (1926): Hemmung, Symptom und Angst. GW XIV, 111–205.
Gabbard, Glen O. (1992): Psychodynamics of panic disorder and social phobia. Bull. Menninger Clin. 56, A3–13.
Gray, Sheila H. & Brauer, Lee D. (2004): Patient factors associated with outcome of psychoanalysis. J. Amer. Psychoanal. Ass. 52, 1231–1233.
Hoffmann, Sven Olaf (2002): Die Psychodynamik der Sozialen Phobien. Eine Übersicht mit einem ersten »Leitfaden« zur psychoanalytisch orientierten Psychotherapie. Forum Psa. 18, 51–71.
Joraschky, Peter (1998). Psychodynamische Therapie der Sozialphobie. In: Katschnig, H.; Demal, U. & Windhaber, J. (Hg.): Wenn Schüchternheit zur Krankheit wird. Wien (Facultas), S. 105–118.
Marks, Isaac M. & Gelder, Michael G. (1966). Different ages of onset in varieties of phobia. Am. J. Psychiatry 123, 218–221.
Schüttauf, Konrad; Specht, Ernst Konrad & Wachenhausen-Goldmann, Gabriela (2003): Das Drama der Scham. Ursprung und Entfaltung eines Gefühls. Göttingen (Vandenhoeck & Ruprecht).
Steiner, John (2006): Seeing and being seen: Narcissistic pride and narcissistic humiliation. I. J. Psychoanal. 87, 939–951.
Todorov, Tzvetan (1998): Abenteuer des Zusammenlebens. Versuch einer allgemeinen Anthropologie. Frankfurt/M. (Fischer).
Zerbe, Kathryn J. (1994): Uncharted Waters – Psychodynamic Considerations in the Diagnosis and Treatment of Social Phobia. Bull. Menninger Clin. 58, A3–20.

Unendlich einsam

Oknophiles[1] und philobatisches[2] In-Beziehung-Sein und Nicht-in-Beziehung-Sein

Nikolaus Becker

Einleitung

Warum Balint? Brauchen wir heute noch seine Objektbeziehungspsychologie mit der primären Liebe, der Grundstörung und der oknophilen und philobatischen Reaktion? Ich werde im Folgenden darstellen, dass wir nicht selten in der Praxis Patienten antreffen, die im Sinn der Psychologie Balints oknophil oder philobatisch auf die sogenannte Grundstörung reagiert und damit eine besondere Form des Einsamseins im Alleinsein entwickelt haben.

Ich gehe davon aus, dass diese Menschen an eine bestimmte Art der Traumaverarbeitung fixiert sind und sich mit der Erfahrung des Nichtpassens in der Beziehung zum primären Objekt identifiziert haben. Ob das besonders geartete Einsamkeitsgefühle zur Folge hat, ist eine wiederkehrende Frage.

Ich werde mich der Antwort auf diese Frage annähern und mich dabei auf einen einschlägigen Behandlungsfall stützen. Ohne diesen Patienten hätte mich die Fragestellung nicht näher interessiert. Daneben werde ich Überlegungen zum therapeutischen Prozedere anstellen. Mit welchen Besonderheiten muss man im Übertragungs-/Gegenübertragungsgeschehen rechnen?

---

1 oknophil: anklammernd aus Angst, verlassen zu werden, jemanden mit seiner Liebe erdrückend.

2 philobatisch: enge Bindungen meidend; gesucht sind Distanz und eigene Fertigkeiten.

Die Typologie oknophil und philobatisch hat Balint in seiner Schrift *Angstlust und Regression* (1960) entwickelt. Die Begeisterung des Philobaten für den Rummelplatz mit dem Kettenkarussell und das ängstliche Sich-Festhalten am heimischen Herd des Oknophilen hatten mit dem dahinter stehenden theoretischen Kontext in den Jahren nach der Veröffentlichung viel Beachtung gefunden: Winnicott, Khan, Enid Balint u.a. sind mit Beiträgen darauf eingegangen. Nach und nach ist es dagegen eher still um diesen Beitrag zur Psychoanalyse geworden – was Balint nicht verwundert hätte. Er hatte schon zu Lebzeiten geäußert, es gehöre zu seinem Schicksal, vergessen zu werden. Sieht man einmal von der Entwicklung der Balintgruppentechnik ab, wird man feststellen, dass Balint in der Tat weniger rezipiert ist als Bion, Kohut, Winnicott und jetzt sogar Fairbairn. Ist es die Ablehnung der Triebtheorie, die ihn isoliert hat, oder hat sich Kohut mit seiner in mancher Hinsicht verwandten Theorie vor ihn geschoben? Balint war von großer Originalität und mit seiner Maxime »Unablässig reformieren« wenig angepasst. Wenn man ihn verstehen will, sind zwei Aspekte besonders wichtig. Zum einen hat er als Schüler von Ferenczi mitgelitten, als dieser in seinen letzten Lebensjahren von der psychoanalytischen Gemeinschaft verfemt war, zum anderen hat er seine Psychologie gegen die kleinianische Psychologie entwickelt. Bekannt sind seine Vergleiche der Londoner, Wiener und Budapester Babys; gemeint sind die Differenzen in den Vorstellungen von der Säuglingspsyche in den drei Zentren der Psychoanalyse in den 30er Jahren des 20. Jahrhunderts.

Fallbeispiel, erster Teil

Der erwähnte Patient, der mich auf die klinischen Aspekte von Balints Oknophilie und Philobatie gebracht hat, ist ein akademisch gebildeter, sozialtherapeutisch tätiger Mann von Anfang 50, gewinnend und angenehm in der Erscheinung, der analytische Behandlung suchte, nachdem er einige Jahre zuvor eine tiefenpsychologisch fundierte Therapie abgeschlossen hatte und mehrere Selbsterfahrungsworkshops mit Gestalttherapie, Formen von Körpertherapie, NLP und Familienaufstellung durchlaufen hatte. Ich hatte bei ihm von Anfang an das Gefühl, dass er auf der Suche ist und nun voller Hoffnung, bei mir und der Psychoanalyse das zu finden, was er sucht. Wir waren einander sympathisch. Entsprechend war auch sein Initialtraum: Er befindet sich im Behandlungszimmer und sitzt auf der Couch. Eine junge gut aussehende Frau kommt herein und setzt sich zu ihm. Er überlegt, ob es eine Patientin oder meine Tochter ist. Dann komme ich herein, es herrscht eine freundliche Stimmung. Er deutet selbst, er hoffe, dass ich ihn aus seinem Alleinsein und Alleinleben befreien werde. Neben den nicht aushaltbaren Einsamkeitsgefühlen waren es körperliche Spannungszustände in den Gliedmaßen, den Schultern, im Kiefer sowie Druck- oder Engegefühle in der Brust. Dies hatte ich als somatisierte Angstabwehr eingeordnet. An oknophil ließen mich außer seinen Gefühlen von »unendlich allein« und der Beschreibung von »total leerem Raum« – nicht immer aber oft, wenn er allein zu Hause ist – sein übermäßiges Anklammern, Festhalten und Nicht-Loslassen denken. Er lebte immer noch in seiner zu klein gewordenen Studentenwohnung, war seit zwölf Jahren auf Wohnungssuche, geriet bei Besichtigungen aber in panikartige Zustände, sodass er oder der Vermieter den Rückzug antrat. Einer Wohnung, die er vor zehn Jahren ausgeschlagen hatte, trauerte er lange nach, fuhr zweimal im Jahr dorthin, um zu schauen, ob sie vielleicht wieder zu haben ist, und verspürte jedes Mal »tiefen Schmerz« über den Verlust. Ähnlich ging es ihm mit der Suche nach einer Partnerin. Wenn er eine Frau kennenlernte und sich eine Beziehung entwickelt hatte, bekam er Zweifel, ob sie die Richtige sei. Bis zur Trennung war es dann nicht mehr weit. Eine Frau, die sich nach der Kennenlernphase nicht weiter einließ, sondern zurückzog, avancierte in seiner Vorstellung zur idealen Partnerin. Er litt Qualen, weinte und trauerte um sie und fühlte sich schutzlos offen gegenüber diesem schmerzhaften Verlust. – Auf die besondere Art des In-Beziehung-Tretens in der therapeutischen Beziehung gehe ich später ein.

Was ich gerade berichtete, habe ich zusammenfassend das Oknophil-Beziehungsgestörte genannt, mit der sehnsuchtsvollen Suche einerseits und dem vor lauter Angst Nicht-zugreifen-Können, wenn das Vielversprechend-Neue da ist, andererseits, sodann mit der Neigung, das Entgangene zu idealisieren, ihm voller Schmerz nachzutrauern, um danach erneut auf die Suche nach dem idealisierten Objekt zu gehen.

Zum besseren Verständnis dieses Phänomens und des Erlebens von leerem Raum schien mir Balints Konzept der Grundstörung besonders geeignet. Über diese Patienten sagte Balint, sie seien diagnostisch schwer einzuordnen, sie fänden ihren Platz im Leben nicht, neurotische Symptome seien eher unbedeutend, sie litten aber an einer speziellen Angst, zu der die Angst vor Erregung und unkontrollierter heftiger Befriedigung libidinöser und aggressiver Regungen gehöre. Da sie nicht an Konflikten litten, sei in der Behandlung nicht die Deutung wichtig, das Ziel sei vielmehr, dass sie sich selbst finden, sich akzeptieren und mit sich umzugehen lernen – im Bewusstsein der Grundstörung, die nicht analysiert werden kann (Balint 1970, S. 222; Orig. 1968). Dazu ist es wichtig, dass sich der Analytiker als vertrauenswürdiges, verlässliches, den Patienten in seinem So-Sein akzeptierendes Objekt anbietet, ihm die Chance zur Regression und zum Neubeginn einräumt. – Dass man Phänomene wie die von mir beobachteten auch auf dem Hintergrund anderer Theorien betrachten und dann auch technisch anders vorgehen kann, wurde für mich durch einen Beitrag von O'Shaughnessy (1998) deutlich.

Balints Objektbeziehungspsychologie

Ausgangspunkt seines Denkens sind die »Urformen der Liebe«, die er in der allerfrühesten Beziehung zwischen dem Säugling und seiner Mutter wahrnimmt. Diese und ihre Übertragungen in späteren Stadien bieten die Möglichkeit, die Anfänge zu studieren, aus denen die Objekte geboren werden und aus denen die Art des Umgangs mit diesen Objekten geformt wird. Balints primäre Liebe steht an der Stelle des primären Narzissmus in der klassischen Theorie; sie entwickelt sich, bevor es Trieberfahrungen mit den Objekten gibt und sie ist primär und nicht Folge von Wiedergutmachung eines aggressiv angerichteten Schadens wie die Liebe in der Theorie Melanie Kleins. Die primäre Liebe, die Balint wegen der immanenten Forderung, »ich soll geliebt werden, ohne die kleinste Gegenleistung meinerseits« (Balint 1965, S. 102; Orig. 1937), zuerst passive Liebe nennen wollte, ist bei ihm der Ausgangspunkt für die weitere Entwicklung.

Wenn Balint von der Existenzform der harmonisch-ungestörten Verschränkung mit der Umwelt und der gegenseitigen Vermischung von Säugling und Mutter spricht, meint er, dass Mutter und Säugling so gut aufeinander eingestellt und abgestimmt sind, dass dieselbe Aktion unvermeidlich für beide befriedigend ist. Zur Zeit der primären Liebe mit dem bedingungslosen Füreinander-da-Sein gibt es noch keine festen, Widerstand leistenden Objekte; alles befindet sich in der Verfügungsgewalt des Säuglings wie die Milch und die Luft. Das, was inzwischen variabel als Holding, Spiegelung, Containing oder Transformation beschrieben wird, ist mit der definierten mütterlichen Funktion schon mehr als die Vermischung von Säugling und Mutter in der primären Liebe. Dynamik und Motivation entstehen aus der angeborenen Objektsuche des Säuglings.

Diese Auffassung impliziert die Kritik an der Theorie des primären Narzissmus, die den Säugling zunächst als ein von den Reizen der Außenwelt weitgehend abgeschlossenes System darstellt, dessen Beziehungsenergie sich ausschließlich auf sich selbst richtet. Narzisstisch ist demzufolge allenfalls die Dyade. Insofern versteht sich die primäre Liebe als eine Form von Liebe, die sehr verschieden ist von den übrigen analytischen Vorstellungen von Liebe. Die Zwei-Personen-Psychologie fungiert als Prämisse des Balint'schen Denkens: »Nur die Begriffe Objekt und Objektbeziehung werden dieser Prämisse gerecht, alle anderen analytischen Termini gehen nicht über die Grenzen der individuellen Psyche hinaus« (Balint 1970, S. 26).

Was die Grundlage der psychischen Störungen angeht, so stellt Balint neben die Störungen auf der ödipalen Ebene mit den bekannten unbewussten Konflikten die Ebene der Grundstörung. Hier werden Störungen verursacht durch ein tiefes Nicht-Zueinanderpassen von Kind und Umgebung, das praktisch mit der Geburt oder sogar schon davor beginnt. Ergebnis ist ein Mangelzustand, der sich nicht durch die übliche analytische Technik, etwa durch Deutungen aufheben lässt, sondern letztlich nur durch die Aufhebung des Mangels.

> »Die Diskrepanz zwischen Bedürfnis und tatsächlicher libidinöser und materieller Versorgung führt zur Grundstörung. Sie ist kein Konflikt und kein Komplex sondern ›a fault‹, eine Störung oder ein Mangel. Sie bewirkt, dass die aus dem Zustand harmonischer Verschränkung auftauchenden Objekte als traumatisch erlebt werden« (Balint 1970, S. 83).

Oknophilie und Philobatismus sind Reaktionsbildungen auf die Grundstörung und zugleich Formen des Umgangs mit dem Mangel, sie können leichter oder schwerer ausgeprägt sein, sie können allein oder auch gemeinsam auftreten. Der Oknophile klammert sich an die Halt und Sicherheit gebenden Objekte. Der Philobat meidet die Objekte, weil sie ihm nicht verlässlich erscheinen, sucht die freundlichen Weiten zwischen den Objekten und entwickelt besondere Fertigkeiten, um Bindung und Abhängigkeit zu vermeiden. Ohne das hier näher untersuchen zu können, möchte ich anmerken, dass Balint hier etwas vorweggenommen hat, was später Bowlby mit seinem Attachment-Konzept ausarbeitete.

Das Ende der infantilen Allmacht in der Phase des harmonisch-verschränkten Einsseins und das nun zunehmende Erleben von unabhängigen Objekten wird in der psychischen Entwicklung theorieübergreifend als traumaträchtig angesehen. Die Entdeckung, dass es feste, unabhängige und abgetrennte Objekte gibt, zerstört die Welt der harmonischen Mischung. Balint geht davon aus, dass der »grundgestörte« Säugling in einer anderen Verfassung als der nicht »grundgestörte« in diese Phase eintritt, in der er die Existenz von Objekten mit ihren Eigenschaften von Widerstand, Aggressivität und Ambivalenz anerkennen muss. Die oknophile Welt ist die Reaktion auf die Erfahrung getrennter Objekte in dieser anderen Verfassung, die unter dem Eindruck der primären Mangelerfahrungen entstanden war. Die oknophile Welt wird auf der Grundlage der Phantasie geschaffen, dass die festen Objekte wohlwollend vertrauenswürdig und verlässlich anwesend sind, wenn man sie als Stütze braucht.

Das oknophil reagierende Kind klammert sich an das Teilobjekt, in der Hoffnung, etwas Verlorenes, vermeintlich Gutes wiederzuerlangen. Das Sekundäre dieses Phänomens zeigt Balint mit der Aussage: »Die tieftragische Situation ist aber die, dass je fester man sich anklammert, um so weniger vom Objekt gehalten wird« (Balint 1960, S. 66; Orig. 1959). Die innere Verarbeitung führt dazu, dass sich der psychische Klammerreflex generalisiert und zu einem ängstlichen Festhalten in vielen kritischen Situationen gegenüber Menschen, Sachen, Ideen u. Ä. führt. Diese Menschen müssen immer festen Boden unter den Füßen haben und sind von der Angst geprägt, ihn zu verlieren. Heimweh ist ein verbreitetes Anzeichen. Das ist so, weil sich zwischen den Objekten ihrer oknophilen Welt schreckliche Leerräume (»horrid empty spaces«) auftun, was Gefühle von nicht aushaltbarem Alleinsein weckt.

Falzeder vertritt die Ansicht, dass Oknophile und Philobaten an einer narzisstischen Beziehungsstörung leiden. Beide hätten einen Panzer entwickelt, der automatisierte Reaktionen zur Folge habe, was ihre Möglichkeiten, Liebe und Hass, Freude, Leid und Trauer in einer Beziehung zu einem ganzen Objekt zu erleben, einschränke. »Das Leben wird nur in der Intensität und der Form erreichbar, die der Panzer zulässt.« Nochmals Falzeder: »Man erhält den Eindruck, dass die Objekte des Oknophilen in gewisser Weise Bestandteile seines Panzers sind. Daraus erklärt sich die hochgradige Ambivalenz ihnen gegenüber mit dem Wunsch, sich des Panzers zu entledigen und der Angst, ihn zu verlieren« (Falzeder 1985, S. 56). Wichtig ist, dass es sowohl bei Oknophilen wie bei Philobaten »Versuche gibt, den starken Panzer aufzubrechen, um mit seinem wirklichen Selbst, das sich dahinter verbirgt, in Berührung zu kommen. Keiner dieser beiden Zustände gestattet viel Freiheit zu fühlen, ja überhaupt zu leben« (Balint 1960, S. 89). Objektbeziehungstheoretisch können wir den oknophilen Panzer auch die Identifizierung mit der mangelnden Passung nennen. Wichtig erscheint mir an dieser Stelle, dass der Oknophile nicht den Eindruck erweckt, an einer narzisstischen Pathologie zu leiden, etwa mit der typischen, mit viel Selbst- und Objektidealisierung bzw. Objektverachtung hergestellten eigenen Welt; seine narzisstische Beziehungsstörung ist so subtil, dass sie länger verborgen bleiben kann.

Mit diesem Theorievorspann habe ich die Eingangsfrage: Warum Balint?, oder auch: Was haben Balints Beiträge zur Psychoanalyse und hier insbesondere seine Charaktertypen des Oknophilen und des Philobaten mit der Fähigkeit, allein sein zu können, zu tun?, zum Teil schon beantwortet. Wesentlich erscheint mir, dass die Mutter, die nicht passte, nicht gut genug war, zwar verinnerlicht wurde, aber als solche – anders als eine verinnerlichte gute Mutter – in Zeiten des Alleinseins das Gefühl, mutterseelenallein im leeren Raum zu sein, nicht aufhebt. Da das Erleben von einem total leeren Raum bei meinem Patienten nur gelegentlich auftrat, nehme ich an, dass traumabedingt in bestimmten Situationen die Angst vor übermächtigen libidinösen oder aggressiven Wünschen eine weitere Abwehr mobilisierte, die ihn zusätzlich isolierte. – Die Identifikation mit der nicht passenden Mutter steckt in der gepanzerten Beziehungsaufnahme mit entsprechenden Auswirkungen auf das Beziehungsleben. Da aber daneben die Sehnsucht nach der offenen glückseligen Beziehung bestehen geblieben ist, kommt es zu dem Dilemma, das ich oknophile Beziehungsstörung genannt habe.

Fallbeispiel, zweiter Teil

Der schon erwähnte 50-jährige Patient suchte analytische Behandlung, weil er diffuse Ängste in verschiedenen angespannten Körperzuständen somatisierte, ein in vielen Facetten erscheinendes Verhalten von Anklammern, Festhalten, Nicht-Loslassen-Können zeigte und darüber klagte, wie unendlich allein in total leerem Raum er sich gelegentlich fühlt. Mit meiner für den Kassenantrag formulierten Diagnose »Angststörung mit Somatisierungsabwehr bei narzisstisch-depressiver Struktur« war ich unzufrieden. Irgendwie passte diese Diagnose nicht, sein Anklammern und seine Gefühle von »unendlich einsam und allein«, wenn es gerade kein Objekt zum Anklammern gab, waren wesentliche zusätzliche Merkmale seiner Störung. – Was mich aber während der ersten zwei Jahre dieser Analyse besonders beschäftigte, war die Beziehung, die er zu mir herstellte. Er kam offensichtlich gern, und die Stimmung war freundlich und harmonisch. Mit mir im Hintergrund konnte er einige Entscheidungen fällen, die er länger aufgeschoben hatte. Dann aber spürte ich zunehmend etwas Abwehrendes, Mich-auf-Abstand-Haltendes, Neutralisierendes; als Person außerhalb der Sitzung kam ich in seinen Einfällen nicht vor.

Dass ich ihn beschäftigte, wurde nur gelegentlich erkennbar: Auf dem Weg durch das Treppenhaus zu mir war ihm der Gedanke gekommen, wie es wäre, wenn er jetzt in Amsterdam (der Heimat seines Vaters und dem Wohnort der Familie bis zur Trennung seiner Eltern, als er acht Jahre alt war) zu seinem holländischen Analytiker ginge. Kurze Zeit später träumte er, er liege in seiner Stunde bei mir auf der Couch. Alle Augenblicke gehe die Tür auf, es komme jemand herein und stelle mir Fragen, dann auch Kinder, die etwas von mir wollen. Er fühlt sich hilflos, fängt laut an zu schreien und wacht auf. Der Traum sagt ihm nichts. Nach einigen Einfällen biete ich ihm die Deutung an, dass er nicht so zufrieden mit unserer Arbeit ist, wie er sich das wünsche. Er schweigt zuerst und fragt dann, ob ich zu den Analytikern gehöre, die ihre Patienten abhängig machen und dann zusehen, wie die sich damit abquälen. – Mir wird klar, dass so viel Abhängigkeit für ihn hoch bedrohlich ist. Ich soll ihn begleiten, verstehen, ihm helfen, sich zu verstehen, mich aber nicht mit Deutungen gegenüberstellen. Das ließ mich mit Konfrontationen und Beziehungsdeutungen noch zurückhaltender sein.

Öfter aber wusste ich gar nicht, was ich mit meinen Deutungen bei ihm auslöste; mir war unklar, wie er mich erlebte, was er an mir schätzte und was ihn störte; es schien auch keinerlei Konflikte in unserer Beziehung zu geben. Ich bin der Analytiker, er der Patient; zwischen uns sind Welten. Wenn ich mehr von unserer Beziehung verstehen wollte, musste ich mich an seinen Körper halten und versuchen, seine Körpersymptome als Ausdruck von Beziehung zu verstehen. Wenn ich unsere Beziehung ansprach, riskierte ich, dass er mich nicht verstand und verstummte. Nach solchen Momenten zog er sich weiter zurück, erwähnte die Zunahme der körperlichen Anspannung, vermehrtes Meditieren zu Hause, lange Spaziergänge durch die menschenleere Heide oder das Aufsuchen einer Körpertherapeutin, die ihm durch Berühren, Halten, Drehen und Strecken eine körperliche Entspannung verschaffte. Wenn sich durch Druck- oder Engegefühle in der Brust, durch die Anspannung der meinem Sessel zugekehrten Körperseite oder plötzlichen Kopfschmerz eine emotionale Bewegung von ihm zeigte, dann hatte sein innerer Widerspruch – sich abwehrmäßig anklammern versus den Panzer durchbrechen und in eine offene Beziehung eintreten wollen – besonderen Ausdruck gefunden. Dann folgten Resignation und Fluchtideen: Sollte er nicht das Ganze aufgeben? Ist die Psychoanalyse überhaupt das richtige Verfahren für ihn? Wird er hier nicht genauso scheitern, wie in den vorigen Therapien.

Im dritten Jahr war so viel Vertrauen entstanden, dass überwiegend die von Balint beschriebene Atmosphäre der Arglosigkeit herrschte. Gleichzeitig konnte er mehr Differenz und damit auch Konflikt in unserer Beziehung aushalten, der Panzer war weniger einengend, sodass auch Wut und Ärger in Erscheinung treten konnten. In der von ihm idealisierten väterlichen Familie hatte es einen beunruhigenden Vorfall gegeben. Ein Cousin hatte einen Suizidversuch unternommen. In einer Intervention unterstreiche ich seine Beunruhigung und Enttäuschung und seinen Wunsch, dass in dieser Familie alles gut sei. Mit aggressivem Unterton fragt er, ob ich denn wolle, dass er mit der Familie breche. In der anschließenden Arbeit erlebt er etwas von seiner Ambivalenz mit dem Entweder-Oder, die ihm vorher nur ein emotional leerer Begriff war.

Kurz darauf kann er den lärmenden Nachbarn, gegen den er innerlich seit Langem gewütet hat, endlich zur Rede stellen, ohne ihm »an die Gurgel zu gehen«. Später können wir sogar sehen, wie dieser Mann etwas von dem zum Ausdruck bringt, was meinem Patienten in seiner Kindheit ausgetrieben wurde, nämlich ungebremst heftige Regungen auszuleben, und er selbst jetzt gleichsam in der Position seiner sensiblen Mutter ist.

Anschließend fällt ihm eine Episode aus seiner Kindheit ein, offenbar aus der Zeit, in der sich der oknophile Panzer ausbildete: Ein sonntäglicher Familienausflug ans Meer hatte seinen Widerstand erregt. Mit seiner übellaunigen, passiv-aggressiven Stimmung hatte er alle, Vater, Mutter und Schwester, gegen sich aufgebracht und viel Ärger ausgelöst. »Das ist ja schrecklich, da war ich der kleine pupende Junge, der allen die Freude verdarb.«

Zusammenfassend meine ich, dass im dritten Jahr die Einengung durch den oknophilen Panzer allmählich nachließ, seine Gefühlswelt sich erweiterte und besonders aggressive Regungen und heftige Affekte durch die allmähliche Entwicklung von Ambivalenz nicht mehr so gefährlich erschienen und weniger Abwehr mobilisierten. Gleichzeitig ließ seine Angst vor Abhängigkeit, wenn er sich öffnete, nach und das bedeutete, dass er mich nicht mehr in der beziehungsisolierten Position als idealisierten Analytiker festhalten musste. Sein Alleinsein und seine Anklammerung waren nur noch selten Thema.

Enklave und Exkursion (O'Shaughnessy)

Anders als auf dem beschriebenen Weg – mit einer förderlichen Regression zu einer harmonischen Übereinstimmung und dem Gefühl der Arglosigkeit – ist O'Shaughnessy in der Behandlung einer ähnlich strukturierten Patientin vorgegangen. In ihrer Arbeit über zwei typische Abwehrformationen, die Enklave und die Exkursion, stellt sie Ausschnitte aus der Behandlung von Patienten mit einer Grundstörung dar. Bei den Patienten, mit denen Analytiker in eine Enklave geraten können, weist sie auf Balints Oknophile hin, bei den Patienten, die zu Exkursionen neigen, denkt sie an Balints Philobaten.

Offenbar handelt es sich bei Balints Oknophilen und Philobaten und bei O'Shaughnessys Enklaven und Exkursionen um vergleichbare Formen von Abwehr in einer Beziehung, die in unterschiedlichen Theorien und entsprechenden Therapien konzeptualisiert sind. Da ich nach Balints Denken über den Wert der Regression und dem zugehörigen therapeutischen Vorgehen oft darauf verzichtet hatte, mich meinem Patienten gegenüberzustellen, weil er dann sofort mit Abwehr und Rückzug reagierte, musste ich mir nach O'Shaughnessy die Frage stellen, ob ich nicht durch die Orientierung an Balint mit meinem Patienten in eine Enklave geraten war. O'Shaughnessy definiert:

> »Eine Enklave ist eine deformierte, stark eingeschränkte analytische Beziehung nach dem Muster einer Teilobjektbeziehung, die, wenn nicht analysiert, den Behandlungserfolg einschränkt oder sogar verhindert« (O'Shaughnessy 1998, S. 111).

Dagegen wehrte ich mich mit der Suche nach Argumenten für die Überlegenheit meiner an Balint orientierten Technik, die auf einem längeren

Weg ein besseres Ergebnis zeitigen sollte als die von O'Shaughnessy in ihrem Fallbeispiel empfohlene Technik. Wie hat sie ihre Patientin verstanden, und wie ist sie in der Behandlung vorgegangen?

Miss A., eine attraktive Frau von Mitte 30 suchte Analyse, weil sie keine dauerhaften Beziehungen zu Männern aufbauen konnte; beruflich war ihr eine erfolgreiche Karriere gelungen. Die analytische Beziehung entwickelte sich gut. Es fand ein komplizierter Austausch über ihre Gefühle und ihre Gedanken über sich selbst und ihre neue Analyse statt. Nach einiger Zeit gab es einige Auffälligkeiten, die die Analytikerin stutzig machten. Miss A. stellte eine sehr innige, fast intime und im Allgemeinen anerkennende Beziehung zu ihr her; doch obwohl sie eine emotional lebendige Frau war, hatten ihre Mitteilungen wenig Tiefe und ihre aggressiven Gefühle hatten wenig Kraft. Außerdem blieb der Analytikerin unklar, welche unbewussten Phantasien Miss A. hatte und welches die Übertragung war, die sie herstellte. Wenn sie sich selbst als »Mutter-Analytikerin« ins Spiel brachte, konnte die Patientin wenig damit anfangen, und ähnlich war es, wenn sie ihr Zusammenhänge von Gegenwärtigem und Vergangenem anbot.

O'Shaughnessy zog daraus den Schluss, dass sie nicht länger die von Miss A. angebotene Beziehung als richtigen Kontakt zwischen zwei ganzen Personen ansehen dürfe, sondern das Abwehrende dieser Beziehungsgestaltung in den Blick nehmen müsse. Die besondere Innigkeit und Vertrautheit wäre danach eine restriktive und beengende Teilobjektbeziehung, die der Abwehr und Kontrolle diente und nicht dem Kontakt zwischen ganzen Personen. O'Shaughnessys Folgerung: Hätte ich diese Form des In-Beziehung-Tretens nicht als Abwehr erkannt und zu analysieren versucht, wäre ich mit der Patientin agierend in eine Enklave geraten: »Ich versuchte, Miss A.s begrenztes und übertrieben inniges Verhältnis zu mir und mein eigenes eingeengtes Funktionieren mit ihr zu erkunden und zu analysieren, ein Erkunden, gegen das sich Miss A. einerseits wehrte, das sie aber auch wollte« (ebd., S. 107). In eine Enklave zu geraten, so O'Shaughnessy, sei ein Agieren des Analytikers, das zwar manchmal nicht ganz zu vermeiden ist, das aber, wenn es nicht analysiert wird, die Analyse deformiert.

Es begann nun ein Behandlungsabschnitt, »in dem ich Miss A. half, die wahre Natur ihrer Beziehung zu mir zu erkennen« (ebd., S. 107). Sie konfrontierte die Patientin mit ihrer übertriebenen Sanftheit und Innigkeit, mit dem Ausschluss des übrigen Lebens, sprach von Kontrolle, die Miss A. ausübe, was sie, die Analytikerin, einenge und verarmen lasse, und deutete ihr, dass sie mit dem Begrenzen des Kontakts unbewussten Ängsten vor Gewalt vorbeuge, die durch die therapeutische Beziehung in ihr geweckt wurden. Diese Veränderung in der Technik hatte den Erfolg, dass die Abwehr weniger wurde, mehr Gefühle auftauchten, sie während der Stunden ängstlicher war und wirkliche Enttäuschung und Groll fühlen und ausdrücken konnte. Nun wurden auch unbewusste Phantasien erkennbar. Zu einem Traum von Miss A. in dieser Behandlungsphase schreibt O'Shaughnessy:

> »Sie hatte einen Traum über homosexuelle Abgeschiedenheit, in dem zwei Figuren, wie ein Paar erotisierter Instrumente miteinander spielten und sich berührten, so dass zwischen ihnen keine Unstimmigkeit entstand. Miss A.s übertrieben innige, abgeschiedene Beziehung zu mir wurde so als homosexuelles Refugium sichtbar, eine erotisierte Intimität zwischen ähnlichen, fein aufeinander abgestimmten Instrumenten« (O'Shaughnessy 1998, S. 108).

Als O'Shaughnessy dies benannte, erschrak die Patientin natürlich über ihre Homosexualität, war dann aber erleichtert, als die Analytikerin ihr das gegenseitige Sich-Berühren und gemeinsame Spielen als Ausdruck der Versöhnung deutete und – wegen der Angst vor möglicher Gewalt zwischen ihnen – als notwendig bezeichnete.

Diskussion und Zusammenfassung

Ich will an dieser Stelle Balint hinzuziehen. Er würde in dem Traum sicher auch die Abwehr von Gewalt sehen, die Ursache aber in der Verweigerung der Regression mit der Sehnsucht nach der Rückkehr in die harmonische Verschränkung zur Zeit der primären Liebe finden.

O'Shaughnessy hingegen sieht lediglich die Abwehr der Gewalt: »In der analytischen Beziehung hatte die eingeschränkte Beziehungsform die Funktion, das von der Patientin hergestellte homosexuelle Refugium, das der Abwehr von Enttäuschung und Groll diente, aufrechtzuerhalten« (ebd., S. 107). Sie fährt fort: Es sei wichtig, dass sich der Analytiker nicht am Bau einer Enklave beteiligt, es sei aber auch wichtig, dass er den Patienten nicht aus seinem Refugium herausdrängt. Deutungen müssten das Ich so weit stärken, dass es auf die Abwehrmaßnahmen – beispielsweise in Form der einengenden kontrollierenden Beziehungsgestaltung – verzichtet.

Auch wenn es hinsichtlich des Therapeutischen eine Berührung der Vorstellungen von Balint und O'Shaughnessy gibt, so sieht O'Shaughnessy letztlich das Balint'sche Beziehungsangebot mit dem Potenzial zur Regression und zum Neuanfang als ein Agieren des Analytikers, mit dem er die Analyse eines Widerstands verhindert. Das, was sie das Ausagieren der homosexuellen Enklave nennt, wäre aber nach Balint der Versuch, noch einmal dort anzusetzen, wo es keine Differenz gab, sondern die innige Verschränkung zur Zeit der primären Liebe. Das Innige wäre nicht nur Teil der Beziehungsabwehr sondern auch Ausdruck der Sehnsucht nach der ungetrennten Beziehung zur primären Mutter.

O'Shaughnessy hat keine weiteren Angaben zu Miss A. gemacht. So können wir zwar sehen, dass die Enklave eine ähnliche Funktion hat wie der oknophile Panzer – nämlich vor allem der Abwehr von Wut und Gewalt als Reaktionen auf frühe traumatische Erfahrungen dient –, aber zu dem vermuteten Nicht-zueinander-Passen in der Zeit der primären Liebe und der Identifizierung der Patientin mit der primären Beziehung nichts erfahren.

Zu meinem Patienten kann ich hinzufügen, dass ich die für eine kindliche Neurose sprechenden ödipalen oder präödipalen Konflikte nicht entdecken konnte, auch keine narzisstische Abwehr im eigentlichen Sinne erkennen konnte und auch keine strukturelle Störung mit einem Übermaß an Spaltung und Projektion, wohl aber Hinweise auf eine frühe Traumatisierung. Da aber weder Vater noch Mutter in einer offenen Weise als »Täter« in Frage kamen und auch von der drei Jahre älteren Schwester nichts berichtet wurde, was einer solchen Annahme Vorschub geleistet hätte, scheint mir bei seinen vielen psychischen und psychosomatischen Auffälligkeiten eine Grundstörung in der frühesten Beziehung nahezuliegen. Von seiner Mutter sprach er als einer »ganz lieben Frau«, die überfordert war von seinen vielen Störungen und Problemen im Kleinkindalter, so seinen schweren Verstopfungen und seinem häufigen Bauchweh, seinen Einschlafstörungen und Albträumen und seinen Jähzornanfällen, bei denen sie ihn aus Hilflosigkeit in die Besenkammer sperrte. Die Einschulung war eine mittlere Katastrophe; die Mutter begleitete ihn lange bis in die Klasse hinein. Zwei weitere Erfahrungen hatten traumatischen Charakter: der Abschied von Amsterdam mit acht Jahren, nach der Trennung der Eltern und die Rückkehr mit Mutter und Schwester nach Norddeutschland, schließlich der plötzliche, ihn unvorbereitet treffende Krebstod der Mutter, als er 17 Jahre alt war.

Der oknophile Panzer, der ihn emotional stark eingeschränkt hatte, diente sicher in erster Linie der Abwehr von heftigen aggressiven Regungen und Phantasien von Gewalt. Die Symptomatik scheint aber nicht nur durch diese Abwehr bedingt zu sein, sondern ebenso sehr von dem Wunsch, den oknophilen Panzer zu durchbrechen, seine volle Emotionalität wiederzugewinnen und ganze, lebendige Beziehungen zu erleben. Insofern geht es hier um Formen von Traumaabwehr und Traumaverarbeitung im psychotherapeutischen Prozess. Ob das auch ohne die zweijährige Begleitung in einem regressiven Prozess, in dem er eine große Abhängigkeit herstellte, ohne dass das thematisiert werden durfte, auch durch ein verstärktes Arbeiten in der Beziehung möglich gewesen wäre, wie O'Shaughnessy es propagiert? Für mich und meinen Patienten kann ich mir das nicht vorstellen. Balint vertrat die Ansicht, dass der – mit seinen Worten – »aufdringliche Analytiker«, der nicht mit dem Grundstörungspatienten regrediert und ihn etwas nachholen lässt von der unzureichenden harmonischen Verschränkung, sondern ihn in die objektale Beziehung zieht, die oknophile Abwehr verstärkt. Er empfiehlt deshalb, in der Therapie lange Zeit auf dreierlei zu achten: Der Analytiker solle in den Augen des Patienten nicht ein mächtiges allwissendes Objekt, nicht ein getrenntes, scharf konturiertes Objekt und nicht ein omnipotentes Objekt sein (Balint 1970, S. 203).

O'Shaughnessy hat mit Miss A. auch ohne gemeinsame Regression

Fortschritte erzielt. Auch sie beschreibt das Doppel von Festhalten- und Sich-befreien-Wollen. Vielleicht war bei ihrer Patientin der Wunsch nach neuer Offenheit mit weniger Angst verbunden. Vielleicht habe aber auch ich mich stärker mit der Angst meines Patienten identifiziert und deshalb die oknophile Beziehungsabwehr nicht früher als Enklave angegriffen. Wahrscheinlich ist auch der Zugewinn an Offenheit und emotional lebendiger Beziehungsfähigkeit in den beiden Behandlungen nicht so ähnlich wie bisher angenommen.

Gut vorstellen kann ich mir, dass philobatisch abwehrende Patienten zeitig Konfrontation und Deutung brauchen, um sich wieder mehr auf Objekte einlassen zu können.

Literatur

Balint, Michael (1960): Angstlust und Regression. Stuttgart (Ernst Klett Verlag) [Orig. 1959].

Balint, Michael (1965): Frühe Entwicklungsstadien des Ich. Primäre Objektliebe. In: Balint, Michael: Die Urformen der Liebe und die Technik der Psychoanalyse. Stuttgart (Ernst Klett Verlag) [Orig. 1937].

Balint, Michael (1970): Therapeutische Aspekte der Regression. Stuttgart (Ernst Klett Verlag) [Orig. 1968].

Falzeder, Ernst (1985): Primäre Liebe und die Grundstörung. Werkblatt. Zeitschrift für Psychoanalyse und Gesellschaftskritik 4/5(3/4).

O'Shaughnessy, Edna (1998): Enklaven und Exkursionen. In: O'Shaughnessy, Edna: Kann ein Lügner analysiert werden? Tübingen (edition diskord).

Moderne Entwicklungstheorien – eine Antwort auf die Objektflüchtigkeit in einer globalisierten Welt?

Gustav Bovensiepen

In diesem Aufsatz unternehme ich den Versuch, Aspekte der Rezeption und des Umgangs mit den modernen Entwicklungstheorien in der klinischen Praxis in Beziehung zur gesellschaftlichen Situation zu denken. Da dieser Ansatz sehr unterschiedliche Perspektiven oder Vertices (Bion 1965) zu verbinden versucht, ist der Aufsatz nicht linear sondern zirkulär aufgebaut: Es wird unterschiedliches Material im Stil einer Collage nebeneinandergesetzt, und es wird der Perspektive der Lesenden überlassen, Verbindungen oder Nicht-Verbindungen festzustellen. Ich präsentiere fragmentiertes Material in Gestalt unterschiedlicher Beschreibungskategorien: psychoanalytisch, soziologisch, persönlich und kulturwissenschaftlich. Da bei einem solchen Verfahren die Unterscheidung von metaphorischer und buchstäblicher Anwendung des Materials – wie auch in der analytischen Situation – schwierig ist, eignet sich der Begriff des Vertex oder Scheitelpunktes (Bion 1965), mit dem die Lesenden in einer Art von Circumambulatio das Material umschreiten und so aus den Fragmenten ein eigenes Bild, eine eigene Perspektive entstehen lassen können. Diese Methode ist an einem bedeutsamen Beispiel aus der Kunstgeschichte orientiert: an Aby Warburgs Bilderatlas, der »Mnemosyne«. Indem er auf einem stoffbespannten Holzrahmen zu einem Kunstwerk (z.B. aus der Renaissance) Bildmaterial ganz anderer Provenienz (einschließlich des Alltagslebens) hing, kam er jenseits klassischer formaler Deutungskriterien der Kunstgeschichte zu einem neuen Verständnis des Kunstwerkes. Es ging ihm dabei, wie sein Biograf und Direktor des Warburg

Institutes in London Ernst Gombrich feststellte, »nicht so sehr um ein Problem der formalen Traditionen als um ein Problem der Kollektivpsychologie« (Gombrich 2006, S. 409). Darum geht es auch in diesem Aufsatz: Nicht ihre *Bedeutung*, nicht die inhaltliche Auseinandersetzung mit den neuen Entwicklungstheorien steht im Fokus, sondern ihre *Deutung* als Ausdruck bestimmter Ängste und Unsicherheiten in unserer postmodernern Gesellschaft (die Entwicklungstheorien als »Kunstwerk«).

Fragment 1: Der Gärtner

In seiner klugen Kritik der Beziehung von Theorie und Praxis der Psychoanalyse verzeichnet Peter Fonagy eine seit mehreren Jahrzehnten »zunehmende *Fragmentierung* der Theorie«. Unbarmherzig stellt er fest:

> »Es hat den Anschein, als brächen die bedeutendsten psychoanalytischen Schulen, die nach Freuds Tod entstanden sind und der gesamten Disziplin in der zweiten Hälfte des 20. Jahrhunderts als *Rückgrat* dienten, auseinander. Diese *Zersplitterung*, euphemistisch als ›Pluralismus‹ diskutiert, könnte womöglich den *Tod der Psychoanalyse* bedeuten. Wenn sich der gegenwärtige *Auflösungstrend* fortsetzt und die Autoren psychodynamischer Schulen nur noch ihre Geschichte und Terminologie miteinander teilen, hat die psychoanalytische Theorie einen *Zerfall* zu gewärtigen, der aus ihren Autoren *eifersüchtige Hüter* des je eigenen *schrumpfenden Territoriums* machen wird« (Fonagy/Target 2003, S. 381; *Hervorhebung von mir*, G.B.)

Die Metaphorik ist heftig, die Vision apokalyptisch: Zersplitterung, Tod, Auflösung, Rückgrat auseinanderbrechen, Zerfall, eifersüchtige Hüter des schrumpfenden Territoriums. Doch Fonagy weist auch einen Weg heraus aus der Untergangsstimmung und bedient sich dazu beherzt und zupackend der Metaphorik aus Garten- und Landbau:

> »Wenn ein psychoanalytischer Ansatz *überleben* soll, müssen wir Möglichkeiten finden, um diesen »Stamm*baum*« [gemeint ist damit die »Ideen-

> familie« von Freud und seinen Nachfolgern, G.B.] sachgerecht *zurückzuschneiden* und zwischen rivalisierenden Erklärungen Entscheidungen zu treffen, damit das Theoriekorpus gestärkt und weiterer *Wildwuchs* verhindert wird« (ebd., S. 389, *Hervorhebung von mir*, G.B.).

Weniger metaphorisch ausgedrückt: Fonagy lässt nur einige wenige Kerntheorien der Psychoanalyse als wissenschaftlich gelten, da die Komplexität menschlicher Subjektivität nicht in operationalisierbaren Kategorien erfassbar sei; dem Letzteren stimmen sicher viele Psychoanalytiker zu.

Zurück zum Gärtner: Diese gewissermaßen pflanzenerzieherische Arbeit am Theoriekorpus hat seine Entsprechung in dem Paradigma der Entwicklungspsychopathologie der Psychoanalyse, mit der sich Fonagy und seine Gruppe seit Langem intensiv und sehr fruchtbar befassen: mit der Erforschung der Ursachen und dem »Verlauf individueller Muster der Fehlanpassung« (Sroufe/Rutter 1984, zit. n. Fonagy/Target 2003, S. 17).

Den Endzeit-Visionen eines nüchternen Forschers wie Fonagy entspricht auf der Anwender- und Konsumentenseite die gegenwärtig stürmische Rezeption der neuen Entwicklungstheorien durch Teile der psychoanalytischen und psychotherapeutischen Gemeinschaft: Das betrifft die Forschung zur Säuglingsentwicklung, Bindungstheorie, Theorie der Mentalisierung, bis hin zur Neuropsychologie. Die Rede vom »Paradigmenwechsel« geht um, als handele es sich um eine Wende, um einen Turn, wie die Kulturwissenschaftler sagen (Bachmann-Medick 2007), im konkreten Fall um den »relationalen Turn« der Psychoanalyse und auch um einen »neurobiologischen Turn«. Etwas dramatisch ausgedrückt: Verkörpert der »kompetente Säugling« vielleicht den Messias, der die Psychoanalyse vor dem Untergang retten wird? Eignet sich der »kompetente Säugling« nicht gut als Projektionsträger für solche kollektiven Phantasien, wenn im Sinne der Bion'schen Gruppentheorie (Bion 1961) die Grundannahme-Gruppe der Paarbildung konstelliert ist, das heißt, wenn die ältere, aber immer noch recht rüstige Dame »Psychoanalyse« dabei ist, sich auf ein intimes Verhältnis mit den vergleichsweise jugendlichen Liebhabern Bindungstheorie und Neurobiologie einzulassen?

Fragment 2: Der Meisterschüler

Mit dem folgenden Beispiel möchte ich illustrieren, wie stark eine Identifikation *mit* wie auch *gegen* bestimmte psychoanalytische Theorien und theoretische Hintergrundannahmen die Behandlungstechnik und die Gegenübertragung in der analytischen Situation kontaminieren kann. Dies ist zwar bekannt, wird aber zu selten reflektiert.

Ein Mann Anfang 50 war nach längerer Wartezeit ausdrücklich zu mir als einem »Jungianer« in Behandlung gekommen, da er sich schon viele Jahre theoretisch mit Jung beschäftigt hatte. Ehe er über seine Symptome sprach, berichtete er in den Erstgesprächen ausführlich und belesen seine Kenntnisse von Jung und jungianischer Theorie. Ich verstand dies zunächst als Ausdruck seiner Ambivalenz gegenüber der Analyse und seiner Angst, nicht angenommen zu werden. Ich hatte auch den Eindruck, dass er auf der Suche nach einem großen psychologischen Vater-Meister war, der ihn zu einem ebenso großen Meister machen solle. Beiläufig erwähnte er, dass die Analyse für ihn »so etwas wie eine Ausbildung« sei. Beruflich hatte er nichts mit Psychologie zu tun.

In der 150. Sitzung kommt er in den Behandlungsraum und legt sich auf die Couch, wie er das schon seit Monaten tut – die Hand auf die Stirn gelegt, als würde er angestrengt nachdenken – und schweigt vor sich hin. In mir kriecht langsam ein mir bekanntes und unangenehmes Gefühl von ärgerlicher Langeweile hoch. Ich befürchte, es wird wohl auch in dieser Stunde wieder nichts psychisch Bedeutsames passieren, ich denke an die Sitzung mit ihm am Tag zuvor; ich frage mich, wird er wieder »Als-ob-Analyse« spielen (wie er seine Analyse mal bezeichnet hatte), ich kann seine psychische Verfassung nicht spüren. Ich habe überhaupt keine Phantasien.

Plötzlich habe ich die starke Empfindung, der riecht ja nach Kot, der Raum füllt sich mit Gestank; ich denke, da liegt ein ältlicher kleiner Junge, der die Hose voll hat. Die Empfindung ist so stark, dass es mich Mühe kostet, nicht dem Impuls zu folgen, das Fenster zu öffnen. Ich erschrecke fast und denke, mein Gott, warum muss ich ihn denn so entwerten, und beginne über meine entwertende Phantasie nachzudenken.

Nach einigen Minuten ist der Spuk vorüber, meine Geruchshalluzination ist vollständig verschwunden, der Patient beginnt zu sprechen.

An dieser Stelle beende ich den Sitzungsbericht, da es hier nicht um eine längere klinische Falldarstellung geht (eine ausführliche Darstellung findet sich in Bovensiepen 2009). Ich fasse nur einen zentralen Aspekt der Übertragung/Gegenübertragung zusammen: Der Patient hatte eine ungeheure Sehnsucht nach einem »guten Vater«, das hieß in seinem Fall, nach einem Vater, der bereit ist, sich idealisieren zu lassen. Er bemühte sich voller Verzweiflung, diesen Vater/Analytiker mit schönen jungianischen Theorien und archetypischen Traumdeutungen für sich als »Meisterschüler« zu gewinnen. Der Analytiker/Vater antwortete mit subtilen Entwertungen und manchmal auch mit Verachtung und insistierte oft gnadenlos auf der persönlichen, emotional »authentischen« psychischen Wahrheit im Hier und Jetzt des analytischen Raumes als eines Kriteriums einer »guten Analyse«. Der Analytiker verschloss sich gegenüber den Projektionen einer homoerotisch gefärbten »Meister-Übertragung« aufgrund seiner Ambivalenz gegenüber seinem eigenen »Großen Vater«, nämlich C.G. Jung. – Was meine ich damit?

Im Verlaufe meiner analytischen Sozialisation war ich zu der Auffassung gelangt, dass uns C.G. Jung speziell zur analytischen Behandlungstechnik wenig Brauchbares hinterlassen hat. Behandlungstechnik musste ich mir bei anderen Mitgliedern der psychoanalytischen »Clans« holen, in meinem Falle vor allem von einigen jungianischen Kollegen in London und von kleinianischen Familienmitgliedern. Als mir dieser eklatante Mangel vor vielen Jahren zunehmend klar wurde, bedeutete dies eine gewisse Erschütterung meiner idealisierenden Identifikation mit einigen Theorien unseres Stammvaters. Daraus resultierte auch eine gewisse Ambivalenz gegenüber Patienten, die mich speziell als »jungianischen« Analytiker aufsuchten, um ein wenig »jungianische Traumanalyse« mit mir zu machen oder Ähnliches.

Meine heftige Gegenübertragungsreaktion bei dem »Meisterschüler« ist sicher ein recht drastisches Beispiel und hat natürlich verschiedene Hintergründe. Es zeigt aber auch, wie tief die Identifikation mit Theorien und der persönliche Umgang damit in den analytischen Prozess eingreifen können. Die Untersuchung des permanenten und mehr oder minder subtilen Gebrauchs von offiziellen und von privaten Theorien in der analytischen Situation und in der analytischen Ausbildung und Kontrollanalyse wird seit einigen Jahren in EPF-Arbeitsgruppen untersucht; darüber liegen uns interessante Berichte vor, zum Beispiel die von Bohleber (2007) und Tuckett (2007).

Unterschätzen wir also nicht, dass neben den Krankenkassen auch die psychoanalytische Theorie als das Dritte in der analytischen Situation auf sehr unterschiedliche Weise wirksam sein kann und reflektiert werden sollte. Dabei spielt die Rezeption der Theorie sowohl in der persönlichen professionellen Sozialisation eine prägende Rolle wie auch die Rezeption innerhalb der wissenschaftlichen und professionellen Community.

Fragment 3: Vom Spiegeln, Mentalisieren und Containen

2008 habe ich einige kritische Anmerkungen zur Rezeption der Entwicklungs- und Bindungsforschung in der klinischen Praxis veröffentlicht und anhand des Vergleichs des Mentalisierungskonzeptes mit dem Modell der Container/Contained-Beziehung von Bion über Symbolisierungsprobleme bei Kindern nachgedacht. Ich fasse aus dieser Arbeit einige von mir kritisierte Aspekte der Rezeption zusammen. Ich nehme an, dass die Art und Weise des Umganges mit den neuen Theorien vor allem mit der gesellschaftlichen Situation zusammenhängt, in der wir leben und praktizieren.

Meine Beobachtungen zur Rezeption kann ich nicht auf empirisch fundierte und systematisch erhobene Daten stützen. Es wäre wünschenswert, wenn dies systematisch gemacht werden würde. Ich stütze meine unsystematischen Beobachtungen auf die Praxisfelder Ausbildung und Supervision, auf klinische Diskussionen auf Tagungen und nicht zuletzt auf meine Erfahrungen als Gutachter für die psychotherapeutischen Richtlinienverfahren bei Kindern und Jugendlichen. In dieser Funktion lese ich ca. 1.200 Berichte pro Jahr und erhalte auf diese Weise über die Jahre einen recht umfassenden Überblick über diejenigen Theorien und

Theorieversatzstücke, die gerade in Mode sind. Dabei stehen die Säuglingsforschung, Bindungstheorie, die Mentalisierungstheorie und das Konzept des Containments ganz im Vordergrund. Steele beispielsweise meint, es sei eine »wahre Bindungsindustrie« im Entstehen (Steele 2005, S. 140). Ich selbst beobachte eine inflationäre, sich rasch ausbreitende Tendenz zu einer extrem verkürzenden Anwendung, zur Trivialisierung und zur vorschnellen Identifikation mit Teilen dieser doch sehr komplexen und differenzierten Konzepte in der Praxis.

Die Bindungstheorie ist im Unterschied zur entwicklungspsychologischen Grundlagenforschung von praktizierenden Klinikern eher spät entdeckt worden. Auf ihr aufbauend ist das Mentalisierungskonzept der Fonagy-Gruppe (Fonagy et al. 2002; Bateman/Fonagy 2004) eine klinische Anwendung, die es verdient, mit grundlegenden psychoanalytischen Annahmen, vor allem im Hinblick auf die Symbolisierungsfähigkeit und die psychoanalytische Behandlungstechnik bei allen psychischen Störungen (nicht nur den strukturellen Störungen) noch ausführlicher diskutiert zu werden. Leider jedoch steht der empirisch untersuchten Differenziertheit und Komplexität des frühen Beziehungs- und Bindungsverhaltens des Säuglings und Kleinkindes eine oft verstümmelte und unreflektierte Anwendung dieser Theorie in der klinischen Praxis gegenüber. Zum Beispiel wird ein Bindungstyp aus einigen psychogenetischen Daten abgleitet und in Beziehung zur aktuellen Situation gebracht; das daraus abgeleitete therapeutische Konzept verengt sich häufig – ich zitiere eine beliebte Formel – auf die »Bereitstellung eines Sicherheit spendenden Objektes, um die Bindungssicherheit zu stärken«. Hier wird die möglicherweise richtige diagnostische Einschätzung »Bindungsstörung« zum zentralen psychodynamischen Wirkfaktor erhoben. Immer weniger Kollegen machen sich die Mühe, das Ineinandergreifen von äußeren und inneren seelischen Prozessen nachvollziehbar zu differenzieren. Diese vorschnelle Identifikation mit einem griffigen Verhaltenskonzept zur »Erklärung« von »Störungen« führt zu einer Art Atrophie des spezifisch psychoanalytischen Wahrnehmungsorgans für innere Vorgänge und entwertet die Nutzung der eigenen Psyche als Instrument der Wahrnehmung. Es bleiben dann flache Konstruktionen übrig, welche nicht aus der Geschichte und der aktuellen Begegnung mit dem Kind/dem Patienten abgeleitet werden. Diese Konstruktionen und pathogenetischen Verknüpfungen landen dann – das ist nicht überraschend – fast automatisch bei den sogenannten Frühstörungen.

So beobachte ich, dass paradoxerweise diese Art der Anwendung der Theorien zur frühen Entwicklung und vor allem der Bindungstheorie in der Praxis dazu führt, dass die Sensibilität für die psychische Bedeutung und Differenziertheit des frühen Bindungs- und Beziehungserlebens hinsichtlich der Persönlichkeitsentwicklung eher nachlässt. Durch diese Art der Anwendung versiegt nicht nur eine wichtige Quelle klinisch-psychoanalytischer Erkenntnis, sondern das Konzept einer Entwicklungspsychopathologie wird dadurch generell infrage gestellt.

Ich komme zu einem zweiten Punkt meiner Kritik: dem ubiquitären, aber völlig unscharfen Einsatz der Spiegelmetapher in der klinischen Praxis. Zwei Anwendungen sind unterscheidbar: Einerseits wird »Spiegeln« gerne als primäre Behandlungsmethode genannt, so wie etwa in der Formulierung: »geplant ist die Herstellung einer kontinuierlichen, positiv getönten Spiegelung«. In diesem immer wiederkehrenden Schema erscheint »Spiegeln« fast ausschließlich zusammen mit dem Adjektiv »positiv«. Zum anderen wird »Spiegeln« ähnlich wie »Bindung« dazu benutzt, um spekulative Aussagen über die Qualität der Frühgenese zu machen. Beispielsweise wird gerne kurzerhand von einer »unsicheren Spiegelung des bindenden Selbstobjektes« gesprochen; hier geht doch vieles durcheinander. Wenn das mit dem Spiegeln nicht so klappt und negative Übertragungsmanifestationen drohen, wird ihre Verarbeitung durch »Containen« geplant. Dabei wird das Konzept des Containment leider häufig so verstanden, als müssten die Affekte »ausgehalten« werden; dies hat aber mit dem Konzept der Container/Contained-Beziehung (Bion 1962) und dem Mentalisieren von Affekten nichts zu tun.

Doch was ist dann gemeint, wenn so häufig und gerne von der »positiv getönten Spiegelung« gesprochen wird? Oft handelt es sich um die verschwommene Benennung einer zwischenmenschlichen Interaktion, die eher der Abwehr einer nicht immer gemütlichen psychischen Realität dient, die im Behandlungsraum entstehen kann. Sie kann auch der

Abwehr von Ängsten dienen, die durch Zustände von Nicht-Wissen und Hilflosigkeit hervorgerufen werden; in den seltensten Fällen wird mit »Spiegeln« das »markierte Spiegeln« der Affekte gemeint, wie es für die Entwicklung der Mentalisierungsfähigkeit für erforderlich gehalten wird (Fonagy et al. 2002). Das tiefe Bezogensein auf den Patienten, die *Reverie* (Bion 1961) als träumerische Einfühlung des Therapeuten ist kein Spiegeln sondern eine *Begegnung zweier Psychen*, die die Begegnung von Unbewusst zu Unbewusst mit einschließt, bei Aufrechterhaltung der Ichgrenzen und der Wahrnehmungsfunktionen. Es ist eine Begegnung, durch die eine *Veränderung beider Partner* riskiert wird.

Worum geht es denn nun beim Mentalisierungskonzept? Eine pragmatische Formulierung der zentralen Fragestellung könnte folgendermaßen lauten: *Wie entwickelt das kleine Kind die Fähigkeit, Teile seiner eigenen Psyche dazu zu verwenden, um andere Teile seiner eigenen Psyche kennenzulernen oder die Psyche eines anderen Menschen zu erforschen und darüber nachzudenken*?

Diese Frage und nichts weniger versucht die Mentalisierungstheorie zu beantworten. Es wird rasch klar, dass durch den inflationären und unscharfen Gebrauch der Spiegel-Metapher die Perspektive der Begegnung und des Austausches von Unbewusst zu Unbewusst möglicherweise verloren geht. Angesichts einer Renaissance des Unbewussten aus dem Geiste der Neurobiologie macht es mich nachdenklich, dass es Tendenzen *innerhalb* der Psychoanalyse gibt, die unbewusste Dynamik nicht nur in der Theorie, sondern auch in der Praxis mehr und mehr auszuklammern; sie könnte so zu einer Art von Affekt-Interaktions-Psychologie mutieren, unter Ausschluss des Unbewussten. Diese von mir befürchtete Entwicklung laste ich weniger den Theorien, noch weniger deren Anwendern an, sondern ich sehe sie in Zusammenhang mit spezifischen Ängsten der postmodernen Gesellschaft.

Eine Welt, in der die Suche nach Bindung und nach sogenannten Sicherheit spendenden Objekten, die als Container für irritierende Affekte, ungerichtete Erregung und Ängste bereitgestellt werden, zu zentralen Leitmotiven psychischer Entwicklung und Gesundheit avancieren, diese Welt muss wohl eine Welt voller Unsicherheit, Ungewissheit, Unübersichtlichkeit und Flüchtigkeit sein.

Fragment 4: Leben in der »flüchtigen Moderne« – flüchtige Objekte und flüchtige Beziehungen

In einer Meldung der Süddeutschen Zeitung vom 28. Juli 2008 war zu lesen, dass Premierminister Putin einen Wutanfall über den Chef des riesigen Montanunternehmens Mechel, Igor Sjusin bekommen habe, da dieser Rohstoffe im Ausland deutlich unter Weltmarktpreis verkauft habe, aber in Russland doppelt so teuer. Daraufhin reagierten die Anleger in Moskau und in New York panisch. Die Mechel-Aktie brach um mehr als ein Drittel ein und riss auch noch andere Metall-Papiere in die Tiefe. Der russische Aktienmarkt, so schätzt die Zeitung Kommersant, verlor durch den Wutausbruch 60 Milliarden US-Dollar.

Nicht nur die Flüchtigkeit des Geldes ist uns im Herbst 2008 plastisch vor Augen geführt worden; Flüchtigkeit scheint ein Wesensmerkmal der gegenwärtigen Moderne zu sein. Die Metaphern einiger bedeutender Soziologen und Sozialphilosophen unserer Zeit, mit der sie versuchen, den Zustand unserer postmodernen Gesellschaft zu diagnostizieren, vor allem aber zu deuten, haben aus meiner Sicht eine Gemeinsamkeit: Von Ulrich Becks *Risikogesellschaft* (1986) oder *Leben in der Weltrisikogesellschaft* (2007), über Zygmunt Baumans *Flüchtige Zeiten. Leben in der Ungewissheit* (2007) bis zu Richards Sennetts *Der flexible Mensch* (1998), Alain Ehrenbergs *Das erschöpfte Selbst* (1998) und Manuel Castells' *Netzwerkgesellschaft* (1996) drücken sie ein Lebensgefühl des dezentrierten Subjekts aus, das zwischen Zuständen *erregter Allverbundenheit* und der Angst vor einem namenlosen *Verschwinden* oszilliert; einem *Verschwinden*, das *unumkehrbar* scheint und oft weder *Erinnerung* noch *Wiederkehr* kennt. Mit *Allverbundenheit* meine ich, dass jeder mit jedem in Verbindung treten kann – ob er/sie/es will oder nicht – über das Internet, über Online-Netzwerke oder über das Handy. Dagegen steht eine immense Flüchtigkeit des Objekts, sei es als tägliche »Totalverluste« an der Börse, wenn Gelder in Milliardenhöhe innerhalb von Sekunden »verbrannt« werden, wie die Börsianer sagen, als tägliches Aussterben von Tier- und Pflanzenarten, als sofortiger Ersatz oder als Austauschbarkeit von Objekten des Alltags im Sinne der »Wegwerfgesellschaft«. Zum *Verschwinden* gehört auch ein Trend in der Unternehmungsführung:

das »Hot-desking«. Dabei haben die Mitarbeiter grundsätzlich keinen festen Schreibtisch, es sollen auch keine persönlichen Gegenstände eine Bindung an den Arbeitsplatz signalisieren; man nimmt sich den Tisch, der gerade frei ist (Mersky 2008), und verschwindet wieder mit seinem Laptop, wenn der Job getan ist. »Jobnomaden« (Heismann 2005, S. 47), die rasch von einer Stelle zur nächsten einsetzbar sind, werden bevorzugt. Für die Bindung an persönliche Objekte, mit denen Erinnerungen, Geschichte, Bedeutungen oder gar Beziehungen verbunden sind, ist sowohl konkret wie auch im übertragenen Sinne kein Raum mehr verfügbar. Sie gehen nicht verloren, sie verschwinden einfach. Mit *Verlieren* verbinde ich die Möglichkeit des Abschiedes, der Trauer um und der Erinnerung an verlorene Objekte. Mit *Verschwinden* möchte ich Situationen bezeichnen, in denen es keine Erinnerungsbereitschaft gibt und keinen Raum für Abschied oder Trauer.

Nun wende ich mich einigen Aspekten der flüchtigen Moderne zu, wie sie Zygmunt Bauman deutet. Baumans Analyse der europäischen Gesellschaft sei »von heiterer Trostlosigkeit«, meint der Historiker Lutz Niethammer (2000, S. 536). Auch wenn ich Baumans oft sehr skeptische Einschätzung nicht immer teile, so haben einige seiner soziologischen Beschreibungen und deren Deutung interessante Berührungspunkte mit den psychoanalytischen Beschreibungssystemen.

Bauman (2000) reflektiert ausführlich die Veränderungen der *Beziehung von Zeit und Raum* in der flüchtigen Moderne: Aus der früher als unauflösbar verstandenen »Ehe von Raum und Zeit« (ebd., S. 133) habe sich die Zeit zunehmend emanzipiert, was zu einer Entwertung des Raumes, aber auch einer Entwertung der Ewigkeit geführt habe. Die unmittelbare Erfüllung von Bedürfnissen, die reine Intensität des Erlebnisses, der Wegfall langfristiger Planung in der Wirtschaft sind solche Beispiele, die nach Bauman für eine Entwertung der Unsterblichkeit stehen. Wissen ist global und sofort verfügbar. Die taz titelte am 6.9.2009 zum zehnjährigen Jubiläum von Google treffend: »Die Jetzt-Sofort-Alles-Maschine«. Bauman resümiert skeptisch:

> »Es ist schwer, sich eine Kultur vorzustellen, die sich gegenüber dem Unendlichen indifferent verhält und Dauerhaftigkeit meidet. Eben so

schwer ist es, sich eine Moral vorzustellen, die sich gegenüber den Folgen menschlicher Handlungen indifferent verhält und jede Art von Verantwortlichkeit gegenüber anderen ausblendet« (Bauman 2000, S. 153).

Die Entwertung des Raumes lässt sich beispielsweise bei der Machtausübung beobachten. Ob politisch oder wirtschaftlich, Machtausübung ist nicht mehr unbedingt an Raum gebunden. Damit ist »die Macht in jeder Hinsicht *exterritorial* geworden« (Bauman 2000, S. 18). Es reicht, mit einem Laptop in der Ecke eines beliebigen Hotels, Flughafens oder im ICE zu sitzen, um weitreichende wirtschaftliche Entscheidungen zu treffen.

Alltagsnäher sind vielleicht Räume, in denen wir uns eines Großteils unseres Lebens bewegen: Einkaufszentren, Autobahnen, der öffentliche Nahverkehr, Bahnhöfe, Flughäfen oder anonyme Hotelzimmer. Für Bauman sind diese »Nicht-Orte« (Benko 1997, zit. n. Bauman 2000, S. 122) bedeutungsresistente Plätze. Nicht weil sie leer oder anonym sind, sondern es findet keine echte Interaktion statt, keine Begegnungen, kein »Aushandeln von Unterschieden« im Sinne einer Zivilität (Bauman 2000, S. 123). »Egal, was man an solchen Nicht-Orten verloren hat, jeder sollte sich dort *ganz zu Hause fühlen*, sich aber bitte *nicht so benehmen*. Nicht-Orte bezeichnen einen Raum bar jedes symbolischen Ausdrucks von Identität, Beziehung und Geschichte« (Benko 1997, zit. n. Bauman 2000, S. 122f.).

Damit komme ich zu einer zentralen psychoanalytischen Beschreibungsperspektive: der Raum-Metapher der Psyche. Die Entwertung der Unendlichkeit und das Leben an Nicht-Orten kann man als eine permanente Existenz an der Schwelle zum Verschwinden auffassen, einer Schwelle, wo innen und außen nicht mehr unterscheidbar sind. Nicht-Orte sind nicht nur bedeutungsresistente Orte, sondern in meinem Verständnis auch erinnerungsresistente Orte. Ich sehe diese Entwertung des Raumes in unserem Leben wiederkehren in der Entwertung des Unbewussten in der Anwendung der neuen Entwicklungstheorien wie auch in der Schwerzugänglichkeit oder gar Unzugänglichkeit des inneren Raumes und des Unbewussten bei vielen Patienten, die wir heute in unseren Praxen sehen. Bei einigen meiner Patienten ging zum

Beispiel der Prozess der »Entdeckung« der Präsenz des Unbewussten einher mit Traumszenen, in denen Räume und Plätze, die lange monochrom, leer, anonym geträumt wurden, plötzlich mit Leben, Menschen, Erinnerbarem gefüllt geträumt wurden.

Eine andere Folge der Entwertung des Raumes und der Erinnerungsbereitschaft beschreibt Bauman in der Auswirkung auf die Arbeitswelt:

> »Ein schnelles und gründliches *Vergessen* überholter Informationen und schnell veraltender Angewohnheiten könnte sich für den nächsten Erfolg als wichtiger erweisen als das Einprägen früherer Handlungsweisen und die Entwicklung von Strategien, die auf in der Vergangenheit *Gelerntem* basieren« (Bauman 2007, S. 10).

Die Verantwortung, mit den permanent sich ändernden Umständen fertig zu werden, wird dem Individuum aufgebürdet; nicht Konformität ist gefragt, sondern Flexibilität.

Bei Letzterem denkt Bauman an die sozialpsychologische Arbeit von Richard Sennett (1998): *Der flexible Mensch. Die Kultur des neuen Kapitalismus*. Der englische Titel lautet: *The Corrosion of Character*, also »Zerstörung des Charakters«. Als Beispiel für einen flexiblen Menschen in der Postmoderne nennt Sennett den Homo Davosiensis, die jährlich in Davos versammelte Wirtschafts-, Technologie- und Politik-Elite, die er beobachtet hat, und er widmet sich speziell Bill Gates, dem Begründer und Chef von Microsoft. Dieser scheine »frei von der Besessenheit, Dinge festzuhalten«. Gates vertritt die Beziehung zur Arbeit als die Notwendigkeit, sich in einem »Netz von Möglichkeiten zu bewegen« (Sennett 2006, S. 78; Orig. 1998). Sennett resümiert:

> »Die Fähigkeit, sich von der eigenen Vergangenheit zu lösen und Fragmentierung zu akzeptieren, ist der herausragende Charakterzug der flexiblen Persönlichkeit, wie sie in Davos an den Menschen abzulesen ist, die im neuen Kapitalismus wirklich zu Hause sind. Doch diese Eigenschaften kennzeichnen die Sieger. Auf den Charakter jener, die keine Macht haben, wirkt sich das neue Regime ganz anders aus« (Sennett 2006, S. 80; Orig. 1998).

Ich erinnere mich an eine Zeitungsmeldung vom 14.8.2008, die überschrieben war: »Schließt Liverpool! Experten empfehlen, marode nordenglische Städte aufzugeben« (SZ). Und danach hieß es: »Städte wie Liverpool, Bradford, Hull oder Sunderland, so ein Report des renommierten Think Tanks Policy Exchange, seien nicht mehr lebensfähig; ihre Bewohner sollten am besten gleich nach Süden abwandern.«

Hier läge es nahe, einiges zur Objektflüchtigkeit und Objektverlust zu sagen, die die globalen Migrationsbewegungen und der dadurch ausgelöste Verlust von Heimat, Sprache und Kultur zur Folge haben. Diesen Bereich genauer auszuführen, würde den Umfang dieses Artikels sprengen. Eine Folge der Entwurzelung ist die Notwendigkeit, mit den Veränderungen allein fertig werden zu müssen. Dies Problem wird in der Soziologie seit längerer Zeit unter dem Stichwort »Individualisierungsdebatte« (Beck 1994) diskutiert. Der Münchner Soziologe Ulrich Beck geht davon aus, dass »das Alltagsleben in der Weltrisikogesellschaft von einem neuen Individualisierungsschub betroffen« sein wird (Beck 2007, S. 67), da die »Verbindlichkeiten, die Individuen in kollektiven Projekten zusammenschweißen«, wie es Bauman (2000, S. 9) ausdrückt, sich in der Moderne auflösen, verdampfen, sich verflüchtigen. Die Individualisierung ist mit der klinisch beobachteten Zunahme von Isolation, Beziehungslosigkeit und der Zunahme depressiver Störungen (Ehrenberg 1998) in Verbindung gebracht worden.

Abschließend zu diesen Fragmenten eines Lebens in der flüchtigen Moderne sei noch ein Aspekt erwähnt, den Ulrich Beck die »zugewiesene Nachbarschaft aller mit allen« nennt. Die modernen Kommunikationstechnologien, Migration und Tourismus haben zur Folge, dass nicht nur Staaten und Unternehmen miteinander in Konkurrenz stehen, sondern auch Individuen aus den verschiedensten Kulturen. Wir werden mit dem Fremden einer anderen Kultur zwar vordergründig etwas vertraut – wir essen selbstverständlich Falafel, Döner oder Sushi –, aber eigentlich rückt es uns, durch die modernen Medien vermittelt, auf sehr rasche und unmittelbare Weise viel näher, als wir möglicherweise in der Lage sind, dies zu verarbeiten. Fasziniert vielleicht durch das exotische Fremde im Urlaub, kann es vorbewusst und vor allem unbewusst zu etwas Bedrohlichem werden, wenn es über unseren

Marktplatz oder das Nachbarschaftsfest schlendert oder wenn es uns als Konkurrent am Arbeitsplatz oder in der Straßenbahn gegenübersitzt. Aus Analysen kennen wir die Figur des Fremden in Träumen als die Personalisierungen jener Figuren unserer unbewussten Bühne, die wir umso fremder erleben, je unbewusster sie sind. Die »zugewiesene Nachbarschaft« führt eben nicht so ohne Weiteres dazu, das Fremde im anderen kennenlernen zu wollen.

Für die »Generation Global« ist »diese rätselhaft zerklüftete und miteinander verwachsene Menschheitslandschaft zum Horizont ihrer Alltagserfahrungen, moralischen und politischen Herausforderungen und Dilemmata, dem Ringen um materielle Sicherheit und Karriere, Partnerschaften, Familiengründungen, Hoffnungen und Ängsten geworden« (Beck 2007, S. 11). Einige der Schwierigkeiten, die dieses Leben machen kann, kennen wir aus unseren Behandlungen. Dazu noch ein letztes Fragment meiner Collage:

Fragment 5: »Leben in der Seifenblase«

Bei Patienten der »Generation Global«, denke ich an bestimmte Menschen im Alter zwischen 20 und 30 Jahren. Es sind junge Erwachsene, die in der Regel unauffällig durch Pubertät und Adoleszenz gekommen sind. Sie wirken oft früh gereift, manche von ihnen auch pseudoerwachsen. Sie sind intelligent, differenziert, begabt, haben ein Studium begonnen oder stehen vor Abschluss einer Berufsausbildung oder im Beruf. Sie sind beruflich erfolgreich und wirken auf den ersten Blick gut beziehungsfähig. Beim näheren Hinsehen zeigt sich: Sie haben enorme Probleme, eine intime, emotional bedeutsame, persönliche Beziehungen zu einem anderen Menschen einzugehen, knüpfen aber sehr rasch und gekonnt – oft mithilfe der neuen Kommunikationstechnologien – Verbindungen zu vielen anderen Menschen. Allerdings scheinen viele dieser jungen Erwachsenen aus einer Beziehung wenig psychische Bedeutung und Sinn ziehen zu können; zumindest scheinen Beziehungserfahrungen nicht wirklich Bausteine für ihre psychische Entwicklung liefern zu können. Bei einigen von ihnen kommt es zu einem protrahierten Entwicklungszusammenbruch. Sie fühlen sich häufig völlig isoliert, allein, von Vernichtung bedroht, haben Angst in »schwarzen Löchern« zu verschwinden und leiden gleichzeitig an chronischem Objekt-Hunger. In der Behandlung fürchten sie das, was Bion »katastrophische Veränderungen« nennt.

Ein Bild für den Zustand ihrer inneren Welt, in der sie lebt, das heißt, aus der sie einen Teil ihres Identitätserlebens zog, hat eine Patientin von mir einmal als »Leben in der Seifenblase« bezeichnet. Dieses Bild berührte mich sehr, denn es ließ mich das wahre Ausmaß ihrer Verletzbarkeit spüren. Die Seifenblase schien ihr einerseits Schutz und Zufluchtsort zu bieten, andererseits klagte sie, sie komme auch nie raus aus der Seifenblase, was hieß, aus einer Abhängigkeit zu einem mütterlichen Objekt, das in ihrer inneren Welt eine vergiftende und neidvolle Existenz führte. In der Welt der äußeren Beziehungen inszenierte sie eine Objektflüchtigkeit, indem sie Verbindungen immer dann abbrach, wenn sie eine Beziehung zu werden drohten.

Schlussperspektive

Zum Abschluss möchte ich meine Collage als Ganzes in den Blick nehmen. Ich sehe ein Bild, das zwar einen gesellschaftlichen Zustand von globaler Unsicherheit, Ungewissheit und Flüchtigkeit haltender Strukturen ausdrückt – ein »Leben in der Seifenblase« ist eine psychische Existenzform davon. Doch gleichzeitig entwickeln sich auch neue Strukturen in Form von Netzwerken, wie sie für die soziologische Beschreibungsebene von Manuel Castells (1996) so eindrucksvoll beschrieben worden sind. Ich glaube, dass auch eine »Netzwerkgesellschaft« haltende Strukturen entwickeln kann. Die Netzwerk-Metapher als Strukturmodell findet ja nicht nur ihre Anwendung im sozialen und im neuropsychologischen Kontext, sondern ist geeignet, die Strukturtheorie der Psychoanalyse durch eine Netzwerktheorie des Unbewussten zu ergänzen. Dieser Netzwerk-Gedanke ist nicht neu: Bereits in den 1970er Jahren hatte ihn Matte Blanco (1975) in seiner Arbeit *The Unconscious as Infinite Sets* richtungweisend gedacht. Aus jungianischer Perspektive versuche ich seit einiger Zeit, die Überlegungen zu einer *Netzwerkstruktur der Psyche* am Beispiel einer revidierten Komplextheorie von C.G. Jung weiterzudenken (Bovensiepen 2004, 2009). Dieser Ansatz hat zunächst nichts mit dem intersubjektiven Ansatz zu tun (vgl. Altmeyer/Thomä 2006), sondern bezieht sich auf die Struktur des Unbewussten und auf die Beziehung zwischen dem Unbewussten und dem Bewussten.

Ich sehe in dem fulminanten Auftritt der neuen Entwicklungstheorien in der psychoanalytischen Gemeinde in der Tat eine Art von Antwort auf die Objektflüchtigkeit, auf das, was ich anfangs ein Lebensgefühl zwischen Allverbundenheit und Verschwinden genannt habe. Mit »Antwort« meine ich eine Reaktion, nicht aber eine Lösung, Rettung oder Therapie in Form eines Radikalschnittes am Baum der Psychoanalyse. Bei einem solchen Radikalschnitt droht die Verbindung der neuen Verzweigungen wie Bindungstheorie, Mentalisierungskonzept oder Neuropsychoanalyse zum psychoanalytischen Stamm, der Arbeit mit dem Unbewussten verloren zu gehen und der Stamm abzusterben.

Die so eilige und vorschnelle Identifizierung mit den neuen Theorien in der klinischen Praxis verstehe ich eher als eine Art von Not-Orientierung und einen Bewältigungsversuch auf unsere Art, um mit dem globalen Gefühl der Unsicherheit, der Ungewissheit und der Angst vor dem Verschwinden zurechtzukommen, das auch in unsere Behandlungsräume dringt. Nun, nachdem die Flitterwochen vorbei sind, plädiere ich für ein ruhiges Moratorium zum genaueren Kennenlernen des neuen Partners in der Praxis. Die kreative Auseinandersetzung der Psychoanalyse mit den neuen Theorien sollte nicht nur den Forschern überlassen werden – auf dieser Ebene funktioniert sie allem Anschein nach recht gut, sondern sie sollte viel mehr als bisher auf der klinischen Ebene erfolgen. Dazu gibt es viele Möglichkeiten, von denen ich nur zwei Beispiele erwähnen möchte:

Die Bedeutung der Erkenntnisse aus der Säuglingsforschung könnten mit denen der teilnehmenden Säuglingsbeobachtung zusammengebracht und im Hinblick auf Behandlungstechnik und ihrer Modifizierungen auf detaillierter kasuistischer Ebene, am besten in Arbeitsgruppen von

Erwachsenen- und von Kinderanalytikern, diskutiert werden; und dies eben nicht nur bei Patienten mit strukturellen Störungen, sondern allgemein.

Das gleiche Vorgehen ließe sich bezüglich der meiner Ansicht nach sich ergänzenden Konzepte von Mentalisierung (Fonagy) und Container/Contained-Beziehung (Bion) im Hinblick auf die Symbolisierungsfähigkeit praktizieren. Es könnte diskutiert werden, ob nicht so sehr der »Reifegrad« der Symbolisierungsfähigkeit oder das Niveau der Mentalisierung die Behandlungsfähigkeit bestimmt, sondern die Flexibilität, mit der zwischen verschiedenen Symbolisierungs- und Mentalisierungsebenen gewechselt werden kann.

Das Konzept der Mentalisierung hat meines Erachtens große Bedeutung für das, was wir die Transformationsfähigkeit der Psyche nennen können, und darauf beruht aus meiner Sicht unser psychoanalytisches Behandlungskonzept. Ich glaube, dass in der flüchtigen Moderne andere psychosoziale Kompetenzen wichtiger werden als in früheren Zeiten: Neben der Fähigkeit, Verbindungen und Beziehungen nicht nur zu knüpfen, sondern sie vor allem im Falle des Bruches immer wieder von Neuem herzustellen, ist es die Transformationsfähigkeit der Psyche, die wir in der Postmoderne besonders erforschen, entwickeln und pflegen müssen. Wenn dies zutrifft, können wir das Unbewusste nicht außer Acht lassen. Bei einem Strukturmodell, wie es die Netzwerk-Metapher darstellt, würde die Transformationsfähigkeit der Psyche einen zentralen Stellenwert einnehmen.

Literatur

Altmeyer, Martin & Thomä, Helmut (Hg.) (2006): Die vernetzte Seele. Die intersubjektive Wende in der Psychoanalyse. Stuttgart (Klett-Cotta).

Bachmann-Medick, Doris (2007): Cultural Turns. Neuorientierung in den Kulturwissenschaften. Reinbek bei Hamburg (Rowohlt).

Bateman, Antony W. & Fonagy, Peter (2004): Psychotherapie der Borderline-Persönlichkeitsstörung. Ein mentalisierungsgestütztes Behandlungskonzept. Aus dem Englischen von E. Vorspohl. Gießen (Psychosozial-Verlag) 2008.

Bauman, Zygmunt (2000): Flüchtige Moderne. Übersetzt aus dem Englischen von R. Kreissl. (Liquid Modernity). Frankfurt/M. (Suhrkamp) 2003.

Bauman, Zygmunt (2007): Flüchtige Zeiten. Leben in der Ungewissheit. Aus dem Englischen von R. Barth. Hamburg (Hamburger Edition) 2008.

Beck, Ulrich (1986): Risikogesellschaft. Auf dem Weg in eine andere Moderne. Frankfurt/M. (Suhrkamp).
Beck, Ulrich (2007): Leben in der Weltrisikogesellschaft. In: Beck, Ulrich (Hg.): Generation Global. Ein Crashkurs. Frankfurt/M. (Suhrkamp), S. 57–73.
Benko, Georges & Strohmayer, Ulf (Hg.) (1997): Space and Social Theory: Interpreting Modernity and Postmodernity. Oxford (Blackwell).
Bion, Wilfred R. (1961): Erfahrungen in Gruppen und anderen Schriften. Aus dem Englischen von H. O. Rieble. Frankfurt/M. (Fischer TB) 1990.
Bion, Wilfred R. (1962): Lernen durch Erfahrung. Aus dem Englischen von E. Krejci. Frankfurt/M. (Suhrkamp) 1990.
Bion, Wilfred R. (1965): Transformationen. Übersetzt aus dem Englischen von E. Krejci. Frankfurt/M. (Suhrkamp) 1997.
Bohleber, Werner (2007): Der Gebrauch von offiziellen und von privaten impliziten Theorien in der klinischen Situation. Psyche – Z psychoanal 61, 995–1016.
Bovensiepen, Gustav (2004): Bindung – Dissoziation – Netzwerk. Überlegungen zur Komplextheorie vor dem Hintergrund der Säuglingsforschung und der Neurowissenschaften. Anal Psychol 135, 31–54.
Bovensiepen, Gustav (2008): Mentalisierung und Containment. Kritische Anmerkungen zur Rezeption der Entwicklungs- und Bindungsforschung in der klinischen Praxis. Anal. Kinder Jugend-Psychother. 137, Jg. XXXIX, 7–28.
Bovensiepen, Gustav (2009): Depressive Komplexorganisation und narzisstische Störung. Anal Psychol 155(1), 36–56.
Castells, Manuel (1996): The rise of the network society. Vol. I von: The information age: Economy, society and culture. Oxford (Blackwell). Deutsch: Das Informationszeitalter I: Der Aufstieg der Netzwerkgesellschaft. Opladen (Leske) 2001.
Ehrenberg, Alain (1998): Das erschöpfte Selbst. Depression und Gesellschaft in der Gegenwart. Aus dem Französischen v. M. Lenzen u. M. Klaus. Frankfurt/M. (Suhrkamp) 2008.
Fonagy, Peter; Gergely, György; Jurist, Elliot L. & Target, Mary (2002): Affektregulierung, Mentalisierung und die Entwicklung des Selbst. Übersetzt aus dem Englischen von E. Vorspohl. Stuttgart (Klett-Cotta) 2004.
Fonagy, Peter & Target, Mary (2003): Psychoanalyse und die Psychopathologie der Entwicklung. Übersetzt aus dem Englischen von E. Vorspohl. Stuttgart (Klett-Cotta) 2006.
Gombrich, Ernst H. (2006): Aby Warburg. Eine intellektuelle Biografie. Hamburg (Philo & Philo Fine Arts) [Orig. 1970].
Heismann, Günther (2005): Nomaden und Nesthocker. StadtAnsichten 14, 47–48.
Matte Blanco, Ignacio (1975): The Unconscious as Infinite Sets. An Essay in Bi-logic. Reprint London (Karnac) 1998.
Mersky, Rose R. (2008): Lost in Transition. Eine psychoanalytische Untersuchung zur Objektbindung in heutigen postmodernen Organisationen. Freie Assoziation (im Druck)/J. Organizational Social Dynamics (in print).
Niethammer, Lutz (2000): Kollektive Identität. Heimliche Quellen einer unheimlichen Konjunktur. Reinbek bei Hamburg (Rowohlt).
Sennett, Richard (2006): Der flexible Mensch. Die Kultur des neuen Kapitalismus. Aus dem Amerikanischen von M. Richter. Berlin (Berlin Verlag) [Orig. 1998].
Sroufe, Alan L. & Rutter, Michael (1984): The domain of developmental psychopathology. Child Develop 83, 173–189.
Steele, Miriam (2005): Bindung, reale Erfahrung und mentale Repräsentation. In: Green,

Viviane (Hg.): Emotionale Entwicklung in Psychoanalyse, Bindungstheorie und Neurowissenschaften. Frankfurt/M. (Brandes & Apsel), 115–140.
Tuckett, David (2007): Wie können Fälle in der Psychoanalyse verglichen und diskutiert werden? Implikationen für künftige Standards der klinischen Arbeit. Psyche – Z psychoanal 61, 1042–1071.

Alleinsein in der Gegenwart des anderen: Der paradoxe Ort des Analytikers

Ralf Zwiebel

Einleitende Bemerkungen

Der Titel der folgenden Arbeit ist eine Variation eines Tagungsthemas der DPV von vor einigen Jahren mit dem Titel: Denken in der Gegenwart des anderen. Es geht dabei um folgende drei Überlegungen:

1. Alleinsein in der Gegenwart des Patienten ist eine zentrale Fähigkeit des Analytikers, die das eigene Alleinsein und das Alleinlassen des Patienten umfasst. Diese Fähigkeit ist eine Voraussetzung für die Entwicklung der inneren Arbeitsweise des Analytikers, die ich hier aus der Sicht des »abwartenden Zuhörens«, wie es S. Heenen-Wolf beschrieben hat, zusammenfassen möchte (Heenen-Wolf 2008).
2. Diese Fähigkeit ist wegen der sich entwickelnden Übertragungs-Gegenübertragungsdynamik bzw. verschiedener Widerstände des analytischen Paares recht störanfällig. Ich postuliere, dass man einige der Voraussetzungen für die Toleranz des Alleinseins in der Gegenwart des anderen aus der Sicht der Affektregulierung, der Mentalisierung und des Beziehungsgefühls näher beschreiben kann. In dieser Arbeit werde ich mich dabei auf die Situation des Analytikers konzentrieren.
3. Die mit dieser besonderen Beziehung verbundenen Gefühle von Isolation, Einsamkeit und Versagung werden durch Momente der Verbundenheit und Gegenseitigkeit tolerabel, die ich als »lebendigen, analytischen Kontakt« beschrieben habe (Zwiebel 2007). Es handelt sich dabei um eine besondere Form des *Getrennt- und*

Miteinanderseins, das seelisches Wachstum ermöglichen kann. Winnicotts berühmte Arbeit »Die Fähigkeit zum Alleinsein« betont auf einzigartige Weise das Paradox, das er im Rahmen der frühen Beziehung zwischen Mutter und Säugling beschreibt und das auch für die analytische Beziehung gilt: »Die Grundlage der Fähigkeit, allein zu sein, ist also ein Paradoxon; es ist die Erfahrung allein zu sein, während jemand anderes anwesend ist« (Winnicott 1993, S. 38).

Ein erstes klinisches Beispiel

Mein Patient, erst seit einigen Monaten in dreistündiger Analyse im Liegen, klingelt kurz und knapp fünf Minuten vor der vereinbarten Zeit. Während ich den Türdrücker betätige und er im Flur vor dem Warteraum Platz nimmt, sitze ich noch am Schreibtisch, ordne einige Dinge und denke kurz an die letzte Stunde, in der es dem Patienten schlecht ging, und denke für einen Moment über die Art seines Klingelns nach. Pünktlich gehe ich dann hinaus, um den Patient zu begrüßen und ihn ins Behandlungszimmer zu begleiten. Mir selbst fällt bei dieser Begrüßung nichts Besonderes auf. Nachdem der Patient sich auf Couch gelegt hat und ich mich in den Sessel dahinter gesetzt habe, beginnt ein kurzes gemeinsames Schweigen. Schneller als sonst erwähnt der Patient als Erstes die Begrüßungsszene: Er habe das Gefühl gehabt, ich hätte meine Hand schnell zurückgezogen, so, als wollte ich eigentlich nichts mit ihm zu tun haben. Dies löse in ihm ein Gefühl aus, dass er sich noch isolierter fühle, als er es ohnehin schon sei. Er spricht auch an, dass dies mit der doch recht merkwürdigen Situation hier in Verbindung stehe: Er spreche mit mir, was vielleicht auch etwas übertrieben ausgedrückt sei, denn ich sei zwar anwesend und höre ihm zu, aber gleichzeitig sei ich doch auch nicht anwesend, vielleicht in gewisser Weise nur »virtuell« da. So fühle er sich allein, wie er sich auch sonst im Leben fühle. Ihm fällt die letzte Begegnung mit dem Vater ein, den er neulich auf dem Bahnhof abholte: Dieser kam ihm viel kleiner als in seiner Vorstellung vor; er hatte den Impuls, ihn zu umarmen, aber dann kam es doch zu einer eher förmlichen Begrüßung per Handdruck. Während ich den Worten des Patienten lausche, die ich hier natürlich zusammengefasst wiedergebe, beschleicht mich ein leichtes Unbehagen, weil ich mich daran erinnere, dass mir der Händedruck des Patienten von allem Anfang an aufgefallen war: ein warmer, weicher und freundlicher, aber auch in gewisser Weise langer, festhaltender Griff, dem ich mich vielleicht heute wirklich, mir allerdings in dem Moment nicht bewusst, zu entwinden versuchte. In dem Nachsinnen an die heutige Begrüßung muss ich dem Patienten innerlich zustimmen, wahrscheinlich habe ich mich tatsächlich seinem »Zugriff« etwas entzogen. Zu dem leichten Unbehagen, ich könnte den Patienten vielleicht wirklich »zurückgewiesen« haben, kommt jetzt die weitere Spannung hinzu, wie diese Beobachtung und die Assoziationen des Patienten sich weiterentwickeln werden.

Ein Spezifikum der analytischen Beziehung: Alleinsein in der Gegenwart des Patienten

Ich werde den weiteren Verlauf der Stunde nicht kommentieren. Es geht mir ja in dieser Arbeit um die Fähigkeit des Analytikers zum Alleinsein in der Gegenwart des Patienten, das vielleicht als *das* Spezifikum der analytischen Methode und analytischen Beziehung aus einer objektpsychologischen Perspektive anzusehen ist. Betrachten wir noch einmal mit etwas Abstand die geschilderte Anfangsszene: Zu Beginn der Stunde erwarte ich den Patienten und er wartet auf mich – dies könnte man in Anlehnung an Th. Starks wichtige Arbeit über die masturbatorische Position als Situation 1 bezeichnen (Stark 2005). Diese Situation 1 ist unter anderem durch ein Alleinsein in der konkreten Abwesenheit des anderen gekennzeichnet, auch wenn man davon ausgehen kann, dass beiden Partner des analytischen Paares schon innerlich miteinander beschäftigt sind. Als Situation 2 möchte ich die Begrüßung und die Begleitung in das Behandlungszimmer bezeichnen, wobei es sich um eine eher konventionelle Alltagssituation handelt: Es ist ein Miteinandersein in der Gegenwart des anderen. Ich möchte hier lediglich am Rande darauf verweisen, dass U. Streeck wichtige Untersuchungen – etwa in der Arbeit: »Handeln im Angesicht des Anderen« – gerade zu dieser Situation gemacht hat (Streeck 2002a, 2002b). Die Situation 3 beginnt, wenn beide Teilnehmer ihre jeweilige räumliche Position eingenommen haben, der Patient in der Regel auf der Couch, der Analytiker in seinem Sessel. Dieser erste Moment der dritten Situation erscheint mir von einer besonderen Bedeutung. Viele Analytiker werden sicherlich auch immer wieder die Erfahrung machen, dass diese ersten Momente der dritten Situation manchmal besonders eindrücklich sind, gerade weil einem selbst immer wieder das Besondere der analytischen Situation bewusst wird. Im Kern handelt es sich darum, dass beide Partner des analytischen Paares relativ abrupt in eine Situation hineingeraten, die man tatsächlich mit dem Motto des Titels der Arbeit: »Alleinsein in der Gegenwart des anderen« bezeichnen könnte. Der konventionelle Alltagskontakt der Begrüßung bricht ab und es entsteht eine Situation, die besonders im klassischen Setting durch das Liegen des Patienten, den fehlenden Blickkontakt, die asymmetrische Struktur und die Grundregel eine starke Verunsicherung und Labilisierung durch die Aufhebung des konventionellen Rahmens von Alltagsbeziehungen mit sich bringen kann. Bekanntlich kann dies für manche Patienten eine enorme Belastung, ja ein schwerer Schock sein, der sie für viele Stunden zum Schweigen bringt oder die analytische Arbeit überhaupt verhindern wird. Ich gehe aber auch davon aus, dass der Analytiker selbst immer wieder mit einem gewissen Unbehagen, wenn nicht sogar Erschrecken auf diesen Moment reagiert, obwohl er davon überzeugt ist, dass die Qualität dieses Momentes: dieses Alleinsein in der Gegenwart des Patienten für eine fruchtbare, seelisches Wachstum ermöglichende analytische Arbeit absolut notwendig ist. Immer wieder besteht jedoch auch die Möglichkeit, dass wir selbst das affektive Grundgefühl dieses Momentes überspielen und das möglicherweise Unbehagliche dieser Situation sowohl für uns als auch für den Patienten nicht ausreichend wahrnehmen. In dem genannten klinischen Beispiel spricht der Patient den Übergang von Situation 2 zu Situation 3 direkt an und formuliert das erste Mal seine Schwierigkeit mit der analytischen Situation, für die er doch erstaunlich präzise das

Besondere erfasst, nämlich die widersprüchliche Natur der Anwesenheit des Analytikers.

Konzentriert man sich nämlich einmal etwas genauer auf diese besondere Situation, die gerade zu Beginn jeder Sitzung so besonders nahe und erlebbar wird, dann erkennt man, wie viel davon abhängt, ob sich diese dritte Situation ausdehnen, differenzieren, verlebendigen kann oder ob sie immer wieder vermieden oder generell abgewehrt wird. Ich denke an eigene Patienten, die eine Reihe von Strategien entwickeln, die diesen Kern der analytischen Beziehung zu umgehen versuchen: ein Patient, der überhaupt kein Schweigen zu Beginn erträgt, sondern sofort mit einem unendlichen Strom von Erzählungen und Einfällen beginnt, die vor allem auch die Funktion haben, mich zu fesseln und zu begeistern und damit sein Gefühl des Alleinseins nicht aufkommen zu lassen; eine andere Patientin, die schon mein abwartendes Zuhören nach ganz kurzer Zeit als eine Feindseligkeit meinerseits interpretiert und nun selbst ins Schweigen verfällt oder mich heftig attackiert für mein vermeintliches Desinteresse und fehlendes Einfühlungsvermögen in ihre Not mit den Stunden. Und mein geschilderter Patient formuliert sehr deutlich sein Unbehagen über diese Situation, die sein Gefühl des Alleinseins verstärkt; er macht aber auch deutlich – dies wird im weiteren Verlauf der Stunde noch klarer –, welche Reaktionen diese Situation bei ihm mobilisiert, die wahrscheinlich auch für viele andere Patienten typisch ist: entweder sich anzupassen oder zu unterwerfen, ohne wirklich die Gefühle, die mit dieser Situation verbunden sind, zu klären, oder aber zu kämpfen und den Versuch zu machen, den Analytiker aus seinem »abwartenden Zuhören« zu bringen. Aber auch wir Analytiker reagieren immer wieder auf diese Situation, selbst wenn wir durch unsere habitualisierte professionelle Einstellung mit ihr vertraut sind und es gelernt haben, sie auf funktionelle Weise zu handhaben. In Wirklichkeit trägt uns das Expertenwissen in der konkreten Begegnung mit dem Patienten nur begrenzt, da wir immer von Stunde zu Stunde mit der affektiven Regulierung des eigenen Alleinseins und des Alleinlassens des Patienten konfrontiert sind, die im Grunde eine verantwortliche, professionelle Entscheidung von Moment zu Moment erfordern. Hier mag sich das Gefühl des Alleinseins in ein tieferes Gefühl der Einsamkeit verdichten, vor allem wenn die hilfreichen inneren Objekte wie die Theorie der Technik oder die großen Vorbilder unserer analytischen Arbeit nicht aktivierbar sind oder sich als wenig unterstützend erweisen. In dem konkreten Beispiel hatte ich ja geschildert, wie ich nach wenigen Worten des Patienten in eine leichte Spannung geriet, die sicherlich auch damit zusammenhing, dass ich mein Alleinsein und meine Verantwortung spürte, die mit diesem vielleicht gemeinsamen »enactment« der Begrüßung verbunden war. Wie groß ist die Neigung, diesen Moment konzeptuell auf den Begriff zu bringen – etwa die homosexuelle Verführung oder Versuchung – und wie schwer ist es, diese spannungsvollen Momente der Ungewissheit, des Nicht-Wissens als Ausdruck eines »Anfänger-Geistes« zuzulassen und zu tolerieren. Widmen wir uns aber mit etwas mehr Muße diesem Beginn der Situation 3, dann wird man immer deutlicher merken, wie in diesen Anfangssituationen oft die Weichen für die Stunde gestellt werden, manchmal in Richtung einer Vertiefung dieser besonderen, einzigartigen Beziehungssituation oder aber auch in Richtung ihrer Vermeidung und Verhinderung.

Aus allen diesen angedeuteten Überlegungen lässt sich wohl schließen, dass sowohl der Patient als auch der Analytiker gegenüber dieser Situation 3 einen gewissen Widerstand entwickeln werden und im Grunde alles davon abhängt, ob dieser Widerstand erkennbar, reflektiert und transformiert wird oder agiert und damit die weitere Entwicklung dieses potenziell kreativen Raums des Alleinseins in Gegenwart des anderen verhindert wird. Das Widersprüchliche dieser Situation hängt wohl auch damit zusammen, dass es sich um eine doppelte Bewegung bei beiden Partnern handelt: das Alleinsein und damit das Fürsichsein und gleichzeitig das Alleinlassen des anderen zu realisieren, zu erleben und zu tolerieren. Denn beide Bewegungen können je nach ihrer unbewussten Bedeutung mit spezifischen, vor allem auch negativen Affekten verbunden sein: im ersten Fall wohl vor allem Gefühle der Getrenntheit, Einsamkeit oder sogar Verlassenheit, im zweiten Fall vor allem mit Schuldgefühlen, was man dem anderen mit dem Alleinlassen antut. Daher spielen Trennungsangst und Trennungsschuld in der analytischen Situation eine so überragende Rolle, wie dies auch Quinodoz überzeugend gezeigt hat – und dies eben auch beim Analytiker (Quinodoz 1993).

Ein zweites klinisches Beispiel

In aller Kürze möchte ich noch ein zweites klinisches Beispiel erwähnen. In einer zweistündigen Therapie im Sitzen – die Patientin kann sich ein Liegen auf der Couch nicht vorstellen – kommt es in der Anfangsphase immer wieder zu einer angestrengten, spannungsvollen Situation zwischen uns, in der die Patientin schweigt und mich beobachtet, während mein Denk- und Erlebensraum immer enger und eingeschränkter wird. Sie sagt mir, dass sie meinen Gesichtsausdruck immer kritischer erlebe, sodass ihr im Grunde gar nichts mehr einfalle, alles werde bedeutungslos. Die Qualität des Beziehungsgefühls ist einengend, kontrollierend, quälend, klebend: Ein Alleinsein in der Gegenwart des anderen lässt einen möglichen seelischen Raum kollabieren. In einer Stunde ändert sich dieses Beziehungsgefühl nach einer Bemerkung von mir nach einigen Minuten spontan und überraschend: Plötzlich fühle ich mich entspannt, kann mein eigenes Alleinsein und das Alleinlassen der Patientin viel besser zulassen und auch sie scheint dies ebenso wie ich zu spüren. Nach einem längeren, entspannten Schweigen spricht sie darüber, wie sie selbst eben ihre innere Zensur beobachtet habe, wie sie an frühere Bemerkungen von mir gedacht habe, vor allem als ihr einfiel, dass sie sich vielleicht doch auf die Couch legen könnte. Sicherlich würde ich sagen, dass es sich jetzt um eine Flucht aus der angespannten momentanen Situation handele. Auch ich hatte in dem Schweigen an diese Möglichkeit gedacht. Das erwähnte Beziehungsgefühl hatte also eine andere Qualität angenommen, die eine größere Toleranz für das Alleinsein und Alleinlassen in der Gegenwart des anderen ermöglichte.

Kurze Diskussion der Theoriebausteine

Im Folgenden werde ich mich etwas genauer mit der Frage zu beschäftigen versuchen, wie sich diese besonderen Momente des Alleinseins in der Gegenwart des Patienten entwickeln, ausdehnen, vertiefen und verlebendigen, welche Voraussetzungen aufseiten des Analytikers also zu dieser Entwicklung beitragen können. Es wird vor allem darum gehen, in aller Kürze einige dieser Komponenten beim Analytiker auf einer mehr theoretischen Ebene genauer zu beschreiben zu versuchen: also den Aspekt seiner *Affektregulierung, seines repräsentationalen Denkens und das Muster seines Beziehungsgefühls.* Dazu an dieser Stelle einige kurze theoretische Überlegungen, die eine Einordnung der klinischen Erfahrungen ermöglichen mögen. Ich möchte daran erinnern, dass die Bedeutung der Affektentwicklung und der Affektregulierung auch in der psychoanalytischen Diskussion in den letzten Jahren zunehmend beachtet wird, wenn nicht sogar in den Vordergrund rückt (Döll-Hentschker 2008; Moser/von Zeppelin 1996). Dabei wird aus entwicklungspsychologischer Sicht die Affektentwicklung weitgehend mit der Affektregulierung gleichgesetzt. Die Unterscheidung zwischen affektiver Eigen- und Fremdregulierung erscheint dabei von besonderer Wichtigkeit: Die Fremdregulierung wird auch als direkte oder interpersonelle Regulierung beschrieben, in der es um frühe, expressive Affekte geht, die in der realen Beziehung zwischen Kind und Pflegeperson – aber dann auch in späteren Beziehungen – auftreten; die Anwesenheit der realen Person für den Umgang mit Affekten ist absolut zwingend. Die weitere affektive Regulierung wird durch eine Verinnerlichung dieser realen, direkten affektiven Beziehung möglich. Diese Verinnerlichung kann man auch als eine komplexe Vernetzung von affektiven und kognitiven Strukturen verstehen, die Moser als Kognifizierung bezeichnet (Moser/von Zeppelin 1996); in Winnicotts auf M. Klein beruhender Terminologie würde man wohl auch von der Entwicklung »guter, innerer Objekte« sprechen. Die affektive Regulierung durch die Pflegeperson – oder den Analytiker in der analytischen Situation – wird zunehmend durch innere Modelle ersetzt, die schließlich zu einer wirksamen inneren Affektregulierung oder Affektkontrolle führen. Es entsteht mit anderen Worten eine Welt der Repräsentanzen aus Selbst, Objekt und affektiver Verbindung, in der Affekte auch in Abwesenheit des anderen simuliert und reguliert werden können. Man könnte dann auch mit Moser und von Zeppelin von einem verinnerlichten Beziehungsgefühl sprechen, das unterschiedliche Qualitäten haben kann: funktional (oder narzisstisch), resonant (oder symbiotisch) und responsiv (oder objektal). Für die normale Entwicklung und auch das emotionale Leben der erwachsenen Person könnte man eine Balance von affektiver Eigen- und Fremdregulierung und ebenso eine situative Balance für die verschiedenen Qualitäten des Beziehungsgefühls postulieren. Aus der Sicht der kognitiven Entwicklung geht der Schritt von der affektiven Fremdregulierung zur affektiven Eigenregulierung mit der Entwicklung eines zunehmend differenzierten Denkens Hand in Hand. Bekanntlich wird dies heute mehr und mehr unter dem Begriff der Mentalisierung zusammengefasst. Ich erwähne hier nur die beiden Formen, die als Situationstheorie und als Repräsentationstheorie beschrieben werden. In der Situationstheorie geht es um eine Form des präkonzeptuellen und konkretistischen Denkens, bei dem es noch kein verinnerlichtes Beziehungsgefühl gibt und die Anwesenheit des Objektes für die Regulierung der Bedürfnisse des Kindes absolut notwendig ist. Das konkretistische Denken unterscheidet nicht zwischen dem Abbild und der realen Beziehung. In der darauf aufbauenden Repräsentationstheorie wird die Stufe des konzeptuellen Denkens erreicht, in der klar zwischen Innen und Außen unterschieden werden kann, eine innere Welt entsteht und sich das Kind Selbst und Objekt in verschiedenen Situationen vorstellen kann, die nicht mehr unmittelbar an das konkrete Erleben gebunden sind. Es kann zwischen Abbild und der konkreten Beziehung unterschieden werden, und zwar durch die Entstehung dieser inneren, mentalen Welt, in der durch simulierte Interaktionen die Affekte generiert und kontrolliert werden können. Hier entsteht das schon erwähnte innere Beziehungsgefühl, das nicht ständig durch Zeichen des Geliebtwerdens und der Selbstbestätigung genährt werden muss. Entscheidend ist, dass negative Emotionen durch diese verinnerlichten Beziehungsmuster gedämpft und kontrolliert werden können, auch ohne die ständige Präsenz des Objektes; Angst und Spannung – und in unserem Zusammenhang vor allem Trennungsangst – werden beispielsweise durch Phantasien absorbiert (siehe die detaillierte Diskussion bei Moser/von Zeppelin 1996). Schließlich gehen wir heute davon aus, dass mütterliche und väterliche Affektspiegelung, Feinfühligkeit, das Bindungsmuster der Eltern und ihre Fähigkeit zur Mentalisierung wichtige Einflüsse auf die Fähigkeit zur Affektregulierung und ihre Kognifizierung des Säuglings und des Kleinkindes haben. Dies entspricht wohl der Formulierung von Winnicott, dass »in Anwesenheit eines anderen allein zu sein, [...] in einem sehr frühen Stadium erlebt werden (kann), wenn die Unreife des Ichs durch Ich-Unterstützung von der Mutter natürlicherweise ausgeglichen wird« (Winnicott 1993, S. 41).

Um diese Überlegungen kurz auf das zweite Beispiel anzuwenden: Hier veränderte sich für einen Moment die Affektregulierung, die sich von der direkten, kommunikativen Regulierung (über die direkte Präsenz des anderen) zur verinnerlichten Regulierung zu verschieben schien. Die Affektregulierung der Patientin und auch meine waren nicht mehr so unmittelbar an die Beobachtung der realen Person gebunden. Neben dem Übergang vom direkten zum repräsentierten inneren Beziehungsgefühl schien eine Veränderung der Balance stattgefunden zu haben: von einer erzwungenen oder reaktiven funktionell-narzisstischen zu einem spontanen resonant-symbiotischen Beziehungsgefühl (innerlich waren wir beide entspannter als zuvor mit der Frage des Couch-Settings beschäftigt) und mit einer stärkeren Möglichkeit des responsiven-objektalen Beziehungsgefühls (die Patientin schien mich stärker als eigenständiges, getrenntes Objekt, als Analytiker zu erleben und konnte daher erneut über die Frage nachdenken, ob sie sich vielleicht doch auf die Couch legen könnte; und auch ich konnte die Patientin mehr in ihrer Eigenständigkeit sein lassen, das heißt eben auch allein lassen). Mit anderen Worten: Die Qualität des Beziehungsgefühls änderte sich wenigstens für einen Moment merklich und ermöglichte mehr als zuvor das Alleinsein in der Gegenwart des anderen.

Für ein Verständnis der Entwicklung der Situation 3 sind also nach meiner Auffassung die kurz angeschnittenen Aspekte der Affektregulierung, der Mentalisierung und des verinnerlichten Beziehungsgefühls auch aufseiten des Analytikers von besonderer Bedeutung. Um unsere Funktion des »abwartenden Zuhörens« zu ermöglichen, entwickeln wir eine Fähigkeit, in Gegenwart des Patienten allein zu sein: Die Voraussetzungen dafür sind aus der Sicht der Affektregulierung die Möglichkeit, die mit dem »abwartenden Zuhören« auftauchenden Affekte überwiegend selbst zu regulieren; aus der Sicht der Situations- und

Repräsentationstheorie das unmittelbar Erlebte und Gehörte konkret wahrzunehmen und aufzufassen, dies aber auch als Repräsentationen zu verstehen, die auf anderes verweisen, mit denen man im Sinne des Als-ob spielen kann und vor allem im Sinne der Reflexion Verbindungen zwischen dem Erlebtem und dem Gedachten herstellen kann; aus der Sicht des Beziehungsgefühls ginge es vor allem um eine Balance zwischen den drei erwähnten Beziehungsmodi. Wie ich gleich noch genauer ausführen möchte, geht es dabei wohl vor allem um das Spannungsfeld von Getrenntheit und Bezogenheit, das letztlich nicht auflösbar ist. Wenn diese Regulierungen gelingen, entsteht eine besondere *Qualität der Präsenz*, die eben von der momentanen Emotionalität, der Balance zwischen konkretistischem und reflexivem Denken und der Balance der verschiedenen Komponenten des Beziehungsgefühls abhängen. Allerdings machen wir immer wieder die Erfahrung, dass diese Qualität der analytischen Präsenz keine Selbstverständlichkeit ist, sondern immer wieder erarbeitet werden muss. Aus dem Kontext meiner heutigen Überlegungen impliziert ja das »abwartende Zuhören« das eigene Alleinsein und das Alleinlassen des Patienten, was mit negativen Affekten wie Angst und Schuldgefühl verbunden sein kann; diese müssen reguliert und kontrolliert werden, was unter anderem mit den postulierten Voraussetzungen verbunden ist: etwa der Verinnerlichung der analytischen Methode, einer ausreichenden Eigenregulierung der Affekte und einem balancierten verinnerlichten Beziehungsgefühl. Und natürlich trägt der Patient mit seiner Persönlichkeit, seinen Übertragungen und der Art und Weise, wie er uns behandelt, entscheidend zu dieser Fähigkeit und den Schwierigkeiten der Regulierung bei. Ich erwähnte vorhin, dass es Patienten gibt, die das »abwartende Zuhören« kaum ertragen; für andere bedeutet dies die Bestätigung der Nicht-Existenz des Analytikers als eigenständiger Person, eine für sie wesentliche Voraussetzung, die analytische Situation überhaupt zu ertragen – der Analytiker ist somit eigentlich abwesend oder sogar annihiliert. Vermutlich kann man aber davon ausgehen, dass die meisten der Patienten unserer spezifischen analytischen Haltung gegenüber ambivalent sein werden, und doch auch zumindest unbewusst den Wunsch nach einem »abwartend zuhörenden« Analytiker haben, der ihnen ja damit auch die entsprechende Autonomie und Freiheit einräumt, das zu fühlen und zu denken, was ihnen in den Sinn kommt, und selbst zu entscheiden, was sie sagen wollen oder nicht. Daher kann man davon ausgehen, dass die Patienten sich einen Analytiker wünschen, der ihre grundlegende Freiheit erkennt und ermöglicht – ihnen das Alleinsein zutraut und sie auch allein lässt –, und dass sie gleichzeitig dies beim Analytiker bekämpfen und ihn aus dieser seiner Rolle und Funktion zu drängen versuchen, bis sie selbst die innere Befreiung erleben und ertragen können. Daher gehe ich in meiner eigenen klinischen Arbeit primär davon aus, dass die Erfahrung eines Analytikers, der selbst dieses Alleinsein und das Alleinlassen zulassen, tolerieren und leben kann, für den Patienten außerordentlich bedeutsam ist.

Über das abwartende Zuhören des Analytikers

Mir scheint, dass zwischen der Fähigkeit, in der Gegenwart des Patienten allein zu sein, und dem »abwartenden Zuhören« als einer zentralen Funktion der inneren Arbeitsweise des Analytikers eine komplexe Wechselbeziehung im Sinne einer gegenseitigen Verstärkung besteht. Dazu noch einige Gedanken über das »abwartende Zuhören«, das nach meiner Erfahrung doch eine recht schwierige und immer wieder störbare Funktion, wenn nicht sogar Kunst ist. Heenen-Wolf hat in einer Arbeit von der »kleinen Metapsychologie« des analytischen Zuhörens gesprochen. Sie geht dabei von folgenden Postulaten aus: »Abwartendes Zuhören« des Analytikers löst die Äußerung von Ideenketten oder freien Assoziationen beim Patienten aus, die wiederum Rückwirkung auf den Sprechenden haben; abwartendes Zuhören verweist den Patienten auf Latentes oder Unbewusstes, das den Ideenketten zugrunde liegt; abwartendes Zuhören im analytischen Rahmen stellt unbewusst ein Äquivalent der frühen Mutter-Kind-Beziehung dar und bahnt die Fähigkeit, in Gegenwart der Mutter (des Analytikers) allein zu sein, und abwartendes Zuhören ermöglicht dem Patienten einen Subjektivierungsprozess, in dem Erlebtes mit der inneren Realität in Verbindung gebracht wird (Heenen-Wolf 2008, S. 12). Während Heenen-Wolf keinen Zweifel an dem großen Wert des abwartenden Zuhörens des Analytikers hat und dies auch klinisch eindrücklich belegt, fragt sie am Ende, warum wir als Analytiker dennoch immer wieder zu viel reden:

> »Meine Erfahrungen als Supervisorin von jungen, aber auch weniger jungen Therapeuten und Analytikern konfrontieren mich immer wieder mit dem Phänomen, wie groß die Versuchung scheint, mit dem Pat. in eine Gesprächssituation zu gleiten, aus dem einfachen Grund, *dass abwartendes Zuhören vom Therapeuten selbst als unzureichend empfunden wird, dieser vielmehr dem Pat. möglichst rasch neue Sichtweisen anbieten will.* Er interveniert und versperrt damit dem unbewussten Denken des Pat. die notwendige Zeit, damit die Dinge zum Vorschein kommen können. Dann befinden sich Pat. und Analytiker im Widerstand gegen unbewusste Kommunikation zwischen ihnen. Bollas meint, dass eine überraschend große Anzahl von Therapeuten nicht offen sind ›für die Sequenzlogik und (sie) verpassen die Methode der freien Assoziation total. Sie können dies selbst ganz einfach feststellen, wenn Sie analytische Schriften lesen und darauf achten, wie selten die Sequenzlogik erwähnt wird‹« (Heenen-Wolf 2008, S. 19).

Auch wenn man diesem Befund zustimmen kann, so bleibt doch die zentrale Frage, warum es vielen von uns immer wieder so schwer ist, einfach ausreichend lange zuzuhören. Insbesondere ist hier der herauszuhebende Satz und die Formulierung: Das abwartende Zuhören wird als »unzureichend« empfunden und es geht darum, dem Patienten möglichst »rasch neue Sichtweisen« anzubieten, zu betonen. Beide Formulierungen bedürfen weiterer Exploration, gerade weil sie so treffend sind. In der ersten Formulierung des »unzureichenden« ist etwas von der Qualität des »abwartenden Zuhörens« ausgedrückt, als sei dies zu wenig, womit ein quantitativer und ein qualitativer Faktor angesprochen werden. Es fehlt etwas oder die Qualität des Zuhörens ist nicht ausreichend. Beide Aspekte haben allerdings einen realen Hintergrund: Die Qualität des »abwartenden Zuhörens« kann in der Tat ganz unterschiedlich sein, vor allem was die An- bzw. Abwesenheit des Analytikers betrifft. In einer anderen Arbeit habe ich selbst den Versuch gemacht, die Voraussetzung des analytischen, »abwartenden Zuhörens« im Sinne der inneren Arbeitsweise des Analytikers zu beschreiben, die man als Ausdruck unserer analytischen Professionalität auffassen kann. Ich verweise hier auf die verwendeten Alltagsmodelle der analytisch-therapeutischen Position, des »Inneren Analytikers«, der problematischen Momente, des bifokalen Denkens und der phobischen Position (Zwiebel 2007). Auch kann das »abwartende Zuhören« quantitativ zu kurz, aber auch zu lang sein, worauf insbesondere Klüwer in letzter Zeit hingewiesen hat (Klüwer 2006). Als Analytiker sind wir also ständig mit diesen beiden oft nicht eindeutig zu beantwortenden Fragen nach der Quantität und der Qualität des »abwartenden Zuhören« konfrontiert. Ist man nicht ständig als Analytiker mit der Frage beschäftigt, ob das »abwartende Zuhören« funktionell ist oder eine defensive Qualität bekommt? Die Änderung der Qualität habe ich in dem zweiten Beispiel zu beschreiben versucht. Diese qualitative und quantitative Einschätzung dazu hängt letzten Endes nur von uns selbst ab, liegt ganz in unserer eigenen Verantwortung. Dies gilt für die Momente der klinischen Situation, aber auch für die generelle Einschätzung, ob bei dem jeweiligen Patienten dieses »abwartende Zuhören« wirklich eine förderliche, die seelische Entwicklung voranbringende Haltung ist oder sogar kontraproduktiv und schädliche Entwicklungen in Gang setzen kann. Was sind also einige der Voraussetzungen, damit es dem Analytiker gelingt, eine genügend gute Form des »abwartenden Zuhörens« zu entwickeln? Hier könnte man genauer über die Erfahrungen der eigenen Ausbildung, die theoretischen Modelle, die eigenen klinischen Erfahrungen, aktuelle, situative Lebensphasen und vor allem auch die eigenen, ungelösten strukturellen oder konflikthaften Seiten der eigenen Persönlichkeit diskutieren.

Hier folgen nur einige Bemerkungen über die strukturellen und konflikthaften Momente aufseiten des Analytikers. Eine kleine Metapsychologie des »abwartenden Zuhörens« – wie dies Heenen-Wolf formuliert – würde dann vor allem den intrapsychischen, konfliktorientierten Kontext fokussieren. Unter dem topografischen Gesichtspunkt wäre dieses Zuhören unter dem Aspekt der bewussten, vorbewussten und unbewussten Funktionen zu diskutieren. In diesem Sinne richtet sich das »abwartende Zuhören« auf das »Unbewusste«, die Ideenketten, wie dies Bollas beschreibt, in denen Verdrängtes oder Noch-nicht-Gedachtes sich manifestieren kann. Dies entspräche auch der Fähigkeit, zwischen dem diskursiven und dem träumerischen Denken zu oszillieren, so wie ich es etwa mit dem Arbeitsmodell des »inneren Analytikers« beschrieben habe. Es ginge aber auch darum, wie man selbst unbewusst die analytische Situation und das »abwartende Zuhören« erlebt: als sadistischen oder masochistischen Akt, als sexuelle Verführung, als Verlassen, als Rache, als Bestrafung etc. Unter dem dynamischen Gesichtspunkt kämen vor allem die Wünsche, Ängste und Abwehrprozesse und die entsprechenden normalen oder auch pathologischen Kompromissbildungen in den Fokus der Überlegung. Unter diesem Gesichtspunkt ist das »abwartende Zuhören« immer kompromisshaft, drückt also auch die Wünsche und Ängste des Analytikers aus. Das Zuhören, die Wahrnehmung, Beobachtung und sein Denken spiegeln also seine Wünsche, Ängste und Abwehroperationen. Im Zentrum steht nach meiner Erfahrung, dass sich in dem »abwartenden Zuhören« auch libidinöse und aggressive Wünsche und Impulse ausdrücken können, die auf einer emotionalen Ebene als Versuchung und Versagung erlebt werden. Unter dem ökonomischen Aspekt würde man vor allem die Stärke der ausgelösten Affekte diskutieren; und unter dem strukturellen Gesichtspunkt wäre auf die Ich- und Über-Ich-Faktoren beim »abwartenden Zuhören« zu achten: etwa auf die Affekttoleranz und die Schuldgefühle aufseiten des Analytikers, die durch die Versagung und Isolation der analytischen Situation ausgelöst werden. Und natürlich auch auf die Ich-Funktionen: Kann das Ich ausreichend Angst und Spannung tolerieren, die mit dieser Form des Zuhörens verbunden sind? Hier könnte man auch die »negativ capability« erwähnen, die ja darin besteht, das Nicht-Wissen, das auch mit dem »abwartenden Zuhören« verbunden ist, zu tolerieren und die Hoffnung aufrecht zu erhalten, dass sich Verstehen, Bedeutung noch zeigen werden. Alle diese Aspekte habe ich in dieser Arbeit mehr aus der Sicht der Affektregulierung, des reflexiven Denkens und des Beziehungsgefühls beschrieben.

Isolation versus Bezogenheit

Welche Anforderungen damit an den Analytiker gestellt werden, verdeutlicht noch einmal eine grundlegende Bemerkung von Bion zu dieser Frage. Er fragt, wovon die emotionale Erfahrung einer bestimmten analytischen Sitzung abhängt, um als Psychoanalyse und als nichts anderes betrachtet zu werden. Welches der konstituierenden Elemente legt die psychoanalytische Spezifität einer solchen Erfahrung fest? Grinberg et al. kommentieren dazu Bions Auffassung:

> »[Bion] unterstreicht insbesondere unter ihren emotionalen Besonderheiten die Atmosphäre der Entbehrung (Deprivation), der Isolation und der Einsamkeit, in der sich beide Beteiligten befinden müssen. Entbehrung resultiert notwendigerweise aus dem Widerstand des Analytikers gegen jeden Impuls, Wünsche des Pat. oder eigene zu befriedigen, ebenso wie aus dem Widerstand des Pat. gegen seine Neigung zu handeln. Sowohl Analytiker als auch Pat. leiden unter einem Gefühl der Isolation, weil eine bestimmte Art von Verantwortung weder geteilt noch delegiert werden kann. Einsamkeit taucht auf, wenn sich der Pat. bei der Beschäftigung mit dem Objekt der Nachforschung – seiner psychischen Realität – verlassen fühlt« (Grinberg et al. 1993, S. 125f.).

Auch Bion betont also die affektive Komponente der analytischen Situation, streicht dabei allerdings sehr stark die Elemente von Versagung, Isolation und Einsamkeit für beide Teilnehmer des analytischen Paares heraus. Vielleicht könnte man alle diese Aspekte unter dem Begriff des Verzichts subsumieren: Verzicht auf Wunscherfüllungen, Gemeinsamkeit und Kontakt. Mir scheint dies ein sehr düsteres Bild der Psychoanalyse zu zeichnen. Ich glaube, dass Bion hier nur einen, wenn auch besonders wichtigen Pol der analytischen Situation beschreibt, den Pol der Versagung, des Alleinseins und des Verzichts, der in der Tat als ein Motor des subjektiven Entwicklungsprozesses betrachtet werden kann. Der andere, ebenso notwendige Pol besteht in der Entstehung eines »lebendigen, analytischen Kontaktes«, den ich als einen positiven Indikator für eine förderliche analytisch-therapeutische Arbeit und als eine nicht nur erlaubte, sondern zumindest gelegentlich notwendige professionelle Befriedigung verstehe (Zwiebel 2008). Ich kann mir nicht vorstellen, wie man ausschließlich in der Versagung, der Isolation und der Einsamkeit in der Begegnung mit dem Analysanden arbeiten kann. Mit dem Begriff des »lebendigen, analytischen Kontaktes« versuche ich als Ausdruck einer emotionalen Bewegung und Begegnung in der analytischen Beziehung drei Aspekte anzusprechen, die auch in den Modellen der affektiv-kognitiven Entwicklung, wie sie vorhin beschrieben wurden (Affektregulierung, reflexiver Modus und Beziehungsgefühl) als wesentlich angesehen werden: »Lebendig« steht hier für ein offeneres, flexibleres und echteres Erleben der Emotionen und Gefühle (und dies gilt natürlich insbesondere für die negativen Gefühle), »analytisch« für das Eingebettetsein dieser Gefühle in eine kognitive Struktur (letztlich also das Verstehen des unmittelbare Erlebten) und »Kontakt« für eine Verbindung mit einem Beziehungsgefühl, das vor allem die analytische Beziehung, aber auch andere, signifikante Beziehungen betrifft. Vielleicht entspricht dies in manchen Aspekten den »moments of meeting« der Bostoner Study-Group um D. Stern (Stern et al. 2002); in jedem Fall handelt es sich um ein intersubjektives bzw. interpersonelles Geschehen, das wahrscheinlich einem elementaren Bedürfnis jedes Menschen entspricht, sich in seinem innersten Erleben, in seiner Subjektivität anerkannt zu fühlen. Die beiden erwähnten Fallbeispiele, die ja in keiner Weise spektakulär zu nennen sind, hinterließen eine milde professionelle Befriedigung, weil es in dem ersten Fall im späteren Verlauf der Sitzung gelungen war, die Anfangsszene in einen ersten, verstehenden Kontext zu stellen; und weil es in dem zweiten Fall zu einer spontanen Entspannung gekommen war, die sich wie ein erster Moment eines sich entwickelnden »lebendigen, analytischen Kontaktes« anfühlte. Der weitere Verlauf der analytischen Arbeit mit beiden Patienten scheint diese Einschätzung zu bestätigen: Der Patient sprach kürzlich darüber, dass er meine Anwesenheit zwar deutlich spüre, ich ihm aber durch mein »abwartendes Zuhören« gerade einen Raum für sein eigenes emotionales Erleben eröffne; und die Patientin hat sich mittlerweile auf ihren eigenen Wunsch auf die Couch gelegt. Der Beitrag des Analytikers ist danach vor allem die Qualität seines »abwartenden Zuhörens« und die daraus folgenden Interventionen. Die Kunst des Analytikers besteht wohl gerade darin, dem gesamten Geschehen in der analytischen Situation, also dem Duktus der Assoziationen des Patienten und den eigenen zu folgen, die emotionale Bewegung zu spüren und zu erfassen und dies schließlich in Worte zu fassen, was mit der Möglichkeit verbunden ist, den inneren Erlebnisraum des Patienten zu öffnen oder zu erweitern. Damit ist wohl auch die wesentliche Paradoxie der analytischen Arbeit und des analytischen Paares angesprochen: das Nebeneinander, das Nacheinander und das Durchdrungensein von Getrenntheit, Isolation, Verzicht und vielleicht auch Einsamkeit und Momente der Begegnung als Ausdruck einer Verbundenheit und Bezogenheit, die vor allem gegenseitige Anerkennung und emotionales Verstehen manifestieren.

Literatur

Berenstein, Isidore (2001): The link and the other. I. J. Psychoanal. 82(1), 141–149.
Bion, Wilfried R. (1967): Notes on memory and desire. The Psychoanalytic Forum 2, 272ff., 279ff.
Bollas, Christopher (2006): Übertragungsdeutung als ein Widerstand gegen freie Assoziation. Psyche – Z psychoanal 60, 932–947.
Brenner, Charles (1986): Elemente des seelischen Konflikts. Frankfurt/M. (Fischer).
Döll-Hentschker, Susanne (2008): Die Veränderung von Träumen in psychoanalytischen Behandlungen. Affekttheorie, Affektregulierung und Traumkodierung. Frankfurt/M. (Brandes & Apsel).
Erlich, H. Shmuel (2003): Über Einsamkeit, Narzissmus und Intimität. Forum Psa. 19, 5–17.
Fürstenau, Peter (1979): Zur Theorie psychoanalytischer Praxis. Stuttgart (Klett-Cotta).
Grinberg, Leon; Sor, Dario & Tabak de Bianchedi, Elisabeth (1993): W. R. Bion. Eine Einführung. Stuttgart (frommann-holzboog).
Heenen-Wolf, Susan (2008): Geteiltes Leid ist halbes Leid. Kleine Metapsychologie des analytischen Zuhörens. Vortrag auf den Lindauer Psychotherapiewochen 2008.
Hoffman, Irwin Z. (1998): Ritual and spontaneity in the psychoanalytic process. London (The Analytic Press).
Laplanche, Jean (2004): Die rätselhaften Botschaften des Anderen und ihre Konsequenzen für den Begriff des »Unbewussten« im Rahmen der Allgemeinen Verführungstheorie. Psyche – Z psychoanal 58, 898–913.
Moser, Ulrich & von Zeppelin, Ilka (1996): Die Entwicklung des Affektsystems. Psyche – Z psychoanal 50, 32–84.
Pontalis, Jean-Bernard (1989): Ins Beginnen verliebt. Tübingen (edition diskord).
Quinodoz, Jean-Michel (1993): The Taming of Solitude. London, New York (Routledge).
Stark, Thomas (2005): Die masturbatorische Position und der Ausschluß der Verführung. Psyche – Z psychoanal 59, 1–33.
Stern, Daniel et al. (2002): Nicht-deutende Mechanismen in der psychoanalytischen Therapie. Psyche – Z psychoanal 56, 974–1006.
Streeck, Ulrich (2002a): Begrüßungen und Verabschiedungen. Forum Psa. 18, 20–36.

Streeck, Ulrich (2002b): Handeln im Angesicht des Anderen. Psyche – Z psychoanal 56, 247–274.
Winnicott, Donald W. (1993): Reifungsprozesse und fördernde Umwelt. Geist und Psyche. Frankfurt/M. (Fischer).
Zwiebel, Ralf (2007): Von der Angst Psychoanalytiker zu sein. Stuttgart (Klett-Cotta).

»Wir kennen uns nicht, doch will ich Dir vertrauen, ich teile mit Dir Träume von 'nem Glück frei von Zeit und Raum«

Interneterfahrungen in der hochfrequenten Analyse eines schwer trennungstraumatisierten Mannes

Karin Dittrich

Die Fähigkeit, alleine und kreativ sein zu können, hängt von der Bindungsfähigkeit, der Objektkonstanz als Erfahrung der zuverlässigen Anwesenheit des mütterlichen Objekts und einer als Spannungs- und Frustrationstoleranz entwickelten Ich-Integration ab.

Am Fallbeispiel eines 38-jährigen Patienten mit multiplen Trennungstraumata in der frühen Lebensgeschichte soll die These aufgestellt werden, dass der Gebrauch des Internets als zwischenmenschliches Kommunikationsmittel zunächst als konstruktiver Bewältigungsversuch verstanden werden kann, mit unerträglichem Trennungserleben und Verlassenwerden umzugehen. Das »Alleinsein in Gegenwart eines anderen«, inszeniert über eine Videodarstellung via Internet (Webcam), ermöglichte diesem Patienten einen Übergangsraum zur Entfaltung von Beziehungsphantasien und kreativen Ideen. Im Gegensatz zur allseits beklagten »Entbindung« durch die neuen technischen Medien vermag dieser Fall zu illustrieren, wie subjektives Leid – resultierend aus frühkindlicher Bindungsproblematik und chronischer Depression – über allmähliche und vorsichtige Schritte kommunikativen Austauschs, über die Mitteilung der eigenen emotionalen Situation, bis hin zur direkten Rückmeldung und Konfrontation durch den anderen, schließlich verändert und bewältigt werden kann. Der Glücksfall einer dabei entstehenden Liebe zweier Menschen, wie im Titelzitat angedeutet, musste sich dann allerdings im realen Lebensalltag erst beweisen.

Das Lied

Sabrina Setlur: »Glaubst Du mir?«

»Ich kenn dich nicht, doch hast du 'n Teil von mir.
Ich schenke dir Gefühle, die ich lebe, und verweil bei dir.
Warum wir beide gleiches Glück und gleiche Trauer spüren,
weiß ich nicht.
Ich lass' mich treiben, ich lass' mich führen,
berühren von dem Gefühl, das mich jetzt und heute treibt.
Ich fang es ein mit Worten, weil ich will,
dass es für immer bleibt.
[…]
Auf unseren Wegen erleben wir ein Glück.
Das Glück, das ich jetzt habe.
Vertraust du mir? Glaubst du alles, was ich sage?
Glaubst du, du kannst mich versteh'n?
Wirst du jede Stunde aller Tage
bei mir sein und mit mir geh'n?
Du kennst mich nicht, doch fühl' ich mich dir so nah!
Ich lebe das Gefühl, das ich heut' habe, denn jetzt ist es da.
Ob es wahr oder gelogen ist, kann ich dir nicht sagen.
Ich träume einen Traum vom Glück, das wir nicht haben.
Ich warte auf 'n Menschen, der immer zu mir steht.
[…]
Spürst du das Glück, das ich jetzt habe?
Vertraust du mir? Glaubst du alles was ich sage?
Wir kennen uns nicht, doch will ich dir vertrauen.
Ich teile mit dir Träume von 'nem Glück frei von Zeit und Raum,
'n Traum, der bei uns bleibt,
'n Glück, das mich befreit.
Ich lass' es jetzt mit mir geschehen.
Ich lass' mich gehen.
Ich lass' mich mit dir treiben.
Verlierst du deine Angst vor mir und willst du bei mir bleiben?
[…]
Wir treiben jetzt gemeinsam mit dem Glück, das ich jetzt habe.
Glaubst du mir? Glaubst du alles, was ich sage?«

Ich möchte zunächst einiges aus der Symptomatik, dem Lebenshintergrund und dem analytischen Behandlungsprozess mit diesem Patienten berichten, bevor ich mich mit dem Stellenwert und der Bedeutung seines sehr intensiven Internetgebrauchs beschäftige.

Zur Symptomatik und deren Entwicklung

Vor Jahresende 2005 wandte sich der damals 36-jährige Patient über eine Beratungsambulanz an mich. Er berichtete von seinem zentralen Eheproblem, das bereits seit seiner Eheschließung vor fünf Jahren bestehe, sich allerdings seit ca. zwei Jahren zunehmend verschärft habe. In den letzten Monaten habe er anhand von entsprechender Literatur und von Internetinformationen erkennen müssen, dass er eine Frau mit einer schweren Borderline-Pathologie geheiratet habe. Er schilderte dazu plötzliche Aggressivitätsdurchbrüche, häufige Selbstmorddrohungen und -gesten mit Polizeiaufgebot und destruktivem Agieren, auch anderen Männern gegenüber, deren Schwächen ausgenutzt würden: Er habe sich durch den Austausch von Betroffenen und Angehörigen im Internet sehr bestätigt und unterstützt gefühlt in seiner Diagnose, wobei ihm die Vorstellung, sich möglicherweise von seiner Frau zu distanzieren und zu trennen, auch Angst mache vor ihrer Rache, vor möglichem Stalking und insbesondere vor seinen eigenen Schuldgefühlen, wenn er sie einfach ihrem weiteren Schicksal überließe. Als Folge der gesamten Ehesituation in den letzten Jahren und seiner eigenen Krankheitssituation (Thrombosen an Leber und Prostata als chronische Krankheit und Behinderung seit der Geburt, Hodenkarzinom vor fünf Jahren), die von der Ehefrau nur mit Vorwürfen und Wutanfällen begleitet worden sei, sei es bei ihm immer wieder zu depressiven Episoden, zu schwerer Selbstunsicherheit und Zukunftspanik mit Zweifeln gekommen, ob er nach einer Trennung überhaupt noch ein normales Leben und eine neue Partnerschaft werde führen können.

Nach der Trennung von seiner Ehefrau im Dezember 2006 traten dann erneut heftigere depressive Verstimmungen, ausgeprägte Ängste vor dem Alleinsein, vor der Dunkelheit und vor tödlicher Bedrohung auf, zusammen mit Alpträumen und psychosomatischen Begleiterscheinungen wie Schlafstörungen, Appetitlosigkeit und periodisch auftretendem Durchfall. In den ersten Monaten wurde der Patient von der Hausärztin als arbeitsunfähig krankgeschrieben, da er alle Anzeichen eines Erschöpfungssyndroms aufwies, das im Weiteren keinerlei Besserung mit sich brachte. Von verschiedenen Seiten, auch mit meiner Zustimmung, wurde daher eine achtwöchige Rehabilitation in einer psychosomatischen Kurklinik eingeleitet. Im Anschluss an diesen stationären Aufenthalt im Juni/Juli 2007, bei dem der Patient von der dort praktizierten Gruppentherapie sehr profitierte – ein Ansatz, der dann eine Fortsetzung durch seine wöchentliche Teilnahme an einer ambulanten Nachsorge-Therapiegruppe fand –, ergab sich eine stetige Aufwärtsentwicklung und positive Veränderung seines Gesundheitszustands und seiner Symptomatik: Die depressiven Reaktionen und Ängste zeigten sich deutlich, noch krisenhaft im Zusammenhang mit den tiefreichenden Verlustängsten des Patienten; sie brachten passager auch eine begleitende Behandlung mit Antidepressiva mit sich. Ebenso konnten der Durchfall und die Essensverweigerung des Patienten schrittweise als frühe Körperreaktionen auf Trennung, Verlust und existenzielle Bedrohung verstanden werden.

Die bisher beschriebene Symptomatik trat später allenfalls noch in Extremsituationen auf: beispielsweise als der Patient befürchten musste, seine nach längerer Arbeitsunfähigkeit wieder angetretene Arbeitsstelle zu verlieren, und als seine neue Freundin eigene, völlig unverfängliche Kontakte zu anderen Männern aufrechtzuerhalten versuchte. Seine noch bestehende Unfähigkeit, auf die Einnahme von Antidepressiva vollständig zu verzichten, markiert allerdings eine noch unzureichende psychische Stabilität in Konflikt- und Auseinandersetzungssituationen.

Familiensituation und psychische Entwicklung

Der Patient ist einziges Kind einer oberschwäbisch-norddeutschen Akademiker- und Künstlerfamilie. Der Vater, Flugzeugbauingenieur und jahrzehntelang in der Ziviltechnik und Raumfahrt tätig, habe die Mutter zu Beginn seiner Berufstätigkeit am Bodensee kennengelernt und geheiratet, seine Partnerwahl jedoch später mehrfach, auch in Gesprächen mit dem Patienten, bereut. Der Patient schildert ihn als einen zurückgezogenen, eher kühlen, emotional rasch überforderten Menschen, der nach seiner Berentung zur künstlerischen Tätigkeit seiner Vorfahren (Herstellung, Ausstellungen und Verkauf von Goldschmuck; Großvater Kunstmaler, Großmutter Goldschmiedin) zurückgekehrt sei.

Die Mutter, Sekretärin und Hausfrau in der frühen Kindheit des Patienten – Großvater hoch dekorierter Militär und Nazi (NS-Devotionalien in der Familie), Großmutter als Waisenkind im Heim aufgewachsen – wird vom Patienten als »streng, konservativ und fremdenfeindlich« geschildert, im Gegensatz zur weltoffenen Familie des Vaters.

Nach dramatischer Geburt (Rhesusfaktor, Antikörper im Blut) erfolgte die sofortige, vollständige Trennung des Patienten von der Mutter für vier Wochen (Brutkasten, Wärmebett). Nach zwölf Wochen kam es dann zu einem erneuten zehntägigen Krankenhausaufenthalt wegen Hodenbruchs: Der Patient habe tagelang geschrieen und die Mutter nicht sehen dürfen, aufgrund der Missstände in einem Ravensburger Kinderkrankenhaus, das Monate später geschlossen werden musste. Das Kind habe danach jedes Mal beim Anblick weißer glatter Flächen Panikanfälle bekommen, der Patient hat dazu das Erinnerungsbild, er liege im Kinderbett und umklammere die Mutter, damit sie nicht weggehe. Außerdem berichtet er von wiederkehrenden Alpträumen, er liege in der Ecke, ganz benommen, und Ärzte oder auch der Vater lachten ihn aus. In Kindergarten und Grundschule habe er sich teilweise sehr unwohl gefühlt und habe bis zum erfolgreichen Einsatz eines Klingelapparats lange ins Bett genässt. Mit seinen Lehrerinnen habe er allerdings »immer Glück« gehabt. Im Gymnasium sei er durchweg ein guter Schüler gewesen, vor allem in den Naturwissenschaften; der Vater allerdings sei trotz seines technischen Berufs für ihn nie hilfreich oder fördernd gewesen. Im Hinblick auf die Pubertät erwähnt der Patient wenige enge Freunde, seine Nichtbeteiligung an Cliquen, Alkohol- und Rauchexzessen und seine enorme Schüchternheit gegenüber Mädchen. Beim Studium in München – zunächst vier Semester Elektrotechnik, dann acht Semester Volkswirtschaft – habe er zuerst beim sehr alten Großvater mütterlicherseits gewohnt, um den er sich jedoch nach Meinung der Eltern zu wenig gekümmert habe. Er sei dann später selbst krank geworden, was häufige Studienunterbrechungen zur Folge hatte. Seine Versuche, zusammen mit einem Kommilitonen Geld über Computerkauf und -verkauf zu verdienen, scheiterten, und der Patient hatte danach einige 1000 DM Schulden. Nach Aufgabe seiner Studienversuche und einer zweijährigen Umschulung zum Spezialisten für Computernetzwerke, die er als Klassenbester abschloss, sei er seitdem bei einer Unternehmensberatung tätig. Seine Beziehung zu Frauen sei immer eine einseitige gewesen: Die Frauen, die er später über das Internet kennenlernte (»mein Problem, Frauen anzusprechen«), hätten, als die deutlich aktiveren, auch die Sexualität für ihn sehr unkompliziert gestaltet. Ihm habe jedoch das Selbstbewusstsein gefehlt, um eine Frau zu halten und gegenüber den Bewertungen seiner Mutter durchzusetzen. Auch seine spätere Ehefrau habe er durch Kontaktanzeige kennengelernt: »Die wollte ich erobern, war dabei aber allzu naiv.« Sie sei ihm damals schon sehr depressiv und streitsüchtig vorgekommen. Nach acht Jahren eher problematischer Beziehung habe er sie geheiratet, was zu seiner Überraschung keinerlei vertiefte Nähe mit sich gebracht habe, sondern eher das Gegenteil: Seine Frau habe seitdem jegliche Form sexueller Intimität abgewehrt.

Mein anfängliches Verständnis der Psychodynamik

In den 13 Jahren seiner Partnerschaft und Ehe hat sich der Patient, wie er überzeugend darzustellen vermochte, nicht nur nicht weiterentwickeln können, sondern hat sich vielmehr in eine Regression und psychische Lähmung hineinziehen lassen, die wohl als eine Art Wiederinszenierung seines Kindheitstraumas zu verstehen ist: Um den Preis seiner emotionalen Lebendigkeit und seiner Triebhaftigkeit (Sexualität und Aggression) übernahm er in einem Akt früher Parentifizierung, Anpassung und altruistischer Abtretung die Funktion eines mütterlichen Objekts für seine frühgestörte Ehefrau. Diese Funktion brach im Falle eigener Krankheit und Bedürftigkeit aber sofort in sich zusammen und ließ ihn jedes Mal hilflos, ohnmächtig und sich an die eigene Mutter anklammernd zurück. Der regressive Einbruch (mit der Anmutung einer anaklitischen Depression) zu Beginn der Behandlung machte dem Patienten blitzlichtartig deutlich, wie real abhängig er von Ehefrau und Mutter ist und wie er sich bisher durch seine Ehesituation in seinen Entwicklungsperspektiven eingeschränkt hat. Davon ausgenommen bleibt seine sichtbare Stabilisierung im Berufsfeld (nach Studienabbrüchen: Weiterbildung und Erwerb eines sicheren Arbeitsplatzes). Seinen immer wieder aufscheinenden Wunsch nach einer Familie, als »nicht-kastrierter« Mann mit einer »nicht-infantil abhängigen« Frau ein Kind zu zeugen – ein Wunsch, der von seiner Ehefrau abgelehnt wurde –, könnte der Patient nur dann umsetzen, wenn er selbst aktiv und autonom einen progressiven Trennungsschritt vollzöge, ohne dabei gefühlsmäßig das Risiko eingehen zu müssen, alles zu verlieren und der eigenen Vernichtung preisgegeben zu werden. Seine ödipale Identifikation mit einem wenig anwesenden, eher schizoiden Vater blieb nicht zuletzt auch deshalb begrenzt, weil auch spätere väterlich getönte Objektbeziehungen von den frühen Verfolgungsängsten des Kindes überdeckt wurden (wiederkehrender Alptraum des Kindes, vom Vater und von den Ärzten ausgelacht und bloßgestellt zu werden).

Der Behandlungsverlauf

Die Anfangsphase war von äußerster Vorsicht und Zurückhaltung des Patienten geprägt. Dieses Misstrauen gegenüber der von ihm so erwünschten analytischen Psychotherapie verstand ich als eine Abwehr des Patienten, die unter anderem in den verschiedensten Aufspaltungen bestand – zwischen seiner Ehefrau und mir, seiner Mutter und der Ehefrau –, in Erinnerungsausfällen bei Terminen, Urlaubsplanung, Unterbrechungen und Trennungen. Im Herbst 2006 traf der Patient die für mich zu diesem Zeitpunkt überraschende Entscheidung, sich von seiner Ehefrau zu trennen. Er beabsichtige, nach dem Finden einer eigenen Wohnung möglichst rasch die eheliche Wohnung zu verlassen, da er befürchte – im Nachhinein auch zu Recht –, dass seine Frau auf dem Hintergrund ihrer Borderline-Problematik einen derartigen Schritt nicht so ohne Weiteres hinnehmen werde. Zwei Wochen vor Weihnachten stellte er sie vor vollendete Tatsachen, indem er innerhalb weniger Stunden seine neue Wohnung bezog und in den darauffolgenden Tagen ihre dramatischen Szenen und weiteres Agieren mithilfe einer von ihr rekrutierten Anwältin scheinbar gut überstand. Zu Jahresbeginn 2007 befand sich der Patient in einem ziemlich desolaten und verzweifelten Zustand: Er war außerstande, mit seiner neu gewonnenen Freiheit und Unabhängigkeit umzugehen, unfähig, um den Verlust der von ihm durchaus wahrgenommenen positiven Aspekte seiner Ehe zu trauern, konnte sich auf nichts mehr konzentrieren und fühlte sich immer weniger in der Lage, nach einer mehrwöchigen Auszeit im Beruf wieder einen vollen Arbeitstag zu bewältigen. Sein immer häufigeres Kippen in schwere hypochondrische Befürchtungen, nicht mehr schlafen, essen und nie mehr arbeiten zu können, zusammen mit der zentralen Angst, seine chronische Krankheitsbelastung (Leberthrombosen) könnte sich in eine fortschreitende Vergiftung des Gehirns bis zur Demenzbildung fortsetzen, brachte eine erhebliche Belastung für die Übertragungsbeziehung mit sich: In der Gegenübertragung geriet ich in meiner Einstellung dem Patienten gegenüber immer wieder in Gefahr, seine tiefreichenden existentiellen Ängste nicht ernst zu nehmen, sein jämmerlich wirkendes Verhalten und seine dauerhaften Klagen als situationsinadäquat und übertrieben einzuordnen. Eine deutlich spürbare Entlastung für den Patienten brachte dann sowohl die Einleitung der stationären Rehabilitation mit sich als auch, dass er sich heftig in eine 19-jährige Abiturientin verliebte, die er im Frühjahr 2007 übers Internet kennengelernt hatte.

Langsam, aber zunehmend gelang es ihm, einen ausführlichen, gesprächsintensiven und über die begleitende Videodarstellung (Webcam) höchst erotischen Kontakt zu der von ihm sehr angebeteten Frau herzustellen, und zwar Wochen bevor er sie persönlich traf. Die von ihr entworfenen Gedichte, ebenso die von beiden sehr geschätzten Lieder und Raps symbolisieren eine höchst verdichtete emotionale Intensität, voller Idealisierungs- und Hingabewünschen, Vertrauenwollen und Verschmelzen, die sehr schnell jedoch auch die andere Seite spüren lässt: Misstrauen, Bindungsangst, Todessehnsucht und existenzielle Abgründe. Von all dem erfuhr ich allerdings erst ein dreiviertel Jahr später, als mir der Patient voller Verzweiflung das oben zitierte Lied übergab.

In dieser Zeit erhielt ich zwar immer wieder Berichte des Patienten über seine nächtliche Internetkommunikation, die sich über einen längeren Zeitraum nicht nur auf die Geliebte, sondern auch auf andere, ihm inzwischen ganz vertraute »Webfrauen« bezog, die ihm zeitweise regelrecht ihr Herz ausschütteten, begriff zwar, dass der Patient damit seine Schlafstörungen und seine nächtlichen Angstzustände bekämpfte, fühlte mich aber zugleich ausgeschlossen und desinformiert über sein neues Leben, seine mir suchtartig erscheinenden Ablenkungen und erotischen Phantasiewelten.

Klinikaufenthalt und Rückkehr des Patienten in die analytische Behandlung erwiesen sich als konfliktbeladen und durch heftige Gegenübertragungsgefühle meinerseits behaftet. In den Folgewochen geklärt und ansatzweise verstanden werden konnten die emotionalen Abspaltungen des Patienten als Wiederinszenierung seiner frühen Trennungserfahrungen mit der Mutter, die ich in meiner Gegenübertragung dann projektiv-identifikatorisch als Gefühle des Patienten wiedererlebte: als Hilflosigkeit, Verzweiflung und plötzliches Abgeschnittensein von Kontakt und Bindung. Als sich dann im Herbst eine realistischere Entwicklung seiner Liebesbeziehung anbahnte – im Sinne einer fortschreitenden Entidealisierung und eines kaum merklichen emotionalen Rückzugs der jungen Frau, den der Patient mit heftiger Sehnsucht, mit Anklammern und verstärkten Appellen beantwortete –, geriet der Patient zum ersten Mal in einen Zustand starker emotionaler Überforderung, den er zunächst nur mithilfe eines Antidepressivums aushielt und der seine Abhängigkeit von einer Frau offenbarte, die er emotional braucht und die er nicht loslassen kann aus Angst vor dem völligen Zusammenbruch. Als das vom Patienten am meisten Befürchtete eintrat und die Freundin den Kontakt kurz vor Weihnachten schlagartig abbrach, meinte der Patient auch jetzt nur überleben zu können, indem er nächtelang im Internet chattete. Jetzt hatte ich wirklich Angst um ihn – aufgrund einer männlichen Anorexie auch um seinen körperlichen Zustand, der mir in diesem Moment nach den Weihnachtsferien bedrohlich erschien. Doch nun begann eine für ihn neue Form der Auseinandersetzung: Er spürte und begriff, dass er an sich denken muss, dass es ihm gut gehen und er sich entspannen können muss, um seine Arbeit, neue Freundschaften und Beziehungen wieder aufnehmen zu können.

Nach einem längeren Zeitraum des Auf-sich-selbst-Zurückgeworfenseins und des freundschaftlichen Internetaustauschs mit jungen Frauen, die ebenfalls Schwierigkeiten in Partnerbeziehungen hatten, lernte der Patient erneut eine Abiturientin kennen, die allerdings deutlich reifer und weniger gestört als seine vorherige Liebe wirkte und deren Problematik sich erst im Verlauf der sich langsam entwickelnden Beziehung als depressiv-ängstlich mit erheblichen Selbstwertdefiziten herausstellte. Der Patient wagte jetzt die Auseinandersetzung mit der Frage, warum er sich sehr junge Frauen aussuchen muss, die noch in der eigenen adoleszenten Suche und Identitätsfindung begriffen sind. Seine Abgrenzungsversuche von einer übergriffigen und äußerst kontrollierenden Mutter waren begleitet von schweren Schuldgefühlen und Phantasien über kindsmissbräuchliche Neigungen als Selbstbestrafung. Damit verbunden waren auch Idealisierungswünsche des Patienten im Sinne der eigenen nicht abgeschlossenen adoleszenten Entwicklung, da sowohl seine frühen Kindheitserfahrungen mit der Mutter als auch die späteren Erfahrungen mit seiner Borderline-Ehefrau immer wieder von erheblichen Enttäuschungen geprägt gewesen waren und deshalb entwicklungsbezogen von einer allzu frühen Entidealisierung der Objekte für den Patienten ausgegangen werden musste.

Im Verlauf der sich seit Frühjahr 2008 weiter vertiefenden Beziehung zu seiner neuen Freundin, die sich ihrerseits mit seiner Hilfe schrittweise von den Eltern abzulösen begann und nach ihrem Abitur im Juni »auf Probe« zu ihm zog – mit dem Ziel, am Ort ein Jurastudium zu beginnen –, war der Patient auch seinerseits gezwungen, sich mit seinem eigenen beruflichen Fortkommen zu beschäftigen. Sein früheres Scheitern an zwei abgebrochenen Studien und auch seine jetzigen Probleme beim Wiedereintritt in seine berufliche Tätigkeit stellten sich relativ bald als Reinszenierung einer Vater-Sohn-Beziehung dar, die in der Verachtung des Sohnes durch einen erfolgreichen Vater bestand. Dieser nahm jegliche Ansätze von Konflikt, Abweichung, Fehler und Versagen als persönlichen Angriff und familiären Zusammenbruch an sich wahr und musste deshalb auch seinen Sohn projektiv-identifikatorisch verfolgen und bekämpfen. Die beiden Brüder des Vaters sind nach den Maßstäben der Familie Gescheiterte, der eine ist Alkoholiker, der andere Hartz-IV-Empfänger. Dem Patienten gelang es jetzt allmählich, sich auch mit diesem bedrohlichen, ablehnenden Vater zu konfrontieren – ein Schritt, der auch das weitere Vorgehen mit seinen Kollegen und seinen Chefs in Gang brachte: Er ist seit Jahren als IT-Spezialist in einer Firma tätig, die gerade nach Effektivitätsgesichtspunkten alle Arbeitsbereiche umstrukturiert, wodurch für den Patienten bis jetzt die Gefahr einer Änderungskündigung besteht, die er jedoch mit juristischer Gegenwehr durchzustehen beabsichtigt.

Für mich unerwartet zurückhaltend und durchaus positiv vermochte der Patient inzwischen mit seiner Ehefrau umzugehen. Er ist in diesem Sinne auch in die Scheidungsauseinandersetzung eingetreten, mit der Absicht, eine einigermaßen gerechte und friedliche Einigung zu erreichen. Sie, in der von ihr erklärten Opferrolle, beansprucht dagegen eine besondere Form der Versorgung und führt eine neue Machtkampfebene ein, indem sie sich weigert, das gemeinsame Auto in die Unterhaltsverhandlungen mit einzubeziehen. Allerdings hatte er in Vorwegnahme einer entsprechenden krisenhaften Zuspitzung und aus Sorge um seine Arbeitsfähigkeit die ganze Angelegenheit bis jetzt aufgeschoben. Er hat die immer niedriger dosierten Antidepressiva noch nicht vollständig abgesetzt – aus der wohlbegründeten Angst heraus, ansonsten den Konflikten emotional nicht standhalten zu können. Er glaubt, so seine eigene Formulierung, auf diese Weise noch den Abstand und kühlen Kopf bewahren zu können, den er bei seiner Frau und auch seinen beiden Chefs gegenüber dringend brauche.

An dieser Stelle wurde die alte Abwehr des Patienten in der Übertragung erneut wirksam: Ich spürte für ihn stellvertretend die Empörung, Wut und Enttäuschung, die er mithilfe der noch vorhandenen Medikamentierung und Ruhigstellung niederhält, weil er sich diesen inneren Herausforderungen noch nicht gewachsen fühlt.

Nachbetrachtungen zwei Monate später

Inzwischen ist es dem Patienten gelungen, das von ihm vor einem Jahrzehnt abgebrochene Studium neben seiner Arbeit in einer anderen Form berufsbegleitend wieder aufzunehmen: Er immatrikulierte sich an einer Privatuniversität zur Erlangung eines Bachelors in Wirtschaftsrecht und schuf sich in einem ersten Schritt über das Internet einen Kontaktaustauschkreis mit Mitstudierenden seines Semesters. Sein äußerst zielgerichtetes kommunikatives Vorgehen fand sofort große Resonanz, und es bildete sich in kurzer Zeit eine feste Arbeitsgruppe, die Probleme, Unsicherheiten und Hürden in einem derartigen Studium austauscht. Dieser für mich zu diesem Zeitpunkt völlig unerwartete neue Schritt des Patienten, der das Internet quasi als alternatives Interaktions- und Entwicklungsfeld produktiv nutzte, knüpfte an dem lebendig gewordenen Austausch mit seiner Partnerin an, die ebenfalls größte Startprobleme mit ihrem Jurastudium erlebte, und half ihm, sein Gefühl der Stagnation im Rahmen seiner Tätigkeit innerhalb seiner IT-Firma zu überwinden.

Seine sich weiterentwickelnde Fähigkeit, mit sich, in der Welt und in der Gegenwart eines anderen alleine sein zu können, begann mit dem Wagnis eigenen kreativen Denkens und Handelns, das ihm zunächst aufgrund seiner großen Ängste vor Trennung und realem Kontrollverlust, vermittelt durch das mütterliche Objekt, nicht möglich war. Erst jetzt realisierte er bewusst die für ihn neue Erfahrung, dass Liebesbeziehungen nicht abbrechen und verloren gehen müssen, sondern überleben können, sofern nur der eigene emotionale Zustand den anderen erreicht und von ihm geteilt werden kann und eine affektive Resonanz über zeitliche und örtliche Begrenzungen hinweg gelingt. Auch das allseits als »ent-bindendes« Medium beklagte Internet kann als ein solcher kreativer Übergangsraum fungieren, wenn es der Entfaltung und dem Austausch von Kontaktwünschen, Beziehungsphantasien und konstruktiven Bewältigungen dient.

Verschiedene Autoren schildern ebenfalls an klinischen Fallbeispielen exemplarisch, wie frühe Trennungstraumata sich zunächst präverbal und präsymbolisch, sprach- und bildlos, in der Übertragung zeigen und vom

Analytiker als Trauma begriffen und verstanden werden müssen, dann über regressive Prozesse ihrer Wiederbelebung im analytischen Prozess zugänglich und sprachlich benannt werden können, sodass schließlich über die Neubildung symbolischer Repräsentanzen eine dritte Stufe der neurosenspezifischen Durcharbeitung von konflikthaften Selbst- und Objektbeziehungskonstellationen möglich wird (vgl. dazu Küchenhoff 1990; Volz 1998; Schacht 1999). Dazu führt Schacht sehr überzeugend die Wiedergewinnung des von Winnicott konzipierten potenziellen Übergangsraums als essentielle Bedingung für die therapeutische Veränderung an:

> »Beeinträchtigungen der Erfahrung von gesicherter Anhängigkeit oder von Objektverlust können also zum Erlöschen der Übergangsobjekte und zur Beeinträchtigung oder gar zum Verlust des potentiellen Raumes und damit der Symbolisierungsfähigkeit führen« (Schacht 1999, S. 156).

Dieser fragile potenzielle, hypothetische und von Rose (1987) auch als metaphorisch bezeichnete Raum, der damit kein eigentlicher Raum sei, umfasse die Dimension einer Erfahrung, die verloren gegangen sei und in dem betreffenden Individuum ein Drängen mit einer Sehnsucht hinterlassen habe, diese Erfahrung wiederzufinden, den potenziellen Übergangsraum wiederzubeleben und auf kreative Weise auszuweiten (vgl. Schacht 1999, S. 157ff.). Die genannten Autoren greifen zurück auf die von René Spitz 1966 beschriebene »anaklitische Depression«, die den psychischen Zustand des von der Mutter in den ersten Lebensmonaten getrennten Säuglings zu erfassen sucht: weinerliches Verhalten, das sich allmählich in Wimmern, Ausdrucksstarre des Gesichts und Kontaktverweigerung verwandelt, Schlaflosigkeit, Unruhe, Gewichtsverlust, motorische Verlangsamung und Infektanfälligkeit bis hin zum verzweifelten Sich-Anklammern an Erwachsene, wenn es gelingt, die anfängliche Ablehnung gegenüber Annäherungsversuchen zu überwinden. Je länger die Trennung von der Mutter erfolge, desto eher komme es zu einer weiteren Verschlechterung des kindlichen Zustands und damit zu einem progressiven Verlauf der anaklitischen Depression bis hin zu den von Spitz eigens beschriebenen, prognostisch ungünstigen Phänomenen des »Hospitalismus«. Kehre die Mutter nach spätestens drei Monaten zurück, könne eine Genesung erfolgen, die jedoch nach Spitz' Ansicht keine vollkommene sein kann, sondern Narben für die Entwicklung der späteren Jahre hinterlasse (vgl. Spitz 1987, S. 279ff.). Die für das Entstehen einer anaklitischen Depression notwendige Bedingung sei jedoch, dass das Kind vor der Trennung eine gute Beziehung zu seiner Mutter gehabt habe; es sei offensichtlich schwieriger, ein befriedigendes Liebesobjekt zu ersetzen als ein unbefriedigendes (vgl. ebd., S. 289).

All diese Faktoren treffen auf meinen Patienten zu: Die anfangs von mir angeführte Symptomatik scheint nahezu deckungsgleich auf der anaklitischen Verarbeitungsebene zu liegen; die aktive Annäherung, das Begreifen, Einordnen und Verstehen der trennungstraumatischen Bedingungen lag über lange Strecken der Behandlung in meinen Händen, ebenso die im zweiten Schritt möglich gewordene Wiederbelebung seiner Gefühle, die zunächst nur in meiner Gegenübertragung spürbar werden durften. Doch die vom Patienten betriebene sehnsuchtsvolle Suche nach dem Objekt im »Möglichkeitsraum« des Internets, emotional verdichtet im anfangs zitierten Lied, das auch das Scheitern eines solchen Versuchs impliziert, schuf die entscheidende Bedingung zur Wiederanknüpfung an eine früh erfahrene Liebe zum mütterlichen Objekt, die dem Patienten zu diesem Zeitpunkt noch nicht bewusst zugänglich war. Seine mittlerweile realisierte und gelebte erste Liebesbeziehung zu einer Frau, die wie er selbst bedürftig ist und sich nach ihm sehnt, birgt nach wie vor nicht geringen Konfliktstoff für das Zusammenleben und vermag ihn in keiner Weise abzusichern für die Zukunft: Allerdings vermittelt sie ihm die tägliche Erfahrung seines Weggehens und Wiederkommens, des Verschwindens und des Wiederfindens des Objekts – eine Erfahrung, die sehr langsam in ihm das Vertrauen entstehen lässt, dass es eine Kontinuität geben kann: Inzwischen gebe es Zeiten, in denen er auch mal nur für sich alleine sein und ruhig nachdenken wolle.

Literatur

Jacobson, Edith (1977): Depression. Eine vergleichende Untersuchung normaler, neurotischer und psychotisch-depressiver Zustände. Frankfurt/M. (Suhrkamp).

Küchenhoff, Joachim (1990): Die Repräsentation früher Traumata in der Übertragung. Forum Psa. 6, 15–31.

Rose, Gilbert J. (1987): Trauma and Mastery in Life and Art. New Haven & London (Yale University Press).

Schacht, Lore (1999): Frühe Trennungserfahrungen: Zwischen Trauma und Kreativität. In: Schlösser, Anne-Marie & Höhfeld, Kurt (Hg.): Trennungen. Gießen (Psychosozial-Verlag), S. 155–170.

Spitz, René A. (1987): Vom Säugling zum Kleinkind. Naturgeschichte der Mutter-Kind-Beziehungen im ersten Lebensjahr. Stuttgart (Klett-Cotta) [Orig. 1966].

Volz, Ursula (1998): Transformation des frühen Traumas durch Neubildung von Repräsentanzen im psychoanalytischen Prozeß. In: Schlösser, Anne-Marie & Höhfeld, Kurt (Hg.): Trauma und Konflikt. Gießen (Psychosozial-Verlag), S. 207–217.

Winnicott, Donald W. (1973): Vom Spiel zur Kreativität. Stuttgart (Klett-Cotta).

Der idolisierte Körper

Zur zeitgenössischen Attraktivität des Körpers

Mathias Hirsch

Offensichtlich ist in den letzten Jahrzehnten der Körper auf verschiedenen Ebenen auffallend ins Zentrum des Interesses gerückt: Fitness und Sport erleben einen Boom, gesellschaftlich sanktionierte Körpermodifikationen wie Tätowierung, Piercing und sogenannte Schönheitsoperationen werden massenweise praktiziert, und nicht zuletzt ist die Zahl der Fälle von an sich bereits bekannten Körperpathologien wie Selbstbeschädigungsformen und Ess-Störungen extrem angestiegen. Besonders weibliche jugendliche Patienten richten in einem immer scheiternden Selbstheilungsversuch suchtartig ihre Aggressionen gegen den eigenen Körper wie gegen ein äußeres Objekt. Es geht aber nicht nur um Aggression; in der Selbstbeschädigung ist auch eine Phantasie von Fürsorge und insbesondere Macht, Omnipotenz, enthalten. Auf die Frage, warum das so ist, wird man so schnell keine endgültige Antwort erhalten, aber es scheint, dass die Syndrome der Körpermodifikation die alte Hysterie – wenn auch nicht vollständig – abgelöst haben. Auch die Konversionssymptomatik spielt sich am Körper ab, allerdings wird sie auf immer noch geheimnisvolle Weise vom Körper selbst produziert, während die Jugendliche an ihrem Körper handelt. Adoleszenz dehnt sich heute übrigens häufig bis ins vierte Lebensjahrzehnt aus und sogar darüber hinaus. Meine These ist, dass pathologische wie nicht-pathologische Körperaktivitäten auf einem Nebenschauplatz mit dem Ringen um Identität zu tun haben. Zum zeitgenössischen Wandel der Krankheitsbilder nur ein paar Stichworte: Wir leben im »Zeitalter des Narzissmus« (Lasch 1979). Loewald

(1979) konstatiert ein »Dahinschwinden des Ödipuskomplexes«. Als Hauptabwehrmechanismus wurde die *Verdrängung* von der *Spaltung* abgelöst – der Art von Ichspaltung oder Selbstanteilspaltung, wie sie Freud (1940e) für die Perversion beschrieben hat; auf die Dissoziation des Körperselbst vom Gesamtselbst komme ich zurück.

Seit Beginn der Industrialisierung sind traditionelle Normen des Verhaltens, besonders der Rollenfunktionen, der geschlechtlichen Identität, immer schwächer geworden, ebenso feste Definitionen von Berufen. Dadurch entstanden ungeahnte Möglichkeiten der individuellen Entfaltung; die Räume der Entwicklung des Seins, also der Identität, erweiterten sich beträchtlich, dafür aber wurden Sicherheit gebende Grenzen weniger definiert bzw. ganz aufgehoben. »Keine Konvention, keine vorgestellte metaphysische Instanz, kein Weisungsbefugter sagt einem, was man tun soll. Man kann sich nur noch nach sich selbst richten. Doch die Ungewissheit ist groß. Wer bin ich, und was will ich aus meinem Leben machen?« (Schulze 2003, S. 212) Mit der größeren Freiheit der Entwicklung des Individuums geht eine Verunsicherung einher, die Angst erzeugt und deshalb Gegenmaßnahmen erfordert. Schneider (2003) nennt das »Zukunftsambivalenz von Unsicherheit und Offenheit«, er spricht von »unserer Zeit der Deregulierung und Globalisierung« (ebd., S. 228f.) und zeigt das Doppelte von Freiheitspotenzial und Zwang zur ständigen Neudefinition auf:

> »Die affirmative Postmoderne reklamiert das in der sozio-ökonomischen Gesamtentwicklung liegende Freiheitspotential, Freiheit verstanden als Ent-Regelung, Ent-Hemmung oder Ent-Grenzung, als schönen Schein endlosen Immer-wieder-neu-Anfangens für sich, […] und das beinhaltet eine bis ins Mark gehende Unsicherheit« (Schneider 2003, S. 230).

Gerhard Schulze (2003, S. 25) folgert in seinem Buch *Die beste aller Welten. Wohin bewegt sich die Gesellschaft im 21. Jahrhundert?*, dass aus dem relativen Verlust fester Regeln eine »Idee des Seins« entstehen müsse. Die Frage nach der Identität stellt sich also logischerweise umso drängender, je weniger das Individuum normativ begrenzt, d.h. aber auch durch Normen gestützt definiert wird. Das ganze Buch Schulzes handelt aber im Grunde nicht von der Beantwortung der Frage nach dem Sein, sondern von der zeitgenössischen *Abwehr* dieser Frage! Die beiden Hauptbereiche, die die Identitätsfrage zurückdrängen und ersetzen, sind die des »Könnens« und die des Konsums. »Das Sein ist schwerer zu fassen als das Können« (Schulze 2003, S. 25). Statt *Können* kann man auch *Tun* sagen (Erich Fromm [1976] stellte dem Sein das Haben gegenüber). Und von da ist es nicht mehr weit bis zum Machen, der Machbarkeit, und zu einer zeitgenössischen Omnipotenzphantasie, die man auch in der Medizin findet: Die Frage nach dem Sein des Patienten und nach Sinn (Auchter 2003, S. 100) und Bedeutung seiner Störung wird ersetzt durch die Frage, was möglichst effizient (und kostenminimierend) dagegen zu tun sei. Kann man es der und auch zunehmend dem Jugendlichen verdenken, sich dem Trend anzuschließen und vorzuziehen, mit dem eigenen Körper etwas zu *tun*, anstatt sich der bedrohlichen Frage nach dem *Sein* zu stellen?

Alle Verwendungen des Körpers setzen seine Trennung oder Dissoziation voraus, und zwar die Abspaltung der Körperrepräsentanz vom Selbst. Dieser Vorgang folgt dem Prinzip der sexuellen Perversion, dort ist es die Abspaltung des sexuellen Objekts vom Gesamt-Selbst des Objekts (die Spaltung des Objekts korrespondiert mit Freuds Ichspaltung des Subjekts bei der Perversion). Das menschliche Liebesobjekt wird zum idolisierten Ding-Objekt gemacht, zu einer Sache, die man handhaben und beherrschen kann, wie es Khan (1968) beschrieben hat. Liebe, Nähe, relative Unfreiheit durch die Beziehung, durch Loyalität, Verantwortung für den anderen, kurz Bindung, ist verpönt, weil sie unaushaltbare Angst hervorruft, vereinnahmt zu werden und jede abgegrenzte Identität zu verlieren. Und ähnlich der dissoziierte Körper: Abgespalten wird er beherrschbar und kontrollierbar wie ein Objekt, wie ein Übergangsobjekt oder auch Ding-Objekt.

Der Körper kann so als *Objekt*surrogat herhalten: *Der eigene Körper als Objekt* im Rahmen einer psychoanalytischen Traumatologie beschäftigt mich seit Langem (Hirsch 1989). Bei dieser Thematik ist zu unterscheiden, ob der Körper das traumatisierte Kind repräsentiert oder ob er als ein begleitendes gutes Mutterobjekt dient, das die traumatische Leere füllen soll, auch wenn er schmerzt oder beschädigt ist. Letzteres ist mein zentraler Gedanke bei der Selbstbeschädigung und beim psychogenen Schmerzsyndrom. Die Herstellung einer derartigen Körperpräsenz kann man auch als kompromissartigen Ausweg aus dem Dilemma, *nicht allein sein zu können* und gleichzeitig Angst vor Nähe zu haben, verstehen. Oft wird in diesem Zusammenhang auch dem warm über die Haut rinnenden Blut, dem Lebenssaft, beruhigende Funktion zugeschrieben, gar mit einem »security blanket«, einem übergangsobjektartigen Schlaftuch, verglichen (J.S. Kafka 1969). Der Körper bekommt gerade dadurch, dass er spürbar gemacht wird, also präsent ist, die Funktion eines beruhigenden, begleitenden mütterlichen Objekts, das deshalb nicht bedrohlich ist, weil es sozusagen selbst erschaffen ist.

Gleichzeitig repräsentiert der Körper aber auch, wie erwähnt, das misshandelte, missbrauchte Kind, das, vom übrigen Selbst abgespalten, dieses von der Identität des Opfers entlastet. Das ist eher Plassmanns (1989) Auffassung im Zusammenhang mit der artifiziellen Erkrankung. Die adoleszente Patientin macht in einer Täter-Opfer-Umkehr ihren Körper zum Opfer ihrer nun konkretisierbaren Aggression, sie ist nicht mehr ausgeliefert und hilflos, sie kann etwas bewirken, gibt sich eine Macht, die sie sonst nicht hat. So sagen die adoleszenten Mädchen trotzig: »Mein Körper gehört mir, und ich kann mit ihm machen, was *ich* will!« Eine weitere Funktion der Selbstbeschädigung ist in der Grenzziehung durch den kranken oder beschädigt-dissoziierten Körper gegenüber zu bedrohlichen Objekten zu sehen, aber auch in der artifiziellen Körpergrenze, die eine von Desintegration bedrohte Ichgrenze wie eine Prothese ersetzen soll.

Warum sind es nun aber die jungen Frauen, die sich des Körpers bemächtigen und ihn objektartig verwenden? Fonagy und Target (1995, S. 301) meinen, dass Gewalt sowohl gegen den eigenen Körper als auch nach außen gerichtet der »Versuch [...] [ist], sich von der unerträglichen Phantasie über die Gedanken eines Anderen zu befreien, die ursprünglich die Gedanken eines Elternteils waren.« »Unerträgliche Gedanken« der *Mutter* werden dem Jungen wie dem Mädchen in sehr frühem Alter vorgelebt, deshalb werden sie als innen, als in der Psyche des Kindes erlebt, die »Gedanken« des *Vaters*, später, werden eher außen lokalisiert. Mädchen identifizieren sich eher mit der Mutter, Jungen mit dem Vater, auch der Körper des Mädchens ist weiblich bzw. soll es in der Pubertät unweigerlich werden, was ja gerade die anorektischen Jugendlichen so wirkungsvoll abwehren. Auf jeden Fall sehe ich verschiedene Formen der Identifikation (vgl. Hirsch 1996), die dem verschiedenen Gewaltagieren zugrunde liegen, wie immer sie vermittelt werden. Mädchen neigen in einer masochistischen Identifikation mit dem Aggressor eher dazu, Opfer zu bleiben und den eigenen Körper zu attackieren; Jungen ziehen es vor, dem Täter imitierend nachzueifern, sie finden Schwächere, die sie sadistisch zu Opfern machen. So bleibt das weibliche Opfer eher Opfer auch seiner selbstdestruktiven Angriffe, das männliche zieht es vor, als Täter erst einmal mächtig zu sein.

Fonagy und Target (2001, S. 965; Orig. 2000) verbinden frühe Beziehungsdefizite und späteres Selbstbeschädigungsverhalten. In Bezug auf frühe Traumatisierung ist die Beziehung zwischen der Vorstellung der Eltern, »welche mentale Erfahrung das Kind macht«, sehr wichtig für die »Grundlage für ein tragfähiges Gefühl seiner selbst«. Dieser Gedanke findet sich schon in Bions (1962) Konzept des Containment, hier aber erweitert durch die Annahme, dass so eine erste Symbolisierung stattfindet; die Mutter beantwortet bedrohliche Körperzustände des Säuglings auf einer höheren Symbolstufe und macht sie so erträglich.

> »Fehlt diese Spiegelfunktion oder ist sie verzerrt, kann dies in einer psychischen Organisation resultieren, in der innere Erfahrungen nur schlecht repräsentiert sind, so dass unbedingt andere Formen gefunden werden müssen, mit denen psychische Erfahrung aufgefangen werden kann. Dazu zählen z.B. selbstbeschädigendes oder fremdaggressives Verhalten« (Fonagy/Target 2001, S. 965f.).

Der zentrale Gedanke Fonagys, mit dem er über Bion hinausgeht, ist, dass eine erste Symbolisierung für den Säugling im angemessenen Containment der Mutter geschieht, die dieser als gute Objekterfahrung internalisiert.

»Das Versagen dieser Funktion führt zu einer verzweifelten Suche nach alternativen Wegen zu einem Containment der dadurch ausgelösten Gedanken und intensiven Gefühle« (Fonagy/Target 1995, S. 294). Das Kind nimmt »die Psyche des Anderen mit dessen verzerrtem, fehlendem oder negativem Bild des Kindes in das eigene Identitätsgefühl hinein. Dieses Bild wird dann zum Keim eines potentiell verfolgenden Objekts, das im Selbst residiert, aber fremd und nicht assimilierbar bleibt« (ebd.). Das verfolgende innere Objekt kann man auch als traumatisches Introjekt bezeichnen, das nun nach seiner Abspaltung auf den Körper projiziert wird. »Wenn Objekte nicht angemessen als denkende und fühlende Wesen repräsentiert werden, dann können sie durch Körpererfahrungen gewissermaßen kontrolliert, auf Distanz gehalten oder es kann Nähe zu ihnen hergestellt werden« (ebd., S. 296). Die Selbstzerstörung sei eine Lösung aus dem Dilemma: »Die Befreiung des Selbst vom Anderen durch die Zerstörung des Anderen innerhalb des Selbst.«

Körpermodifizierende, selbstschädigende Pathologie ist überwiegend die Krankheit der Adoleszenz, und der Gedanke liegt nahe und ist wohl auch schon deutlich geworden, dass der Zugriff auf den Körper der Abwehr massiver Identitätsängste am Übergang von der Kindheit zum immer mehr selbst verantworteten Erwachsenenleben geschieht. Die Dysmorphophobie kann man auch als Körperkrankheit der Adoleszenz begreifen: Die große Angst vor der noch gänzlich unbekannten Identität als Frau oder Mann (die Dysmorphophobie betrifft durchaus auch Männer) verschiebt die oder der Adoleszente auf Körperteile, die er unterentwickelt oder missgestaltet wähnt, und zwar bezeichnenderweise weit überwiegend auf die primären und sekundären Geschlechtsmerkmale. Die Identitätsangst erscheint so als Körperangst, und auch die anorektischen Patienten wachen peinlich dysmorphophobisch über eine unbedingt einzuhaltende Körpergewichtsgrenze geradezu magischen Charakters. Die Phantasie von den missgestalteten oder unterentwickelten Geschlechtsorganen fungiert als *Abwehr der* und *Angst vor* der Entwicklung der Geschlechtsidentität; die Anorexie hat denselben Sinn. Die Zunahme dieser Körpererkrankungen, die die Dissoziation des Körpers und seine Funktionalisierung und Idolisierung enthalten, wird also in den erhöhten Identitätsanforderungen der Jugendlichen liegen, deren Begründung im Zeitgeist eingangs beschrieben wurde.

Aber nicht nur in unserer Zeit und unserer Gesellschaft, sondern schon immer hat der Mensch seinen Körper modifiziert, und zwar immer zum Zweck der Identitätssicherung: wer er ist, Mann oder Frau, Krieger oder Schamane, und zu welcher Gruppe er gehört. Der Kontext des Körper-Agierens ist aber verschieden; ich möchte deshalb drei Gruppen unterscheiden (Hirsch 2004):

1. eingebettet in die Traditionen der Gruppe, zu der man gehört, also gesellschaftskonform bzw. von der Gesellschaft gefordert;
2. Rebellion gegen gesellschaftliche Traditionen und Normen, mit der sich Untergruppen kämpferisch abgrenzen – wie die langen Haare der »68er« oder die Punkfrisuren;
3. pathologisches, destruktives, einsames Körper-Agieren, mit dem das Selbst den eigenen Körper zum Objekt seines Machtstrebens und seiner Aggression macht.

1.

Bei den »Naturvölkern« wird durch die tradierten Körperrituale die Ambivalenz dem Erwachsenwerden gegenüber sowie ein Trennungs-, Umwandlungs- und Neuaufnahmeprozess (van Gennep 1999; Orig. 1909) körperlich dargestellt. Das Ergebnis sind Achtung und sichere Akzeptanz des neuen Mitglieds der Gemeinschaft sowie dessen gefestigtes Selbstgefühl. Van Gennep nennt solche Körperrituale Übergangsriten, *Rites de Passage* – ein treffender Ausdruck, denn es geht immer um den Übergang von einem Stadium des Lebenslaufs zum nächsten: Geburt, Mannbarkeit, Heirat, Tod. Zentral bei den »Naturvölkern« ist die Bedeutung der Adoleszenz, also der Initiation im engeren Sinne, der Aufnahme in die soziale Gruppe der Erwachsenen, verbunden mit Trennung und Neudefinition. Van Gennep hat einen dreiphasigen Ablauf des Ritus beschrieben: Trennung von der alten Identität, Umwandlung und schließlich Angliederung an die Gruppe. Jeder Schritt ist mit besonderen Handlungen des Körpers und besonders mit Handlungen *am* Körper verbunden.

Alle Riten, in denen etwas abgeschnitten wird, sind Trennungsriten (van Gennep 1999, S. 60) – übrigens hat ja auch Freud (1926d) die Angst vor der Kastration letztlich auf die Angst vor Trennung, vor dem Verlassenwerden zurückgeführt. Die Beschneidung der Vorhaut des männlichen Gliedes ist ebenfalls ein Akt, der Trennung symbolisiert. Sie kann in verschiedenen Lebensaltern vorgenommen werden (van Gennep 1999, S. 75), und man kann prinzipiell zwei Bedeutungen unterscheiden: Entweder entspricht sie der Aufnahme in die (religiöse) Gemeinschaft, dann findet sie wie die Taufe im Säuglings- oder Kindesalter statt, oder aber sie ist Teil der Mannbarkeitsriten im Alter der Adoleszenz. Für van Gennep gehört die Beschneidung »in die Kategorie all der Praktiken, die – mit Hilfe von Amputation, Mutilation oder Zerteilung irgendeines Körperteils – auf eine für alle sichtbare Weise die Persönlichkeit eines Individuums verändern«. Und weiter schreibt der Autor eindrucksvoll:

> »Dabei entspricht das Abtrennen der Vorhaut genau dem Herausziehen eines Zahnes (in Australien), dem Abtrennen des letzten Glieds des kleinen Fingers (in Südafrika), dem Abschneiden des Ohrläppchens, dem Durchbohren des Ohrläppchens, des Septums, des Hymen, dem Tatauieren, dem Benarben oder einem besonderen Haarschnitt, der der Hervorhebung dient: Man löst das mutilierte Individuum mit Hilfe eines Trennungsritus aus der undifferenzierten Menge der Menschen heraus (das ist die Vorstellung, die dem Abschneiden, Durchbohren usw. zugrunde liegt) und gliedert es gleichzeitig so an eine bestimmte Gruppe an, dass, da die Operation unauslöschliche Spuren hinterlässt, die Integration endgültig ist [...] Wenn man schließlich auch das Entfernen der Klitoris und der äußeren Schamlippen, das Durchtrennen des Hymen, den Dammschnitt sowie die Subinzision in Betracht zieht, muss man erkennen, dass der menschliche Körper wie ein einfaches Stück Holz behandelt worden ist: Was hervorstand, hat man abgeschnitten, Wände durchbohrt, glatte Oberflächen eingeritzt – das alles manchmal, wie in Australien, mit sehr viel Phantasie« (van Gennep 1999, S. 76).

Die Beschneidung gehört also zu den Mutilationen, die dauerhafte Veränderungen verursachen und so den endgültigen Identitätsübergang ausdrücken. Auch für die Genitalgegend gibt es zeitgenössische Parallelen: Piercings werden an den prekärsten Körperstellen vorgenommen, und eigentlich ist auch die operative Geschlechtsumwandlung der Versuch einer Identitätsveränderung durch Körpermanipulation.

2.

Das nonkonforme, nicht pathologische Agieren der Jugendlichen in unserer Gesellschaft löst Aversion, Aggression und Ausgrenzung aus. Das Selbstgefühl steigt bei einem rebellierenden Jugendlichen, der sich zudem der Akzeptanz seiner Peergroup versichert, aber es ist ein *vorläufiges* Selbstgefühl, das erst einmal auf Gegenidentifikation und Gegenabhängigkeit beruht, da der Jugendliche sich *gegen* die Normen definiert. Der Jugendliche macht sich seine Initiationsriten in Ermangelung gesellschaftlicher Vorgaben sozusagen selbst und definiert mit ihnen die Zugehörigkeit zu seiner Peergroup. Interessanterweise benutzen Jugendliche zum Teil ähnliche Mittel wie die Naturvölker: Tattoo, Piercing, manchmal das Zufügen von Narben, Schmerz aushalten, Fasten und Diäten. Da aber der Jugendliche, der sich »ausgetobt« hat, in die Gemeinschaft der etablierten Erwachsenen zurückkehrt, kann man sein rebellisches Agieren als passageren Identitätsfindungsprozess sehen.

3.

Beim pathologischen Körperagieren gibt es sowohl Aspekte von Rebellion als auch von Anpassung: Die Anorektikerin rebelliert offen gegen die Forderung, eine weibliche Identität zu übernehmen, findet so allerdings keineswegs zu sich selbst, sondern bleibt in der Gegenidentifikation stecken. Auch die offene Selbstverletzung der Jugendlichen hat einen rebellischen Charakter, sie schockiert und ruft Aversion und Aggression hervor. Bei anderen Formen der Körperinszenierung unterwirft man sich allem Anschein nach den Normen: Die Bulimikerin hat in der Regel ein *Norm*-Gewicht, von dem aus sie heimlich agiert, allerdings sich unbewusst doch aggressiv von den Objektrepräsentanzen abgrenzend. Auch die Konsumentin »schönheitschirurgischer« Maßnahmen scheint sich den kollektiven Idealvorstellungen zu unterwerfen, aber ihr Unglück rührt nicht etwa daher, dass ihr Körper ihnen nicht entspricht, es liegt dahinter und viel tiefer, und sie benutzt die Ideale nur, wie sie auch den Körper vorschiebt.

Das pathologische Körperagieren bedeutet nicht Initiation, nicht Trennung, es gibt keine Entwicklung, genau wie bei der Sucht; es muss ständig wiederholt werden, da Ambivalenz und Abhängigkeit nicht überwunden werden, die Identitätsentwicklung arretiert ist. Der mit dem Körperagieren verbundene Schmerz symbolisiert nicht etwa (wie beim Ritual der »Naturvölker«) den Trennungsschmerz, sondern die ungelöste Spannung zwischen Autonomiebestrebung und Abhängigkeitswunsch. Die Mutilation ist hier nicht ein Abtrennen, sondern ein verzweifelter Versuch, sich selbst zu definieren. Vielleicht treten in unserer entritualisierten Gesellschaft nicht zuletzt Körperideale an die Stelle der Rituale zum Zweck der Definition von Identität: Die »Fitness« und Schönheit des Körpers wird als hoher Wert angesehen, Jugendliche definieren sich über ihre Körpermodifikationen und wähnen sozusagen den Körper als Schauplatz ihrer Entwicklungsstörung. Der Verlust von Regeln und Ritualen, von sicherer Gruppenzugehörigkeit und Religion scheint das Erfinden von Ersatzritualen nötig zu machen, um ein Identitätsdefizit zu kompensieren, sei es nun auf einer pathologischen oder nicht pathologischen individuellen Ebene oder als Entwicklung der gesamten Gesellschaft.

Literatur

Auchter, Thomas (2003): Psychoanalyse zwischen Emanzipation, Effizienz, Euro und Entfremdung. In: Gerlach, A.; Schlösser, A.-M. & Springer, A. (Hg.): Psychoanalyse mit und ohne Couch. Haltung und Methode. Gießen (Psychosozial-Verlag).

Bion, Wilfred R. (1962): Lernen durch Erfahrung. Frankfurt/M. (Suhrkamp) 1990.

Fonagy, Peter & Target, Margret (1995): Zum Verständnis von Gewalt: über die Verwendung des Körpers und die Rolle des Vaters. Kinderanalyse 10, 280–307.

Fonagy, Peter & Target, Margret (2000): Mit der Realität spielen. Zur Doppelgesichtigkeit psychischer Realität von Borderline-Patienten. Psyche – Z psychoanal 55, 961–995.

Freud, Sigmund (1926d): Hemmung, Symptom und Angst. GW XIV.

Freud, Sigmund (1940e): Die Ichspaltung im Abwehrvorgang. GW XVII.

Fromm, Erich (1976): Haben oder Sein. Die seelischen Grundlagen einer neuen Gesellschaft. Stuttgart (Deutsche Verlags-Anstalt).

Hirsch, Mathias (Hg.) (1989): Der eigene Körper als Objekt. Zur Psychodynamik selbstdestruktiven Körperagierens. Unveränd. Neuaufl. Gießen (Psychosozial-Verlag) 1998.

Hirsch, Mathias (1996): Zwei Arten der Identifikation mit dem Aggressor – nach Ferenczi und nach Anna Freud. Praxis Kinderpsychol. Kinderpsychiat. 45, 198–205.

Hirsch, Mathias (2004): Körperinszenierungen – über Parallelen des Körperagierens bei den »Naturvölkern«, zeitgenössischen Jugendlichen und pathologischen Formen. Forum Psa. 20, 367–378.

Kafka, John. S. (1969): The body as transitional object: a psychoanalytic study of a self-mutilating patient. Brit. J. Med. Psychol. 42, 207–212.

Khan, Masud M. R. (1968): Die Wiedergutmachung am Selbst als idealisiertem inneren Objekt. In: Khan, Masud M. R. (1979): Entfremdung bei Perversionen. Frankfurt/M. (Suhrkamp) 1983.

Lasch, Christopher (1979): Das Zeitalter des Narzissmus. München (Steinhausen) 1980.

Loewald, Hans W. (1979): Das Dahinschwinden des Ödipuskomplexes. In: Loewald, Hans W.: Psychoanalyse. Aufsätze aus den Jahren 1951–1979. Stuttgart (Klett-Cotta) 1986.

Plassmann, Reinhard (1989): Artifizielle Krankheiten und Münchhausen-Syndrome. In: Hirsch, Mathias (Hg.): Der eigene Körper als Objekt. Zur Psychodynamik selbstdestruktiven Körperagierens. Springer, Berlin, Heidelberg. Neuaufl. Gießen (Psychosozial-Verlag) 1998.

Schneider, Gerhard (2003): Die Zukunft? Plädoyer für eine atopische Grundhaltung in der Psychoanalyse – mit einem Exkurs zu Melvilles Bartleby. Psyche – Z psychoanal 57, 226–248.

Schulze, Gerhard (2003): Die beste aller Welten – wohin bewegt sich die Gesellschaft im 21. Jahrhundert? München, Wien (Hanser).

van Gennep, Arnold (1999): Übergangsriten. Frankfurt/M. (Campus) [Orig. 1909].

Die Fähigkeit zum Alleinsein als Reifeprüfung für das Älterwerden

Gabriele Junkers

Einleitung

Ein Gefühl der Einsamkeit kennen wir alle. Dichter und Philosophen haben die verschiedensten Facetten dieses Seelenzustandes eindrucksvoll beschrieben (z.B. Hölderlin, Rilke, von Eichendorff, Nietzsche, Kierkegaard, Binswanger, Ortega y Gasset).

Viele Menschen fürchten die Einsamkeit, denn sie ist mit psychischem Schmerz verbunden. Wir werden sehr erfinderisch, um uns nicht einsam fühlen zu müssen. Ich meine sogar, die meisten der unser heutiges Leben bestimmenden technischen Erfindungen zielen darauf ab, Einsamkeitsgefühle zu vermeiden und Distanz zum Objekt schneller überwinden zu können. Die Art und Weise jedoch, wie ein Mensch seine Einsamkeit erlebt, mit ihr umgeht und sie bewältigt, ist individuell sehr verschieden.

Je älter wir werden, umso eher drängen sich Realitäten auf, die oft nicht mehr erfolgreich mit den bisher zur Verfügung stehenden Abwehrmaßnahmen bekämpft werden können. Ich denke etwa an Krankheit, körperliche Einschränkungen oder gar Immobilität oder auch die Wahrscheinlichkeit des Todes, die immer näher rückt und immer weniger verleugnet werden kann: All dies legt dem Erleben eine Art Filter auf und lässt es an immer mehr Grenzen stoßen. Aber auch das Verlassenwerden durch den Tod des Ehepartners oder anderer lieb gewonnener Menschen bedeutet, immer mehr mit dem Alleinsein konfrontiert zu sein. Insofern drängt sich ein Zusammenhang zwischen Alter und Einsamkeit auf. Freud sagt: »Wenn Du das Leben aushalten willst, richte Dich auf den Tod ein« (Freud 1915b, S. 355). Er sagt uns damit, dass es bestimmte, sich früh im Leben entwickelnde Prädispositionen sind, die uns dazu befähigen, mit den psychischen Bedeutungsäquivalenten von körperlichen, sozialen und existenziellen Veränderungen und Verlusten umzugehen. Derartige seelische Ausstattungen können jedoch durch Lebenskrisen erschüttert werden und dementsprechend über den Lebensweg hinweg Modifikationen erfahren.

Exkurs über das Gefühl der Einsamkeit

Einsamkeit können wir zu allen Zeiten des Lebens empfinden, mit großer Wahrscheinlichkeit jedoch dann, wenn wir entweder Verluste erleben oder neue Entwicklungsaufgaben zur Bewältigung anstehen. Den Umgang mit Trennungen, Verzicht und Verlusten zu lernen, gehört zu den schwierigsten Aufgaben der menschlichen Entwicklung. Das Ende einer als paradiesisch postulierten intrauterinen Einheit führt – je nach Sicht des psychoanalytischen Forschers – zu unterschiedlichen Postulaten über den Beginn der seelischen Entwicklung.

Entweder kommt es

1. aus einer uranfänglichen Dyade heraus zur allmählichen Differenzierung und ertragbaren Erfahrung von Alleinsein oder
2. die uranfängliche psychophysische Getrenntheit führt, wenn erträglich, recht bald zur Bildung der Abwehr-Illusionen über eine Dyade (Zweieinheit/Ungetrenntheit).

Je nachdem ob die erste oder zweite Annahme Geltung haben soll, wird die Konfrontation mit einer rudimentären früh-ödipalen Struktur früher oder später angesiedelt. Es geht jetzt um die Bemeisterung der schwierigen Aufgabe, mit dem Aufbrechen der Dyade vom Teilhaber zum Beobachter werden zu können. Diese Entwicklung kann nur gelingen, wenn zuvor genügend gute Objekterfahrungen internalisiert wurden (und konstitutionelle Faktoren dies zuließen) und gelernt werden konnte, zwischen Produkten der eigenen Phantasie und realen Phänomenen des

Lebens zu unterscheiden. Kann Trennung nicht ertragen werden, fehlt der innerseelische Raum, um diese zu erkennen, und der Wunsch überwiegt, die Anerkennung dessen, was fehlt, zu vermeiden.

Aus psychoanalytischem Blickwinkel ist Einsamkeit ein deskriptives Konzept; eine genauere metapsychologische Einordnung, so Quinodoz (1996), fehlt bisher. Wir werden jedoch sehen, dass es trotz unterschiedlicher theoretischer Ansätze in den drei meines Erachtens wichtigsten psychoanalytischen Arbeiten zu diesem Thema Überschneidungen gibt. Im Folgenden werden einige zentrale Gesichtspunkte aus diesen grundlegenden psychoanalytischen Arbeiten zusammengefasst.

Winnicott sieht in der *Fähigkeit zum Alleinsein* (1974) ein hoch kultiviertes, menschliches Phänomen, das er ursächlich mit erlangter emotionaler Reife verbindet. Diese beinhaltet für ihn, dass das Subjekt fähig ist, bestimmte Realitäten zu akzeptieren, die – wie ich meine – Ortega y Gasset als grundlegende anthropologische Gegebenheit besonders gut beschrieben hat. Er sagt:

> »Ein jeder hat sein eigenes Leben zu leben, niemand kann ihn beim Geschäfte des Lebens vertreten, [...] niemand kann an seiner Stelle fühlen und wollen; und endlich: es ist ihm unmöglich, durch einen Mitmenschen die Gedanken denken zu lassen, die er denken muss, um sich in der Welt, will sagen, der Welt der Dinge und der Welt der Menschen, zu orientieren und die passende Verhaltensweise zu finden [...] hierfür gibt es keinen Stellvertreter [...]. Und da dies für meine gesamten Entscheidungen, Willensakte, Empfindungen zutrifft, so können wir nicht umhin, schließlich zu dem Ergebnis zu gelangen, dass das menschliche Leben [...] eben seiner Unübertragbarkeit wegen wesentlich Einsamkeit, radikal Einsamkeit ist« (Ortega y Gasset 1996, Bd. 2, S. 36).

Als Philosoph drückt er aus, was Winnicott meint, wenn er sagt, *allein sein* könne ein Mensch nur dann, wenn er eine eigene Identität entwickelt habe, die ihn dazu befähige, »Ich« oder »Ich bin« oder auch »Ich bin allein« zu sagen. Dies ist nach seiner Ansicht die Vorbedingung zum Alleinsein, die auf der Verfügbarkeit guter innerer Objekte aufbaut, auf der Fähigkeit zur Anerkennung von Abhängigkeit und schließlich auf der Fähigkeit, Vertrauen in die Objekte empfinden zu können, die als vom Selbst getrennt erlebt werden.

Nur wenn diese frühen Entwicklungsschritte erfolgreich bewältigt werden konnten, wird eine angstfreie Rückkehr in einen Zustand der Nicht-Integration wie auch eine Entwicklung in Richtung der Akzeptanz einer Dreierbeziehung möglich. Winnicott ist überzeugt, dass die Fähigkeit, allein zu sein, das Paradoxon beinhaltet, allein sein zu können, wenn ein anderer anwesend ist.

Etwa zur selben Zeit beschäftigte sich auch Melanie Klein mit dem *Gefühl der Einsamkeit* (1963). Im Mittelpunkt ihrer Überlegungen zum Verständnis eines Gefühls der *inneren Einsamkeit* steht – ungeachtet der äußeren Umstände – »eine[r] allgegenwärtige[n] Sehnsucht nach einem unerreichbaren inneren Zustand der Vollkommenheit« (Klein 1963, S. 475). Sie ist überzeugt, dass eine tiefe Sehnsucht nach einer frühesten Beziehung zur Mutter, nach einem umfassenden präverbalen und verbalen Sichverstandenfühlen über den ganzen Lebensweg hinweg bestehen bleibt. Die Sehnsucht danach trage zu einem Gefühl der Einsamkeit bei und wurzle in der depressiven Empfindung, einen unwiederbringlichen Verlust erlitten zu haben. Ist etwas in der frühen Entwicklung schiefgelaufen, so können destruktive Strebungen die Oberhand gewinnen. Aufgrund projektiver Prozesse kann die Mutter dann als verfolgend empfunden und als bedrohliche Objektbeziehungserfahrung introjiziert werden. In einer so entstandenen paranoiden Situation, die meist mit einem falsch verstandenen Gefühl von Sicherheit verbunden ist, sieht Klein die wesentliche Wurzel der *inneren Einsamkeit*. Konnten dagegen ausreichend gute Objekterfahrungen internalisiert werden und als Grundlage für die Identifizierung mit guten Objekten dienen, so schwächt dies die destruktiven Strebungen und mindert die Strenge des Über-Ichs. Fortschreitende Integration, Verringerung der Omnipotenz und größere Anpassung an die Realität tragen zur Entwicklung eines starken Ichs bei, das nach Klein weniger anfällig ist für Fragmentierung und das dann auch in der Lage ist, neue Quellen der Freude in der Außenwelt zu erschließen.

Ein realistisches »Ich kann« wird dann nicht mehr von einem omnipotenten »Ich kann alles« dominiert. Eine realistische Erfahrung von »Ich kann« stärkt auch die Erfahrung von »Ich bin«. Kann ich sagen »Ich bin«, erscheint dies als ein guter Schutz dagegen, dass ein

»Ich kann nicht mehr« später im Alter zu einem »Ich bin nicht mehr« führt.

Klein und Winnicott stimmen darin überein, dass emotionale Reife im Sinne psychischer Gesundheit, eines starken Ichs, eines Gefühls der Identität und Integration Faktoren sind, die uns vor einem übermäßigen bzw. pathologischen Einsamkeitserleben schützen. Klein stellt dabei folgende Fähigkeiten zur Milderung des Einsamkeitserlebens als zentral heraus:

Es geht ihr einmal um die Fähigkeit, insbesondere *innere* Verluste verkraften zu können, wie etwa den Verlust eines idealisierten Objekts oder auch Subjekts, weil Integration sonst gar nicht möglich wäre. Es sind gerade diese integrativen Bewegungen, die von vielen Menschen als psychischer Schmerz empfunden werden und die sich im Erleben als Gefühl zunehmender innerer Einsamkeit niederschlagen können. Dieses Gefühl der Einsamkeit beinhaltet, sich mit dem Teil des Selbst, der als böse empfunden wird, völlig alleingelassen zu fühlen. Bestehen aber Idealisierungen aufgrund mangelnder Integration unaufgelöst fort, taucht die Gefahr auf, dass sich die Idealisierung des früher idealisierten Objekts ins Gegenteil verkehrt und es nun als verfolgend empfunden wird.

Im weiteren Verlauf betont Klein, dass Verbindungen wiederherzustellen eine Fähigkeit darstelle, die vor Vereinsamung schützen kann. Diesen Punkt hatte Winnicott in seiner Konzeption noch nicht in gleichem Maß herausgearbeitet.

Zur selben Zeit wie Klein und Winnicott zentriert Frieda Fromm-Reichmann (1959) ihre Untersuchung auf ein besonders intensives Gefühl der Einsamkeit, bei dem jegliche Beziehungen aus der Vergangenheit vergessen oder gar ausgelöscht zu sein scheinen und die zukünftige Möglichkeit von Beziehungsgestaltung in der Vorstellung keinen Raum bekommen kann. Ein solcher Gefühlszustand der Einsamkeit kann weder betrauert noch empathisch geteilt werden. Er ist für sie mit Panik, Leere und Eiseskälte verbunden. Das Risiko, später unter pathologischen Einsamkeitsgefühlen zu leiden, vermutet Fromm-Reichmann dort, wo ein Kind entweder zu früh oder abrupt von der zärtlichen Bemutterung entwöhnt wird, nämlich noch bevor es fähig wird, befriedigende Substitute für die veränderten Bedürfnisse selbst herbeizuführen. Wird ein kleines Kind ausschließlich geliebt und bewundert, kann es nichts über die äußere Welt und die Realität erfahren. Dies birgt mit Zilboorg (1938) die Gefahr einer narzisstischen Orientierung im späteren Leben, die dafür prädestiniert, Abhängigkeit und damit Einsamkeitsgefühle zu verleugnen.

Wie es sich vielleicht auch aus eigenem Erleben und der Lebenserfahrung aufdrängt, habe ich versucht, unterschiedliche Formen des Einsamkeitserlebens voneinander zu unterscheiden. Je nachdem inwieweit Abwehrformen der paranoid-schizoiden Position oder der depressiven Position zur Anwendung kommen, kann sich das Einsamkeitserleben entweder mehr dem schizoiden Pol nähern, wie er von Fromm-Reichmann beschrieben wurde, oder dem, was Quinodoz als pathologische Einsamkeitsgefühle bezeichnet. Diese Einsamkeitsgefühle sind, so Fromm-Reichmann, von nicht tolerierbarer Angst begleitet, die nicht kommunizierbar, sondern nur inszenierbar ist. Ein Mensch mit einem solchen Gefühl der Einsamkeit leidet nicht bewusst an der Einsamkeit, sondern er empfindet ein Gefühl der Auslöschung des Selbst, wobei vorrangig Verleugnung und Spaltung als Abwehrformen eingesetzt werden.

Davon lässt sich eine mildere Form des Einsamkeitserlebens abgrenzen, die Quinodoz als »normale Einsamkeit« verstanden wissen will, als eine Art romantische oder nostalgische Einsamkeit, bei der die begleitende Angst tolerierbar und in Worten kommunizierbar erscheint und die nicht die gesamte psychische Struktur durchdringt. Wir können annehmen, dass hier eher depressive Ängste eine Rolle spielen.

Ich möchte diese Unterscheidung um zwei weitere Aspekte ergänzen: Zum einen kennen wir Einsamkeit auch als konstruktiven Zustand, der meist von vorübergehender Natur ist und aktiv aufgesucht, aber ebenso aktiv wieder aufgegeben werden kann. Ich meine damit einen Zustand, wie ihn etwa Künstler erleben. Nur diejenigen, die sich angstfrei einer solchen konstruktiven Einsamkeit stellen können, werden frei über ihre Kreativität verfügen können.

Zum anderen ist Einsamkeitserleben im Alter auch dadurch möglich, dass bestimmte, meist eng an den Alternsvorgang gekoppelte Veränderungen der körperlichen Realität psychisches Erleben verändern können. Ich habe in einer früheren Arbeit die Bedeutung der Sinne als Band zur

Realität hervorgehoben (Junkers 1995). Eine mögliche zunehmende Brüchigkeit der für die Anpassung an die Realität unerlässlichen wahrnehmenden Sinnesleistungen kann dazu beitragen, dass das psychische Gleichgewicht bei einer gering ausgeprägten Ichstärke leichter entgleist bzw. mit den Worten Kleins das Ich fragmentiert. Das Einsamkeitserleben wird hier durch eine reale Hilflosigkeit verstärkt. Dies gilt auch für Veränderungen der geistigen Leistungsfähigkeit bzw. der höheren verarbeitenden Funktionen, insbesondere aber des Gedächtnisses. In unserer Vorstellung gibt es kaum eine krassere Form der Einsamkeit als die in der Demenz. Bei fortschreitendem Verlust der Gedächtnisfähigkeit, also der Auslöschung von jeglicher Vergangenheit und Zukunft, sowie des »eben« oder »gleich« gehe ich davon aus, dass die mangelnde reflexive Fähigkeit zum Erlebnis von Einsamkeit im Sinne der paranoid-schizoiden Funktionsweise führt und Einsamkeitsgefühle nur inselhaft und isoliert im Fluss des Erlebens auftauchen.

Money-Kyrle (1971/78) fasst in seinen »facts of life« zusammen, was ich als Vorbedingung für die Fähigkeit, erfolgreich altern und allein sein zu können, ansehen würde:

1. Die Anerkennung der Brust als zutiefst gutes Objekt,
2. die Anerkennung des elterlichen Verkehrs als kreativen Akt und
3. die Anerkennung der Unausweichlichkeit von Zeit und letztendlichem Tod.

Wenn jedoch diese frühesten Aufgaben nicht oder nur teilweise gemeistert werden konnten, so wird alles spätere erwachsene Denken und Fühlen durch diese frühesten Schwierigkeiten behindert werden. Nur eine gelungene Bewältigung der frühen und späteren ödipalen Aufgabe ermöglicht es letztlich, das Vergehen von Zeit anzuerkennen wie auch Endlichkeit und Tod in den Blick nehmen zu können.

Warum verbinden wir Einsamkeit mit dem Alter?

Bei den relativ wenigen psychoanalytischen Arbeiten, die zum Thema Einsamkeit veröffentlicht wurden, fällt auf, dass alle Autoren älter als

60 Jahre waren, als sie ihre Gedanken zum Thema Einsamkeit und Alleinsein niederschrieben; einige taten dies sogar so spät, dass diese Arbeiten, wie es Cycon bei Melanie Klein mutmaßt, als unfertig anzusehen sind (Cycon 2000, S. 474).

Winnicott (1896–1971) war 62 Jahre alt, als er seine Arbeit über *Die Fähigkeit zum Alleinsein* (1958) verfasste. Melanie Kleins Schrift *Zum Gefühl der Einsamkeit* (1963/2000) wie auch die Arbeit von Frieda Fromm-Reichmann (1889–1957) über Einsamkeit wurden erst posthum veröffentlicht (1959); Klein starb 78-jährig, Frieda Fromm-Reichmann 67-jährig. Für beide Analytikerinnen waren es ihre jeweils letzten Arbeiten. Auch heutige Autoren wie Jean Michel Quinodoz (1993) und Erlich (2003) wenden sich diesem Thema erst jenseits des 60. Lebensjahres zu.

Führt Älterwerden unabwendbar in die Einsamkeit? Ab der Mitte des Lebens steht das Altern anders im Bewusstsein. Man wird sich der unangenehmen Wahrheit bewusst, dass man vernünftigerweise nicht gegen die Zeit stehen kann, ihr nicht nachjagen darf, aber auch nicht den Ausweg hat, sich aus dem Zeitlauf herauszunehmen, so Jean Améry. Es kostet immer größere Anstrengungen, das Eckdatum eines festgelegten Ausgangs des Alterns, nämlich den Tod, aus der inneren Welt fortzuhalten, insbesondere weil der genaue Zeitpunkt so ungewiss ist. Ich kann jetzt nicht mehr von *dem Alter* sprechen, sondern muss beginnen, von *meinem Alter oder Älterwerden* zu sprechen.

Sylvia Bovenschen (2006) verbindet das konkrete äußere Verlassenwerden von Familie, Freunden und Bekannten damit, zunehmend mehr mit den eigenen Erinnerungen allein zu sein. All jene, mit denen »Erinnerungsverabredungen« bestanden, sind nun nicht mehr erreichbar oder eben einfach gar nicht mehr da. Kaum etwas, das öffentlich über zurückliegende Zeiten verlautbart wird, ist noch mit den privaten Rückblicken verträglich. Die eigenen Jugenderinnerungen klingen für die heute Jugendlichen wie eine Erzählung aus dem Dreißigjährigen Krieg.

Norman Cohen (1982) war der erste, der die psychoanalytische Untersuchung des Gefühls von Einsamkeit mit dem Altern in Verbindung brachte. Er wie auch Wolfgang Loch, der seinen Vortrag auf dem internationalen Kongress in Helsinki 1981 kommentierte, sind zu dieser Zeit selbst schon im fortgeschrittenen Alter. Cohen ist überzeugt, dass die Verbindung der Themen Alter und Einsamkeit erst durch neuere Entwicklungen psychoanalytischer Theorie und Technik möglich werden. Vor allem Menschen mit narzisstischen Störungen sieht er aufgrund ihrer gering ausgeprägten Fähigkeit, psychischen Schmerz auszuhalten und zu bewältigen, kaum in der Lage, sich dem Prozess des Älterwerdens anzupassen. Für sie sei es zu schwer, Abhängigkeit zu ertragen, zu trauern und die schlussendliche Unausweichlichkeit des eigenen Todes anzuerkennen. Im Einklang mit Melanie Klein versteht er die Einsamkeit als die Unfähigkeit, im eigenen Inneren mit Teilen des Selbst oder auch inneren Objekten zu kommunizieren. So verstärkt unter Umständen eine pathologische narzisstische Abwehr ein Gefühl der Einsamkeit und erschwert die Entwicklung eines Gefühls der Zugehörigkeit.

Indem ich das Ich als die Stätte der Vermittlung zwischen äußerer und innerer Realität gesehen habe, habe ich (1995) das Ich als die Stätte des Alterns bezeichnet. So gesehen scheint derjenige, der mit einem starken Ich ausgestattet ist, für die Klippen des Älterwerdens gut gerüstet zu sein. Wie sehen nun diese Klippen aus?

Pearl King (1980) nennt fünf besondere Belastungen durch die Lebensrealität als Quelle für Ängste und ist überzeugt, dass diese in der zweiten Lebenshälfte zu einem neurotischen Zusammenbruch führen können:

1. Angst vor dem Verlust der sexuellen Potenz
2. Verlust von Identität durch den Verlust der professionellen Rollen
3. Angst in der ehelichen Gemeinschaft, wenn die Kinder aus dem Haus gehen
4. Angst vor dem Altern, möglicher Krankheit und Abhängigkeit von anderen
5. die Unausweichlichkeit des eigenen Todes

Bei näherem Hinsehen geht es in allen Punkten um Verlusterlebnisse, die in enger Verbindung zum Einsamkeitserleben stehen.

Hanna Segal (1958), die ich als Pionierin auf diesem Gebiet sehe, stellt die These auf, dass die *unbewusste Angst vor dem Tod* mit zunehmendem Alter immer größer wird. Diese ansteigende Angst sieht sie als Quelle bzw. Ursache für vielerlei seelische Zusammenbrüche im Alter. Als ich ihre Arbeit *Angst vor dem Tod – Bemerkungen zur Analyse eines alten Mannes* las, wollte ich zunächst protestieren. Denn mir war aufgefallen, dass meine Alterspatienten in der psychiatrischen Klinik niemals von ihrer Angst vor dem Tod gesprochen hatten, wohl aber von Angst vor Schmerz und Leiden, vor Hilflosigkeit und Hoffnungslosigkeit, Einsamkeit und Isolation, körperlicher und geistiger Behinderung und der Notwendigkeit, sich auf diejenigen zu verlassen, die einen verlassen könnten, ähnlich wie es auch Pollock (1982) von seinen Patienten berichtet. Als ich aber besser verstehen konnte, dass nach Kleins Auffassung der Tod der äußeren Mutter gleichzeitig den Verlust des inneren guten Objektes bedeutet und dies die Angst des Säuglings vor seinem eigenen Tod verstärkt, konnte ich ihrer These besser folgen. Der Verlust des Lebens steht hier für die Angst, das gute Objekt für immer verloren zu haben. Ein so entstehendes Einsamkeitsgefühl par excellence wird unbewusst wie eine psychische Vernichtung empfunden.

Eine kumulative Häufung von Verlusterlebnissen kann insofern im Alter als eine Bewegung hin auf die immer größer werdende Wahrscheinlichkeit des unwiederbringlichen Verlustes des guten Objektes verstanden werden. Ich möchte meine Überlegungen nun mit Eindrücken aus einem Erstinterview illustrieren:

Frau Mila, 63 Jahre, meldet sich zu einem Erstinterview an. Im Wartezimmer treffe ich, ein wenig überrascht, auf eine sehr schlanke Frau, deren Bluse in zarten Tönen auf das Blau ihrer Jeans abgestimmt ist. Die weißen Haare sind zu einem gezähmten Afrolook frisiert, ihr Gang erinnert mich an den einer Balletttänzerin. Im Eintreten in mein Behandlungszimmer sagt sie: »Wie schön Sie es hier haben, so hell.« Sie nimmt Platz und sagt: »Ja, da sitze ich nun!« Die Zuckungen um den Mund geben mir zu verstehen, wie sehr sie sich verkrampft, um ihre Tränen zu unterdrücken. Sie beginnt, sie sei eigentlich zwei Menschen: einer nach außen und ein anderer, den niemand kenne. Sie lebe jetzt allein mit ihren Tieren auf dem Land. Sie sei Schauspielerin und Tänzerin. Ihr zweiter Mann, 17 Jahre älter, sei vor zwei Jahren gestorben, vor einem Jahr ihr Lieblingspferd. Von ihrem ersten Mann sei sie geschieden, da er immer Affären mit anderen Frauen gehabt habe. Vor einiger Zeit habe sich eine Beziehung zu einem verheirateten Nachbarn ergeben; das habe so gut getan, einmal wieder in den Arm genommen zu werden. Jetzt habe sie erfahren, dass er auch mit anderen Frauen anbändle. Sie könne diese Abwendung einfach nicht verkraften, denn das treffe auf ihr frühes Trennungstrauma: Sie erläutert mir dann, dass sie im Krieg geboren sei. Mit zweieinhalb Jahren habe ihre Mutter sie in ein Kinderheim gegeben. Als sie nach mehreren Wochen nach Hause kam, war ein Bruder, der spätere Liebling der Mutter, geboren und ihr Platz war nun besetzt. Ihre Tante sei die Einzige gewesen, die ihre Wünsche nach Schauspielerei und Tanz unterstützt habe. Nur dank ihrer Hilfe habe sie diesen Beruf ergreifen können, der ihr so viel bedeute. Jetzt wisse sie nicht mehr weiter: Ihr Erspartes neige sich dem Ende zu, sie bekomme kaum noch Engagements und die Inszenierungen, die sie unternehme, brächten auch nicht viel Geld ein. Ihr Ein und Alles seien die Tiere, drei Hunde, ein Pferd und mehrere Katzen. Sie habe alles im Leben allein geschafft und nun säße sie bei mir wie ein Häufchen Elend. Als ich ihr den Zusammenhang zwischen ihrer aktuellen Klage und dem Gefühl der Verlassenheit als kleines Mädchen aufzeige, kann sie weinen und fühlt sich spontan erleichtert. Ich habe durch ihre bisherige Schilderung das Bild von einer völlig vereinsamten und zurückgezogen lebenden Frau bekommen. Erst als ich diesen Eindruck deutend aufgreife, erfahre ich, dass sie eine Tochter aus erster Ehe hat, die etwa 20 Kilometer entfernt wohnt, wie auch eine Mutter, 91-jährig, die ebenfalls in der näheren Umgebung wohnt. Mit ihr telefoniert sie täglich und besucht sie einmal wöchentlich. Auch ihr Bruder lebt nicht weit entfernt; er, Arzt von Beruf, sei inzwischen geschieden und habe sich mit Ende 50 berenten lassen. Er sei ein Autist, schon immer gewesen.

Das emotional Eindrucksvollste war für mich, dass mir Frau Mila in meiner Phantasie als eine völlig vereinsamte Frau erschien, die in einer Welt ohne Menschen, nur von Tieren umgeben lebte. Sie zeigte mir damit ein Lebensgrundgefühl der Isolation, das sie über ihren Lebensweg hinweg mit vielerlei Aktivitäten zu bekämpfen versucht hatte, die nun aber nicht mehr zur Verfügung standen. Jetzt mit dem Eintritt in das Alter schienen ähnliche Einsamkeitsgefühle die Oberhand zu gewinnen wie damals als zweieinhalbjähriges Kind, fortgegeben von ihrer Mutter, in einer als feindlich erlebten Welt, die sie nicht verstehen konnte. Es schien, als habe sie ihr Leben in einer Art Traumwelt als »tanzende Prinzessin« verbracht. Sie ließ mich etwas von ihrem Neid spüren, indem ich mir erst nach dem Gespräch meinen eigenen Neid gegenüber dieser noch so hübschen und körperlich sehr beweglichen Frau eingestanden hatte. Aber als sie beim Eintreten in mein Behandlungszimmer sagte: »Wie schön hell ist es hier« – und ich in Gedanken ergänzte: »im Gegensatz zur Dunkelheit bei mir«, thematisierte sie auch *ihre* idealisierende Abwehr wie auch *ihren* Neid.

Schließlich deutete sie mir auch an, wie schwierig sie es mit der Bewältigung ihrer ödipalen Situation gehabt hatte und noch hat: Es schien ihr unerträglich, sich vom Mutter-Bruder-Paar ausgeschlossen zu fühlen, wie später vom elterlichen Paar und heute vom nachbarlichen Paar, also Paaren, die für all diejenigen stehen, die kreativ etwas miteinander teilen können, wovon sie sich ausgeschlossen fühlt.

Soweit nach einem einzigen Erstinterview erschließbar, fasse ich zusammen: Aufgrund einer frühen, als traumatisch erlebten Trennung konnten Omnipotenz und Vollkommenheitsstreben nicht aufgegeben werden; die idealisierte Mutter-Beziehung verwandelte sich zu einer verfolgenden bzw. zu einer Nicht-Beziehung, die auch auf die Beziehung zu ihrer Tochter übertragen wurde.

In diesem Zusammenhang möchte ich auf eine nahezu vergessene Arbeit hinweisen, die ebenfalls in den 50er Jahren entstand und sich des ursprünglich von J.H. Schultz geprägten Begriffs des »Pensionierungsbankrotts« bedient. Es geht darin um Menschen, die als besonders tüchtig und erfolgreich gelten, aber im Grund kontaktarm geblieben sind. Sie konnten keine Erfüllung in echten Bindungen finden und haben sich in ihrem ganzen Leben erfolgreich vor Durchgangskrisen geschützt, die die bewusste Loslösung von durchlebten Daseinsphasen notwendigerweise mit sich gebracht hätten. Das Selbstbewusstsein erschütternde Ereignisse können sie dann möglicherweise mit Hohlräumen hinter einer scheinbar glänzenden Fassade konfrontieren. Metaphorisch könnten wir nach Stauder (1955) analog dem Strafrechtsaspekt eines

Bankrotts auch hier den Vorwurf von »mangelhafter Buchführung, einer ungenügenden Bilanzierung sowie die Konkurseröffnung durch unlautere Machenschaften hinausschiebend« erheben.

Romano Guardini hat uns gewarnt, dass die Funktion des Alters nicht die rastlose Tätigkeit und das »immer weiter« sei, was er die »schlechte Ewigkeit« nennt. Immer noch tätig sein wollen heißt, den Aufgaben des Alters ebenso auszuweichen, wie es diese Menschen früher gewohnt waren, vor ihren Problemen auszuweichen. Angesichts des Alters geht es vielmehr um die personale Vollendung, um die metaphysische Introversion angesichts des Todes. Es ist das »Format der Seele«, das Identitätsgefühl, das erreicht werden konnte, die guten Objekte, die im Inneren zur Verfügung stehen, die uns das Alter auch als Zuwachs erleben lassen können. Wie etwa bei der alten Dame, die ich abschließend vorstellen möchte:

Frau Laub hat vor zehn Jahren, also 70-jährig, ihren 84-jährigen Mann verloren. Heute lebt sie fast völlig erblindet auf dem Lande, räumlich isoliert von Freunden und Kindern. Sie hat den Kalender ihrer Großfamilie ganz und gar im Kopf, telefoniert zu festgelegten Zeiten mit Freunden und Verwandten. Sie hört nach vorheriger Auswahl gezielt Radio und Hörbücher. Sie sagt von sich, sie sei mit ihrem heutigen Leben als 80-Jährige, nach der Überwindung der »Kinderkrankheiten des Älterwerdens«, sehr zufrieden.

Abschließend möchte ich noch einen Blick auf das Älter- und Einsamwerden als Psychoanalytiker werfen. Als Psychoanalytiker üben wir nicht nur einen einsamen Beruf aus, sondern arbeiten darüber hinaus in »einem Klima ausgeprägter Isolation« (Cooper 1986, S. 592; Quinodoz 1996). Isolation, wenn es um den konkreten, alltäglichen Austausch mit anderen Menschen geht, indem wir als eigene Person in Erscheinung treten können und dürfen. Paradoxerweise arbeiten wir aber gleichzeitig auch in großer Nähe zu unseren Analysanden und Ausbildungskandidaten. Eine Nähe in der analytischen Dyade, die wiederum viele Analytiker als emotional belastend erleben (Cooper 1986). Wir haben einen Beruf gewählt, in dem wir uns selbst als Person, unsere eigene Identität und Gefühlswelt in den Dienst des anderen stellen und die eigene Emotionalität als innere Leinwand für Projektionen zur

Verfügung zu stellen. Wir sind damit bereit, zu erleben, was unser Analysand uns erleben lassen möchte. Eine abstinente Haltung, bei der wir unsere Gegenübertragung fortwährend unter Kontrolle halten müssen, scheint notwendigerweise und unausweichlich mit einem Gefühl von Einsamkeit des Selbst verbunden.

Als älter werdende Analytiker blicken wir oftmals auf ein Leben zurück, in dem sich Privates und Berufliches schwer trennen ließ, mehr Kraft, Geld und Energie in das Berufsleben einflossen, als es in anderen Professionen üblich ist. Mir gab ein Satz zu denken, den ich von Kollegen, aber auch sogar einmal von einem Bewerber für die analytische Ausbildung hörte: »Ich möchte einmal hinter der Couch sterben.« Was drückt sich darin aus? Wie können wir die Angst verstehen, dem Ende des Berufslebens ins Auge zu schauen? Geht es um die Unfähigkeit zu trauern? Müssen wir erkennen, dass wir letztlich doch nicht einsam sein können und es vorziehen, dem anderen die Einsamkeit zu überlassen? Zahlreiche Arbeiten von Ausbildungskandidaten, die von ihren Lehranalytikern aufgrund von Tod, schwerer Krankheit oder geistiger Umnachtung alleingelassen und verlassen wurden, zeugen von der scheinbaren Unfähigkeit, in voller Wachheit der Einsamkeit des »Ruhestandes« ins Auge sehen zu können. Leider gelingt es bislang kaum, die Wucht des dieses Thema umgebenden Tabus zu durchbrechen. Es liegt deshalb die schwierige Aufgabe noch vor uns, berufsethische Verpflichtungen für den Umgang mit dem Älterwerden als Analytiker zu erarbeiten.

Zusammenfassung

Wie können wir die Reifeprüfung des Alterns bestehen? Wie kann es gelingen, den drohenden Verlusten im Alter nicht mit einer pathologischen Einsamkeit zu begegnen, sondern den »Ruhestand« als eine Phase der Introversion, des Rückblicks und einer inneren Fülle zu erleben? Je ausgeprägter die Fähigkeit zur Anpassung an die Realität, umso besser gelingt es, die eigenen Fehler zu akzeptieren und damit verringert sich auch der Groll über die Vergangenheit. Je größer die Bereitschaft, den anstehenden Entwicklungsaufgaben wach ins Auge zu schauen und je mehr innere gute Objekte wir uns als innerlich verfügbar bewahren konnten, umso eher kann es gelingen, das Alleinsein, das Sichgetrennterleben und das zum Teil aufgezwungene Alleinsein im Alter erfolgreich zu bewältigen.

Ich habe keine Psychoanalyse oder Psychotherapie mit über 60-Jährigen durchgeführt, bei der es nicht fast ausschließlich um die Auseinandersetzung mit der frühen Mutter gegangen wäre. Abschließend möchte ich Melanie Klein zitieren:

> »Ich bin der Ansicht, dass das in der frühen Kindheit erfahrene Glück und die Liebe zum guten Objekt […] ihren Einfluss auch im Alter noch geltend machen. Wenn Goethe sagt (Maximen und Reflexionen): ›Der ist der glücklichste Mensch, der das Ende seines Lebens mit dem Anfang in Verbindung setzen kann‹, so würde ich unter ›dem Anfang‹ die frühe glückliche Beziehung zur Mutter verstehen, die während des gesamten Lebens Hass und Angst lindert und noch im Alter Beistand und Zufriedenheit vermittelt. […] der neidische Mensch empfindet dies als etwas, was ihm für alle Zeiten verwehrt bleiben wird« (Klein 1963, S. 322).

Literatur

Améry, Jean (1977): Über das Altern. Stuttgart (Klett-Cotta).

Bovenschen, Silvia (2006): Älter werden. Notizen. Frankfurt/M. (Büchergilde Gutenberg).

Cohen, Norman A. (1982): On Loneliness and the Ageing Process. I. J. Psycho-Anal. 63, 149–155. Ebenfalls in: Junkers, Gabriele (Hg.) (2006): Is it too late? London (Karnac).

Cooper, Arnold M. (1986): Some limitations on therapeutic effectiveness: The »burnout syndrome« in Psychoanalysts. Psa. Q. 55, 576–598.

Cycon, Ruth (Hg.) (2000): Melanie Klein. Gesammelte Schriften. Band III: 1946–1963. Stuttgart (frommann-holzboog).

Erlich, H. Shmuel (2003): Über Einsamkeit, Narzissmus und Intimität. Forum Psa., 19, 5–17.

Fabricius, Julia (1996): Panel Report Psychic Reality and Solitude. I. J. Psycho-Anal. 77, 367–371.

Freud, Sigmund (1915b): Zeitgemäßes über Krieg und Tod. GW X.

Fromm-Reichmann, Frieda (1959): Loneliness. Psychiatry 22, 1–15. Reprinted: (1990) Contemp. Psychoanal. 26, 305–329.

Junkers, Gabriele (1995): Klinische Psychologie und Psychosomatik des Alterns. Stuttgart (Schattauer).

Junkers, Gabriele (Hg.) (2006): Is it too late? Key Papers on Psychoanalysis and Ageing. London (Karnac).

King, Pearl (1980): The Life Cycle as indicated by the Nature of Transference in the Psychoanalysis of the Middle-aged and Elderly. I. J. Psycho-Anal 61, 153–160. Ebenfalls in: Junkers, Gabriele (Hg.) (2006): Is it too late? London (Karnac).
Klein, Melanie (1963): Über das Gefühl der Einsamkeit. In: Melanie Klein. Gesammelte Schriften. Band III: 1946–1963. Hg. von Cycon, Ruth & Hermann Erb (2000). Stuttgart (frommann-holzboog).
Money-Kyrle, Roger (1971/1978): The Aim of Psycho – Analysis. In: Meltzer, Donald (Hg.): The collected Papers of Roger Money Kyrle. Perthshire (Cluny Press).
Ortega y Gasset, José (1996): Gesammelte Werke in 6 Bänden. Stuttgart, München (DVA).
Pollock, George H. (1982): On Ageing and Psychopathology – Discussion of Dr. Norman Cohen's Paper ›On loneliness and the Ageing Process‹. I. J. Psycho-Anal. 63, 275–281. Ebenfalls in: Junkers, Gabriele (Hg.) (2006): Is it too late? London (Karnac).
Quinodoz, Jean-Michel (1993): The Taming of Solitude: Separation Anxiety in Psychoanalysis. London (Brunner-Routledge).
Quinodoz, Jean-Michel (1996): The Sense of Solitude in the Psychoanalytic Encounter. I. J. Psycho-Anal. 77, 481–496.
Segal, Hanna (1958) Fear of Death – Notes on the Analysis of an Old Man. I. J. Psycho-Anal. 39, 178–181. In: Junkers, Gabriele (Hg.) (2006): Is it too late? London (Karnac).
Stauder, K. H. (1955): Über den Pensionierungsbankrott. Psyche – Z psychoanal 9, 481–497.
Winnicott, Donald W. (1974) Die Fähigkeit zum Alleinsein [Orig. 1958: The capacity to be alone]. In: Reifungsprozesse und fördernde Umwelt. München (Kindler), S. 36–46.
Zilboorg, Gregory (1938): Loneliness. The Atlantic Monthly (zit. n. Frieda Fromm-Reichmann, 1959/1990).

Der »genügend gute Abschied« von sterbenden Partnern alter Menschen und die Fähigkeit und Unfähigkeit, im Alter allein zu sein

Bertram von der Stein

Einleitung

In einer analytischen Psychotherapiegruppe mit acht älteren Patienten im Alter von 58 bis 80 Jahren sind Tod, Abschied von Partnern, Trauerarbeit, Verarbeitung des Verlassenwerdens und der Umgang mit dem Alleinsein wiederkehrende Themen. Letzte Kontakte mit dem Sterbenden werden nicht selten überbewertet: Im Abschied soll möglichst mit bleibendem Symbolwert das Gute einer gelungenen Beziehung kondensiert werden und in einem würdevollen Finale gipfeln. Oft gelingen solche Abschiede nicht so, wie von zurückbleibenden Partnern gewünscht. Vor dem Hintergrund eines überhöhten Abschiedsideals wird ein genügend guter Realabschied oft entwertet.

Tod in der Gruppe

Als eine Mitpatientin starb, kam nach lähmender Betroffenheit die Sprache auf die letzten Tage Papst Johannes Pauls II. Die Meinung war gespalten: Einige empfanden die öffentliche Darstellung seiner Leiden obszön, ein Teilnehmer sprach sogar abwertend von »Verwesungsexhibitionismus«; andere meinten, die öffentliche Demonstration von Krankheit und Tod sei wichtig angesichts einer Ausgrenzung des Todes aus dem Alltagsbewusstsein, und betonten den Vorbildcharakter seines Abschiedes und seine treffenden letzten Worte. Einige Patienten meinten, dem Papst seien vom Vatikan nur letzte Worte angedichtet worden. Mehrere Patienten berichteten ihre Erfahrungen mit den Abschieden nahestehender Menschen. Alle hatten große Schwierigkeiten mit dem Alleinsein. Die Bearbeitung dieses Abschiedsthemas zog sich über eine Behandlungssequenz von acht Stunden hin.

Klinische Berichte

Fall 1

Herr S., 80 Jahre, kommt nach dem Tod seiner Frau nicht mehr zur Ruhe. Er habe vor allem in den letzten Wochen seiner krebskranken Frau versäumt, ihr zu sagen, dass er sie liebe. Als Kind sei er von der Mutter nur wenig versorgt worden und habe oft gefroren. Im Krieg habe er viele Kameraden sterben gesehen. Oft habe er mit zynischen Witzen seine Todesangst bagatellisiert. Seine Frau sei für ihn eine Ersatzmutter gewesen. Da sie ihn oft tyrannisiert habe, sei er oft grob zu ihr gewesen. Er hatte eine Außenbeziehung, als er 50 Jahre alt war, da er sich in dieser Zeit von der kontrollierenden Ehefrau nicht verstanden gefühlt habe. Er sei sich oft wie ein schuldbewusster kleiner Junge vorgekommen, der von der Mutter ausgeschimpft wurde. Man habe fünf Kinder und acht Enkelkinder und ein Haus gebaut. Angesichts der häufigen Streitereien sei ihm ein guter Abschied wichtig gewesen. Stattdessen habe man in den letzten Tagen geschwiegen oder über Belanglosigkeiten gesprochen. Die letzten Worte seiner Frau – »Leere den Ascheneimer aus« – empfand er als banal und enttäuschend. Als die Gruppe überdeterminierend versuchte, hierein eine sinnvolle Aussage zu interpretieren, vielleicht habe die Sterbende gemeint, es sei hilfreich im Rahmen eines Trauerprozesses, alte Konflikte aufzuarbeiten, half dies tatsächlich Herrn S. im folgenden halben Jahr, den Trauerprozess adäquater zu bewältigen. Er löste sich von idealisierten Selbstobjektvorstellungen bezüglich seiner Frau, und es war ihm möglich, Selbstentwertungstendenzen und Schuldgefühle zu überwinden und die überhöhte Bedeutung der letzten gemeinsamen Tage zu relativieren. Mitpatienten verhalfen ihm zu einem milderen Urteil über sich selbst und seine Ehe, da sie sein Bemühen anerkannten, der schwer kranken Frau im letzten Jahr ihres Lebens durch häusliche Pflege die gewohnte Umgebung erhalten zu haben. Bei der Würdigung des gemeinsamen realen Endes als Paar konnte er sich vorsichtig mit seiner eigenen Mutterbeziehung und früheren Traumatisierungen durch den Krieg auseinandersetzen.

Fall 2

Hierauf schilderte Frau P., eine 74-jährige Patientin, dass ihr Mann ihr auf dem Sterbebett gebeichtet habe, sie vor 30 Jahren einmal betrogen zu haben. Trotz einer langen, weitgehend glücklich empfundenen Partnerschaft sei sie enttäuscht, dass dies die letzten Aussagen ihres Mannes gewesen seien; sie empfinde es als eine letzte Kränkung, die die Illusion einer perfekten Ehe endgültig zerstört habe. Auch hier half es Frau P., libidinöse und aggressive Tendenzen (Kernberg 1992) in der Zweierbeziehung als etwas Normales zu begreifen und auch die zunehmende Aggression des Verstorbenen, der offenbar in den letzten zehn Jahren in erheblich schlechterem Zustand war als die Patientin.

Fall 3

Frau M., 67 Jahre alt, berichtete voller Schuldgefühle, die Todesstunde ihrer Mutter verpasst zu haben, nachdem sie nächtelang bei ihr gewacht und sich schließlich für einige Stunden ausgeruht hatte. Ferner sei sie enttäuscht gewesen, dass die Mutter, statt sich mit dem Tod auseinanderzusetzen, ihren ernsten Zustand bis zum Ende verleugnet habe.

Fall 4

Die letzten Begegnungen mit der dementen Mutter des 69-jährigen Herrn D., die im letzten Jahr ihres Lebens um sich geschlagen und mit Kot geschmiert hatte, waren durch beleidigende Schmähungen in Fäkalsprache gekennzeichnet. Er schämte sich, dass die früher gebildete Mutter, eine Studienrätin, entgegen ihrer früheren Gewohnheiten in der Demenz so ungefiltert triebhaft und destruktiv geworden sei. Hilfreiche Äußerungen von Gruppenmitgliedern über Demenzerkrankungen, die sich auf krankheitsbedingten Trieb- und Affektkontrollverlust bezogen, halfen einen überwiegend von rigiden Moralvorstellungen geprägten Bewertungsmaßstab des Patienten zu relativieren.

Fall 5

Frau Z., geboren 1931, beklagte den wortlosen Abgang ihres dementen Ehemannes. Sie wurde sehr obrigkeitstreu und calvinistisch erzogen. Der Vater legte als Fliesenleger großen Wert auf äußerste Akkuratheit. In der Kindheit erlebte die Patientin Bombenangriffe in Kiel, wurde verschüttet und überlebte durch glückliche Umstände. Die Familie fand sich nach dem Zweiten Weltkrieg wieder zusammen; alle hatten überlebt. Die Angst jedoch, dass etwas passieren könne, lief ihren Autonomiestrebungen entgegen. Mit 25 Jahren heiratete sie einen Zimmermann; die Ehe blieb kinderlos. Auch der aus Ostpreußen vertriebene Ehemann war symbiotisch mit seinen knapp überlebenden Eltern verbunden. Als die ungewollte Kinderlosigkeit ein größeres Problem darstellte, unterband die Schwiegermutter, aus Angst vor unkalkulierbaren Risiken, eine Adoption. Wichtige Lebensentscheidungen wurden der Patientin noch im Alter von über 50 Jahren von der älteren Generation beider Seiten abgenommen. Im Laufe der Zeit wurde der Ehemann, ihre symbiotische Hauptbezugsperson, unter anderem auch Kindersatz. Das äußerlich geordnete Leben und das Gleichgewicht des Paares blieben lange Zeit erhalten, bis der Mann, als die Patientin 74 Jahre wurde, eine Demenz entwickelte und nach zweijähriger Leidenszeit schließlich starb. In der analytischen Gruppentherapie konnte die Patientin sowohl ihre Trauer über den Verlust des Partners als auch symbiotische Tendenzen, die sie in Kindheit und Jugend nie überwunden hatte, ansatzweise bewältigen. Der Prozess wurde schmerzhaft, aber aufgrund der Offenheit der Patientin für Interventionen anderer und ihrer Bereitschaft, sich Dingen zuzuwenden, die sie bisher strikt vermieden hatte, erfolgreich. Der Trauerprozess auch in Bezug auf die negativen Seiten ihres Ehemannes fand – wenn auch verspätet – statt. Ihr gelang es spät, aber erfolgreich, ihre finanziellen Angelegenheiten selbst zu regeln und im Umgang mit Behörden selbstbewusster zu werden.

Fall 6

Frau W., 70 Jahre alt, verlor ihren Vater am Ende des Zweiten Weltkrieges, als er aus Russland heimkehrte und in Köln unter einen Zug geriet. Die Patientin wurde nach den Bombardements Kölns mit ihren beiden älteren Schwestern nach Niederschlesien ausgelagert; später kam die Mutter nach. Sie gerieten in die Flucht- und Vertreibungswelle. Die Patientin erlebte die Vergewaltigung ihrer Schwester durch einen russischen Soldaten, bei der die Mutter ohnmächtig danebengestanden habe. Dieses Familientrauma wurde nie aufgearbeitet. Sie schilderte ihre Mutter als wenig Schutz gebend und gab an, als Jüngste der Geschwister wenig beachtet worden zu sein, weshalb sie sich emotional dem allerdings kriegsbedingt oft abwesenden Vater zuwandte. Ein Bild, das die Patientin mit 70 Jahren von der Beerdigung des Vaters malte, erinnert an Zeichnungen siebenjähriger Kinder. Im weiteren Leben wandte sie sich immer wieder älteren Männern zu. In ihrer Tätigkeit als Sekretärin hatte sie sexuelle Beziehungen zu ihren Chefs; auch beide Ehemänner waren 15 bis 20 Jahre älter. Die unbewusste Vatersuche wiederholte sich. Den zweiten Ehemann pflegte sie bis zu seinem Ende. Danach lernte sie einen pensionierten Hochschullehrer kennen, der plötzlich starb. Wegen vernichtender Einsamkeitsgefühle mit Suizidversuchen und einer misslungenen antidepressiven Pharmakotherapie absolvierte sie nach dem Tod des letzten Partners eine analytische Gruppenpsychotherapie, in der sie neben der Trauer über den Verlust der Partners auch ihren zentralen Beziehungskonflikt, nämlich den nicht verarbeiteten frühen Verlust des Vaters, bearbeitete. Die Unfähigkeit, allein zu sein, mit der Folge, sich aus Enttäuschung über die Mutter und andere weibliche Personen, die von der Patientin abgewertet wurden, älteren Männern zuzuwenden, konnte in einem langen, schmerzhaften Therapieprozess durchgearbeitet werden. Mittlerweile kommt die Patientin besser zurecht; ihre fast süchtige Partnersuche hat ein Ende gefunden. Die depressive Stimmung ist, abgesehen von einigen Auslenkungen, weitgehend überwunden.

Fall 7

Herr Q., 70 Jahre, pensionierter Lehrer, lebte bis vor Kurzem mit seiner über 90-jährigen Mutter zusammen, die unlängst starb, und klagte über Einsamkeits- und Ohnmachtsgefühle. Als ödipaler Pyrrhussieger über den Vater, den er als schwach beschrieb, konnte sich der Patient zeitlebens nicht von der Mutter trennen. Vorsichtige Ansätze zu Beziehungen zu jungen Frauen wurden von der Mutter torpediert bzw. vor dem idealisierten Bild der Mutter entwertet. Die Mutter, bis zu ihrem 89. Lebensjahr rüstig, hat den Patienten stets verwöhnt und dabei kontrolliert. Nach deren Tod entwickelte er eine ausgeprägte Depression und drohte zu verwahrlosen. Er kam auf Anraten seines Hausarztes in die analytische Gruppe für Ältere, die sich überwiegend aus weiblichen Mitgliedern zusammensetzte. Dort erlebte er eine Mischung aus hilfreichen mütterlichen Interventionen seiner Mitpatientinnen und diskreten Abwertungstendenzen als Muttersöhnchen. Schwierig war es für ihn, auf gleichaltrige Frauen zuzugehen und sich Hilfe zu holen bei der Haushaltsführung, mit der er völlig überfordert war. Nach einer längeren Phase starker Depressivität, die durch einen stationären Aufenthalt unterbrochen wurde, konnte er sich mit Wut auf die Mutter und sich selbst sowie Trauer auseinandersetzen. Die Fähigkeit, allein zu sein, hat der Patient nur partiell erworben, denn erst in einem entsprechenden Seniorenheim kam er besser zurecht. Gleichwohl gelang es ihm in Ansätzen, ein eigenes Leben zu entwickeln.

Nachdem in der Gruppe die Biografien einzelner Mitglieder unter dem Aspekt von Trennung, Tod, Trauer und Einsamkeit betrachtet und in Ansätzen durchgearbeitet worden waren, breitete sich angesichts nicht geglückter realer Abschiede eine diffus gedrückte Stimmung aus. In Bezug auf letzte Worte polarisierten sich Äußerungen von Gruppenmitgliedern zwischen Idealvorstellungen und Entwertung realer Abschiede. Hierfür bot sich der Papst Johannes Paul II. als Projektionsfläche an: Einige hielten ihn für weise, andere meinten, er sei eine demente Marionette machtgieriger Günstlinge. Letztlich half aber ein Phantasieren darüber wichtige Themen durchzuarbeiten: Man betonte Karol Wojtyłas besonderes Verhältnis zur Selbstinszenierung; er habe sich bis kurz vor seinem Tod zum zweiten leidenden Christus stilisiert. Allerdings habe er seine Parkinsonerkrankung nicht verborgen, auch sei er als Toter öffentlich aufgebahrt worden. Mit der Feststellung, dass die Umstände des Todes beim Papst vermutlich in der Realität anders waren als in der Öffentlichkeit dargestellt, endete eine wichtige Stunde. In Bezug auf ihn hatte die Gruppe offenbar zu einer entidealisierten, aber nicht entwertenden Sichtweise gefunden. Vor diesem Hintergrund konnten die Patienten leichter den nicht idealen Abschied von ihren Verstorbenen akzeptieren. Dass sich im letzten Abschied oft der misslungene Versuch verdichtet, eine nicht ideale Beziehung unrealistisch zu verklären, wurde deutlich. Offenbar wurde die narzisstische Stabilisierungsfunktion eines würdevollen Abschiedes erkannt und zugunsten einer realistischeren Gesamtsicht langjähriger Beziehungen relativiert. Nach der Bearbeitung des Trennungsthemas überwand die Gruppe einen leiterzentrierten depressiven Abhängigkeitsmodus mit zahlreichen Somatisierungstendenzen.

Diskussion

Die Überbewertung der letzten Begegnungen

Letzte Szenen und Worte einer Person sind für viele höchste finale Aussagen und Wegzehrung, die über die Hilflosigkeit, Todesangst und das Alleinsein hinweghelfen soll. Der Tod wird oft bis ins hohe Alter verleugnet, sodass bisher Unterlassenes dann in kurzer Zeit nachgeholt werden soll. Damit wird die noch verbleibende kurze Zeitspanne mit der Hoffnung auf tiefschürfende Begegnungen und Äußerungen aufgeladen.

Bei bedeutenden Persönlichkeiten basieren die letzten Worte oft auf literarisch überhöhten Zuschreibungen. An dieser Stelle nähern wir uns Freuds Definition einer Illusion (Freud 1927c), wonach diese nicht notwendig ein Irrtum sein muss, aber ein Glauben ist, bei dessen Motivierung ein Wunsch sich stark in den Vordergrund drängt.

Die biblische Tradition, den Segen des Sterbenden zu erlangen, ist tief im kollektiven Unbewussten verankert und kommt zum Beispiel in der Redewendung »das Zeitliche segnen« zum Ausdruck. Angestoßen durch prominente Vorbilder entsteht ein manchmal unerträglicher Druck auf jene vermutlich stumme Mehrheit, bei denen das Ideal des guten Abschiedes an der Realität scheitert. Frühe Hochkulturen überlieferten die letzten Aussagen bedeutender Persönlichkeiten. Das Christentum betonte die letzten Worte der Heiligen (Hümmler 1933; Nigg 1946) als Zeugnisse des aufrichtigen Glaubens, die die letzten Worte Jesu am Kreuz zum Vorbild hatten. Bei kurzer Lebenserwartung war in früheren Jahrhunderten der Tod allgegenwärtig. Im Barockzeitalter entwickelte sich die Ars moriendi, die Kunst, einen guten Tod nach dem Vorbild Christi zu sterben (McNamara et al. 1994). Warnungen, nicht unvorbereitet zu sterben, finden sich an vielen frühneuzeitlichen Kirchenuhren, bei denen Zeit und Tod gemeinsam dargestellt werden, meist indem ein Skelett als Sensenmann in eine Uhr integriert ist. Das Interesse am Mittelalter führte im 19. Jahrhundert zu einer Renaissance der Heiligenlegenden, die meist bedeutungschwere und perfekte Abschiede zelebrierten. Noch im 19. Jahrhundert starb man meist im Kreise der Familie, die bestrebt war, die letzten Worte des Toten an die Öffentlichkeit weiterzugeben; der Brauch, Leitsätze des Verstorbenen auf Sterbebildchen oder Totenzetteln zu verteilen, ist auch heute noch üblich und lebt in Todesanzeigen weiter. Im Buchhandel gibt es Kompendien der letzten Worte von berühmten Personen, aber auch Verballhornungen dieser Tradition.

Der Druck des idealen Abschiedes

Der Tod ist die ultimative Trennungserfahrung des Menschen. Bronfen (1998) erwähnt in diesem Zusammenhang nicht nur die Urszene der Sexualität am Anfang des Lebens, sondern auch die Urszene des Todes am Ende; die Konfrontation des Größenselbst mit der Sterblichkeit ist unvermeidbar. Grunberger (1971) bringt den Wunsch nach Unsterblichkeit mit narzisstischen Zuständen in Verbindung, deshalb sind Kränkung, ohnmächtige Wut, Verlassensein und Scham sowie Lächerlichkeit nicht weit. Als Substruktur des Über-Ichs stellt das Ich-Ideal eine Mischung aus ethischen, moralischen und Leistungsvorstellungen dar. Vorläufer beim Kind sind idealisierte Elternimagines – und idealisierte Selbstbilder. Freud (1914c) sieht das Ich-Ideal aus der Omnipotenz des infantilen Narzissmus hervorgegangen. Die Spannung zwischen hohem Ich-Ideal und einer als banal eingeschätzten Lebens- und Beziehungsrealität wird ein besonders quälender Konflikt und Anlass für Scham- und Schuldgefühle. Umso mehr werden symbolisch überhöhte Abschiedsszenen und eine ideale Ablaufchoreografie als Kompensation wichtig. Sich einen angemessen guten Tod mit bedeutungsvollen letzten Worten am Ende zu wünschen und dabei an der Realität zu verzweifeln steht oft mit der unbewussten Forderung im Zusammenhang, der Sterbende möge dem Ideal des Weisen entsprechen und im Tod letztmalig als perfekt integrierte Persönlichkeit in Erscheinung treten. Das kann dazu führen, dass den Idealisierungswünschen von Angehörigen folgend Sterbende in die Rolle des Weisen gedrängt werden, die angemessen den eigenen Tod akzeptieren können und letzte wertvolle Lebensweisheiten hinterlassen.

Wenn alte Menschen vom idealisierten Bild eines Objektes abhängig sind, droht die Zeit stillzustehen im Wiederholen der Vergangenheit, in Idealisierungen und im Einschließen in eine Phantasiewelt; es kommt zur »unendlichen Trauer«, die sich jahrelang hinzieht, neue Bindungen erschwert und die Unfähigkeit zum Alleinsein offenbart. Winnicott (1958/1988) spricht von der Fähigkeit, allein zu sein, im Kontext einer ausreichend guten Bemutterung, wodurch eine innere Zuversicht und der Glaube an eine wohlwollende Umwelt aufgebaut werden.

Mahler (1990) definiert Objektkonstanz als die Fähigkeit, das abwesende Objekt intrapsychisch zur Verfügung zu haben und damit auch dessen Bemutterungsfunktion. Nach Stern (1998) stellen Vertrauen, Bindung, Abhängigkeit, Selbstständigkeit, Kontrolle, Autonomie, Bemeisterung und Selbstregulation Themen dar, die während des ganzen Lebens relevant bleiben und nicht altersspezifisch sind. Eindrücklich beschreibt er die Interaktion zwischen einem Säugling und seiner depressiven Mutter und weist auf Aktionsmuster hin, die Folgen für spätere Erlebnisreihen und Verhaltensmuster haben können. Nach Dornes (1997) ist Objektkonstanz eine Fähigkeit, sich selbst zu beruhigen; wenn Trost und Warmherzigkeit alltägliche Erfahrungen waren, dann werden sie in emotionale Automatismen transformiert, die Selbstberuhigung auch in Abwesenheit realer Objekte erlauben. Die Fähigkeit, Alleinsein zu ertragen, liegt darin, emotionale Selbstberuhigungsaktivität zur Verfügung zu haben, die auf in der Vergangenheit gemachten regelmäßigen Beruhigungs-, Trost- und Trennungserfahrungen (Dornes 1997, S. 309) basiert.

Im therapeutischen Prozess mit Älteren erleben wir oft die Inszenierung missglückter früher Dialoge. Bowlbys Vorstellungen (1983), wonach Erwartungen von Patienten bezüglich Zugänglichkeit und Reaktionsbereitschaft von Bindungsfiguren Reflexionen gemachter Erfahrungen sind, drücken sich auch in Interaktionsmustern Älterer in der Gruppe aus: Gerade nach Verlust einer wichtigen Bezugsperson reinszenieren sich Muster unsicher-vermeidender und unsicher-ambivalenter gebundener Patienten. Noch einmal wird deutlich, dass sich konsistente Unzugänglichkeit oder inkonsistente Präsenz früher Objekte zu pathologischen Bindungsstilen im Laufe der persönlichen Bindungsgeschichte etablieren können, deren kompensatorischer Charakter sich nach dem Verlust stabilisierender Selbstobjekte im Alter brutal in Symptomen zeigt. Je schwerer gestört die frühen Dialoge waren, umso stärker sind sie auf einen Leitaffekt festgelegt, unfrei in der Breite ihrer Ausdrucksmöglichkeiten. Wichtig für Therapeuten ist es, dass man diese meist negativen Affekte auch umwandeln kann, dass Therapeuten die Beziehungsmuster erleben und darauf nicht reziprok und damit bestätigend, sondern anders reagieren können. Nur so können manchmal spät im Leben Patienten die Erfahrung einer anderen, neuen Beziehung machen. Für Winnicott (1958/1984) ist die Fähigkeit, allein zu sein, ein Zeichen der Reife. Sie ist etwas anderes als Zurückgezogenheit, die Flucht aus einer Beziehung, die als zu bemächtigend erlebt wird. Allein sein zu können heißt, die Eltern als Paar erleben zu können, die Erfahrung der Urszene aushalten zu können. Viele ältere Patienten haben Schwierigkeiten mit dem Alleinsein. Die Gründe hierfür sind vielfältig. Es darf nicht vergessen werden, dass viele Irritationen in prä- und postödipaler Zeit von Traumatisierungen im Kontext des Zweiten Weltkrieges, Nationalsozialismus und seiner Folgen, Flucht und Vertreibung, überlagert sind.

Wege aus der Idealisierungsfalle von Abschieden

Ein genügend guter Abschied ist für Sterbende und Angehörige oft eine fast unlösbare Aufgabe, die mit vielen kränkenden Desillusionierungen einhergehen kann. Gut gemeinte, auch psychotherapeutische Interventionen (Köhle et al. 1995) können ins Leere laufen. Es ist hilfreich, Patienten und Angehörigen eine realistische Orientierung zu einem »genügend guten Abschied« zu vermitteln. Dabei kann es befreiend wirken, eine Einengung auf die Bedeutung der letzten Tage und Stunden zu überwinden und eine Überdeterminierung letzter Worte zu vermeiden. Ein genügend guter Abschied ist mit einem Trauerprozess verbunden, aber keine Idealszene, kein Bild, kein geflügeltes Wort, sondern ein Vorgang, der nach dem Tod weitergeht. Für Angehörige ist es manchmal hilfreich, auch ohne den Sterbenden eine Aussöhnung mit dem tatsächlich erreichten und gelebten Leben zu versuchen. Oft ist schon viel gewonnen, wenn nur die Andeutung einer Versöhnung erreicht werden kann.

Wenn Ältere ihre Partner durch den Tod verlieren, werden Konflikte und Konfliktschicksale noch einmal deutlich, und es besteht die manchmal letzte Chance, sie in der analytischen Gruppentherapie zu bearbeiten. Gerade bei Schwierigkeiten mit dem Alleinsein, einer Singularisierung des Alters, sind nach Bechtler (2000) Wirkfaktoren wie

Gruppenkohäsion, Einsicht, Katharsis und interpersonelles Lernen äußerst hilfreich. Bei schmerzlichen Objektverlusten vermittelt die Erfahrung der »Universalität des Leidens« erhebliche emotionale Entlastung. Gleichzeitig vermindert die Möglichkeit der multilateralen Übertragung oft schwer erträgliche Übertragungs- und Gegenübertragungsprozesse (Hinze 1987), die sich nach Objektverlusten zuweilen einstellen.

Das Alter stellt für manche Patienten im Hinblick auf die Fähigkeit, allein zu sein, eine manchmal verspätete und schwer lösbare Entwicklungsaufgabe.

Wenngleich, wie Wolf (1996) betonte, idealisierbare Selbstobjekte das Selbst schützen können, so ist es doch wichtig, einen angemessenen Trauerprozess zu unterstützen. Hierzu gehört auch eine realistischere Wahrnehmung des Verstorbenen, die aggressive Aspekte nicht verleugnet. Kernberg (1989) versteht Idealisierung als Abwehr oral-aggressiver Triebregungen, denen Feindseligkeit und Misstrauen zugrunde liegen. Gerade in der Gruppe können sich Mitglieder, die eine wichtige Person verloren haben, helfen, indem sie auch die Schwierigkeiten und gegenseitigen Aggressionen, die mit einem solchen Ablösungsprozess einhergehen, offen schildern. Als Vorstufe hierzu kann helfen, idealisierte Vorbilder angemessen zu entidealisieren, kritisch zu hinterfragen, ohne entwertend zu werden. Hierzu gehört auch das Idealbild des »kontemplativen weisen Alten« (Radebold 1994), der sich jenseits von Triebregungen und Konflikten befindet, kritisch zu beleuchten. Wenn ein Sterbender keine bedeutungsschweren letzten Worte äußert und die Begegnungen eher alltäglich oder sogar konfliktreich sind, so muss dies nicht an fehlender Weisheit liegen, sondern kann Ausdruck der Abwehr von Todesangst sein. Das Wissen um die Verstärkung der Todesverleugnung aufgrund früherer Belastungen und Traumatisierungen des Sterbenden kann Hinterbliebenen helfen, ihr Idealbild eines guten Abschiedes zu relativieren. Der von Yalom (1996) formulierte Wirkfaktor »Hoffnung geben« gilt nicht nur für Patienten, sondern sollte auch der psychotherapeutischen Resignation bei der Behandlung einsamer älterer Menschen entgegenwirken. Wenngleich davor zu warnen ist, mit euphemistischen Erwartungen Entwicklungsmöglichkeiten Älterer destruktiv zu überschätzen, können nicht selten aufgeschobene

Entwicklungsschritte nach dem Tod eines Partners zumindest partiell erfolgen, wobei eine analytische Gruppentherapie für Ältere bei sorgfältiger Indikationsstellung hilfreich sein kann.

Trauern bedeutet Sich-Trennen mit den Schritten des Ungeschehenmachen-Wollens, Verleugnungsversuchen, Verzweiflung, Gegenwehr und letztlich Anerkennung der Endgültigkeit.

Literatur

Bechtler, Hildegard (2000): Gruppentherapie mit älteren Menschen. München, Basel (Reinhardt).

Bowlby, John(1983): Verlust, Trauer und Depression. Frankfurt/M. (Fischer).

Bronfen, Elisabeth (1998): Sigmund Freuds Hysterie, Karl Jaspers' Nostalgie. Ausdrucksformen des Versehrtseins. In: Rohde-Dachser, Christa (Hg): Verknüpfungen. Psychoanalyse im interdisziplinären Gespräch. Göttingen (Vandenhoeck & Ruprecht), S. 69–98.

Dornes, Martin (1997): Die frühe Kindheit. Frankfurt/M. (Fischer).

Freud, Sigmund (1914c): Zur Einführung in den Narzissmus. GW X, 137–170.

Freud, Sigmund (1927c): Die Zukunft einer Illusion. GW XIV, 325–380.

Grunberger, Bela (1971): Vom Narzissmus zum Objekt. Frankfurt/M. (Suhrkamp) 1976.

Hinze, Eike (1987): Übertragung und Gegenübertragung in der psychoanalytischen Behandlung älterer Menschen. Psyche – Z psychoanal 41, 238–253.

Hümmler, Hans (1933): Helden und Heilige. Bonn (Verlag Bonner Buchgemeinde).

Kernberg, Otto F. (1989): Eine ich-psychologische Objektbeziehungstheorie der Struktur und Behandlung des pathologischen Narzissmus – ein Überblick. In: Kernberg, Otto F. (Hg.) (1996): Narzisstische Persönlichkeitsstörungen. Stuttgart (Schattauer), 248–254.

Kernberg, Otto. F. (1992): Aggression und Liebe in Zweierbeziehungen. Psyche – Z psychoanal 46, 797–820.

Köhle, Karl; Simons, Claudia; Kubanek, Bernhard & Zenz, Jutta (1995): Zum Umgang mit unheilbar Kranken. In: Adler, Rolf H.; Hermann, Jörg Michael; Köhle, K., Schonecke, Othmar W.; von Uexküll, Thure & Wesiak, Wolfgang (Hg.): Uexküll. Psychosomatische Medizin. München, Wien, Baltimore (Urban & Schwarzenberg), S. 1224–1249.

Mahler, Margert; Pine, Fred & Bergman, Anni (1990): Die psychische Geburt des Menschen. Frankfurt/M. (Fischer).

McNamara, Beverley; Waddell, Charles & Colvin, Martin (1994): The institutionalisazion of the good death. Soc. Sci. Med. 39, 1501–1508.

Nigg, Walter (1946): Große Heilige. Zürich (Artemis).

Radebold, Hartmut (1994): Möglichkeiten und Grenzen. In: Radebold, Hartmut & Hirsch, Rolf. D. (Hg.): Altern und Psychotherapie. Bern, Göttingen, Toronto, Seattle (Huber), S. 27–34.

Stern, Daniel N. (1998): Die Mutterschaftskonstellation. Stuttgart (Klett-Cotta).

Winnicott, Donald W. (1958/1988): Die Fähigkeit zum Alleinsein. In: Winnicott, Donald W.: Reifungsprozesse und fördernde Umwelt. Frankfurt/M. (Fischer), S. 36–46.
Wolf, Ernest S. (1996): Theorie und Praxis der psychoanalytischen Selbstpsychologie. Frankfurt/M. (Suhrkamp).
Yalom, Irvin D. (1996): Theorie und Praxis der Gruppenpsychotherapie – Ein Lehrbuch. München (Pfeiffer).

Vom blinden Handeln zur Selbstreflexivität

»Lieber unruhig als allein in einem tiefen, dunklen Loch«

Annette Streeck-Fischer

Einleitung

In Bezug auf das Störungsbild der ADHS steht die Psychoanalyse heute vor Herausforderungen, die in gewisser Weise denen ähnlich sind, die Argelander (1972) im Hinblick auf die narzisstischen Neurosen betont hat, dass es nämlich wichtig sei, sich mit der Modalität der spezifischen psychischen Verarbeitungen zu befassen. Diese Überlegungen haben Argelander damals bewogen, an dem Flieger eine Charakterstörung zu beschreiben, die mit oberflächlichen und passageren Objektbeziehungen und geringer subjektiver Gefühlsbeteiligung verbunden ist.

Im Falle der ADHS steht bekanntlich die Symptomtrias Aufmerksamkeitsstörungen, Unruhe und Impulsivität im Vordergrund. An der schwierigen Behandlung eines 15-jährigen Jugendlichen, der im Alter von neun Jahren die Diagnose einer ADHS erhielt und seither mit Methylphenidat behandelt wurde, soll deutlich werden, welche Funktionen die ADHS-spezifischen Symptome haben. Während Unruhe und Unerreichbarkeit als Abwehr- und Bewältigungsformen bei ihm auftauchen und zu Entwicklungsblockaden führen, die einer Alexithymie ähneln, hat seine eruptiv durchbrechende Impulsivität unmittelbar mit Einschränkungen selbstreflexiver Fähigkeiten bzw. mit einer mangelnden Fähigkeit zu mentalisieren zu tun. Die darin zum Ausdruck kommende Entwicklungsproblematik wird durch Behandlungsansätze, die auf eine Verbesserung präfrontaler Fähigkeiten durch Training und Psychopharmaka setzen, noch gestützt. Die Vernachlässigung der Gefühlswelt oder besser gesagt:

der Bedeutungsverlust von Emotionalität, den diese Kinder erfahren und der dem Störungsbild inhärent ist, wird durch Medikamente wie Ritalin noch forciert, verbunden mit dem gleichzeitigen Anreiz einer Lern- und Leistungsoptimierung in der Schule. Man könnte fragen, ob es sich dabei um ein kulturelles Phänomen der Gegenwart handelt, das im Kontext der PISA-Studie ungebremst auf unsere Kinder durchschlägt – zumeist in der verkennenden Vorstellung, ihnen mit solchen Medikamenten auch noch etwas Gutes anzutun. Faktisch wird damit die Problematik dieser Kinder, denen der Zugang zu ihrem Selbst, der Welt der Objekte und ihren Gefühlen fehlt, noch verschärft.

Allgemeine Überlegungen zu ADHS

ADHS ist die häufigste psychiatrische Diagnose im Kindes- und Jugendalter. Es gibt Regionen, in denen bei 30 bis 40% aller Kinder dieses Störungsbild diagnostiziert wird. Zunehmend gibt es die Diagnose ADHS auch im Erwachsenenalter und wie bei den Kindern die Therapie mit Methylphenidat.

Am psychiatrischen Störungsbild der ADHS verdichten sich unterschiedliche Ideologien des Heilens und therapeutischen Handelns wie an keinem anderen in diesem Gebiet. Medikamente wie Methylphenidat bzw. Amphetamine oder Noradrenalin zumeist kombiniert mit Verhaltenstherapie werden als therapeutische Mittel der Wahl ausgegeben (vgl. Leitlinien der DGKJPP). Diese Behandlungsmethoden verfolgen einen reparativen Ansatz, indem durch supportive Mittel genetisch bedingte Hirnfunktions- und Hirnentwicklungsstörungen ausgeglichen, substituiert oder durch übende Verfahren überwunden werden sollen. Indem man von einer neuronalen Entwicklungsstörung auf genetischer Grundlage mit nachgewiesenem Dopamin-Mangel ausgeht, werden Bedingungen hypostasiert, die außerhalb von Umwelt und sozialen Einflüssen liegen.

Bei genauer Betrachtung der ätiologischen Faktoren sind diese einseitigen Sichtweisen nicht haltbar (Streeck-Fischer 2006, 2007). Das hirnorganische Substrat wird mit dem psychischen Grund verwechselt.

Der Fall

Der 15-jährige T. kommt wegen Problemen wie Klauen, Lügen, Schuleschwänzen und Lern- und Leistungsstörungen zur stationären Behandlung. Die Eltern sind ratlos ob des Scheiterns ihrer pädagogischen Versuche, insbesondere T.s Klauereien in den Griff zu bekommen. Die Stiefmutter nimmt ihre Handtasche selbst noch auf die Toilette mit, da sie fürchten muss, dass T. jeden Moment abpasst, um Geld aus ihrer Tasche zu nehmen. Alles muss unter Verschluss gehalten werden. Zuletzt darf sich T. nicht einmal mehr in der Wohnung aufhalten, wenn die Eltern abwesend sind. Da beide berufstätig sind, hat das höchst unangenehme Folgen für T.

Der Jugendliche hatte die neunte Klasse des Gymnasiums wiederholt und drohte jetzt erneut sitzenzubleiben. Seit dem neunten Lebensjahr wurde er wegen einer ADHS mit Methylphenidat behandelt. Zuletzt bekam er Concerta in einer Dosierung von 150 mg, was doppelt so viel ist, wie eigentlich gegeben werden darf. Da seine Probleme nicht weniger wurden, wurde die Methylphenidat-Dosis offenbar immer mehr gesteigert, denn bei ihm, dem »ADHS-Kind«, wurden lediglich Probleme der Aufmerksamkeitssteuerung, Unruhe und Impulsivität wahrgenommen.

Die Therapeutin lernte T. zusammen mit seinen Eltern, seiner Stiefmutter und seinem Vater, in der Institutsambulanz kennen. T. erschien dort wie ein Häufchen Elend, ein zerrupftes Hühnchen, unterversorgt, verloren und unfähig, sich im Leben zurechtzufinden. Er sah mitgenommen und angegriffen aus, was man seiner Lebenssituation, aber auch den Medikamenten zuschreiben konnte. Er hatte weit aufgerissene, rot umränderte Augen, eine starre Gesichtsmimik und wirkte überanstrengt. Dabei war er bemüht, es der Therapeutin und den Eltern recht zu machen. Auffallend war, dass er keinen eigenen Gedanken aussprach und keine Gefühle äußerte. Er war in keiner Weise in der Lage, sein Verhalten, zum Beispiel sein Stehlen, zu erklären. Dies schien ihm ohne jeglichen Sinn und Verstand zu passieren. Lediglich die Probleme in der Schule schienen ihn zu belasten.

Bei seiner stationären Aufnahme wurde mit ihm unter anderem

ein Interview zur Prüfung selbstreflexiver Fähigkeiten durchgeführt. Abgesehen von den konkreten lebensgeschichtlichen Daten konnte T. fast nichts zu sich sagen. Es gelang ihm noch, Eigenschaften seiner Eltern zu benennen; er war aber nicht in der Lage, diese mit Geschichten zu füllen. Die einzige Stelle, an der man spürte, dass ihn etwas tiefer berührte, war seine erste Kindheitserinnerung, als er erfahren hatte, dass die Eltern sich trennen wollten – damals war er neun Jahre alt –, und die Zeit danach, die mit Gewaltaktionen und Drohungen seitens des Vaters einherging.

Es schien, als habe er mit der Trennung der Eltern aufgehört, eine Innenwelt zu besitzen bzw. sich eine solche anzueignen, und als wäre seine Gefühlswelt damals abgestorben oder erstarrt und als habe er sich seit dieser Zeit nicht mehr entwickelt. Seine Eltern waren ihm heilig, wie er meinte. Er bot sich ihnen als Prellbock und Mülleimer für alle Vorwürfe und Kritik der jeweils anderen Seite an.

Die Diagnose einer ADHS war in der Zeit der Trennung der Eltern gestellt worden, und seither wurde er mit Methylphenidat behandelt – nachvollziehbar, dass die Eltern in dieser Zeit ihres Krieges miteinander nicht auch noch ein schwieriges Kind brauchen konnten. T. lebte bis zum 14. Lebensjahr bei der Mutter, die ihn dann an den Vater abgab, weil sie seiner multiplen Probleme nicht mehr Herr wurde.

Entstehungsbedingungen von ADHS

Wir finden ADHS bei strukturellen Störungen ebenso wie bei Störungen in Verbindung mit neurotischen Konflikten. Eine Reihe von Spezifika sind es wert, genauer betrachtet zu werden:

- Kinder und Jugendliche mit ADHS zeigen eine mangelnde Fähigkeit, ihre Affekte wahrzunehmen, sie zu ertragen oder zu benennen.
- Sie zeigen Regulationsstörungen im Bereich der Impulse, Affekte und des Selbst.

- Ihre ausgeprägte Unruhe hat Abwehrfunktionen in dem Sinne, dass sie die Situation damit unter Kontrolle behalten können. Der Zustand der Ungewissheit, der »negative capability« (Bion 1962), ist für sie unerträglich.

Sie sind häufig unfähig zu spielen, ihr Spiel gerät leicht außer Kontrolle oder bleibt nichtssagend (Streeck-Fischer 2006; Fricke/Streeck-Fischer 2006). Sie sind nicht oder kaum in der Lage zu spielerischer Kommunikation und zeigen eine Unfähigkeit, sich sprachlich mitzuteilen. Sprache hat weniger die Funktion, Verbindungen herzustellen, sondern trennt. Ihre Problematik lässt sich als eingeschränkte Selbstreflexivität, als Mentalisierungsstörung (Bram/Gabbard 2001) oder bei gravierenden Störungen auch als Alexithymie (Nemiah et al. 1976) bezeichnen. Selbstreflexivität meint die Fähigkeit, Verhaltensweisen inneren Zuständen zuzuordnen und damit Verhalten berechenbar machen zu können. Sie erleichtert zu erkennen, dass das Verhalten des anderen sich nicht aus einer objektiven Realität erklärt. Sie erlaubt Perspektivenübernahme, und sie erlaubt, Gedanken und Gefühle zu konzeptualisieren. Demgegenüber meint Alexithymie die Unfähigkeit, emotionale Information zu prozessieren, emotionale Erregung effektiv zu regulieren und Gefühle auszudrücken. Sie geht mit einer relativen Armut des Phantasielebens einher. Denken und Sprache sind konkretistisch auf äußere und materielle Ereignisse ausgerichtet. Der Begriff der Mentalisierung ist der Umfassendste und bezieht sich auf die Art und Weise, wie Erfahrungen aufgenommen und repräsentiert werden. Von Fonagy und Bateman (2006) wurden drei Mentalisierungsstörungen beschrieben: die Pseudomentalisierung, die Konkretisierung und der fälschliche Gebrauch der Mentalisierung (mentalization misuse).

Die Mentalisierungsstörung, die Störung der reflexiven Funktion und die Alexithymie sind intrapsychische Phänomene, die zu Kommunikationsstörungen mit Auffälligkeiten im Übergangsraum führen. Eine mangelnde Selbstreflexivität und die Alexithymie gehen mit der Abwesenheit oder einem Kollaps des Übergangsraums einher, dem Raum, in dem symbolisches Denken auftaucht.

Wie konnte es bei T. zu einer solchen Entwicklung kommen?

T.s Vater war seinem Selbstverständnis nach der Retter der Mutter. Er hatte sie aus einer Situation befreit, als ihr Vater wieder einmal auf sie einprügeln wollte (sie war damals 20 und er 22). Der Vater der Mutter war Alkoholiker, neigte zu Gewaltdurchbrüchen und hatte seine Tochter über viele Jahre hinweg sexuell missbraucht. Das für T.s Vater wichtige Selbstverständnis als Retter wurde massiv infrage gestellt, als die Mutter ihn verließ. Bemerkenswert ist vor diesem Hintergrund, dass die Schwester des Vaters mit dem Vater der Mutter zusammenlebt. Dazu befragt konnte T.s Vater nichts sagen – ihm sei auch nicht klar, warum es offenbar etwas gäbe, was ihn und auch seine Schwester an dieser Familie angezogen habe, denn seine Familie sei anständig.

Beide Eltern arbeiteten in anspruchsvollen Berufen, als T. als erstes Kind zur Welt kam. Er war von Anfang an schwierig, kaum zur Ruhe zu bringen, mäkelig. Zwischen den Eltern entwickelten sich heftige Streitszenen, die darin mündeten, dass die Mutter mit T. auszog, als er ein Jahr alt war. Da der Vater sie nicht finanziell unterstützte – er wollte, dass beide zurückkommen –, musste die Mutter arbeiten. Unter dieser Belastung griff sie zum Alkohol, machte schließlich eine stationäre Psychotherapie und kehrte zurück zum Vater. Um mehr für die Familie da zu sein, gab der Vater seine berufliche Karriere auf. Er versuchte, das familiäre System zu stützen, während er der Mutter ihre Unfähigkeit, T. zu erziehen, vorwarf, was er als Auswirkung ihrer familiären Vergangenheit sah. Später meinte der Vater, sie habe eine Borderlinestörung. T. blieb schwierig. Im Kindergarten und in der Schule war er Störenfried und Außenseiter und zeigte Lern- und Leistungsstörungen.

Beide Eltern drückten sich sprachlich gewählt und differenziert aus. Umso erstaunlicher war, dass T. Sprache kaum zur Verfügung zu stehen schien, um inneres Befinden und innere Zustände zu benennen. Als Kommunikationsmittel schien sie ihm nicht vertraut zu sein. Obwohl beide Eltern in Gegenwart von T. viel über ihn sagten, verharrte T. in Sprachlosigkeit. Was hinderte ihn, nachzudenken, Affekte zu erspüren, in Kommunikation mit sich und anderen zu kommen?

Bevor auf den Verlauf der Therapie eingegangen wird, um das zu beantworten, sei daran erinnert, dass es sich um die Behandlung eines 15-Jährigen gehandelt hat, bei der besondere Bedingungen zu beachten sind – zum Beispiel die üblicherweise geringe Behandlungsmotivation, die Schwierigkeit, eine Arbeitsbeziehung herzustellen, und die Gefahr, initial in negative Übertragungsbeziehungen hineinzugeraten (vgl. Streeck-Fischer 2006).

Zur Therapie

Im Folgenden sollen drei Aspekte hervorgehoben werden, die auf die ADHS-spezifische Symptomtrias Bezug nehmen:

1. Unaufmerksamkeit, die aus einem Zustand psychischer Abwesenheit resultiert und wie eine Alexithymie erscheint. Die Sprache des Therapeuten wird nicht als Mittel der Verständigung, sondern als Attacke erlebt.
2. Impulsivität, die auftaucht, sobald der Zustand der Abschaltung zusammenbricht. Heftige unregulierte Affekte schlagen ungebremst durch.
3. Unruhe, die der Vermeidung von Frustration und von Ungewissheit dient.

Ad 1. Unaufmerksamkeit

T. war froh, von zu Hause weg zu sein; er war bemüht, alles richtig zu machen. Die Therapie schien er eher über sich ergehen zu lassen. Er verhielt sich, als habe er keine Probleme. Für ihn war alles in Ordnung. Manchmal erwähnte er Ärger mit den Erziehern, die ihn immer auf dem Kieker hätten. Auch zu den Eltern sagte er nichts – wohl, weil er in Loyalitätskonflikten gefangen war. Gelegentlich beklagte er sich über andere Jugendliche. Die Concerta-Dosis war auf die Hälfte reduziert worden. T. wollte das Medikament aber weiter haben, da er fürchtete, ansonsten von gefährlichen Impulsen überwältigt zu werden. Dabei blieb unklar, was er wirklich befürchtete. In den ersten Monaten musste die Therapeutin ihn häufig holen, weil er den Termin vergessen hatte oder aus Versehen etwas anderes vorhatte, als sei die Therapie für ihn bedeutungslos und beliebig. Die Therapeutin versuchte, lange Schweigeperioden zu vermeiden, und suchte nach Themen, in denen er Anerkennung finden und sich gesehen fühlten konnte. Sie zeigte sich fürsorglich, verlässlich und nahm sich vor, ihn narzisstisch zu spiegeln, um so für die Therapie zu werben und ihm zu vermitteln, dass es sich lohne, ins Gespräch zu kommen.

Als T. nach vier Wochen fragte, was es mit der Therapie eigentlich auf sich habe, er könne nichts Rechtes damit anfangen, bestätigte er die Vergeblichkeit der bisherigen therapeutischen Bemühungen. Die Therapeutin wusste nicht, ob er jeweils abgeschaltet hatte oder ob sie mit ihrem therapeutischen Handeln so weit an ihm vorbeiging, dass sie ihn nicht erreichte. Sie wurde mit der Bedeutungslosigkeit ihres Tuns konfrontiert und war ratlos. Um der sich breitmachenden Leere zu entkommen, spürte sie die Neigung, immer aktiver zu werden. T. hatte Recht, eine wirkliche Verbindung zu ihm fand sie nicht. In den Stunden ging ihr gleichsam der Stoff aus, als werde ihr Gehirn von Ideen und Anregungen entleert. Es schien so, als entwickele sich ein Zustand der Alexithymie zwischen beiden, T. und der Therapeutin, mit Gefühls- und Phantasieleere. Ihre sprachlichen Benennungen schienen ihn zu erschrecken, zu überwältigen oder mit eigener Unfähigkeit zu konfrontieren – etwa wenn sie sagte, er sehe heute mitgenommen aus, oder mit ihm danach suchte, wie er sich zeitlich besser organisieren könnte –, sodass sich ihre Gefühle der Ratlosigkeit und Vergeblichkeit noch verstärkten.

In der Mutter, die auf eine Einladung hin sofort kam, lernte die Therapeutin eine attraktive, etwas verlebte, auffallend gekleidete Frau mit langem Haar, hohen Stiefeln und engen Hosen kennen. Ihre Geschichte über das familiäre Zusammenleben war anders als die des Vaters. Sie entwarf von T.s Vater das Bild eines impulsiven und bedrohlichen Mannes. Wenn sie über T.s Probleme und für ihn sprach, tätschelte sie ihren Sohn, der dabei immer kleiner wurde, am Oberschenkel. Er erschien bald wie ein Dreijähriger, der mit der Mutter und ihren Äußerungen in grenzenlosem Einssein verschmolzen war. Dass sie es mit ihm aufgegeben und ihn an den Vater gegeben hatte, schien T. uneingeschränkt verstehen zu können. Gefühle von Enttäuschung, Wut oder Traurigkeit schien es nicht zu geben. Der Zustand der Umwandlung der Einheit mit der Mutter, die nur eine einzige Realitätswahrnehmung zuließ, in ein Dreisein, das ein dynamisches Zusammenspiel zwischen Symbol, Symbolisiertem und interpretierendem Subjekt ermöglicht hätte im Sinne von »ich sehe es so, Du siehst es anders«, standen T. ebenso wie seiner Mutter nicht zur Verfügung. Winnicott (1978), Britton (2004) und andere haben die Fähigkeit, einen anderen bzw. einen objektivierbaren Standpunkt einnehmen zu können, mit räumlichen Metaphern verbunden wie dem Übergangsraum und dem triangulären oder Dreiecksraum, den T. offenbar nicht ausreichend entwickelt hatte.

Ad 2. Impulsivität

Im Gespräch mit dem Vater, der zusammen mit der Stiefmutter gekommen war, versuchte die Therapeutin zu verstehen, was sich in den Wochen vor der Aufnahme abgespielt hatte. Als die Stiefmutter ohne jede Vorankündigung plötzlich mitteilte, dass sie T. nicht mehr zu Hause haben möchte, schien eine Bombe zu platzen. Der Vater nahm dazu nicht Stellung und schwieg. T. war einen Moment lang sichtlich erschüttert und leichenblass. Das Nein, die Grenze, die die Stiefmutter gezogen hatte, die aus einer Entwicklungsperspektive ein wichtiger Schritt gewesen sein mag, hatte fatale Folgen. T. verfügte über keine ausreichend sicheren inneren Objekte, die es ihm ermöglicht hätten, progressive Schritte zu gehen. Er schien schockiert und wirkte wie traumatisiert.

In der nächsten Therapiestunde verhielt er sich, als ob nichts geschehen sei. Nein, er habe nicht mehr über das Gespräch mit den Eltern nachgedacht, nein, es habe ihn nichts besonders beschäftigt. Er hatte mit einem Abschaltmechanismus reagiert, jegliche Gefühle und Gedanken waren abgestellt bzw. dissoziiert. Die Therapeutin erinnerte ihn daran, was die Stiefmutter gesagt hatte, und teilte ihm ihren Eindruck von seiner ursprünglichen Reaktion mit. Unerwartet ließ T. die Abwehr fallen und geriet in einen tiefen Verzweiflungszustand. Abends schnitt er sich mit einer Rasierklinge in den Arm. Er hatte das Gefühl, nun kein Zuhause mehr zu haben. Er war in einen Affektzustand geraten, der nicht mehr zu regulieren war. Seine Unruhe und seine psychische Abwesenheit – so wurde erkennbar – dienten ihm zum Schutz vor unregulierbaren Affekten. Es ging ihm schlecht. Im Alltag ließ er alles hängen. Mit dem Vater wollte er nicht mehr reden. Auch jetzt gab es in der Therapie scheinbar nichts zu besprechen. Obwohl es Hinweise gab, dass sein Schockzustand auch mit früheren Erfahrungen zu tun hatte, hatte sein Befinden nur eine Bedeutung im Hier und Jetzt. Alles, worum es ging, war konkret und real. Es galt nur, was gerade passiert war. Es gab keine Vergangenheit und darum auch keine nachträgliche Betrachtung und Bearbeitung.

Ein weiteres Gespräch mit dem Vater und der Stiefmutter kam nur schwer zustande. Obwohl der Vater wusste, dass es T. nicht gut ging, gelang es erst sechs Wochen später, einen Termin zu finden. Weder den Vater noch die Stiefmutter schien es sonderlich zu tangieren, dass es T. schlecht ging und dass er sich heimatlos fühlte. Der schließlich vereinbarte Termin wäre beinahe geplatzt, weil durch Terminverschiebungen der Sparpreis für die Bahn nicht mehr zu bekommen war. Die Fahrt war dem Vater zu teuer; außerdem hatte er einen dringenden Termin zu Hause wahrzunehmen. Während T. alles hinzunehmen schien, empfand die Therapeutin heftige Wutgefühle auf den Vater, der sich so fürsorglich gegeben hatte. Es kam ihr so vor, als tauche nun eine zweite Wirklichkeit auf, in der T. mit seinen inneren Belangen vernachlässigt wurde. Er sollte funktionieren, aber mit inneren Bedürfnissen und Notständen niemanden belästigen.

Als der Termin mit den Eltern schließlich zustande kam, wies die Therapeutin darauf hin, dass es T. seit dem letzten Termin schlecht gegangen sei. Der Vater reagierte bagatellisierend, was sie veranlasste, Verwunderung auszudrücken. Daraufhin sprang der Vater – offenbar in einem Zustand schwer steuerbarer Wut – auf, suchte Abstand, ging zum Fenster, bewegte sich im Raum unruhig hin und her und setzte sich schließlich tief atmend wieder in seinen Sessel. T., der dabeisaß, wurde bleich, starr und erschien wie eingefroren. Er konnte nichts sagen. Die Therapeutin selbst war etwas konsterniert und fragte sich, ob ihr die Kontrolle über ihre Gegenübertragung entglitten war. Mit dieser heftigen Situation hatte sie bei dem eher überkontrollierten, bedächtigen Vater nicht gerechnet. Dann erklärte sie, was es für T. bedeute, nicht mehr nach Hause kommen zu dürfen, wie heimatlos er sich fühle. T. begann jetzt zu weinen. Auch in dieser Situation schien der Vater T.s Gefühle zu übersehen. Er rechtfertigte sich. Sein Selbstverständnis, Retter der Familie zu sein, war – wieder einmal – infrage gestellt. Die Therapeutin machte ihn darauf aufmerksam, dass T. wohl etwas anderes brauche. Jetzt nahm er T. in den Arm und tröstete ihn. Dieser Akt erschien der Therapeutin zwar etwas bemüht, war aber ein wichtiger Schritt.

Bemerkenswert an dieser Begegnung war, in welchem Ausmaß Gefühle von Wut, Ärger, Traurigkeit oder Enttäuschung nicht wahrgenommen, übergangen bzw. bagatellisiert wurden. Insbesondere der Vater schien diesen Bereich bei T. nicht existieren zu lassen. Andererseits brachen – sowohl beim Vater als auch bei T. – Gefühlsregungen ungebremst, ungesteuert und bedrohlich durch. In Bezug auf T. erschien nun verständlich, dass bei einem solchen aktuellen, wahrscheinlich aber auch frühen mangelnden Containment ein Abschaltmechanismus existenziell notwendig war.

Die Affektregulierung hängt eng mit der Fähigkeit zur Mentalisierung zusammen. Fonagy et al. (2004) verstehen die Affektregulierung als Vorspiel zur Mentalisierung. Mentalisierung ermöglicht nicht nur die Anpassung von Affektzuständen, sondern erfüllt die basale Funktion der Regulierung des Selbst. Die mangelnde Fähigkeit von T., über sich nachzudenken und zu sprechen, erschien nun unmittelbar nachvollziehbar.

Nach dieser Szene begann T., in der Therapie zu reden. Er meinte, die Therapeutin hätte wohl einen wunden Punkt beim Vater getroffen. Von nun an schien er sich bei ihr sicher zu fühlen. Die Therapeutin hatte der Aggression des Vaters standgehalten und sie überlebt. T. erzählte davon, wie viel Mist er gebaut habe, und ihm wurde deutlich, wie sehr er alles Unangenehme umging und vermied. Dass er sich von nun an zugestehen konnte, auch Probleme zu haben, dürfte unter anderem darauf zurückzuführen sein, dass der Vater nicht mehr die absolut ideale Gestalt war, die er selbst zu sein beanspruchte.

Eine zweite große Krise ereignete sich, als der Vater T. anlässlich einer Wochenendbeurlaubung erzählte, dass T.s Mutter von ihrem eigenen Vater sexuell missbraucht worden sei. T. kam in desolater Verfassung in die Klinik zurück. Das Band zur Mutter war für ihn zerrissen. Er schwankte zwischen Wut, selbstdestruktivem Verhalten und starrem Rückzug. Aber sich selbst zu schneiden, käme nicht mehr infrage, das sei nicht mehr sein Ding. Mit der Mutter wollte und konnte er nicht reden. Wieder empfand die Therapeutin Wut auf den Vater. Die Mutter setzte sich beunruhigt mit ihr in Verbindung: Was denn mit ihrem Sohn los sei, er rede nicht mehr mit ihr. Noch vor einem gemeinsamen Gespräch sprachen T. und seine Mutter miteinander, die ihm vieles erklärte. Sie gab ihm zu verstehen, dass er den Großvater nicht zur Rede stellen und verprügeln müsse, wie er es eigentlich vorgehabt hatte. Im gemeinsamen Gespräch hob die Mutter hervor, dass sie die Art bedauere, wie T. Details aus ihrer Lebensgeschichte erfahren habe. In einem weiteren Gespräch mit dem Vater fragte die Therapeutin ihn, warum er mit T. über die Geschichte der Mutter gesprochen habe und ob es nicht besser gewesen wäre, die Mutter hätte mit T. selbst darüber gesprochen. Er meinte, ihn habe die von ihr – der Therapeutin – anfänglich gestellte Frage beschäftigt, wieso es in dieser Familie so viel Schweigen gäbe, und so habe er es wichtig gefunden, dieses Tabuthema anzusprechen. Für die Wirkung seines Verhaltens auf T. und die Mutter und auf deren beider Beziehung hatte er weiterhin kein Gespür.

Ad 3. Unruhe

In der Schule wurde es für T. kritisch. Um versetzt zu werden, musste er sich anstrengen. Statt sich an die Schulaufgaben zu setzen und zu lernen, wurde er immer unruhiger und gereizter und spielte immer wilder Fußball. Die Therapeutin hatte erneut das Gefühl, ihn nicht zu erreichen, und schlug vor, doch einmal in die Stunde mitzubringen, woran er lernen müsse. Als sie sich mit ihm gemeinsam einige Texte ansah, stieg er innerlich aus. Tatsächlich war einiges sehr umständlich geschrieben, sodass auch die Therapeutin anfangs Mühe hatte zu verstehen und sich anstrengen musste. Sie sagte ihm, dass auch für sie der Text nicht leicht verständlich sei und sie Mühe hätte, ihn nicht beiseite zu legen. Statt zu bedenken, dass der Autor da vielleicht selbst ein Problem gehabt habe und statt kritisch oder vielleicht sogar ärgerlich zu werden, schalte er ab und mache von seiner Urteilsfähigkeit keinen Gebrauch.

Im Weiteren war T. mehr und mehr bereit, über sich nachzudenken. Er berichtete der Therapeutin, dass es ihm gelinge, besser bei der Sache zu bleiben. Am Schuljahresende schließlich wurde er, wenn auch mit Einschränkung, versetzt.

»Denken« – so schrieb Freud – »ist nur ein Umweg. Alle komplizierte Denktätigkeit stellt einen durch die Erfahrung notwendig gewordenen Umweg zur Wunscherfüllung dar […] wobei das Ertragen der erhöhten Reizspannung während des Aufschubs der Abfuhr erforderlich ist« (Freud 1900). Den Zustand der erhöhten Reizspannung während des Lernens – den Aufschub der Abfuhr – konnte T. nicht aushalten. Er hörte auf zu denken und stieg aus. Möglicherweise war auch die damit verbundene »negative capability« (Bion 1962), die Ungewissheit, so unerträglich, dass er dem andere motorische Reize, die sich als Unruhe zeigten, entgegensetzen musste. Der Zustand der Ungewissheit war bei ihm mit Erfahrungen von Selbst- und Objektverlust bzw. innerer und äußerer Bedrohung verbunden. Jetzt konnte Concerta abgesetzt werden. Es zeigten sich keine Veränderungen in seinem Verhalten. Er wurde weder impulsiver noch hyperaktiver.

Die stationäre Behandlung neigte sich dem Ende zu. T. wünschte sich, dass es ein gemeinsames Gespräch mit den Eltern gäbe. Er wollte, dass die Streitereien endlich aufhörten, in die er immer wieder hineingezogen worden war und in deren Verlauf er sowohl dem Vater als auch der Mutter jeweils Recht gab, sich aber keine eigene Meinung bilden konnte. Er hatte bisher in der Klemme gesessen und durfte nichts Eigenständiges entwickeln, um sie nicht zu verlieren. Tatsächlich kämpften die Eltern anhaltend um das Sorgerecht und das Aufenthaltsbestimmungsrecht des Kindes. Obwohl T. seit der Trennung bei der Mutter lebte, stellte der Vater ihre Erziehungskompetenz immer neu infrage. Das Gespräch kam leider nicht mehr zustande. Zum Abschluss meinte T., er wolle jetzt nach der Entlassung »richtig Therapie« machen, um seine selbstschädigenden Tendenzen besser zu verstehen und zu überwinden.

Diskussion

Im Verlauf der Therapie war deutlich geworden, dass T.s Unruhe und psychische Abwesenheit der Sicherung unsicherer infantiler und aktueller Objektbeziehungen diente. Er griff auf Antwortmuster wie Dissoziation und Erstarrung zurück, die für traumatische Belastungen charakteristisch sind und die ihn in einem Zustand des Erfrorenseins festhielten. Sprache war für ihn nur bedingt ein Mittel der Kommunikation, weil innere Zustände aufgrund früher Abwehrformationen unerkannt geblieben waren. Die Gefühlswelt war in dieser Familie bedrohlich und gefährlich und musste gemieden werden. Erst die Konkretisierungen in den realen Interaktionen mit den Eltern halfen, seine Panzerung und seine Abschaltmechanismen aufzugeben. Er konnte die Therapeutin als Objekt erleben, das ihn in seiner Bedürftigkeit wahrnahm und das der Aggression des Vaters standhielt. Indem die Therapeutin die aggressive Attacke des Vaters real und konkret überlebt hatte – der Vater hatte in Verbindung mit der Trennung gedroht, die Mutter umzubringen –, konnte sich ein Raum eröffnen, in dem Vitalität, Lebendigkeit und spielerische Kommunikation möglich wurden.

Kinder mit ADHS sind – so Balzer – »die randständige Avantgarde einer zunehmend sensorisch codierten Kultur mit schlechter Bindungssicherheit, mangelnder Symbolisierung und Mentalisierung« (Balzer 2001, 2004). Denken und Nachdenken können in sich eine Bedrohung bergen, in tiefe Verzweiflungszustände und Zustände des Verlassenseins zu geraten, die durch autistisch-kontiguöse Abwehrformationen vermieden werden. Eine autistisch-kontiguöse Abwehrformation ist nach Ogden (1989) der Versuch, fehlende (körperliche) Kohäsion zum Beispiel durch rhythmische muskuläre Aktivitäten zu ersetzen. Die motorische Hyperaktivität scheint so eine sensorische Oberfläche zu schaffen, die der Vermeidung von Angst dient, in ein Nichts, in ein tiefes Loch des Allein- und Verzweifeltseins zu fallen und von keinem wahrgenommen und gesehen zu werden. Bick (1968) hat von der Zweithautformation gesprochen, die einen Versuch darstellt, ein Substitut zu schaffen, hier die Unruhe und die Unaufmerksamkeit, um Teile der Persönlichkeit zusammenzuhalten.

Der Weg in die ADHS – will man diese Symptomtrias als Phänomen der Entwicklungsstörung bei Kindern und Jugendlichen gelten lassen – scheint ein Weg in die Oberfläche mit Abschaltmechanismen und sensorischer Hyperaktivität zur Vermeidung von Konflikten und Emotionalität bei bedrohten inneren und äußeren Objektbeziehungen zu sein, ein Weg, den viele Kinder und Jugendliche heute offenbar häufig gehen müssen.

Literatur

Argelander, Hermann (1972): Der Flieger. Frankfurt/M. (Suhrkamp).

Balzer, Werner (2001): Das Sensorische und die Gewalt. Zs. Psa. Theorie u. Praxis 16 365–381.

Balzer, Werner (2004): Lust am Nichtdenken? Zum Verhältnis von Erregung und Bedeutung in beschleunigten und entgrenzten Lebenswelten. Zs. Psa. Theorie u. Praxis 19, 399–416.

Bick, Ester (1968) Das Hauterleben in frühen Objektbeziehungen. In: Bott Spillius, Elisabeth (Hg.): Melanie Klein heute. Band I. München (Verlag Internationale Psychoanalyse) 1990.

Bion, Wilfred R. (1962): Learning from Experience. London (Heinemann).

Britton, Ronald (2004): Subjectivity, Objectivity and the triangular space. Psa. Q. 73, 47–61.

Fonagy, Peter & Bateman, Anthony (2006): Mentalization-Based Treatment for Borderline Personality Disorder. New York (Oxford University Press).

Fonagy, Peter; Gergeley, György; Jurist, Elliot L. & Target, Mary (2004): Affektregulierung, Mentalisierung und die Entwicklung des Selbst. Stuttgart (Klett-Cotta).

Freud, Sigmund (1900a): Die Traumdeutung. GW 2/3.

Fricke, Birgit & Streeck-Fischer, Annette (2006): »Bei Seepferdchen bekommen die Väter Kinder«. Verwirrende Realitäten bei der Aufmerksamkeitsdefizit- und Hyperaktivitätsstörung. Psychotherapeut 51, 91–98.

Nemiah, John C.; Freyberger, Harald & Sifneos, Peter E (1976): Alexithymia: A view of psychosomatic process. In: Hill, O. W. (Hg.): Modern trends in Psychosomatic Medicine. Vol. 3. London (Butterworths), S. 430–439.

Ogden, Thomas H. (1989): On the Concept of an Autistic-Contiguous Position. I. J. Psycho-Anal. 70, 127–140.
Streeck-Fischer, Annette (2006): »Neglect« bei der Aufmerksamkeitsdefizit- und Hyperaktivitätsstörung. Psychotherapeut 51, 80–90.
Streeck-Fischer, Annette & Fricke, Birgit (2007): »Lieber unruhig sein, als in einem tiefen, dunklen Loch eingesperrt«. Prax. Kinderpsychol. Kinderpsychiat. 56, 277–302.
Winnicott, Donald W. (1978): Vom Spiel zur Kreativität. Stuttgart (Klett-Cotta) 1987.

Die Demontage des Ideals und die Abwehr der Getrenntheit

Ulrich Wirth

Dem Volksmund ist die Ablehnung von Idealen gut bekannt, wie aus der häufiger zu hörenden Redewendung hervorgeht, dass Ideal und Wirklichkeit mal wieder weit auseinanderklafften. Dabei klingt manchmal ein Bedauern an, oft aber wird die Sinnlosigkeit von Idealen festgestellt. Wer sie hat und ernst nimmt gilt rasch als unrealistisch und als handlungsuntüchtiger Idealist. Stattdessen sollen nur Machbarkeit und scheinbare Überprüfbarkeit gepaart mit einer als unabhängig verstandenen Objektivität zählen. Diese polarisierende Spaltung in Idealistisches und Machbares oder in damit gleichgesetzte sogenannte Realität findet sich in allen politischen Debatten, auch in den wissenschafts- und berufspolitischen. Oft geht damit eine Tendenz einher, ein Entweder-Oder zu fordern und die Ideale über den Haufen zu werfen. Es wird versucht, ein zwischen Ideal und Realität reflektierendes und balancierendes Ich zu verleugnen und dadurch Realität, von psychischer Realität gleichsam gereinigt, auf Faktisches zu reduzieren.

In der damit einhergehenden Unterwerfung unter die Nützlichkeit steckt auch der Versuch, Unlust abzuschütteln, die das Halten der Spannung zwischen einem Ideal und einer damit nicht übereinstimmenden Realität offenbar bereitet. Gleichzeitig fehlt es nicht an Idealisierungen von Machbarkeit, zum Beispiel auch an idealisierenden Heilungsversprechen als neu verkündete Psychotherapiemethoden, die sich gern das Etikett von Wissenschaftlichkeit anheften.

Die einseitige Orientierung an der Machbarkeit findet sich auch in der Diskussion unter Psychoanalytikern, etwa in der Frage, wie Freuds Bemerkung vom Gold der Analyse, das in der Massenanwendung wahrscheinlich mit dem Kupfer der direkten Suggestion legiert werden müsse (Freud 1919a, S. 193), aufzufassen sei. Es geht dann unter anderem darum, dass man Suggestion brauche, nicht so viel frustrieren dürfe, eher unterstützen müsse und anderes mehr. Die Aufrechterhaltung eines Ideals erscheint auch hier mit einer Idealisierung verwechselt, die sich dann zum Vorwurf eignet.

Die psychoanalytische Konzeption des Ich-Ideals nimmt sowohl auf die Vergangenheit als auch auf die Zukunft Bezug. Im Ich-Ideal schlagen sich Identifikationen mit Aspekten früherer bedeutsamer Objekte nieder. Hanly verweist aber darauf, dass das Ich-Ideal auch eine Vorstellung enthält, in der das Subjekt ein angestrebtes Ziel hat und sich im »Zustand des Werdens« versteht (Hanly 1984, zit. n. Britton 2006, S. 144). Freud hat, als er den Begriff des Ich-Ideals einführte, dies in der schönen Formulierung, dass der Mensch sein Ich-Ideal langsam vor sich hinprojiziere (Freud 1914c, S. 161), eingefangen. Dagegen scheint in der Jetztzeit, wie der Literaturwissenschaftler Peter Bürger vertritt, das Bewusstsein der eigenen Geschichtlichkeit abhanden zu kommen und die Zukunft »ihre Bedeutung als Projektionsfläche künftiger Selbstverwirklichung« (Bürger 2008, S. 43) einzubüßen.

Viele technische und wissenschaftliche Entwicklungen, bis hin zu Handys und Chatrooms, vielleicht auch Sterns (2005) teils euphorisch aufgenommene Feststellung von »Gegenwartsmomenten«, führen auf die Suggestion eines auf die Gegenwart zentrierten Zeit-Gefühls und auf eine damit einhergehende Omnipotenzversuchung hin. Sie scheint mit der Vorstellung verbunden, nie oder nicht lange allein sein zu müssen. Immer soll jemand erreichbar sein. Die scheinbare Aufhebung der räumlichen Entfernung durch Telefon und Internet verstärkt die Hoffnung auf Aufhebung eines von Geburt und Tod begrenzten Gefühls einer vergehenden Zeit und die Akzentuierung des Moments, der unbegrenzt, rauschhaft als »ganz im Hier« erlebt und möglichst perpetuiert wird.

Herr A., ein junger Patient, der kaum in der Lage ist, ein Gespräch mit mir zu führen, weil er sehr schnell redet, füllt neben dem Beruf seinen Alltag meist durch Kommunikation im Internet. Unsere Beziehung wird selten Thema. Nach einem halben Jahr erzählt er, er habe in den vorangegangenen Ferien immer wieder auf seinem Computer nachgesehen, ob C., ein von ihm heimlich sehr anziehend empfundener etwas jüngerer Mann, seine Abwesenheitsmeldungen gelesen habe. Der Patient hinterlässt, wenn er vom Computer weggeht, eine Meldung, die andere Netzteilnehmer lesen können. Zum Beispiel schreibt er, was er jetzt machen werde. Zusätzlich hat er aber ein System, mit dem er erkennen kann, wer bei ihm wann und wie lange diese Abwesenheitsmeldungen geöffnet und gelesen hat. Und nun taucht die Frage auf, ob C. auch so ein System hat. Das Hin und Her der Fragen scheint kein Ende zu kennen. Als ich schließlich anspreche, dass er vielleicht auch gern gewusst hätte, was ich in den Ferien mache, lehnt der Patient ab. Aber im Verlauf der Sitzung deutet er an, dass er gern in dieser Zeit eine Sitzung gehabt hätte. Er benennt von jetzt an häufiger, dass er etwas vermisst.

Zur Philosophie des Ideals

Immanuel Kant bestimmt – verkürzt gesagt – das Ideal im Anschluss an Platon, dem es »eine Idee göttlichen Verstandes« war, als etwas Vollkommenes und als den »Urgrund aller Nachbilder in der Erscheinung« (Kant 1787, S. 452). Auch wenn Ideale so bestimmt werden, erlangen sie als regulative Prinzipien – psychoanalytisch könnte man sagen: im psychischen Geschehen – praktische Kraft:

> »[W]ir haben kein anderes Richtmaß unserer Handlungen, als das Verhalten dieses göttlichen Menschen in uns, womit wir uns vergleichen, beurteilen und dadurch uns bessern, obgleich wir es niemals erreichen können. Diese Ideale, ob man ihnen gleich nicht objektive Realität (Existenz) zugestehen möchte, sind doch um deswillen nicht für Hirngespinste anzusehen, sondern geben ein unentbehrliches Richtmaß der Vernunft ab […]. Das Ideal aber in einem Beispiele realisieren wollen, wie etwa den Weisen in einem Roman, ist untunlich, und hat wenig Erbauliches an sich, indem die natürlichen Schranken, […] alle Illusion in solchem Versuche unmöglich machen« (Kant 1787, S. 453).

Das Ideal beinhaltet für Kant nicht den Anspruch auf Erfüllung, sondern den Respekt vor seiner Nichterfüllung. Doch auch wenn das Ideal nicht erreichbar ist, erscheint es sinnvoll, weil es als ein ideell anzustrebendes Ziel für das innengeleitete Individuum in seiner psychischen Konstituierung eine wichtige Funktion hat: Es sichert die Bindung an die soziale Übereinstimmung und trägt wesentlich zur Orientierung des menschlichen Handelns bei.

Kant hat auch zur Entwicklung des Begriffs eines Subjektes, das sich durch seine Möglichkeiten zur Erkenntnis und zum Verstehen auszeichnet, Bedeutsames beigetragen. Er greift die auf Platon zurückgehende Gegenüberstellung von Ideen und empirischer Realität auf: Als Voraussetzung für Erkenntnis und Subjektwerdung hält er es für notwendig, die dem Menschen innewohnenden Vernunftbegriffe (Kategorien) und die sinnlich-anschauliche Wahrnehmung in einem dialektischen Prozess immer wieder aufeinander zu beziehen. Dabei ist ihm eine dem Gebrauch der Vernunft eigene Begrenztheit ganz bewusst. Seine *Kritik der reinen Vernunft* (Kant 1787) kann unter anderem als eine Kritik an einer Idealisierung verstanden werden, wenn er vertritt, dass die zu jener Zeit so gefeierte Vernunft nicht aus sich heraus Wahrheit und Erkenntnis finden kann, sondern nur, indem sie sich auf die Erfahrung zurückbezieht. Wenn der Mensch in diesem Sinne der Begrenztheit Gebrauch von seiner Vernunft macht, könne er den viel zitierten Ausgang aus seiner selbst verschuldeten Unmündigkeit angehen, also verschiedene Freiheiten anstreben, unter anderem die des selbstständigen Denkens und des über sich und andere Nachdenkens. Dafür benötigt er dann unter anderem Ideale. In einer Zeit des Missbrauchs von Idealen schreibt Erich Kästner (2005): »Ein Mensch der Ideale hat, der hüte sich, sie zu erreichen! – Sonst wird er eines Tags, anstatt sich selber and'ren Menschen gleichen.«

An diese Überlegungen knüpft die Vorstellung eines sich mündig machenden Subjekts an, das über die Stärkung seiner Erkenntnis- und Urteilskraft zu größerer Autonomie findet. Diese Vorstellungen liegen recht nahe bei dem, was als eine Leitvorstellung psychoanalytischer Arbeit benannt werden könnte.

Die Demontage des humanistischen Bildungsideales

Auf den beschriebenen Konzepten und Wertvorstellungen der Aufklärung gründet auch die Entwicklung des humanistischen Bildungsideales. An dessen Demontage möchte ich nun exemplarisch den Umgang mit Idealen in der Gegenwart aufzeigen.

Das humanistische Bildungsideal ist am antiken Ideal und an einem humanistischen Konzept orientiert und galt als Programm der Selbstbildung des Menschen (vgl. Liessmann 2006, S. 54). Es baut unter anderem auf den Konzepten und Ideen Kants, Schellings, Hegels und vor allem Humboldts auf. Es zielt dahin, den Menschen als sittlich autonomes Subjekt zu befähigen, sich seiner selbst bewusst zu werden, durch das erkennende Denken, wie Wilhelm von Humboldt schreibt, »in sich selbst frei und unabhängig zu werden« (zit. n. Liessmann 2006, S. 55).

Konrad Paul Liessmann (2006) analysiert in seinem exzellenten Essay *Theorie der Unbildung* die »Irrtümer der modernen Wissensgesellschaft«. In Zeiten von PISA-Tests und Bologna-Reformen sieht er das humanistische Bildungsideal als bereits verloren an. Er verweist diesbezüglich u.a. auf die Eile, in der Bildungsreformen einander ablösen, ohne dass deren Wirkungen sich entfalten könnten, auf die Tendenzen zu Rankings jeder Art, auf die Verschulung von Schule und Universität oder auf die verengte Ausrichtung auf die Berufsvorbereitung.

Adorno hatte die von ihm konstatierte Halbbildung noch als Ausdruck eines »entfremdeten Geistes« gesehen, bei der ein Anspruch auf Verstehen zwar bestehe, aber nicht eingelöst werde. Stattdessen werde stur gelernt. Dabei lag auf der Hand, dass das Gelernte kaum noch verstanden werden konnte und sich daraus keine »lebendige Beziehung zu lebendigen Subjekten« (Adorno 2003, S. 103) mehr entwickelte. Liessmanns zentrale These geht weiter: Sie lautet, dass selbst der Anspruch auf Verstehen in der heutigen Zeit der Unbildung aufgegeben ist (Liessmann 2006, S. 72). An dessen Stelle tritt die Vermittlung von Wissen, von bestimmten Inhalten, auch wenn immer wieder betont wird, es gehe auch darum, das Lernen zu lernen. Schule und Universität werden zu Anstalten, in denen Wissen als industrielle Ware angeboten wird und anschließend überprüft wird, ob der Inhalt abrufbar ist. Dabei können

Begriffe wie zum Beispiel Module, Credit Points, Kompetenzen, Profile als Versuche gesehen werden, administrative und industrielle Normierungen in die Universitäts- und Wissenschaftsdiskussion – auch in die Diskussion über Psychotherapie – einzuführen.

So sehr der Wert des Wissens gegenwärtig hochgehalten wird: Dem Wissen, das heute gelernt wird, fehlt die synthetische Kraft, es bleibt Stückwerk. Wissen wird idolisiert und dann rasch entwertet (unter Idolisierung verstehe ich mit Britton [2001] die idealisierende Verehrung von materiellen Dingen oder Teilobjekten). Sein Schicksal teilt es mit dem der industriellen Ware: Wenn seine Verwertungsmöglichkeiten ablaufen, muss es wieder entsorgt werden, etwa aus den Lehrplänen der Schulen. Und da es marktfähig, also gut verkäuflich sein soll, scheint es auch ständig neues Wissen zu geben bzw. wird der Eindruck erweckt, es handle sich um neues Wissen, neue eigenständige Techniken oder – wie zum Beispiel in der Diskussion um Psychotherapie – um neue enorm effiziente und billige, weil bei vordergründiger Betrachtung kurzfristig erfolgreiche Verfahren oder Methoden. Dabei war die Idee des humanistischen Bildungsideals schon immer der Kritik ausgesetzt, sie löse ihre Ansprüche nicht ein. Es war nie ihr Anspruch, ihr Ideal zu erreichen. Nietzsche etwa hält 1872 über das Humboldtsche Gymnasium fest: »Eine wahrhaft ›klassische Bildung‹ ist etwas so Schweres und Seltenes […], dass es nur der Naivetät oder der Unverschämtheit vorbehalten ist, diese als erreichbares Ziel des Gymnasiums zu versprechen« (Nietzsche 1872, zit. n. Liessmann 2006, S. 60).

Die Orientierung an Machbarkeit und Nützlichkeit drücken sich im Bildungsbereich in der Devise aus: »Was nicht immer schon der Praxis verschwistert und durch diese abgeschliffen ist, braucht erst gar nicht gelernt zu werden« (Liessmann 2006, S. 65). Wie die moderne Technik wird Wissen also nicht Mittel zum Zweck, etwa für die Absicht, damit Bildung, also Selbsterkenntnis und Freiheitsmöglichkeiten zu fördern, sondern wird selbst zum »letzten Ziel« (ebd., S. 56).

Die Geschichte des humanistischen Bildungsideals zeigt repräsentativ, wie stark der gesellschaftliche Drang in der Gegenwart ist, Ideale zu demontieren. Es geht dabei nicht um die Veränderung der jeweiligen Inhalte von Idealen. Meine Hypothese geht dahin, dass diese Demontage nicht nur in Feldern wie der Bildungspolitik geschieht. Ich vermute vielmehr, dass das Ideal auch als ein wichtiges Strukturelement des psychischen Apparates einer Tendenz zur Demontage unterliegt, mit der alle Psychotherapeuten zwangsläufig vermehrt zu tun haben. Diese Demontage geht mit der Aufgabe des Ziels eines tendenziell mündigen, verstehenden, vor allem sich selbst verstehenden Subjekts einher.

Getrenntheit und Idealbildung in der Psychoanalyse

Allein zu sein ist eine unvermeidbare Erfahrung des täglichen Lebens, die auch zu den immer wieder erfahrbaren »facts of life« (Money-Kyrle 1968) gezählt werden kann. Diese Erfahrung ist nicht mit dem Gefühl der Einsamkeit zu verwechseln. Wenn – wie im Titel der DGPT-Tagung 2008 – vorgeschlagen wird, die Fähigkeit zum Alleinsein als ein psychoanalytisches Ideal zu betrachten, ist darauf hinzuweisen, dass diese Fähigkeit bei Winnicott (2001a) an die Voraussetzung gebunden ist, in Gegenwart eines anderen allein sein zu können. Es geht also nicht um ein Alleinsein im Sinne fehlender physischer Präsenz anderer. Der Gewinn einer Sicherheit, dass das Primärobjekt durchaus existiert, auch wenn es gerade nicht sichtbar ist, stellt nur *eine* wichtige Etappe auf dem Weg zur Fähigkeit zum Alleinsein dar.

Winnicotts Voraussetzung verweist vielmehr auf frühe Triangulierungsprozesse. Im primären familiären Dreieck hat das Kind zu beiden Elternteilen Beziehungen, erlebt sich aber plötzlich auch ausgeschlossen und getrennt vom Elternpaar. Es ist in Gegenwart anderer allein und beobachtet zugleich eine Objektbeziehung (vgl. Britton 1998). Diese Erfahrung der Getrenntheit enthält also eine ödipale Struktur.

Das Gewahrwerden der Getrenntheit und Ausgeschlossenheit stellt eine enorme Herausforderung in der psychischen Entwicklung dar. Sie zu ertragen geht in einem Stadium, in dem das Baby große Angewiesenheit und Abhängigkeit erlebt, über seine Möglichkeiten. Die dagegen vorgenommenen Verleugnungen, Spaltungen, Omnipotenzphantasien, Idealisierungen und projektiven Identifizierungen, mit deren Hilfe das Objekt kontrolliert werden soll, sind notwendig, um psychisch zu überleben. Zu frühe Störungen dieser Idealisierung des Selbst und des Objekts begünstigen das Auftreten verschiedener Psychopathologien. Ein mithilfe von Spaltungen entwickeltes gutes inneres Objekt, das lange und intensiv genug idealisiert werden konnte, sollte ausreichend aufgebaut sein. Aber auch die zu späte Frustration und damit aufkommende Entidealisierungen verhindern den Aufbau einer Fähigkeit, warten zu können oder Frustrationen zu ertragen, und kann so ebenfalls pathologisierend wirken.

Für die Entwicklung eines Ich-Ideals kommt es darauf an, Omnipotenzphantasien zurückzubilden, einen Prozess der Entidealisierung der wichtigen Objekte und des Selbst eingehen zu können und zuvor abgespaltene negative Vorstellungen und Affekte zu integrieren. Als Ziel der psychoanalytischen Behandlung formuliert Winnicott, dass das Objekt vom Patienten als etwas außerhalb seiner omnipotenten Kontrolle Stehendes anerkannt werden muss (Winnicott 2001b, S. 105).

Mit der Wahrnehmung der triangulären Situation ist potenziell aber auch die Fähigkeit zur Beobachtung, vor allem zur Selbstbeobachtung gegeben. Erst indem der Mensch erkennt, dass ihn jemand anderes sieht, wird er der Getrenntheit gewahr, aber auch dessen, dass er dadurch erst in die Lage kommt, ein Bild von sich selbst zu entwickeln. Britton (2006) knüpft an diese Entwicklung die Entstehung der Selbstbeobachtung, die er der Realitätsprüfung als Aufgabe an die Seite stellt und zu den Ich-Funktionen rechnet. Er unterstreicht, dass das Ich auch die Aufgabe habe, das Über-Ich zu beobachten und zum Beispiel dessen Strenge zu mildern. Diese Aufgabe des Ichs können wir auch gegenüber der Einstellung zu unseren Wertvorstellungen, zu unseren Idealen unterstellen. Das Ich sollte sowohl beurteilen, ob das Subjekt quasi auf dem richtigen Weg ist, als auch die Idealvorstellungen selbst dahingehend überprüfen, wie weit sie idealisierenden Charakter haben. Wenn, wie Britton (2006, S. 142ff.) vertritt, das Ich die Aufgabe hat, sich von den Neigungen zu Idealisierungen jeder Art zu emanzipieren, könnte es, wie Kant vielleicht sagen würde, dabei von einer gut ausgebildeten Urteilskraft profitieren. Die Konstituierung eines sogenannten reifen Ich-Ideals hängt so gesehen vom Ausgang des ödipalen Konflikts und der ihm innewohnenden und ihn wesentlich strukturierenden Erfahrung der Getrenntheit ab.

Ein für Individuum und Gesellschaft bedeutsames und verbindliches Ideal aufzubauen, setzt demnach einen Prozess der Entidealisierung voraus, bei dem das Ideal nicht nur in seinem Inhalt modifiziert, sondern der Anspruch auf dessen Erreichbarkeit aufgegeben wird. Dies ist eine entwicklungspsychologisch gesehen lebenslange Aufgabe, die ähnlich dem Erreichen der depressiven Position immer wieder neu aufgenommen werden muss, da Menschen offensichtlich zur Idealisierung und zu der damit einhergehenden vorübergehenden psychischen Entlastung neigen. Es ist offenbar schwer zu ertragen, ein Ideal zu entwickeln und es nicht zu erfüllen. Ich vermute, dass sich im häufig anzutreffenden ungenauen Gebrauch des Begriffs des Ideals, dort wo es eigentlich Idealisierung heißen müsste, eine Hoffnung auf Omnipotenz spiegelt.

Das Ideal psychoanalytischer Arbeit

Britton hat darauf hingewiesen, dass die ödipale Dreieckssituation, die der frühen Triangulierung innewohnt, in der Begegnung mit dem Patienten als ein »triangulärer Raum« (Britton 2006, S. 81) zur Verfügung gestellt wird: Patient wie Psychoanalytiker sind dabei gleichseitig an die psychoanalytische Methode gebunden bzw. auf sie ausgerichtet. Es geht dann immer wieder darum, die gemeinsame Begegnung aus einer dritten Position zu betrachten.

So gesehen kann man das psychoanalytische Behandlungsangebot als das Angebot einer ödipalen Situation verstehen, bei dem der Analytiker die Reaktionen des Patienten auf diese Situation mitsamt den in ihm darüber ausgelösten Folgereaktionen untersucht. Rosenfeld hat herausgestellt, dass Schwierigkeiten in der Behandlung häufig damit zusammenhängen, dass Patienten versuchen, »bewusst oder unbewusst auf den Analytiker Druck auszuüben, damit dieser von der analytischen Methode abgeht« (Rosenfeld 1981, S. 9). Ich möchte anfügen, dass der Analytiker auch aus sich selbst heraus unter diesem Druck steht. Dieser oft aggressive Qualität annehmende Druck richtet sich darauf, die Positionen, Funktionen und Gefühle zu beseitigen oder zu umgehen, die Getrenntheit und Abhängigkeit beinhalten. Darin kann eine »Übertragung auf die Methode« gesehen werden. Dem zu begegnen, es aufzuspüren und dem Patienten zu beschreiben, was dabei aus unserer Sicht vor sich geht, sehe ich als zentrale Aufgabe und zugleich als eine unserer größten Schwierigkeiten als Psychoanalytiker.

Wir benötigen dafür selbst die Fähigkeit, eine getrennte Position einzunehmen, und die Fähigkeit, dem Wunsch der Patienten, nicht frustriert zu werden, mit Taktgefühl zu widerstehen – auch gegen die Anwürfe von Kollegen oder von uns selbst, wir wären dabei grausam. Wenn wir in diese Position des Beobachters gehen und wenn wir dann eine Intervention formulieren, zum Beispiel eine Beschreibung des Übertragungsgeschehens aus unserer Sicht bzw. eine davon abgeleitete Intervention, lösen wir das ein, was die psychoanalytische Methode unter anderem ausmacht: dem Patienten nicht ein Wissen über ihn überzustülpen, eine schon überprüfte angebliche Objektivität. Stattdessen laden wir ihn gewissermaßen ein, mit uns in eine von uns eingenommene exzentrische Position zu gehen, aus der heraus wir das Geschehen beschreiben. Allerdings wird diese Aufgabe, zu der wir uns selbst immer wieder entschließen müssen, durch den Druck und die Versuchung, eine idealisierte, omnipotente Position des Allwissenden einzunehmen, erschwert.

Der Anspruch, die Behandlung selbst als eine ödipale Struktur anzubieten, und die damit verbundene Anerkenntnis, dass wir selbst in der ödipalen Situation sind, geht mit der Vorstellung einher, dass wir einem Ideal folgen, von dem wir wissen, dass wir es nie erreichen, sondern es anstreben. Ein Ideal zu haben und es zu verfolgen und sich dabei gewahr zu sein, dass es unerreichbar ist, setzt eine Akzeptanz der Erfahrung, getrennt zu sein, als Teil der Realität voraus. Der Bearbeitung der Getrenntheit und der Neigungen zur Idealisierung kommt deshalb in den Lehranalysen umso größere Bedeutung zu. Indes scheint mir, dass gerade das eben dargestellte Verständnis der psychoanalytischen Arbeit diese von anderen psychotherapeutischen Angeboten unterscheidet.

Fallvignette

Die beschriebenen Aspekte möchte ich an einem für diese Zwecke gekürzten Ausschnitt aus einer Behandlung deutlicher machen: Frau B., eine Patientin mit starken paranoiden Ängsten, hatte über eine längere Zeit zwei Sitzungen pro Woche im Sitzen. Mir wurde klar, dass ich in diesem Setting ihre Tendenz zu verwirrendem Reden, zu manischen Abwehrstrategien und zur Idealisierung meiner Person nicht zureichend würde analysieren können. Zugleich dachte ich, ich könne ihr nicht zumuten, häufiger zu arbeiten, weil sie dann vielleicht zusammenbrechen und psychotisch werden könnte.

Als ich ihr schließlich ein Setting mit vier Wochensitzungen im Liegen anbot, worauf sie eher erleichtert einging, bat sie mich, ihr eigenes Kissen mitbringen zu dürfen. Es sei ihr eklig, auf dem Kissen zu liegen, auf das auch andere Patienten ihren Kopf legen. Ihre Erklärung erschien mir nicht stimmig, eher rationalisierend, aber sie beharrte darauf. Ich verstand dies zunächst auch als Zeichen eines Vorbehaltes gegen das Setting und ließ sie mit Unbehagen gewähren. Sie bat mich dann, ihr Kissen zwischen den Sitzungen bei mir zu deponieren. Ich sagte nichts dagegen. Dann wollte sie ein zweites Kissen mitbringen. Sie brauche es noch, um etwas bei sich zu haben. Sie schlafe immer mit einem Kissen ein. Diesmal brachte sie ein längliches Kissen mit und legte es sich dann zu meiner Überraschung zwischen die Beine.

Mein Unbehagen an der Situation wuchs. Meine Deutungen blieben halbherzig, immer wieder dachte ich, dieser Patientin könnte ich noch nicht zumuten, auf ihre eigenen Kissen zu verzichten. Erst als ich ihre Triumphgefühle deutlicher wahrnahm, zum Beispiel wenn ich ihr die Kissen zum Beginn der Sitzung übergab, und das Übertragungsgeschehen so verstand, dass sie damit *meine* Kissen – also mein Behandlungsangebot – ablehnte und ein Omnipotenz-Gefühl mit der Vorstellung, sie könne sich selbst alles Wichtige geben, realisierte, vermochte ich klarer zu deuten. Fast umgehend meinte sie: »Wenn Sie das lieber wollen, kein Problem.« Sie führte nun ein Taschentuch mit und legte es auf mein Kissen.

Nach den bald folgenden Sommerferien zeigte sich, was es bedeutete, auf meinem Kissen zu liegen: Die Patientin kam eine Stunde vor ihrem ersten Termin. Aufgeregt meinte sie, sie werde wohl erst in einer Stunde dran sein, aber sie wisse es eigenartigerweise nicht mehr so genau, sie habe mich am Vortag (meinem ersten Arbeitstag) am Telefon nicht erreichen können. Sie wolle die Sitzung auf keinen Fall verpassen. In der Sitzung legte sie sich dann ohne Taschentuch auf mein Kissen und erzählte von »etwas Schönem« an jenem Morgen: Ihre Tochter habe ihr gesimst: »liebe Mama« – dass sie das von ihr höre. Meine Deutungen, sie habe die Unterbrechung schwer ertragen und hätte vielleicht auch von mir gern einen Extragruß vorab gehabt und später sie habe die Wartezeit verkürzen wollen, ließ sie mehr oder weniger liegen. Dann berichtete sie von dem, was in der Zwischenzeit passiert sei: Sie habe in den Ferien mal wieder viel Mist gebaut. Schon häufiger hatte sie in Ferienzeiten enorm agiert und schwierige Verhältnisse zum Beispiel in ihrer Arbeitstätigkeit heraufbeschworen.

Im Mittelpunkt ihrer Mitteilungen steht nun ein früherer Bekannter, den sie in der Woche zuvor getroffen habe und dem es ziemlich schlecht gehe. Von seiner Frau vor Jahren verlassen, kriege er vieles nicht mehr auf die Reihe, sei völlig durchgeknallt, richtig krank und fange jetzt an, sie zu belagern. Er habe sich in sie verliebt. Telefonanrufe, SMS, Mails erreichten sie stündlich und nachts. Sie kriege zu viel, habe eine totale Aversion, hasse ihn, vor allem: Sie wisse nicht mehr, was tun. Dass sie sofort auflege, nütze nicht. Die Patientin spricht nun unter zunehmendem Druck von der Intensität der Verfolgung und ihres Bedrängtseins.

Mir wird klar, wie sehr der Verlust der von ihr idolisierten eigenen Kissen den Verlust ihrer omnipotenten Abwehr bedeutet und was ich zuvor mit meiner gebremsten Deutungsart vermieden hatte: Sie sieht sich der nun entbundenen, sie terrorisierenden Bedürftigkeit und den Wünschen nach einer ungetrennten Beziehung zu mir beängstigt gegenüber.

Solange ich diese Angst mitfühlend benenne, bestätigt sie mich, redet aber wie zuvor weiter. Weiter gehende Deutungen, dass sie sich wohl auch manchmal vor eigenen Gefühlen dieser Art fürchte oder dass in dem, was sie von diesem Mann schildert, auch ihre Gefühle angesichts meiner Unerreichbarkeit über die Urlaubszeit anklingen könnten, wischt sie vom Tisch: Wie auch immer, sie müsse jetzt von mir wissen, was sie tun kann.

Über mehrere Sitzungen insistiert sie darauf, dass ich Rat gebe. In der Tat beschäftigen mich Vorstellungen, was sie tun könnte, und einmal lege ich ihr indirekt doch nahe, wie sie sich des Mannes erwehren könne. Nun habe ich für sie »etwas Mütterliches«, und sofort scheint sie über mich zu triumphieren, als habe sie mich verführt. Auch ich gerate zunehmend unter Druck, bin an einer Stelle voller Besorgnis, sie könne jetzt wirklich psychotisch sein. Bei näherer Betrachtung nehme ich vor allem ihren Hass wahr und meinen eigenen starken Ärger. Sie möchte mich offenbar zu einem abweisenden Objekt machen. Bald entwickelt sie Gedanken, ich könnte krank sein. Aber es wirkt nicht wie eine Besorgnis um mich, sondern darum, dass ich mich ihrem Ansturm und ihren projektiven Entlastungsversuchen verschließen könnte.

Nach gut zwei Wochen und nach einigen sehr klaren Deutungen, die sich auf das Auftreten ihrer Not im Zusammenhang mit dem Liegen auf meinen Kissen bezogen, beginnt sie, etwas Verständnis für den Bekannten zu finden und wirkt weniger bedrängend. Auch *sein* Insistieren lässt nach, nachdem sie ihm einmal am Telefon gesagt habe, er solle sie nicht wieder anrufen.

Wenig später berichtet Frau B. einen Traum: Sie turnt mit zwei anderen Mädchen an einer Reckstange. Die andern beiden kommen klar und schwingen ab. Aber sie hängt da, keiner hilft, sie ruft nach Hilfe. Schließlich kommt die Tante und hilft ihr runter – »*Sie* sind diesmal nicht gekommen«, ergänzt sie. Die Tante ist das einzige gute innere Objekt der Patientin. Offenbar kann sie nach dem Verlust der Omnipotenz einen Zugang zu diesem Objekt finden.

Ich habe diese Vignette ausgesucht, weil sie deutlich macht, mit welcher Wucht Patienten versuchen, den Psychoanalytiker aus der Position eines von ihnen getrennten analytischen Beobachters zu bringen und die Erfahrung der Getrenntheit im Moment der Abhängigkeit zu umgehen. Das Bemühen, den Psychoanalytiker zu jemandem zu machen, der Rat gibt, der sich – um es mit Kant zu sagen – zu einem Weisen in der Behandlung macht, drückt den Versuch aus, eine Omnipotenzphantasie aufrechtzuerhalten.

Es erscheint mir für jede Analyse nötig, den Patienten eine Erfahrung der Getrenntheit von ihrem Analytiker und die verständig analysierende Beschreibung ihrer Reaktionen darauf zu ermöglichen. Diesen Anspruch halte ich für ein Ideal. Allerdings wäre es eine Idealisierung, zu übersehen, dass wir dafür verführbar sind, unseren Patienten und uns selbst diese immer wieder anstehende Aufgabe und, wie sich gerade an der Vignette zeigt, die Begegnung mit omnipotent abgewehrten Bedürfnissen und Ängsten zu ersparen.

Literatur

Adorno, Theodor W. (2003): Theorie der Halbbildung. Soziologische Schriften. In: Gesammelte Schriften, Bd. 8/1. Frankfurt/M. (Suhrkamp) [Orig. 1959].

Britton, Ronald (1998): The Missing Link: Parental Sexuality in the Oedipus Complex. Dt. in: Steiner, J. (Hg.): Der Ödipuskomplex in der Schule Melanie Kleins. Stuttgart (Klett-Cotta) [Orig. 1989].

Britton, Ronald (2001): Apotheose oder Prozeß: Idolatrie und Fundamentalismus in der psychoanalytischen Praxis. EPF Bulletin 55, 72–84.

Britton, Ronald (2006): Sexualität, Tod und Über-Ich. Psychoanalytische Erfahrungen. Stuttgart (Klett-Cotta) [Orig. 2003].

Bürger, Peter (2008): Gegner, die keine waren. Die Zeit 32/2008, S. 43.

Freud, Sigmund (1914c): Zur Einführung des Narzißmus. GW X, 137–170.

Freud, Sigmund (1919a): Wege der psychoanalytischen Therapie. GW XII, 181–194.

Kant, Immanuel (1787): Kritik der reinen Vernunft. 2. Auflage. Leipzig (Reclam) [Orig. 1781].

Kästner, Erich (2005): Die Lyrische Hausapotheke. 4. Auflage. Stuttgart (DVA) [Orig. 1936].

Liessmann, Konrad Paul (2006): Theorie der Unbildung. Die Irrtümer der modernen Wissensgesellschaft. Wien (Zsolnay).

Money-Kyrle, Roger (1968): The Aim of Psychoanalysis. I. J. Psycho-Anal. 52.

Rosenfeld, Herbert A. (1981): Psychotic States. New York (International Universities Press). Dt.: Zur Psychoanalyse psychotischer Zustände. Frankfurt (Suhrkamp) [Orig. 1965].

Stern, Daniel N. (2005): Der Gegenwartsmoment. Frankfurt/M. (Brandes & Apsel).

Winnicott, Donald W. (2001a): The Capacity to be alone. I. J. of Psychoanal. 39 [Orig. 1955]. Dt.: Die Fähigkeit zum Alleinsein. In: Winnicott, Donald W.: Reifungsprozesse und fördernde Umwelt. Gießen 2002 (Psychosozial-Verlag).

Winnicott, Donald W. (2001b): Playing and Reality. London (Tavistock) [Orig. 1971]. Dt.: Vom Spiel zur Kreativität. Stuttgart 1979 (Klett-Cotta).

Malen für und gegen die Einsamkeit

Abhängigkeit, Getrenntheit und Vergänglichkeit im Spätwerk Picassos

Peter Giesers

»Ohne Einsamkeit kann nichts entstehen. Ich habe mir eine Einsamkeit geschaffen, von der niemand weiß.« Diese Bemerkung Picassos stand über dem Ausgang einer Ausstellung, die seinem Spätwerk gewidmet und unter dem Titel »Malen gegen die Zeit« Ende 2006 zunächst in der Albertina Wien und anschließend in der Kunstsammlung NRW Düsseldorf zu sehen war. Der Besuch der Ausstellung bewegte mich sehr, und ich fragte mich, wie es den anderen Besuchern wohl ergangen sei. Aus dieser Frage entstand eine kleine kunstpsychologische Untersuchung mit dem Ziel, die spezifische »Stundenwelt« der Ausstellung zu analysieren.[1]

Kunstpsychologie war von Beginn an Teil der psychoanalytischen Forschung. Schon in der *Traumdeutung* beschäftigte sich Freud ausführlich mit den Dramen *König Ödipus* und *Hamlet*. Man kann sagen: Zentrale Knotenpunkte seiner Theorie folgen literarischen Figurationen. Vor fast genau 100 Jahren machte Freud (1908e) dann mit dem Aufsatz *Der Dichter und das Phantasieren* erstmals explizit die Kunst selbst zum Thema einer Untersuchung[2]. Freud führt darin aus, der Künstler schaffe »wie das spielende Kind« eine »Phantasiewelt«, in der die geheimsten Wünsche

---

1 Dem Begriff »Stundenwelt« liegt die Annahme zugrunde, dass ein Ausstellungsbesuch, ähnlich wie eine Analyse-Stunde, ein gemeinsames Werk darstellt, in dem manifeste und latente Wirkungsmuster aller Beteiligten zu einer beschreibbaren und verstehbaren Komplexentwicklung führen.

2 Horst Breuer (1985) nannte diesen kurzen Aufsatz die »bedeutendste literaturpsychologische Schrift Freuds«. Die 1907 erschienene *Gradiva*-Studie diente noch vorwiegend der Illustration der psychologischen Theorie.

erfüllt, die ärgsten Ängste überlebt, die peinlichsten Momente erträglich gemacht und die schlimmsten Wunden geheilt werden. Kunstwerke sind für Freud öffentlich erlebbar gewordene Tagträume, wobei die Künstler es schaffen, aus dem Meer ihrer privaten Phantasien jene herauszuheben und ihnen Form zu verleihen, die möglichst vielen Menschen aus der Seele sprechen. Während wir bei Selbst-Enthüllungen im Alltag oft befremdet sind, besänftigt uns der Künstler, nach Freud, durch zwei Mechanismen: Erstens mildert und verhüllt er durch die ästhetische Form die abstoßende Nacktheit unserer tiefsten Wünsche und Ängste; zweitens besticht er uns »durch rein formalen, d.h. ästhetischen Lustgewinn«, was Freud »Verlockungsprämie« und »Vorlust« nennt.

Die vier »Gegenstände« der psychoanalytischen Kunstpsychologie

In den letzten hundert Jahren hat sich die psychoanalytische Kunstbefragung in verschiedene Richtungen entfaltet und vier deutlich unterscheidbare Gegenstandsbildungen[3] entwickelt.

Die erste Gegenstandsbildung ist berühmt-berüchtigt und zugleich die populärste: der biografische Zugang. Prototyp dieser Gegenstandsbildung ist Freuds *Leonardo*-Studie (1910c). Die psychoanalytische Tradition des »Pathobiografismus« macht Kunst zwar tendenziell zu einem reinen Symptom[4], dennoch ist dieser Zugang weiterhin legitim: Denn Kunst ist in erster Linie das Werk eines Künstlers, Ausdruck seines persönlichen In-der-Welt-Seins. Picasso bestätigt dies: »Das Werk, das man malt, ist eine Art, Tagebuch zu schreiben …« (Keel 1988, S. 8).

Picasso ist bereits öfter Thema biografischer Analysen gewesen. Die

3 Ein wissenschaftlicher Gegenstand ist nicht einfach gegeben, sondern wird gebildet: durch bestimmte Fragen, die eine Richtung vorgeben, durch eine bestimmte Seherfahrung, die die Wahrnehmung lenkt, durch einen bestimmten methodischen Zugang zu den »Rohdaten« und durch einen bestimmten Modus der Reduktion, Aufbereitung und Zusammenhangsbildung (z.B. dialektisch statt positivistisch). Vgl. dazu auch Salber 1959.

4 Zur Kritik der biografischen Methode äußert sich ausführlich u.a. Chasseguet-Smirgel 1988, S. 50–62.

erste stammt wohl von C.G. Jung, der bei Picasso eine »innere Zerrissenheit« diagnostizierte (Jung 1934, S. 173). Ein Teil seiner Persönlichkeit folge »nicht dem Ideal des anerkannt Schönen und Guten ..., sondern der dämonischen Anziehungskraft des Hässlichen und Bösen«. Picassos Kunst lasse sich anstecken von »Weltuntergangstimmung« und löse sich schließlich auf »in Fragmenten, Bruchlinien, Überbleibsel, Schutt, Fetzen und anorganischen Einheiten«. Die grellen, brutalen Farben entsprächen »der Tendenz des Unbewussten, den Konflikt der Gefühle gewaltsam zu meistern« (ebd., S. 178).

Bettina Meissner arbeitete in ihrer Studie heraus, wie Picasso, nachdem Françoise Gilot ihn verlassen hatte, den tiefen Trennungsschmerz durch eine Beschäftigung mit Velázquez wieder überwinden konnte: Die triangulierende Nähe zu einem imaginären Maler-Vater habe es Picasso ermöglicht, das Verlassenwerden durch die Frau(-Mutter) konstruktiv zu verarbeiten (Meissner 1999, S. 311–335). Alice Miller verwies darauf, dass Picasso in seinem Spätwerk ein frühkindliches Trauma verarbeitet habe: Man könne »die verdrehten, verkrümmten, entstellten, nackten Frauenkörper« zwar auch »als Zeichen des sexuellen Interesses sehen«, sie stelle sich aber eher das dreijährige Kind vor, »das im ganzen Aufruhr des Erdbebens und der Flucht auch noch Zeuge der Geburt seiner Schwester wurde« (Miller 1991, S. 93). Zuletzt rückten die kritischen Anmerkungen von Eva-Maria Einig heraus, dass Picasso immer wieder Frauen als Selbstobjekte missbrauchte, um seine brüchigen Größenphantasien zu stabilisieren (Einig 2006, S. 14–23).

Die zweite Gegenstandsbildung ist ein allgemein-psychologischer Ansatz, der Fragen nach den Bedingungen der ästhetischen Verfassung stellt. Sie werden in den verschiedenen Psychologien der Psychoanalyse jeweils unterschiedlich beantwortet.

In der Triebpsychologie wird der ästhetische Prozess traditionell mit dem Traum und dem Spiel verglichen sowie die Bedeutung der Sublimierung unterstrichen. In der Ich-Psychologie erscheint der kreative Prozess als eine Regression im Dienste des Ichs (Kris1977, S. 162–194), das heißt als ein Abtauchen in den Primärprozess, der – im Gegensatz zum Traum – direkt mit einer realitätstauglichen Elaboration verzahnt ist. Die Kunstrezeption bewegt sich entsprechend zwischen den Polen

Partizipation und ästhetische Illusion, weshalb es beim Kunsterleben immer um das Ausbalancieren von Unter- und Überdistanz geht: Mal gleitet der Betrachter in eine verschmelzende Tagtraum-Verfassung, dann wieder ist er sich der Als-ob-Realität bewusst (ebd., S. 40–50).

Aus der Sicht der Psychotraumatologie stellt Kreativität einen Ausweg aus dem Trauma dar; sie dient der Selbstheilung und der Wiederherstellung verlorener Objekte (Hirsch 2001). Aus der Objektbeziehungstheorie kleinianischer Prägung wurde dagegen darauf verwiesen, dass die künstlerische Kreativität eher als ein destruktiver Angriff auf das Liebesobjekt zu verstehen ist, bei dem gleichzeitig im Erschaffen des Werkes eine Wiedergutmachung folgt. Nach Hanna Segal (1996, S. 109, 122–124) ist Picasso dafür ein gutes Beispiel.

Eine dritte Gegenstandsbildung fragt nach dem Nutzen der Kunst für die psychologische Methodik und Metatheorie: Denn die Psychoanalyse als Wissenschaft ist in einem Zwischenreich angesiedelt – zwischen einem naturwissenschaftlichen Ideal und einem kunstanalogen Erfassen des Seelischen. Traumdeutung, Handhabung der Übertragung und szenisches Verstehen sind weit mehr »Kunst«, als der naturwissenschaftlich verpflichteten Forschung lieb ist. Gerhard Schneider spricht von einer besonderen »Erkenntnisqualität der Kunst« (Schneider 1999, S. 23f.). Kunst sei ein »Quasi-Container« im bionschen Sinne, um »material objektivierte, strukturierte Erfahrungs-Erkenntnis-Gehalte zu schaffen«. Kunst erscheint hier als zweiter »Königsweg«, Seelisches zu begreifen (Chasseguet-Smirgel 1988, S. 30). Wilhelm Salber spricht von »Konstruktionserfahrung« (Salber 1986, S. 172): Das Seelische mache sich in der Kunst selbst ein Bild von sich, weil es selbst auch eher nach einer Bild-Logik funktioniere (Salber 1983, S. 39). Es ist mithin kein Zufall, dass die Erklärungsfiguren der Psychoanalyse häufig aus der Kunst stammen: Verdichtete Bilder, Metaphern und dramatische Narrative sind den komplexen seelischen Zusammenhängen näher und angemessener als Zahlenkolonnen, Tabellen und Listen[5].

---

5 In einer Untersuchung über das Erleben der Wiener Ausstellung »Wunderblock« zum 50. Todestag Freuds erschien den Besuchern die Kunst im Vergleich zu den Apparaten der »messenden« Psychologie wie eine »Über-Psychologie«, aber auch wie ein »Geheimnis« (Ley et al. 1990, S. 11).

Die psychologische Wirkungsanalyse als vierte Gegenstandsbildung geht historisch auf Freuds Untersuchung zu Michelangelos Moses-Statue (Freud 1914b) zurück. Freud zeigte darin, dass sich im Kunstwerk unbewusste seelische Grundverhältnisse zum Ausdruck bringen, auch unabhängig vom Charakter des Künstlers. Das Werk besteht wesentlich aus Wirkung: Darin fließen das Unbewusste des Künstler und des Betrachters, die materialen Eigenschaften des Werkes, aber auch der kunst- und kulturgeschichtliche Kontext mit ein. Es ist eine komplexe Zwischenwelt, die sich im Kunst-Werk materialisiert, ein »Übergangsbereich« (»potential space«) im Sinne Winnicotts (1974, S. 111–127), weder ganz innen, noch ganz außen. Ekkehard Gattig spricht von einem »interaktiven Raum« (Gattig 2007, S. 48). Man kann sagen: Kunst ist ein gemeinsames Werk, das in einem intersubjektiven Prozess entsteht.

Bilder einer Ausstellung im Spiegel der Besucher

Meine Untersuchung zum Erleben des Spätwerkes von Picasso wird sich auf die Wirkungseinheit eines Ausstellungsbesuches beziehen. Die Schau »Malen gegen die Zeit« wurde von Werner Spies, dem ehemaligen Direktor des Pariser Centre Pompidou, zusammengestellt. Sie zeigte 60 Gemälde sowie rund 100 Zeichnungen, Radierungen und Skulpturen aus der letzten Schaffensperiode Picassos (1961–1973). Picasso hatte 1961 im Alter von 79 Jahren seine letzte Lebensgefährtin Jacqueline Roque geheiratet und sich danach immer mehr in sein neues, einsam gelegenes Anwesen Notre-Dame-de-Vie und in seine Malwelt zurückgezogen. Er entwickelte in den letzten Jahren seines Lebens eine ungeheure Produktivität[6], unter Beschränkung auf nur wenige elementare Themen: »Geburt, Schwangerschaft, Leiden, Liebespaar, Tod, Revolte, vielleicht noch den Kuß« (André Malraux, zit. n. Spies 2006, S. 32).

6 Picasso hinterließ nahezu 50.000 Werke, im Nachlass befanden sich 1885 Gemälde, 1228 Skulpturen, 2880 Keramiken, über 18.000 Radierungen, über 6000 Lithographien, über 3000 Linolschnitte, über 7000 Zeichnungen und rund 4700 Skizzen in 149 Notizbüchern (nach Richartz 1995, S. 152).

Die Bilder stießen zu Lebzeiten Picassos aufgrund ihrer expliziten Sexualität und »wilden« Formgebung auf heftige Ablehnung. Der Kunstkritiker Douglas Cooper beschrieb sie als »unzusammenhängende Schmierereien von einem rasenden Greis im Vorzimmer des Todes« (zit. n. Spies 2006, S. 20). Spies widerspricht dem vehement: Picassos Spätwerk sei mitnichten ein schludriges Greisenwerk, mit zittriger Hand dahingeschmiert. Da Picasso seine Lebenszeit verrinnen sah, habe er für jedes Werk nur eine begrenzte Zeit veranschlagt, habe also für große Gemälde etwa genauso viel Zeit wie für kleine Grafiken gehabt. Es gebe daher einen »wilden« Picasso, der in impulsiver, rascher Malerei große Formate füllt, und einen »reflektierenden« Picasso, der sein ganzes Können in den Grafiken souverän einsetzt.

Wie erleben nun die Besucher die Ausstellung? Das empirische Material besteht aus meinem eigenen Erleben, den Gesprächen mit Kollegen und Freunden sowie einer gruppenanalytischen Nachbetrachtung des Ausstellungsbesuches im Rahmen eines Seminars am Institut für Psychoanalyse und Psychotherapie Düsseldorf. Der freie Dialog in einem nicht strukturierten Gruppengespräch ist meines Erachtens ein geeigneter Zugang zu den unbewussten Wirkungszusammenhängen eines Kulturphänomens[7].

In einem ersten Schritt fasse ich die Beschreibungen des Erlebens phänomenologisch zusammen, so als seien die zum Teil sehr unterschiedlichen Gefühle der Besucher jeweils nur verschiedene Facetten eines Komplexes. Es wird das Gemeinsame herausgearbeitet, aber auch auf Brüche, Gegenläufiges und Irritierendes geachtet. In einem zweiten Schritt versuche ich, die Verlaufsgestalt des Ausstellungserlebens idealtypisch in Form eines Dialoges herauszuarbeiten. In einem dritten Schritt wird die Psychodynamik des Geschehens in Form eines Konstruktionsproblems umrissen: Hier zeigt sich das innere Getriebe, das das Kunsterleben vorantreibt. Schließlich frage ich nach verschiedenen Typen des Umgangs mit dem herausgerückten seelischen Grundproblem.

7 Mein Vorgehen hat Ähnlichkeiten mit der sogenannten »Imaginationsanalyse« und der »Lautes-Denken-Methode«, die Soldt zur qualitativen empirischen Erforschung ästhetischer Erfahrungen vorschlägt (Soldt 2007, S. 263–292).

Vom *Frühstück im Grünen* bis zum »tödlichen Tsunami«

Der Besuch beginnt mit dem *Frühstück im Grünen*, einer Neugestaltung von Manets bekanntem Meisterwerk. Die Besucher fühlen sich sofort angesprochen. Die Farbigkeit begeistert. Das »satte Grün« wirke frisch, »wie Mutter Natur«. Viele berichten von einer heiteren, erwartungsfrohen Stimmung. Man fühlt sich »kraftvoll, stark, voller Neugier«. Die Kraft, mit der Picasso »das Alte auseinandernimmt und neu zusammensetzt«, sowie sein Mut, sich die Freiheit zu nehmen, »ohne Rücksicht auf Konventionen gegen den Strom zu schwimmen«, werden bewundert. Das Unfertige und Unvollkommene wird erkannt, aber als »Sieg über den Zwang« gefeiert. Die Besucher haben Lust, selbst mit dem Malen anzufangen.

Dagegen stellen sich irritierende Gefühle ein. Das Grün wirkt auch »dreckig«. Die Natur sehe aus wie eine »Grabstätte«. Es werden Figuren bemerkt, die aussehen »wie Schweine«, da seien »Körpermonster« ohne Kopf, mit verdrehten und verbeulten Gliedmaßen. Die Natur wirke bei näherer Betrachtung »grob und brutal«, die Personen »zusammengestückelt«. Die Besucher bemerken, dass sie ständig dabei sind, die Bilder im Geiste »zu reparieren«.

Die nächste Station zeigt Portraits von Jacqueline. Man kann die Person identifizieren, sie scheint »lebendig und ganz zu sein«. Die »kindliche Lust«, mit der Picasso seine Partnerin porträtiert, und die weit aufgerissenen Augen der Figuren erinnern an »paradiesische Unschuld«. Es fällt aber auf, dass die Portraits auch ernst sind, »kantig, kühl, herb«, die Augen scheinen nach innen gerichtet zu sein. Es sind »Doppelgesichter«: Vor- und Rückseite der Porträts zeigen sich mal hell, mal dunkel, mal freundlich, mal bedrohlich, hier frisch-natürlich, dort rätselhaft-fremd.

Mit dieser Irritation geht es weiter – einerseits kindlich-verspielte Kopffüßler, die die Besucher erheitern, dann wieder ein Bild, das mit seinen kalten Farben verstört: Der *Raub der Sabinerinnen* erschrickt in seiner Grobheit, es wirkt wie ein »Kampf in der Vorhölle«. Das große Messer, die grau-schwarze Farbe: »Wenn man sich darauf einlässt, geht es einem schlecht.« Auch andere Bilder werden als Kampf auf Leben und Tod gesehen. Die Körperteile, die man entdeckt, erinnern an »Beulenpest«; eine Besucherin sagt: »Vielleicht geht es um den Kampf gegen eine schwere Krankheit.«

Die folgenden bunten Akte scheinen wieder »gesund« zu sein. Es wird versucht, Jacqueline darauf zu identifizieren. Aber die Frauen bleiben ohne Identität. Man sieht nackte Bäuche, pralle Brüste, weit geöffnete Schenkel, kraftvoll gezeichnete Vaginas. Die Bilder wirken roh, mit kräftigen Farben, betont üppigen Formen; sie springen einen an, drängen sich auf. Die flächige Malweise hebt »die normale Distanz zwischen Betrachter und Bild auf«. Das Geschehen auf den Bildern erscheint »ganz nah«. Manche Besucher gehen deshalb innerlich auf Distanz. Sie bemerken die unterschiedlichen Welten zwischen Mann und Frau: Sie spüren »Gräben« und beklagen, dass es um Macht und Ungleichheit gehe, um Idealisierung und Entwertung.

Dieses Erlebensmuster spitzt sich zu bei dem Zyklus *Der Maler und sein Modell*. Einerseits wird der »liebevolle Blick« des Malers bemerkt. Andererseits entdeckt man »lüstern-lauernde Blicke«. Einige meinen in den Bildern »Spaß am Exhibitionismus« erkennen zu können, andere vermuten eher »Missbrauch und Ausbeutung«. Es fällt auf, dass die Staffelei oft wie ein Schutzwall zwischen Maler und Modell aufgestellt ist: »Die Staffelei verbindet und trennt zugleich«. Es macht traurig, dass die Personen sich offenbar nicht berühren. Sie leben »in entfernten Galaxien«.

In dieser Bewegung wird es als »befreiend« empfunden, wenn es endlich doch noch zum ersehnten Kuss zwischen Mann und Frau kommt, wenn die Bilder erotisch und lebendig werden, wenn Personen zusammenfinden und einander berühren. Hier wird wieder »Kraft und Vitalität« gespürt. Die Sexualität erscheint als hoffnungsvoller Weg, um die Kluft zwischen Mann und Frau zu überbrücken. Einige Besucher beschwören hier »die Macht der Sinnlichkeit und Leidenschaft«.

Zunehmend thematisieren die Besucher nun die Person Picasso, der bewundert wird, weil er so erfolgreich war und auch im hohen Alter noch vital und kraftvoll seiner Arbeit nachging. »Er traut sich, einfach zuzugreifen und sich die Welt so zu drehen, wie er sie braucht.« Es wird eine »Gier« nach »intensiven Gefühlen« verspürt: »Er will alles haben und das sofort.« Die vielen erotischen Zeichnungen, die im Grafik-Kabinett zusammengestellt sind, wirken wie die geheime pornografische Sammlung eines »alten Erotomanen«. Das wird einerseits genossen, wie ein heimlicher Blick durchs Schlüsselloch. Andererseits erscheint Picasso auch als »gefährliches Monster« und »Vampir«, vor dem man sich besser in Acht nehmen sollte.

Einige Besucher lassen sich von der manischen Stimmung der sexuellen Szenen mitreißen; sie suchen geradezu nach erregenden Details. Sie fühlen sich »angestachelt, gefesselt, getrieben« und verlieren hier ihre Begleiter aus den Augen. Andere wenden sich ab, das Sexuelle erscheint ihnen »aufgesetzt und unecht«, wie eine »leere Sexualisierung«. Sie sind unangenehm berührt, die dargestellten Personen seien keine Individuen, sondern nur Objekte. Sie wehren sich gegen die »anspringende« Sexualität, sind »verärgert« und »genervt«. Ein Besucher fragt sich, ob Picasso nicht nach seiner schweren Gallen- und Prostata-Operation ohnehin impotent gewesen sei.

Die unerwartet auftauchenden Familienszenen werden von vielen als willkommene Entlastung erlebt. Man meint, auf den Familienporträts den Maler selbst zu entdecken, als »Riesen-Baby«. Er wirke »verloren« und »melancholisch«, »wie ein verletzter Vogel«. Andere assoziieren eine »Rückkehr in den Familienschoß« und genießen »endlich wieder mal schöne und harmonische Bilder«.

Doch diese Stimmung hält nicht lange an. Schon die folgenden Paar-Bilder scheinen »wie mit Gewalt auf die Leinwand gebracht« worden zu sein. Es sind ungleiche Paare: jung versus alt, groß versus klein, mächtig versus ohnmächtig, nackt versus bewaffnet. Das Ungleiche amüsiert zuweilen; man hat dann Spaß an einer »unmöglichen Paarung«. In den Bordellszenen erscheinen die Männer oft wie »Gnome, Zwerge oder Trolle«, die die Leiber der Frauen inspizieren, wie »leblose Hüllen, die nach Leben ringen«. Die Frauen auf den Bildern erscheinen »offen, aber auch schutzlos«. Die männlichen Figuren scheinen sich hinter Masken oder unter Verkleidungen zu verbergen, die Stärke und Männlichkeit suggerieren wollen, aber das Gegenteil bewirken – der alternde Mann wirkt wie eine »Witzfigur auf 'nem Pisspott«. Die meisten Besucher vermuten eine Selbstironie Picassos.

Jetzt wird zunehmend die eigene Lebensgeschichte zum Thema. Die Besucher fragen sich, wie es ihnen im Alter ergehen werde? Werden sie auch zu »Witzfiguren«? Werden sie auch »immer wieder neu anfangen« wie Picasso, »nie aufgeben, immer weiterkämpfen«? Was ist mit der eigenen Familie, der Partnerschaft? Man fühlt sich unwohl. Die Bilder strapazieren. Es tauchen Wünsche auf, die Ausstellung vorzeitig zu verlassen. Andere wollen nicht vorzeitig aufgeben, »kämpfen sich durch«.

Es fällt auf, dass die Bilder zunehmend Verfall und Verlust thematisieren. Die Männerfiguren sehen zuweilen aus wie »kindliche Greise«. Man bemerkt an einer Figur eine abgeschlagene Hand. Ein Mann mit Pfeife habe einen »traurig hängenden Penis« gehabt. Einige empfinden Mitleid mit dem »Voyeur«, der seine »Potenz verloren« habe. Die Selbstporträts wirken »entleert, resigniert und eingefallen«. Immer mehr dominiert die Farbe Schwarz, was an »Untergang« und »Apokalypse« gemahnt. Eine »düstere Stimmung« senke sich über die Bilder, tiefes Schwarz scheine alles Lebendige und Frohe zu verschlingen.

Die großflächigen *Matador*-Bilder wirken wie ein »letztes Aufbäumen«: »Der stolze Held in voller Montur präsentiert die hingebungsvolle nackte Frau als Maskottchen einem Publikum, das applaudieren soll, aber die Inszenierung längst durchschaut.« Die Inszenierung des körperlichen Verfalls berührt die Besucher heftig. Der Held auf der Leinwand – ein »Schatten seiner selbst«. Das wird besonders deutlich bei den beiden *Torrero*-Bildern: Picasso präsentiert sein Alter Ego mit ausdruckslosen, grauen und fahlen Gesichtszügen, mit toten Augen und eingefallenen Wangen: »Das ist hart, das zieht runter.« Man will den Tod so nah nicht an sich heranlassen. Andererseits wird das *Selbstbildnis* vom 30. Juni 1972 von vielen als »grandioser Höhepunkt« beschrieben: Picasso schaut mit großen, angstgeweiteten Augen dem Tod entgegen, sein Schädel ist fast nur noch Haut und Knochen, mit transparent bläulichem Gesicht vor bedrohlich roter Umrandung. Ein Besucher berichtet über »andächtige Schauer«, die ihm beim Anblick des Bildes über den Rücken liefen.

Zum Schluss der Ausstellung kommt das letzte Ölbild Picassos in den Blick: *Die Umarmung*, vom 1. Juni 1972. Die beiden Personen erscheinen in einer »rauschhaften Umschlingung«, bei der unklar bleibe, welche Körperteile zu welcher Person gehören, während im Hintergrund bereits eine »Endzeit-Welle« den »zärtlichen Untergang« einleite. Man bewundert die »warmen Farben«, das »weiche Blau« des Meeres, das »zarte Rosa« des menschlichen Fleisches. Das Meer wird mal als »Geborgenheit spendend«, mal als »todbringend« erlebt. Es gibt die Assoziationen, das Paar sei bereits unter Wasser oder »intrauterin«: Es könnten auch »Zwillinge im Mutterleib« sein. Man denkt an »Tsunami«, aber auch an »Neugeburt«.

Am Ende fühlen sich die Besucher »müde« und »erschöpft«. Gleichzeitig empfindet man Faszination, dass jemand »mit 90 Jahren noch solche Bilder malt«. Nachdenklich macht der eingangs zitierte Spruch am Ausgang der Ausstellung über die »selbst geschaffene Einsamkeit« des Künstlers, ohne die nichts entstehen könne. Im Hinausgehen bemerken viele Besucher ein Gefühl der Traurigkeit. Einigen fällt auf, dass sie »völlig abgetaucht« waren und die Zeit vergessen hatten. Sie wollen nun schnell ihre Freunde wiederfinden. Andere sind »froh, dass es zu Ende ist«.

Idealtypische Verlaufsgestalt

Wenn man die Verlaufsgestalt des Ausstellungserlebens in der Art eines Dialoges idealtypisch konzeptualisiert, wird deutlich, warum das Spätwerk Picassos so sehr strapaziert. Die Besucher werden in einen Strudel hineingezogen; sie schwingen zwischen Hoffnung und Enttäuschung, Schrecken und Faszination, trotziger Auflehnung und trauriger Anerkennung hin und her. Es beginnt mit Harmonie und »Mutter Natur« und einer hoffnungsfrohen Stimmung, in der Altes zerstört und Neues geschaffen wird. Doch Gewalt und Zerstörung erschrecken auch; man ist mit ständiger Reparatur beschäftigt. Kindliches Spiel an der Verwandlung hält die Hoffnung auf neue Lebendigkeit aufrecht, aber die Bilder gehen über in Raub und Kampf, »es wird ernst«. Das Malen und die Macht der Sinnlichkeit erscheinen als Ausweg: Der sexuelle Rausch überwindet die gefühlten Gräben. Aber es kann auch zu viel werden, dann erscheint das Erregende abstoßend als sexuelles Geprotze. Man geht auf Distanz. Gleichzeitig werden das Leiden an der Getrenntheit und die Abhängigkeit von einem Leben spendenden Objekt spürbar. Die Rückkehr in kindliche Verfassungen wirkt lockend, aber man spürt auch das Unpassende, das offenbar nur »mit Gewalt« zusammengebunden werden kann. Die Vergänglichkeit kann nicht lange mit Witz verleugnet werden. Am Ende ist man hin- und hergerissen zwischen Flüchten und Immer-wieder-neu-Anfangen. Das Leben erscheint als unvollkommen und unfertig, als ein erregendes »Noch-nicht« und »Immer-wieder-neu«, der Tod als Vollendung in »grandioser Einsamkeit«.[8]

Zur Psychodynamik zwischen Zerstörung und Neubeginn

Die spezielle Dramatik des seelischen Ausstellungserlebens wirkt wie ein unbewusstes Drehbuch: Es geht um Leben und Tod, Liebe und Zerstörung, um Erregung und Vergänglichkeit, Ganzheit und Getrenntheit. Offenbar gelingt es Picasso, die großen Themen des Seelischen in bewegende Bilder zu fassen: Sie erkennen die Abhängigkeit vom guten Objekt an, aber rebellieren gleichzeitig heftig dagegen; sie zelebrieren die Getrenntheit der Geschlechter und Generationen auf eine fast schmerzhafte Weise und suchen dennoch nach einer Verschmelzung in archaischer Sexualität; sie schauen dem Tod ins Auge und wehren sich bis zuletzt, seine Realität hinzunehmen[9]. Am Ende nimmt Picasso die Betrachter seines Spätwerks mit in seine Einsamkeit. Aber es ist eine

8 Dieser Verlauf ist idealtypisch, das heißt, nicht jeder einzelne Besucher durchläuft alle Wendungen des Prozesses.

9 Diese Themen entsprechen den Grundtatsachen des seelischen Lebens, wie sie Money-Kyrle formulierte (1971, S. 442–449): Anerkennung der Abhängigkeit von der guten Brust, Anerkennung der Urszene als kreativem Akt und Anerkennung der Vergänglichkeit. Ähnlich hat Neumann in seiner Untersuchung des »Minotaurusmotivs« angemerkt: »Das Älterwerden bringt die Auseinandersetzung mit der eigenen Endlichkeit mit sich. Dabei ist die Anerkennung der Generationenschranke und somit die Auseinandersetzung mit dem ödipalen Konflikt notwendig« (Neumann 2001, S. 312).

»selbst geschaffene« kreative Einsamkeit, wie Picasso betont, die er zugleich offenlegt und verdeckt: ein gemaltes Scheitern und ein inszenierter Tod, dem Picasso seinen eigenen Stempel aufdrückt, um damit einen letzten Triumph zu feiern.

Ordnungsträger des Erlebens ist die Figuration »Vergänglichkeit vs. Neubeginn« (das ewige »stirb und werde«). Der Besucher erlebt, wie die Lebendigkeit mit einem unermüdlichen Immer-wieder-neu-Anfangen gegen Tod und Vergänglichkeit verteidigt wird. Picasso macht erlebbar, dass Lebendigkeit wesentlich mit Störung, »Wildem«, Unfertigem und Unpassendem zu tun hat. Was die Besucher erschüttert und gleichzeitig fasziniert, ist die Art der Darstellung, der man sich nicht entziehen kann. Picasso geht nicht den Weg seines Mitstreiters Matisse, der in seinem Alterswerk über Reduktion und Abstraktion reine, schöne Formen erfand, quasi körperlos und ewig. Picasso bleibt seinem Objekt »Körper« und der figurativen Kunst bis zuletzt treu; er bleibt leibnah und fleischlich. Daher muss er sich in der Malerei mit dem Verfall des Körpers und der Ausweglosigkeit seines Kampfes sinnlich auseinandersetzen. Er kommt nicht zu klaren, ewigen Formen, sondern findet nur vergängliche Übergangsformen, biomorphe Verzerrungen, lückenhaft, unvollständig, gewaltsam, zerbeult, verquollen, dreckig, böse, unsanft und bitter. Sinnliche Formen, fette Farben und leibnahe Schmierereien führen unvermeidlich vor Augen, dass das Seelische an den Körper gebunden ist.

Indem die Besucher der Ausstellung im Erleben des letzten Ölbildes, der *Umarmung*, Geburt und Tod gleichsetzen, wird aus der Vergänglichkeit auf phantastische Weise ein Neuanfang, wie umgekehrt jede Geburt des Neuen der Tod des Alten ist[10]. Darauf hatte der Verlauf der Ausstellung vorbereitet – durch das im Spätwerk Picassos so auffallend häufige Sujet der offen zur Schau gestellten Vulva[11]. Indem die Betrachter die Bilder Picassos im Erleben auseinandernehmen und »reparieren«,

10 In einer früheren Arbeit hatte ich den Schwebezustand des Bildes zwischen Eros und Thanatos hervorgehoben (Giesers 2007, S. 90).

11 »Von den 147 Zeichnungen und Gemälden […], die Picasso in den letzten sechs Monaten seines Arbeitslebens produzierte […], beschwören nicht weniger als 43% den Unterleib […] mit stürmischer Phantasie hingegossen, geräkelt, gefläzt […]« (Leo Steinberg, zit. n. Spies 2006, S. 20f.).

wiederholen sie die Ästhetik Picassos: aggressives Auseinandernehmen, um neu beginnen zu können. Die Form ist der Inhalt: Die Vergänglichkeit wird einerseits anerkannt, andererseits durch das rastlose Erschaffen immer wieder neuer Versionen unfertiger Anfänge negiert[12].

Die beiden Nebenfigurationen »Rebellion gegen Abhängigkeit« und »Rebellion gegen Getrenntheit« treiben diese Hauptfiguration spannungsreich voran. Picasso präsentiert dem Betrachter in seinen üppigen Frauengestalten die Abhängigkeit vom »guten Objekt«, das den vorgeschichtlichen harmonischen Zustand repräsentiert, aber auch neidisch, wütend und herrschsüchtig macht. Das Gewaltsame, Brutale und Grobe der Bilder rebelliert gegen die Abhängigkeit. Im Erleben wirken die Bilder als Kipp-Bilder: Zwischen Maler und Modell bleibt offen, wer von wem abhängig ist. Im Verlauf der Bilder wird die Frau zur Mutter, und der Maler verwandelt sich in das Kind, das dann aber im Zwischenreich der Malerei die Mutter selbst erschafft. Im gespürten Sog der Bilder greifen die Bildbetrachter die Malwut Picassos auf und führen sie weiter. Gleichzeitig rebellieren sie aber auch gegen die »Aufdringlichkeit« und das »Potenzgehabe« der Bilder.

In der zweiten Nebenfiguration geht es um den Versuch, die Getrenntheit (der Geschlechter und Generationen) zu überwinden. Die Besucher suchen den Blick durch das Schlüsselloch und genießen es wie Picasso, wieder zum Kind zu werden und in lustvollen Drehungen und Dekonstruktionen spielerisch auszuloten, was man aus der Wirklichkeit alles machen kann. Das wirkt wie eine gewaltsame Überschreitung der gespürten Begrenzungen, steigert aber nur das Leiden an der Getrenntheit und am Ausgeschlossensein. Hier wird die Einsamkeit plastisch erfahrbar. Aber Picasso macht auch erlebbar: Die Einsamkeit ist die Voraussetzung für das Malen, das die Getrenntheit überwindet, indem sie sie selbst neu erschafft. Das Leiden an der Einsamkeit und Begrenztheit wird also »künstlich« überwunden, indem sie »freiwillig« aufgesucht

12 Mark M. W. Richartz beschreibt bei Picasso einen »unendlichen Prozeß von Veränderung und Transformation, von Neuschöpfung und Vernichtung«, bei dem das »symbiotisch Amorphe und Unbestimmte« immer wieder in identifizierbare Figurationen übergehe, um sich erneut zu verwandeln und andere Gestalt anzunehmen (Richartz 1995, S. 176). Der Kunsthistoriker Heiner Bastian bezeichnet Picasso daher als »Maler der Wahrheit aller Anfänge« (Bastian 2005, S. 17).

wird – wie im Motiv der Kästchenwahl (Freud 1913): Die drei Frauen, um die es dort geht, sind nach Freud Symbole für die verschmelzende Liebe zur Mutter, die man verloren hat, für die Ekstase in der sexuellen Vereinigung, die vergänglich ist, und für die Umarmung des Todes, die das endgültige Alleinsein einleitet. Die richtige Kästchenwahl – das ist die Kunst.

Abwehrformen gegen Vergänglichkeit, Abhängigkeit und Getrenntheit

Picassos Spätwerk lässt niemanden kalt. Es lassen sich – in aller Kürze – verschiedene Umgangsformen mit den aufgerufenen seelischen Grundproblemen herausrücken. Eine erste Form ist der Rausch. Hier werden die aufgerufenen Grundverhältnisse in einer Erregungsspirale mitgerissen, aufgehoben und unwirklich gemacht. In einer Ekstase sucht man Grenzenlosigkeit in einem Immer-mehr, Immer-weiter, Nie-Aufhören. Ähnlich funktioniert die Abwehr durch Idealisierung. Hier wird entweder die rebellische Geste oder das einsame Scheitern heroisiert.

Ein anderer Umgang ist die kritische Über-Distanz. Hierher gehören moralische Überlegungen, zum Beispiel die Aufregung darüber, dass Picasso die Frauen als Objekte behandelt. Auch eine Beschäftigung mit wissenschaftlichen Fragestellungen (Malweise, Ikonografie, historische Zitate), der Kampf gegen Picassos »bad painting« oder die Flucht aus der Ausstellung bietet die Möglichkeit, sich der Dramatik zu entziehen. Eng verwandt damit ist die Entwertung: Diese Abwehr stand am Anfang der Kunstrezeption von Picassos Spätwerk im Vordergrund.

Eine weitere Umgangsform ist die Beschäftigung mit der Person des Malers. Die Personalisierung führt zu einer biografischen Zubilligung von Form und Inhalt und damit zu einem »äußeren« Halt. Wenn man sich von der Person des Malers löst, wird schließlich der Übergang zu einer Selbsterfahrung geebnet, bei der die Bilder Anlass sind, eigene Ängste, Sehnsüchte und Verleugnungen wahrzunehmen. Barbara Leuner meint, gerade die späten Arbeiten Picassos ermöglichten eine »gewaltige

Verbreiterung« und »Vertiefung der Erlebnisfähigkeit« (Leuner 2002, S. 195f.).

Es wäre nun lohnend, die referierten Ergebnisse mit den anderen Gegenstandsbildungen auszutauschen, was hier nur kurz angedeutet werden kann. Interessant und in besonderer Weise passend ist zum Beispiel ein Detail aus dem »Familienroman« Picassos, der »tot« zur Welt gekommen sein soll. Picasso sei von der Hebamme und seinen Eltern bereits aufgegeben worden, als ein Onkel dem »toten« Säugling Zigarrenrauch ins Gesicht geblasen habe: Mit »wutverzerrtem Gesicht und mit Gebrüll« habe Picasso dann zu atmen begonnen (Stassinopoulos Huffington 1991, S. 17). Beim Blick auf die konstitutiven Bedingungen des ästhetischen Prozesses unterstreicht die herausgearbeitete Psychodynamik des Ausstellungsbesuches die Bedeutung von kreativen Ich-Spaltungen, in denen die schmerzhaften seelischen Realitäten zugleich anerkannt und geleugnet werden. Picasso spricht von der »Magie« der Kunst, »dazu bestimmt, Mittler zwischen jener fremdenfeindlichen Welt und uns zu sein. Sie ist ein Weg, die Macht an uns zu reißen, indem wir unseren Schrecken wie auch unseren Sehnsüchten Gestalt geben« (zit. n. Gilot/Lake 1980, S. 252). Metatheoretisch verdeutlicht Picasso, dass das Seelische in Bildern lebt, sich in Bildern selbst behandelt, und die wesentlichen Bilder des Seelischen körperlich sind, leibnah und unmittelbar sinnlich, banal und zugleich phantastisch, schön und hässlich, gestalthaft und zerrissen.

Zuletzt: Warum sind die späten Bilder Picassos gerade in der heutigen Zeit so erfolgreich? Das Spätwerk Picassos spiegelt meines Erachtens dem Menschen der Postmoderne sein gespaltenes Wesen: Wir sind einerseits aufgeklärt und sachlich dem Diesseits zugewandt, scheinbar irdisch und desillusioniert, andererseits unbewusst der Größenphantasie verfallen, es sei alles machbar (z.B. maximale Rendite ohne Risiko, grenzenloses Wachstum, ewige Jugend). Abhängigkeit, Getrenntheit und Vergänglichkeit werden vielfach geleugnet. Diese Spannung zwischen Anerkennung und Verleugnung wird von Picasso so heftig und massiv in Szene gesetzt, dass die Besucher in einem Strudel hin- und hergerissen werden, fasziniert und befremdet, am Ende zerrissen, wie Picasso selbst.

Literatur

Bastian, Heiner (2005): Bemerkungen über ein Arkadien der Unvollkommenheit. In: Bastian, Heiner & Gallwitz, Klaus (Hg.): Picasso. Von Mougins nach Baden-Baden. Ausstellungskatalog, Baden-Baden. Ostfildern-Ruit (Hatje Cantz Verlag).

Breuer, Horst (1985): Freuds kunstpsychologische Methoden. Psyche – Z psychoanal 39, 577–591.

Chasseguet-Smirgel, Janine (1988): Kunst und schöpferische Persönlichkeit. München, Wien (Verlag Internationale Psychoanalyse).

Einig, Eva-Maria (2006): Ohne Selbstobjekte keine Kreativität – Picassos künstlerisches Werk und seine Frauenbeziehungen. Agora. Düsseldorfer Beiträge zu Psychoanalyse und Gesellschaft 14(17), 14–23.

Freud, Sigmund (1907a): Der Wahn und die Träume in W. Jensens ›Gradiva‹. GW VII, 29–125.

Freud, Sigmund (1908e): Der Dichter und das Phantasieren. GW VII, 211–223.

Freud, Sigmund (1910c): Eine Kindheitserinnerung des Leonardo da Vinci. GW VIII, 127–211.

Freud, Sigmund (1913f): Das Motiv der Kästchenwahl. GW X, 23–37.

Freud, Sigmund (1914b): Der Moses des Michelangelo. GW X, 171–201.

Gattig, Ekkehard (2007): Vom schöpferischen Akt zum kreativen Prozess. In: Soldt, Philipp (Hg.): Ästhetische Erfahrungen. Gießen (Psychosozial-Verlag), S. 33–61.

Giesers, Peter (2007): Omnia Vanitas – Die Verlockung des Nichts. In: Junglas, Jürgen (Hg.): Tödliche Gedanken. Prävention und Therapie der Suizidalität. Bonn (Deutscher Psychologen Verlag), S. 83–93.

Gilot, Francoise & Lake, Carlton (1965): Leben mit Picasso. München (Kindler).

Hirsch, Mathias (2001): Trauma und Kreativität. In: Schlösser, Anne-Marie & Gerlach, Alf (Hg.): Kreativität und Scheitern. Gießen (Psychosozial-Verlag), S. 123–133.

Jung, Carl Gustav (1934): Picasso. In: Jung, Carl Gustav: Wirklichkeit der Seele. Zürich (Rascher Verlag), S. 170–179.

Keel, Daniel (1988): Picasso – Über Kunst. Zürich (Diogenes).

Kris, Ernst (1977): Die ästhetische Illusion. Phänomene der Kunst in der Sicht der Psychoanalyse. Frankfurt/M. (Suhrkamp).

Leuner, Barbara (2002): Picasso im Wandel – Eine psychoanalytische Interpretation künstlerischer Selbsterfahrung. ohne Ortsangabe (books on demand).

Ley, Michael; Fitzek, Herbert; Giesers, Peter & Hennes, Winfried (1990): Wunderblock – Die Seele als Schauobjekt. Zwischenschritte 9(1), 5–21.

Meissner, Bettina (1999): Picassos Variationen zu Las Meninas von Velazquez – Triangulierung als Bedingung für den kreativen Prozeß. In: Schneider, Gerhard (Hg.): Psychoanalyse und bildende Kunst. Tübingen (edition diskord), S. 311–335

Miller, Alice (1991): Das Erdbeben in Malaga und die Maleraugen eines dreijährigen Kindes. In: Miller, Alice: Der gemiedene Schlüssel. Frankfurt/M. (Suhrkamp), S. 79–98.

Money-Kyrle, Roger (1971): The aim of Psycho-analysis. In: Meltzer, Donald (Hg.): The collected Papers of Roger Money-Kyrle. Perthshire (Clunie Press Strath Tay), S. 442–449.

Neumann, Eckhardt (2001): Das Minotaurusmotiv bei Picasso. In: Schlösser, Anne-Marie & Gerlach, Alf (Hg.): Kreativität und Scheitern. Gießen (Psychosozial-Verlag), S. 311 – 320.

Richartz, Mark M. W. (1995): Psychodynamische Überlegungen über Kreativität – Pablo

Picasso: Eine künstlerische Entwicklung ohne Latenzzeit. In: Rohde-Dachser, Christa (Hg.): Über Liebe und Krieg. Göttingen (Vandenhoeck & Ruprecht), S. 152–178.
Salber, Wilhelm (1959): Der psychische Gegenstand. Bonn (Bouvier).
Salber, Wilhelm (1983): Psychologie in Bildern. Bonn (Bouvier).
Salber, Wilhelm (1986): Kunst – Psychologie – Behandlung. Bonn (Bouvier).
Schneider, Gerhard (1999): Psychoanalyse und bildende Kunst. Tübingen (edition diskord).
Segal, Hanna (1996): Traum, Phantasie und Kunst. Stuttgart (Klett-Cotta).
Soldt, Philipp (Hg.) (2007): Ästhetische Erfahrungen. Neue Wege zur Psychoanalyse künstlerischer Prozesse. Gießen (Psychosozial-Verlag).
Spies, Werner (2006): Picasso – Malen gegen die Zeit, Ausstellungskatalog. Ostfildern (Hatje Cantz Verlag).
Stassinopoulos Huffington, Arianna (1991): Picasso – Genie und Gewalt. Ein Leben. München (Droemer Knaur).
Winnicott, Donald W. (1974): Vom Spiel zur Kreativität. Stuttgart (Klett-Cotta).

Teil III
Kinderanalytisches Forum

Die Beendigungsphase in der analytischen Psychotherapie von Jugendlichen und die Fähigkeit, mit sich selbst allein zu sein

Peter Bründl

In der analytischen Psychotherapie von Jugendlichen durchdringen sich der therapeutische Prozess und die phasenspezifischen Reifungs- und Entwicklungsprozesse in ungewöhnlich intensiver Weise, wie sie vergleichbar auch in der Säuglings-/Kleinkind-Eltern-Psychotherapie aufscheint.

Von Anfang der Behandlung an ist in der Jugendlichenanalyse der vom adoleszenten Prozess dringlich eingeforderte Abschied des Jugendlichen von seiner Kindheit, von seinem kindlichen Körper und von seinen Eltern als Schutzfiguren für den kindlichen Körper und das kindliche Selbstwertgefühl eingeschlossen als ersehntes und gefürchtetes Ziel – und damit auch der zukünftige Abschied vom Analytiker als Übertragungsfigur und als einem neuen Entwicklungsobjekt (Hurry 1998).

Der Abschied vom Analytiker, auf den die bedeutsamen Gestalten der Vergangenheit übertragen worden waren, fordert deshalb auch von der in Therapie und Adoleszenz sich weiter entwickelnden Person, die in der Kindheit erworbene Fähigkeit zum Alleinsein in Gegenwart der Mutter (Winnicott 1957) in sich aufzuheben als eine der bedeutsamen Dimensionen ihrer sich transformierenden Identität (Bohleber 2002).

Die vom Jugendlichen allein auszuhaltende, depressionsnahe (Winnicott 1971; King 2006) Neuverhandlung der zentralen Bezüge in seiner Innenwelt und die heraufsteigende neue Weise zu denken (S. Freud 1905; Piaget 1969; Fonagy/Target 2003) drängen die Jugendlichen dazu, aus sich selbst heraus mit vielfältigen Formen des körperlichen Austausches, der Kreativität und der Symbolsysteme zu experimentieren.

Ist die heranwachsende Person jedoch in ihrer vorangegangenen Entwicklung kumulativ traumatisiert (Khan 1963), unzureichend oder in verwahrlosender Weise versorgt, gar misshandelt oder missbraucht worden, so bleibt ihr komplexer adoleszenter Transformationsprozess geschädigt und eingeengt. Meistens sind es solch tief verletzte Jugendliche, die die Mühen einer analytischen Langzeitbehandlung auf sich nehmen als für sie notwendig, um eine gewisse Stabilisierung und einen Zuwachs an Symbolisierungsfähigkeit erreichen zu können.

Für kindliche, jugendliche und erwachsene Patienten gilt gleichermaßen, dass eine erfolgreiche Behandlung mitten im fortschreitenden Entwicklungsprozess beendet werden muss. Aber es ist nicht leicht, Kriterien dafür ausfindig zu machen, wann eine Jugendlichenbehandlung zu ihrem richtigen inneren Abschluss gekommen ist (Berna 1996) – angenommen, wir könnten überhaupt sicher sein, dass zumindest potenziell »es ein natürliches Ende einer Analyse gibt« (S. Freud 1937, S. 62f.). Im Jugendalter ist die Gewinnung der phasenspezifisch reifen und normalen Entwicklung (A. Freud 1965) nicht so deutlich ablesbar wie in der Kindheit und im Erwachsenenalter, weil die Adoleszenz durch fließende Veränderungen, notwendige, vorübergehende Probeidentifikationen und wiederholte Regressionen im Dienste der Progression (Blos 1979) gekennzeichnet ist. In der Beendigungsphase muss das analytische Paar nicht nur mit den Auswirkungen zurückliegender Trennungsängste und Trennungserfahrungen auf das gegenwärtige Leben des Patienten zurechtkommen. Darüber hinaus muss das analytische Paar im Hier und Jetzt antizipierend die reale Trennung des Patienten von seinem Therapeuten erarbeiten. Diese antizipierte Trennung muss notwendig Teil der historischen Vergangenheit des Patienten werden, dem durch die Behandlung ein fortschreitendes Maß an innerer individueller Freiheit, Verselbstständigung und Wissen um seine eigene Begrenztheit zugewachsen ist (Loewald 1980). Dabei vollzieht sich innerhalb des der zweiten Runde der Individuation (Blos 1979) eigenen Trauerprozesses die Umstrukturierung der ehemals verinnerlichten Beziehungen als ganz eigener Prozess der Person, der es lebensbejahend gelingt, mit sich selbst allein zu sein. Das ist Vorbedingung dafür, um fortschreitend mit einem außerfamiliären, nicht inzestuösen Gegenüber die reife Erfahrung von neuem »Einssein« (Cohen 2006) teilen zu können.

Dieser spätadoleszente Individuationsschritt ins beginnende junge Erwachsenenalter hinüber verlangt – wenn auch noch unreflektiert – die Gleichzeitigkeit der Gefühle von Einsamkeit, Verletzlichkeit und Sterblichkeit (Ladame 2007) einerseits und von freiheitlicher Fülle der selbstverantwortlichen individuellen Existenz andererseits in sich halten und ertragen zu können. Die bevorstehende Beendigung der Behandlung reaktiviert dabei in jedem der Partner des analytischen Prozesses mehr oder minder die im impliziten und expliziten Gedächtnis niedergelegten frühkindlichen Ängste vor tödlicher Ausgesetztheit, Verhungern und Auseinanderbrechen, reaktiviert kindliche Ängste von Verlorenheit, Unfähigkeit und katastrophaler Hilflosigkeit sowie adoleszente Ängste vor Verantwortung und unausweichlicher Annäherung an den Tod (Wittenberg 2001).

Ob der Abschied aus der Behandlung »als Entbehrung und Verlust oder als Befreiung und Meisterung empfunden wird, wird davon abhängen, mit welchem Erfolg die Arbeit der Verinnerlichung geleistet wurde. Von den Affekten her gesehen, führte der Weg von der Depression über die Trauer zum Hochgefühl« (Loewald 1989b, S. 255; Orig. 1959). Häufig beendeten Jugendliche ihre analytischen Therapien deshalb vorzeitig, weil sie das Fortschreiten von der Depression zur Trauer, die Integration bedrohlicher Ängste und Phantasien fürchten. Sie tun dies in Abwehr von zutiefst schmerzvoller Trauer über den Verlust eigener Grandiosität und der ihrer inneren Eltern sowie in Abwehr von schmerzvoll gefürchteter Wiedergutmachung eigener schuldhafter Destruktivität (Burgner 1988).

Vorzeitige Beendigungen werden oft durch äußere Umstände begründet, wie zum Beispiel durch die Entscheidungen der Eltern, dass ihr Sohn bzw. ihre Tochter keiner Behandlung mehr bedarf, weil die anfänglichen Symptome verschwunden sind, oder weil die Eltern mit ihrem Kind an einen weiter entfernten Ort umziehen wollen, weil der Spätjugendliche sein Studium in einer anderen Universitätsstadt aufnehmen will, aber auch durch besondere Lebensumstände der Analytiker wie Beendigung der Ausbildung, Schwangerschaft, Krankheit und Tod. Solche vorzeitigen Beendigungen tragen meist zur unbewussten Aufrechterhaltung der Verleugnung von existenzieller Begrenzung, von Zeitlichkeit und von erstmals in der Adoleszenz – bzw. in der sie voll zur Geltung bringenden Psychoanalyse – aufsteigendem Geschichtsempfinden (Loewald 1989c; Orig. 1972; Bründl 1994) bei.

Im Folgenden soll versucht werden, anhand einer länger zurückliegenden Behandlung eines Knaben am Übergang in die Pubertät und einer ähnlich weit zurückliegenden Behandlung eines Spätadoleszenten die obigen Überlegungen zu verdeutlichen.

Fallbeispiel Rüdiger[1]

Zu Beginn seiner Behandlung über 150 Sitzungen (zweimal die Woche) litt der knapp zehnjährige Rüdiger unter massiven Einschlafstörungen, an Encproesis, Enuresis, an verschiedenen Allergien, Asthma, ständiger Unruhe und Hippeligkeit, die schon seit drei Jahren mit Ritalin behandelt worden war. Morgendlich klagte er häufig über Bauchweh, Kopfschmerzen und Schwindel. Durch extremes Trödeln beim Anziehen erzwang er, dass seine Mutter ihn regelmäßig mit dem Auto in die Schule brachte. Er brauchte täglich vier bis fünf Stunden für seine Hausaufgaben, bei denen er die ständige Anwesenheit seiner Mutter forderte. Er war extrem eifersüchtig auf seinen 26 Monate jüngeren Bruder, sodass die Eltern nicht wagten, die beiden abends allein zu lassen aus Angst, Rüdiger könnte seinen Bruder umbringen.

Rüdigers Mutter (geb. 1940) lebte als erfolgreiche Geschäftsfrau bis zu ihrem 35. Lebensjahr bei ihrer seit knapp 30 Jahren verwitweten Mutter in Norddeutschland. Dann heiratete sie Rüdigers Vater, der fünf Jahre jünger war als sie, und folgte ihm in seine südliche Heimat, wo sie nie heimisch wurde. Ihre Schwangerschaft mit Rüdiger im Alter von 38 Jahren begleiteten panische Ängste, sie könnte das Kind verlieren. Ihr Arzt verschrieb ihr Valium und verordnete über die ganze Schwangerschaft hinweg strikte Bettruhe. Die Geburt sei problemlos 14 Tage

1 Vgl. Bründl 2009.

vor dem errechneten Termin erfolgt. Wegen seiner Neurodermitis und seiner Schwierigkeit zu trinken musste Rüdiger 14 Tage länger in der Geburtsklinik bleiben als seine Mutter. Zuhause habe der Säugling ununterbrochen geschrien. Da sein Vater seine Arbeitsstelle verlor, musste die Familie zu Verwandten der Mutter nach Deutschland ziehen, wo sie unter sehr beengten Verhältnissen lebte. Rüdiger habe dort immer viel geweint, tagsüber kaum geschlafen, habe nie schmusen wollen und nie ein Übergangsobjekt gehabt. Als er 15 Monate alt war, fand sein Vater eine neue Arbeitsstelle, wegen der er nur an Wochenenden bei seiner Familie sein konnte. Kurz darauf wurde die Mutter wieder schwanger. Der Bruder sei pflegeleicht, problemlos und liebenswert gewesen. Rüdiger hätte nach der Geburt »nur mehr Terror« gemacht. Angeblich störte er das stillende Paar dermaßen, dass der Zweitgeborene nur noch nachts trinken wollte, wenn Rüdiger schlief. Als Rüdiger drei Jahre alt wurde, siedelte die Familie erneut über. Seitdem habe der Vater verheerende Kritik an seinem Erstgeborenen geübt. »Das soll mein Erstgeborener sein?! Vergast sollte der werden!«

Beide Eltern legten großen Wert darauf, dass ihre gemeinsamen Beratungsstunden regelmäßig 14-tägig stattfanden. Anfänglich stritten sie sich über weite Strecken in einer sie merklich sadomasochistisch erregenden Weise. Die Mutter fürchtete, sie könnte ihren Sohn, der bald mehr Selbstbehauptung und Forschergeist entwickelte, verlieren. Bisher hatte sie ihn dringend – wenn auch missbräuchlich – gebraucht, um ihre eigenen Schwierigkeiten und ihre tiefe Depression mühsam in Schach zu halten. Ich konnte sie an eine Kollegin vermitteln, von der sie sich gut angenommen fühlte. Weil sie vorübergehend nicht an den Elternstunden teilnahm, ergaben sich für einige Zeit Einzelsitzungen bei mir für den Vater. Ich beantwortete seine Angst, sein Sohn könnte in mir eine bessere Vatergestalt finden mit der Würdigung der Bedürfnisse des Vaters, von mir als ein kompetenter Mann und Vater seines Sohnes Anerkennung zu finden. Ihm war wichtig, dass wir ganz im Hier und Jetzt blieben, ohne dass von mir her seine Familiengeschichte und seine eigene kindliche Entwicklung direkt angesprochen wurden. Dabei versuchte ich mir innerlich die Not von Rüdigers Vater in seiner Kindheit bewusst zu halten, der als erstgeborener Sohn eines hohen

KZ-Wachhabenden im Dezember 1945 in Abwesenheit seines wohl inzwischen inhaftierten Vaters in den Zusammenbruch seiner Familie hineingeboren wurde, die lange wahnhaft an eigener Größe und an kollektiver Destruktivität festgehalten hatte. Nebenbemerkungen ließen erahnen, wie er als Kleinkind und Heranwachsender nach der Rückkehr des Vaters aus »der Gefangenschaft« hatte erleben müssen, dass Kinder, die nicht hart wie Kruppstahl und zäh wie Leder waren, verachtet und gehasst wurden – wie ehemals die Juden. Er erlebte es als befreiend, wenn ich seinen Verständnisfragen nicht auswich, sondern sie direkt beantwortete. Anschließend konnte er für die progressive Entwicklung seines Sohnes meist förderliche Maßnahmen umsetzen.

In dem Maße, wie Rüdiger und die Eltern verständnisvollen Halt fanden, gingen seine motorische Unruhe, seine Schlaf- und Arbeitsstörungen, die Geschwisterrivalität und die Inkontinenz von Rüdiger zurück. Ritalin konnte noch vor dem Übertritt ins Gymnasium abgesetzt werden. Die schmerzlichen Konkretisierungen der elterlichen Fremdanteile in Rüdiger durch seine maskierten depressiven Lebensvollzüge hatten ihm das Gefühl gegeben, von so eminenter Wichtigkeit für seine Eltern zu sein, dass sie ihn nie mehr wieder verlassen würden (Novick/Novick 1996) – zumal er ihnen als Übertragungsfigur ihrer früh verlorenen Objekte half, die Schmerzen der Trauer um die verlorenen Objekte zu betäuben.

In den weiteren 18 Behandlungsmonaten wurden immer neue Ableger von Rüdigers eigenen und den generationsübergreifend in ihm deponierten Zerstörungsbedürfnissen, Zerstörungs- und Verlustängsten durchgearbeitet. Dies erlaubte ihm auszutesten, ob seine vielgestaltige Kritik an mir nicht doch in mir die Vergeltungswut freisetzen könnte, die er sadomasochistisch fürchtete und ersehnte zugleich.

Im zweiten Behandlungsjahr begann Rüdiger, sich für die vielen Bücher im Behandlungszimmer zu interessieren. Es war ihm sichtlich wichtig, mich wissen zu lassen, dass er selbst sehr viele Bücher kennt. Er wagte es sogar, sich Bücher aus meiner Bibliothek mitzunehmen und mich herauszufordern, die Qualität seiner von ihm gemalten Bilder mit den Bildern an der Wand des Behandlungszimmers (zu seinen Gunsten!) zu vergleichen. Im Hier und Jetzt wurde für Rüdiger verhandelbar, ob ich Angst hätte, meinen Status zu verlieren, wenn auch er sich leidenschaftlich für das interessierte, was ich offensichtlich besonders schätzte und liebte.

Obwohl Rüdigers Leben leichter und kreativer geworden war, er sich gut auf dem Gymnasium zurecht fand, bestand er zu meiner und zur Überraschung seiner Eltern darauf, dass unsere Arbeit nicht nach 120 Sitzungen beendet, sondern um die kassenrechtlich noch möglichen weiteren 30 Stunden verlängert werden sollte. Es waren wohl meine eigenen, bislang unbewusst gebliebenen Verlustängste, die mich relativ lange hemmten zu verstehen, was Rüdiger nun Stunde um Stunde ruhig in seinem Stuhl ein mitgebrachtes Buch lesen ließ, seine Hausaufgaben machen ließ, oder ein Bild malen ließ, wobei er jegliche Intervention von mir als störend zurückwies. Langsam dämmerte es mir, dass Rüdiger übte, in meiner Gegenwart mit sich alleine zu sein. Dabei stärkte sich sein Selbst vor der verbleibenden letzten Herausforderung in unserer Behandlung. Wir begannen zu ertragen und richtig zu verstehen, dass er mich von sich aus verlassen wollte und musste, mit sich selbst allein sein wollte, um neue pubertäre Entwicklungen und Beziehungen zu meistern, bei denen ich für ihn nur hinderlich gewesen wäre.

Fallbeispiel Herr F.[2]

Herr F., ein kumulativ traumatisierter Jugendlicher erlitt nach einem sehr guten Abitur mit knapp 18 einen massiven suizidalen Zusammenbruch, wegen dem er hospitalisiert werden musste. Anschließend nahm er seine analytische Behandlung bei mir auf, die mit 517 Sitzungen fünf Jahre dauerte.

Als Herr F. 28 Monate alt gewesen war, suizidierte sich überraschend sein mütterlicher Großvater, den die Mutter von Herrn F. vergöttert habe. Sie zog darauf mit ihm für fünf Monate ohne den Vater zur inzwischen schwer depressiven Großmutter. Die Behandlung deckte auf, wie überfordert er als Kleinkind war, Sonnenschein in die Depression

2 Vgl. Bründl 1994.

der Großmutter zu bringen. Kurz vor seinem dritten Geburtstag musste er unvorbereitet eine schmerzhafte Phimosenoperation erleiden. Kurz darauf kam seine Schwester zur Welt. Nach deren Entbindung erkrankte die Mutter an einer mehrmonatigen schweren Depression, die sich nach zwei Jahren infolge einer Fehlgeburt im fünften Schwangerschaftsmonat wiederholte. In seinem fünften Lebensjahr erkrankte seine Mutter an einem immer häufiger entgleisenden Diabetes. Der beruflich sehr erfolgreiche und geforderte Vater pflegte außerhalb der Familie kaum soziale Kontakte, sodass Herr F. ab seiner Pubertät zunehmend als Begleiter der Mutter in der Öffentlichkeit auftrat.

Anfänglich testete er mich, ob er mich durch grandiose Projekte, die er nie zu Ende brachte, schockieren könnte, oder durch häufiges Trennungsbegehren, weil er bewunderten Lehrern ins Ausland folgen musste, oder durch seine perversen Sehnsüchte, die seine Freundin ihm nicht befriedigen konnte. Die Bearbeitung seiner lang geheim gehaltenen Leidenschaft, nachts im Fernsehen Boxveranstaltungen zu verfolgen und sich mit einer gewissen masochistischen Befriedigung mit dem Verlierer zu identifizieren, sowie die Durcharbeitung seiner Angst, ich könnte ihm seine Schätze rauben, die er in der Therapie geborgen hatte, führten zu einer deutlichen Vertiefung seiner Beziehung mit seiner Freundin. Er entdeckte seine volle sexuelle Erlebnisfähigkeit, seine Konfliktfähigkeit wuchs merklich innerhalb und außerhalb der Sitzungen, und er konnte sich zu einer Neuorientierung im Studium entschließen. Mit hohem Arbeitsaufwand gelang ihm nach einem Jahr die Aufnahme in eine Kunsthochschule.

Obwohl Herr F. wesentliche Entwicklungspositionen der Spätadoleszenz aufgerichtet hatte, drängte er nachdrücklich auf die Fortführung der Behandlung, weil er die Wiederkehr schwerer Depressionen fürchtete. In der Arbeit bis etwa zur 350. Stunde wurde zunehmend spürbar und verstehbar, dass seine Depression an seine defensive globale Identifikation mit seinem in NS-Verbrechen verwickelten mütterlichen Großvater gebunden war. Nicht er selbst war es, sondern der Großvater in ihm war es, der die Schwester und den gemeinsamen Vater mörderisch hasste. Diese Spaltung im Selbst von Herrn F. wurde mitgetragen durch ein Familiensystem, das die unüberwindlich erscheinende Trauer um den Suizid des Großvaters, als Herr F. 28 Monate alt war, und um den Verlust der grandiosen NS-Ideale, die der Großvater mit verkörpert hatte, abwehrte.

Den Beginn der Endphase signalisierte Herr F. dann in der 375. Stunde. Die Endphase war geprägt durch die Bearbeitung seines spätadoleszenten divergenten Entwicklungskonflikts (Kris 1988) und von der Bearbeitung der Angst, mit der ersehnten Befreiung von den Mühen der Behandlung seinen Analytiker zu verlieren, ohne über eine internalisierte erinnernde und zukunftsweisende Instanz zu verfügen. Er hatte Angst, ein zu angepasstes, uneigentliches Leben führen zu müssen, solange er sein zwanghaftes »Tagleben« zu stark von der Welt seiner Träume getrennt hielt, die so viel von seiner sonst verborgenen Lebendigkeit zeigte: »Mir fehlt noch die Übung, dass sich das mehr verschränkt.« Vielleicht schätze er deshalb seinen väterlichen Künstlerfreund so sehr, weil der die Verschränkung für seine Arbeit nutzen konnte. »Der nutzt viele Quellen. Der holt sich Anregungen aus seinem Gespür; er wittert es, macht die Augen ganz weit auf … auch bei Dingen, die von innen kommen.« Zwei Wochen später meinte er erneut: »Der Blick nach innen und nach außen … auf ein solches Suchen kommt es in der Arbeit an … Entdeckungen machen können … und ich bin mir sicher: Nur wenn ich eine eigene Vergangenheit habe, spüre ich, dass ich auch eine Zukunft haben kann.«

Ab der 462. Stunde begann Herr F., unsere bisherige Arbeit rückblickend zu würdigen und zu deuten. Er stellte Verbindungen her zwischen dem Verlauf der analytischen Therapie, seiner persönlichen Geschichte und der seiner Familie seit seinen Großeltern. Dabei erlebte Herr F. heftige, schmerzliche Abschiedsgefühle, die mir und unserer Beziehung galten, die er aber erinnerlich bislang nie gegenüber seinen Eltern erlebt hatte. »Das ist ein endgültiger Abschied … aber er hat auch etwas Gutes … Loslassen, um etwas anderes suchen zu können … Verlassen und Verlassenwerden ist schlimm … aber der Abschied ist kein katastrophaler Bruch … die Geschichte unserer Arbeit bleibt mir ja, bleibt präsent … Die Therapie gehört jetzt noch viel stärker zu mir. Anfangs war es so schwer für mich, in die Therapie die Vergangenheit hereinzunehmen und zu ihr zu stehen.«

Zwei Wochen vor der letzten langen Sommerpause erlebte er voller Wucht seinen Hass auf mich, weil ich ihn in einer schwierigen Situation allein lassen würde. Danach weinte er stumm und bewegungslos. In der darauf folgenden 495. Stunde konnten wir gemeinsam darüber sprechen, wie schlimm es für ihn gewesen wäre, wenn ich nach so langer Zeit nicht mit ihm gespürt hätte, wie unendlich verzweifelt er nach diesem Hassausbruch war. Die Verzweiflung erinnerte ihn an damals, als er am Rande des Selbstmordes stand. Aber damals hätte es niemanden gegeben, der mit ihm ohne Worte hätte Kontakt halten und so die Hoffnung hätte aufrechterhalten können.

In den letzten acht Wochen des endgültigen Abschieds nach der Sommerpause konnte Herr F. mir anvertrauen, wie intensiv er in meiner Abwesenheit für sich allein und mit seiner Freundin gelebt hat, wie intensiv er jetzt »träumen und arbeiten« kann. Inzwischen habe er einen größeren Auftrag für eine Raumgestaltung erhalten und die Arbeit daran weiter vorangetrieben, während wir uns nicht haben sehen können. Außerdem habe er auch seine Abschlussarbeit für die Hochschule konzipiert: eine serielle bildnerische Bearbeitung verschiedener Mahnmale, die an die Ermordung der europäischen Juden erinnern. Diese Objekte erfasse er sowohl isoliert in ihrer Vereinzelung und dann anschließend unter Perspektivenwechsel integriert in ihren architektonischen und sozialen gegenwärtigen Kontexten. »Vielleicht kann ich auch mit meiner Arbeit zeigen, dass wir voller leben, wenn wir keine Angst haben, Überliefertes aufzudecken, anzuschauen, uns darauf einzulassen und es in seiner Bedeutung für heute und morgen zu bearbeiten.«

Diskussion

Dass Rüdiger von seiner analytischen Therapie merklich profitieren konnte, scheint mir nicht zuletzt durch die Fähigkeit der Eltern bedingt gewesen zu sein, die Elternarbeit für die progressive Weiterentwicklung ihrer elterlichen Kompetenzen zu nutzen. Sie fühlten sich von mir als wichtigste Menschen im Leben ihres Sohnes respektiert und wurden im Laufe unserer Zusammenarbeit fähig, die fortschreitende Individuation ihres Sohnes als einer Person im eigenen Recht und die Transformationen seiner Beziehung zu ihnen zu würdigen (Novick/Novick 2005).

Herr F. litt in seiner Spätadoleszenz ähnlich wie erwachsene Depressive an einer suizidalen Gedankenwelt und an suizidalem Verhalten. Im Gegensatz zu erwachsenen Depressiven zeigte er jedoch stärkere Verhaltensauffälligkeiten (Fonagy et al. 2002) als Ausdruck seiner großen Schwierigkeiten, seine Identität als junger Erwachsener über eine individuierende Umgestaltung der Beziehung zu seinen Eltern aufzurichten (King 2006).

In beiden Behandlungen mussten Analytiker und Patient mit den Folgen der Depression der Mutter auf die psychopathologische Entwicklung ihrer Söhne ab dem Säuglingsalter kämpfen. Die mütterliche Depression mag als spezifische Erscheinungsform der »rätselhaften Botschaft« (Laplanche 1988) der Mutter das männliche Kind erreicht haben, in der kryptisch das inzestuöse, auf ihren eigenen abwesenden Vater gerichtete Begehren der Mutter verschlüsselt eingeschrieben gewesen war.

Von besonderer Bedeutung für diese Söhne depressiver Mütter erwies sich der »Vaterhunger« (Herzog 1980), die unerhörte Beziehung der Söhne zu ihren Vätern und zur Paarbeziehung ihrer Eltern. Beide Behandlungen zeigten, wie sehr der Verlust der väterlichen Präsenz und damit eines von Anfang an auch triadisch angelegten Entwicklungsraums (Bürgin 1998) für die präverbalen Söhne (wie bezeichnenderweise auch für deren Mütter in ihrer frühkindlichen Entwicklung in Zeiten des Zweiten Weltkrieges) die Internalisierung und Verankerung depressiver Verhaltensmuster vorangetrieben hatte. Loewald hatte bereits 1951 die exquisit männliche Funktion des Vaters betont, dem Sohn bei der Differenzierung gegenüber der Mutter zu helfen, um dem dyadischen Sog der präödipalen Mutter standhalten zu können. Barrows und Barrows (2002) konnten zeigen, dass insbesondere dem Vater in der gesunden Entwicklung die Aufgabe zukommt, dem männlichen und dem weiblichen Kind zu helfen, die zentrale Entwicklungsaufgabe zu meistern, mit Verlusten entwicklungsfördernd umzugehen. Diese väterlichen Kompetenzen ruhten auf den Verlusterfahrungen des Vaters und auf seiner Fähigkeit auf, ein kohärentes Narrativ seiner Verluste zu konstruieren.

Die Bearbeitung der Vatersehnsucht als Ableger des nicht erinnerten, aber im impliziten Gedächtnis festgehaltenen Vaterverlustes trug dazu bei, dass die beiden männlichen Patienten bei einem männlichen Therapeuten sich neue, stärkende seelische Strukturen aneignen konnten. Diese hinzugewonnenen Strukturen grenzten allmählich das Ausmaß von Trennungs-, Verlust- und Individuationsängsten, von Scham und Schuld auf ein Erträgliches ein und schufen damit Raum, in dem reifere Trauerarbeit sich anbahnen, ehemals eingefrorene Entwicklungspotenziale auftauen konnten, Enttäuschungen und seelischer Schmerz zu bewältigen waren.

Voraussetzung für die Integration der ehemals als überwältigend gefürchteten depressiven Affekte und der ehemals abgewehrten oder verworfenen adoleszenten Entwicklungsaufgaben war die aufarbeitende Auflösung der Regressionen auf die sadomasochistisch und omnipotent gefärbten narzisstischen Fixierungen bzw. Arretierungen im therapeutischen Prozess.

Dass beide Patienten ihre Behandlungen für ihre Weiterentwicklung nutzen konnten, war möglicherweise nicht unabhängig von meinen Anstrengungen, in mir die Patienten in ihren angst- und depressionsreichen Positionen aufzusuchen. Wenn es mir gelang, ganz für mich allein diese schmerzhaften Erinnerungen unausgesprochen auszuhalten, stellten sich oft unvorhersehbare Momente tiefer Zusammengehörigkeit mit dem Patienten (Cohen 2006) ein. In solchen Momenten war vorübergehend die Empfindung von Autorenschaft für die begegnenden Handlungen der Individuen im Übergangsraum der analytischen Beziehung erholsam aufgehoben (Cohen 2006; Winnicott 1971).

Sowohl die Eltern von Rüdiger wie auch die von Herrn F. waren – wie ich – während des Zweiten Weltkrieges in Deutschland geboren und hatten wiederholt Verluste und Trennungen von Elternfiguren jenseits ihrer Wirkmächtigkeit erfahren müssen. Als Sohn einer von den Nazis politisch verfolgten, inhaftierten und von mir arg vermissten Mutter löste sich mein Gegenübertragungswiderstand gegenüber diesen Kindern und Enkeln von Nazi-Tätern nur unter merklichen Schwierigkeiten auf. Dies geschah erst, als mir vorstellbar und emotional annehmbar wurde, dass die Kinder der Täter und die Kinder der Opfer (Bergmann et al. 1982) bei allen Unterschieden in ihren Traumatisierungen 1945 gemeinsam von einer auf ihnen allen lastenden entmenschlichenden, mörderischen Gewaltherrschaft befreit worden waren. Spürbar, wenn auch oft später verleugnet oder wissend-nichtwissend, hatte der nationalsozialistische Terror die meisten Kinder in seinem damaligen Herrschaftsbereich besetzt und gefangen gehalten. Der gelebte Kontakt mit Rüdigers Eltern in der Elternarbeit hatte mir geholfen, meine Verstehensblockaden der Reflexion zugänglich zu machen und Vorurteile zurücknehmen. Ich begann zu begreifen, dass die Aufrechterhaltung meines anfänglichen, nie ausgesprochenen und schließlich zurückgenommenen Vorwurfs an die Herkunftsfamilien von Rüdiger und Herrn F., sie seien schlimme Nazis, mich zu einem Therapeuten gemacht hatte, der gefürchtete Selbstanteile in anderen deponieren wollte. Den Eltern von Herrn F. begegnete ich nur ein einziges Mal, zu Beginn der analytischen Behandlung ihres Sohnes. Die erlebte Entfernung zu ihnen ließ mich in der Behandlung von Herrn F. nur mit großen Anstrengungen Gemeinsamkeiten zwischen ihrer und meiner Geschichte fruchtbar für die Behandlung des Sohnes wahrnehmen und aufgreifen. Innerlich war es notwendig, die Eltern meiner Patienten als Kinder von NS-Tätern zu sehen und ihre Söhne in ihrer Authentizität, jenseits der leidvoll in ihnen deponierten bedrohlichen Selbstanteile ihrer jeweiligen Eltern als den therapeutischen Prozess mitgestaltend zu begreifen. Die in diesen Empfindungen aufgerichtete Unterscheidung der Generationen in den historischen und therapeutischen Prozessen ermöglichte spontane seelische Berührungen zwischen meinen Patienten und mir, die wir jeweils in anderen Zeiten vor Erreichen der Objektkonstanz und der gesicherten symbolischen Ordnung (Lacan 1966) den Verlust sichernder elterlicher Präsenz ertragen mussten. Dementsprechend hatte in der kindlichen Entwicklung die Fähigkeit zum Alleinsein nicht altersentsprechend weiterentwickelt werden können.

Insbesondere früh traumatisierte adoleszente Patienten bedürfen bewegender, vorsprachlich oder protosprachlich sich darstellender Vorgänge, bei denen gleichzeitig und getrennt sowohl im Patienten wie im Therapeuten analoge prozessuale Inhalte des impliziten Gedächtnisses miteinander transformierend in Berührung kommen. Die Weiterentwicklung von Rüdiger und Herrn F., die hoffentlich nicht mehr gezwungen sein werden, ihre Traumatisierungen transgenerational weiterzugeben, war wohl auch dadurch möglich geworden, weil in ihnen und in mir, verstärkt in der Abschlussphase, synchrone mikrostrukturelle Arbeit an der Erinnerung von analogen unvergessenen Verlusten stattfand. Die Aufrichtung der Fähigkeit zum Alleinsein im Therapieverlauf signalisiert emotionale Reife und Gesundheit (Winnicott 1957), in der sich phasenspezifisch kreatives Leben konstituieren kann (Winnicott 1953, 1971). Ihr Eintritt in den Bereich der Kreativität erlaubte meinen beiden Patienten von nun an, im Dienste persönlicher und kultureller Progression selbstständig, vorübergehende Regression nicht fürchtend, ohne ein äußeres Objekt zu einem tieferen Selbstempfinden zu finden (Balint 1968).

Literatur

Balint, Michael (1968): Therapeutische Aspekte der Regression. Die Theorie der Grundstörung. Stuttgart (Klett Verlag) 1970.

Barrows, Paul & Barrows, Kate (2002): Fathers and the Transgenerational Impact of Loss. In: Trowell, J. & Etchegoyen, A. (Hg.): The Importance of Fathers. East Sussex, New York (Brunner-Routledge Press), S. 161–172.

Bergmann, Martin S.; Jucovy, Milton E. & Kestenberg, Judith S. (Hg) (1982): Kinder der Opfer, Kinder der Täter. Psychoanalyse und Holocaust. Frankfurt/M. (Fischer) 1995.

Berna, Jacques (1996): Zur Psychotherapie eines schweigsamen Jugendlichen. In: Zs. Psa. Theorie u. Praxis 6, 420–430.

Blos, Peter (1979): The Adolescent Passage. Developmental Issues. New York (International University Press).

Bohleber, Werner (2002): Adolescence, Identity and Trauma. Vortrag auf dem I.S.A.P.P. Kongress, Göttingen.

Bründl, Peter (1994): Überlegungen zur Entwicklung des Geschichtsempfindens in der Adoleszenz. In: Pedrina et al. (Hg.): Spielräume. Begegnungen zwischen Erwachsenenanalyse und Kinderanalyse. Tübingen (edition diskord), S. 113–141.

Bründl, Peter (2009): Unvergessen aber nicht erinnerbar. Vernichtung, Verlust, Trennung. Zur Depression im Kindes- und Jugendalter. arbeitshefte kinderpsychoanalyse, im Druck.

Bürgin, Dieter (1998): Psychoanalytische Ansätze zum Verständnis der frühen Eltern-Kind-Triade. In: v. Klitzing, K.: Psychotherapie in der frühen Kindheit. Göttingen (Vandenhoeck & Ruprecht), S. 15–31.

Burgner, Marion (1988): Analytic work with adolescents: terminable or interminable. I. J. of Psycho-Anal. 69, 179–188.
Cohen, Yecheziel (2006): The experience of oneness – its essential role in the development of selfhood. Vortrag gehalten auf der EFPP Tagung Berlin Nov. 10. Deutsch 2009, arbeitshefte kinderpsychoanalyse, im Druck.
Fonagy, Peter et. al. (2002): What Works for Whom? A Critical Review of Treatments for Children and Adolescents. New York, London. (The Guilford Press).
Fonagy, Peter & Target, Mary (2003): Psychoanalyse und die Psychopathologie der Entwicklung. Stuttgart (Klett-Cotta) 2006.
Freud, Anna (1965): Normality and Pathology in Childhood. Assessment of Development. The Writings of A.F. Vol. 6. New York (Internat. University Press).
Freud, Sigmund (1905): Drei Abhandlungen zur Sexualtheorie. GW V, S. 27–145.
Freud, Sigmund (1937): Die endliche und die unendliche Analyse. GW XVI, S. 59–99.
Herzog, James M. (1980): Sleep Disturbances and Father Hunger in 18 to 28 Months Old Boys. The Erlkönig Syndrom. Psychoanalytic Study of the Child 35, 219–236.
Hurry, Anne (1998): Psychoanalyse und Entwicklungstherapie. In: Hurry, Anne (Hg.): Psychoanalyse und Entwicklungstherapie von Kindern. Franfurt/M. (Brandes & Apsel) 2002, S. 43–88.
Khan, Masud M. R. (1963): The Concept of Cumulative Trauma. Psychoanalytic Study of the Child 18, 286–306.
King, Vera (2006): Depression und Adoleszenz – intergenerationale Dynamiken. Kinderanalyse 14, 213–243.
Kris, Anton O. (1988): Some implications of the distinction between divergent and convergent conflicts. I. J. Psycho-Anal. 69, 431–442.
Lacan, Jacques (1966): Le stade du miroir comme formateur de la funnction du je telle qu'elle nous est révéllée dans l'expérience psychanalytique. In: Lacan, Jacques: Ecrits. Paris (du Seuil), S. 93–106.
Ladame, Francois (2007): Selbstmordversuche in der Adoleszenz. arbeitshefte kinderanalyse 38, 125–131.
Laplanche, Jacques (1988): Die allgemeine Verführungstheorie und andere Aufsätze. Tübingen (edition diskord).
Loewald, Hans W. (1980): Das Schwinden des Ödipuskomlexes. Jb. d. Psa. 13, 37–62.
Loewald, Hans W. (1989a): Ich und Realität. In: Loewald, Hans W.: Psychoanalyse. Aufsätze aus den Jahren 1951–1979. Stuttgart (Klett-Cotta), S. 15–34 [Orig. 1949/1951].
Loewald, Hans W. (1989b): Verinnerlichung, Trennung, Trauer und das Überich. In: Loewald, Hans W.: Psychoanalyse. Aufsätze aus den Jahren 1951–1979. Stuttgart (Klett-Cotta), S. 248–269 [Orig. 1959].
Loewald, Hans W. (1989c): Perspektiven der Erinnerung. In: Loewald, Hans W.: Psychoanalyse. Aufsätze aus den Jahren 1951–1979. Stuttgart (Klett-Cotta), S. 130–157 [Orig. 1972].
Novick, Jack & Novick, Kerry K. (1996): Die Symmetrie der Angst. Entstehung und Behandlung von Sadomasochismus im Kindes- und Jugendalter. Gießen (Psychosozial-Verlag) 2004.
Novick, Jack & Novick, Kerry K. (2005): Ein guter Abschied. Die Beendigung von Psychoanalysen und Psychotherapien. Frankfurt/M. (Brandes & Apsel) 2008.
Piaget, Jean (1969): The intellectual development of the adolescent. In: Esman, A. H. (Hg.): The psychology of Adolescence. Essential Readings. New York (Internat. University. Press) 1975, S. 199–209.

Winnicott, Donald W. (1953): Transitional objects and transitional phenomena. I. J. Psycho-Anal. 34, 300–319.
Winnicott, Donald W. (1957): Die Fähigkeit zum Alleinsein. In: Winnicott, Donald W.: Reifungsprozesse und fördernde Umwelt. München (Kindler) 1974, S.36–46.
Winnicott, Donald W. (1971): Vom Spiel zur Kreativität. Stuttgart (Klett-Cotta) 1974.
Wittenberg, Isca (2001): Die Beendigung der Therapie. Kinderanalyse 9, 162–184.

Die Welt als Bedrohung

Zur Bedeutung von jugendlichen Subkulturen

Sylvia Kipp

Immer mehr Jugendliche, die zu mir in die Praxis kommen, definieren sich als ein Teil einer spezifischen jugendlichen Subkultur und verstehen diese Teilnahme als bewusstes Abgrenzen gegen den gesellschaftlichen Mainstream. Viele Jugendliche schaffen sich dadurch einen Übergangsraum im Winnicott'schen Sinn, in dem sie sich verstanden und angenommen fühlen, gerade auch mit ihren Zweifeln, Ängsten und individuellen Besonderheiten. Sie suchen durch »Probehandeln« nach Lösungen, um innere und äußere Realitäten in Einklang zu bringen.

Drei Fallvignetten sollen hier kurz vorgestellt werden. Sie gehören oder gehörten zu den Subkulturen der Gothics, Metalls und Punks. Da bei allen drei Patientinnen eine Borderline-Persönlichkeitsstörung diagnostiziert wurde, wird im Anschluss ein Überblick über den aktuellen Stand dieser Persönlichkeitsstörung gegeben sowie einige Ergebnisse zur Neurobiologie der Pubertät dargestellt. Der zweite Teil ist der Bedeutung jugendlicher Subkulturen für die Sozialisation von Jugendlichen und deren Behandlungsverläufen gewidmet.

Fallvignetten

Die Behandlung von drei Jugendlichen unterschiedlicher Subkulturen war der Anlass für die Auseinandersetzung mit dem Thema jugendlicher Subkulturen. Im Verlauf der Therapie wurde ich mit deren unterschiedlicher Symbolik und Musik konfrontiert. Bei allen dreien lag die

Diagnose einer Borderline-Persönlichkeitsstörung vor, wobei sich die Komorbidität und der Schweregrad unterschieden.

Bei Nadine, die zur Gothic-Szene gehörte, spielten die Symbole des Engels und des Vampirs eine große Rolle. Sie malte viele Bilder von Victoria Frances, einer Künstlerin der Gothic-Szene. Dass diese Symbolik mittlerweile im Mainstream angekommen ist, zeigt Bestsellerautorin Stephenie Meyer, die mit einer Vampir-Trilogie eine Auflage von mehreren Millionen weltweit erzielt hat. Allerdings ist alles Bedrohliche, alles Verstörende, das in den Bildern von Frances noch mitschwingt, verschwunden. Wichtig war ihr die Musik von Lacrimosa, einer Gothicband. Bei Nicole spielten die Bedeutung und der Umgang mit dem Tod, der in der Gothic-Szene als positiv bewertet wird, ebenso wie die Farbe schwarz, die Freude symbolisiert, eine große Rolle. Dadurch gelang es ihr auch, der eigenen, sehr bedrohlichen Suizidalität einen neuen Rahmen zu geben und die Bedrohlichkeit zu beherrschen.

Für Karoline, die der Heavy-Metal-Szene angehörte, spielte die Musik die zentrale Rolle. Hard Metal Rock, den sie am liebsten hörte, ist nur noch ein Schreien mit tiefen Drums. Hierfür wird das Hässliche, archaische und bedrohliche der Bilder, aus dem kollektiven Unbewussten geholt und repräsentiert. Als Beispiel dafür sei die Band Manowar genannt, deren letztes Album *Gods of War* die Odinsage vertont. Odin steht in diesem Fall, nach Aussage des Bandleaders, für Leben und Tod.

Silke gehörte der Punk-Szene an und hatte den stärksten Ausprägungsgrad der Borderline-Störung. Vor der ambulanten Psychotherapie war sie wegen eines Suizidversuchs stationär behandelt worden und es waren zwei weitere stationäre Behandlungen neben der ambulanten Behandlung notwendig. Trotz ambulanter Psychotherapie verübte sie einen weiteren Suizidversuch. Sie hatte als Komorbidität eine stark ausgeprägte soziale Phobie und fand unter Punks und Straßenkindern eine soziale Peergroup, in der sie sich zumindest zeitweise wohl fühlte. Trotz eines nachgewiesenen IQ von über 130 gelang es ihr nur mit Mühe, den Hauptschulabschluss zu erreichen.

Alle drei Jugendlichen waren schwarz gekleidet, aber jeweils dem Szene-Code entsprechend: der ästhetisch-kunstvolle Gothic-Stil, der klassische der Metal-Szene oder punkmäßig zerlumpt und verdreckt.

Silke hatte zum Beispiel in ihrer schwierigsten Phase 16 Ratten. Sie verließ kaum ihr Zimmer, roch natürlich entsprechend.

Alle drei jungen Frauen wiesen dissoziative Phänomene auf und waren zeitweise hoch suizidal. Sie führten *Selbstverletzungen* durch, litten unter tiefen Gefühlen des *Andersseins* als der Rest der Familie, unter Gefühlen der *Fremdheit*, der *Einsamkeit*. Allen drei war gemeinsam, dass sie anfangs ihre Gefühle kaum wahrnehmen und differenzieren konnten, sondern immer wieder von ihnen überwältigt wurden. Zugleich litten sie unter Fragmentierungsängsten – die Angst zu zerbrechen, auseinanderzufallen.

Für die drei Jugendlichen war der psychotherapeutische Raum sehr wichtig. Ebenso wichtig war ihnen auch das Dazugehören zu den jeweiligen Subkulturen, die ihnen einen gewissen *Schutz*, eine *Vertrautheit* und *Verbundenheit* boten. Die jugendlichen Subkulturen dienten somit als emotionale Heimat; die Zeichen und Symbole der jeweiligen Gruppierungen nahmen im therapeutischen Prozess einen großen Platz ein. Eine zentrale Rolle spielten die Musik und auch das Gefühl, sich außerhalb der etablierten Gesellschaft zu bewegen und dem materialistischen Mainstream mit seiner Tendenz zur Merkantilisierung der Beziehungsgestaltungen zu widerstehen.

Die Borderline-Persönlichkeitsstörung

An dieser Stelle folgt eine kurze Darstellung der Borderline-Persönlichkeitsstörung (BPS), die zu einem vertieften Verständnis der Symptomatik und des Therapieverlaufes beiträgt.

Nach neueren Studien wird als Leitsymptom der BPS die *einschießende intensive aversive* Anspannung angesehen. Diese Spannungszustände können rasch einschießen, manchmal lange anhalten und sind mit äußerst unangenehmem innerem Arousal verbunden. Diese Symptomatik kann als Indikator für *affektive Instabilität und Irritabilität* im Sinne eines Leitsymptoms gelten.

Die Lebenszeitprävalenz der BPS beträgt circa 1,5% und ist damit höher als die für schizophrene Erkrankungen, die bei ca. 1% liegt. 70%

der Betroffenen sind Frauen. Die BPS verursacht etwa 30% der Gesamtkosten für stationäre psychiatrische Behandlungen in Deutschland.

Retrospektiv fand sich im Sinne von Komorbiditäten bei 96% der Patientinnen und Patienten eine depressive Erkrankung, 88,5% litten an Angststörungen, 64% an Substanzmittelmissbrauch oder -abhängigkeit und 53% an einer zusätzlichen Essstörung.

Bohus und Schmahl (2006) fanden eine bimodale Verteilung bei der Erstmanifestation. Eine große Gruppe zeigte bereits im Alter von 14 Jahren Verhaltensauffälligkeiten, die eine stationäre Behandlung notwendig machten; eine zweite Gruppe wurde im Mittel mit 24 Jahren erstmals stationär behandelt.

Überraschend hohe Remissionsraten fanden sich bei Katamnesestudien, die allerdings nur aus dem nordamerikanischen Raum vorliegen. Nach zwei Jahren erfüllen noch 60% der Betroffenen die DSM-IV-Kriterien für BPS, nach vier Jahren noch 50%, nach sechs Jahren noch 33% und nach acht Jahren nur noch 20%. Während die affektive Instabilität persistiert, scheinen sich dysfunktionale Verhaltensmuster wie Selbstverletzungen und Suizidversuche deutlich zu reduzieren. Das Hauptproblem besteht darin, dass häufiger, länger und intensiver aversive Anspannungen erlebt werden, jedoch erhebliche Schwierigkeiten bestehen, Emotionen dabei zu differenzieren.

Mittlerweile zeigen neuere Forschungsergebnisse, dass nicht nur durch Suchtsubstanzen verursachte Schädigungen frontaler oder limbischer Strukturen gravierende Persönlichkeitsveränderungen hervorrufen, sondern dass auch chronischer Stress oder erhebliche Verwahrlosungserlebnisse in der Kindheit zu einer Beeinträchtigung neurobiologischer Reifungsprozesse und damit assoziierten kognitiven und emotionalen Störungen führen können.

65% aller Borderline-Patienten leiden an einer schwerwiegenden, dissoziativen Symptomatik sowie passageren Einschränkungen von exekutiven Funktionen und Planungsfähigkeit.

In retrospektiven Analysen gaben 30% der untersuchten erwachsenen Borderline-Patientinnen an, sich bereits im Grundschulalter absichtliche Selbstverletzungen zugefügt zu haben. Diese erschreckende Zahl spiegelt sich auch in den neuen Ergebnissen der Heidelberger Schulstudie wider, welche zeigen konnte, dass sich circa 6% der 15-jährigen Mädchen selbst regelhaft Selbstverletzungen zufügen und circa 8% mindestens einen Suizidversuch hinter sich haben. 85% der Borderline-Patienten zeigen selbstschädigendes Verhalten (Schneiden, Schlagen, Brennen, Verätzen usw.).

Eine große Belastung für die Patienten stellen komorbide Angststörungen dar, wie zum Beispiel PTBS, soziale Phobien und generalisierte Angsterkrankungen. Diese persistieren häufig auch, wenn die schweren Störungen auf der Verhaltensebene, wie Suizidalität und Selbstverletzungen, remittiert sind.

Folgende Befunde werden als neurobiologische Korrelate der BPS diskutiert:

- Morphologisch finden sich Volumenverkleinerungen von Hippocampus und Amygdala.
- Funktionelle Bildgebungsstudien konnten Störungen im frontolimbischen Regelkreis nachweisen.
- Unter emotionaler Stimulation, zum Beispiel mit aversiven Bildern, zeigt sich eine Hyperaktivität der Amygdala, wahrscheinlich gekoppelt mit einer verringerten Aktivität in medialen, präfrontalen Hirnarealen, insbesondere dem anterioren cingulären Kortex.
- Gesteigerte Impulsivität bei Borderline-Patienten geht mit einer serotonergen Unterfunktion im präfrontalen Kortex, insbesondere im orbitofrontalen Kortex einher.

Eine Störung der Hypothalamus-Hypophysen-Nebennierenrinden-Achse (Stressachse) erscheint wahrscheinlich, allerdings ist die exakte Ausprägung dieser Störung noch unklar.

Neurobiologie der Pubertät

Die Neurobiologie der Pubertät stellt fest, dass sich auf Hirnebene morphologische Korrelate finden, die wichtige Hinweise für das Verständnis der affektiven Instabilität und Irritabilität geben, die sich in leichterem Ausprägungsgrad bei vielen Jugendlichen finden.

Bis 1990 war die Meinung bestimmend, die Gehirndifferenzierung sei mit zwölf Jahren abgeschlossen und die entscheidenden neuronalen Vorgänge spielten sich bis zum dritten Lebensjahr ab. Seit 1991 werden Teenagergehirne am NIMH (National Institute of Mental Health) mithilfe von Kernspintomografie untersucht. Es wurde herausgefunden, dass sich das Gehirn in den Teenagerjahren sehr dynamisch entwickelt. Es konnte gezeigt werden, dass vor der Pubertät die graue Substanz der Großhirnrinde einen Wachstumsschub erfährt – den zweiten nach jenem im Kleinkindalter. Hinter der Volumenzunahme vermuten Forscher das Sprießen frischer Verzweigungen der Dendritenbäume und die Entstehung neuer Synapsen. Das Gehirn bildet auf diese Weise offenbar Myriaden neuer Verschaltungen, mit deren Hilfe es Informationen verarbeitet und speichert. Anschließend reduziert und selektiert es diese Vielfalt wieder. Häufig beanspruchte Verknüpfungen bleiben erhalten, während solche, über die kaum kommuniziert wird, verkümmern. »Neuronaler Darwinismus« nennt der Nobelpreisträger Gerald Edelman diese Selbstorganisation des komplexen Systems Gehirn.

Die Arbeitsgruppe um Gerhard Roth konnte mithilfe funktioneller Bildgebung zeigen, dass Teenagergehirne zeitweise wieder in ähnlich chaotische Zustände übergehen wie Kleinkind- bzw. Säuglingsgehirne. Während der Adoleszenz werden die Wege, auf denen ein Mensch Informationen und Emotionen verarbeitet, neu justiert. Eine Phase der Reorganisation durchlaufen fast alle Bereiche. Die Areale für Sprache und räumliche wie zeitliche Orientierung beanspruchen längere Zeiträume als die Areale für Bewegungssteuerung und Wahrnehmung. Am längsten dauert die Restrukturierung im Präfrontalhirn, das unter anderem an exekutiven und planenden Funktionen beteiligt ist. Der präfrontale Kortex ist beim Erwachsenen auch ein Bereich, der für die Interpretation und Kontrolle vielschichtiger Gefühle gebraucht wird. Bei Läsionen im orbitofrontalen Kortex finden typischerweise eine Affektlabilisierung und verminderte Steuerung der Emotionen statt. Die Wissenschaftler gehen davon aus, dass der präfrontale und insbesondere der orbitofrontale Kortex erst jenseits des 20. Lebensjahres seine letzte Ausbauphase erreicht.

Die starke Plastizität des jugendlichen Gehirns hat zur Folge, dass eine erhöhte Vulnerabilität entsteht und die Einflüsse von Gesellschaft,

Kultur und Familie verstärkt werden. Natürlich spielen auch die Geschlechtshormone mit ihren bekannten Wirkungen eine entscheidende Rolle in diesem Veränderungs- und Umformungsprozess.

Schatten und transzendentale Funktion

An dieser Stelle können zwei Begriffe aus der analytischen Psychologie möglicherweise helfen, den Prozess der Restrukturierung des Jugendlichen zu verstehen und gleichzeitig auch wichtige Aspekte des therapeutischen Prozesses beschreiben. Jung differenzierte das Unbewusste in ein *persönliches Unbewusstes* und in ein *kollektives Unbewusstes*. Die Inhalte des kollektiven Unbewussten reflektieren archetypische Prozesse, die sich in Märchen, Mythen und in der Kunst über verschiedene Epochen, Sprachen und Kulturen hinweg zeigen.

Jugendliche Subkulturen mit ihren eigenen Symbolen, ihren eigenen Mythen und Überzeugungen können auch verstanden werden als die Teile der Kultur, die tabuisierte, abgewehrte Anteile der Erwachsenenkultur repräsentieren und aus dem *Schatten* des kollektiven Unbewussten holen.

Der zweite Begriff aus der analytischen Psychologie ist der der *transzendenten Funktion*, mit dem C. G. Jung Folgendes beschreibt: Die transzendente Funktion vermittelt zwischen Gegensätzen; sie ist ein Bindeglied zwischen realen und imaginären oder rationalen und irrationalen Erfahrungsbereichen und überbrückt so die klaffende Lücke zwischen dem Bewussten und dem Unbewussten. Sie drückt sich in der Regel durch Symbole aus. Dadurch dass das Symbol sowohl von der gestalterischen Seite her als auch von der Seite des Verstehens her betrachtet wird, erfolgt eine Auseinandersetzung zwischen dem Ich und dem Unbewussten und die Gegensätze können sich annähern und ein Drittes, Neues, entsteht. Dadurch kann für den Patienten ein *Sinnzusammenhang* hergestellt werden und die dazugehörigen Affekte können besser reguliert und integriert werden.

In allen drei Therapien spielten die Sprache und die Entwicklung der Mentalisierungsfähigkeit eine zentrale Rolle. Nadine, die ein Gymnasium besuchte und dort eine gute Schülerin war, sprach über weite

Strecken in der Therapie ganz wenig und brachte in jeder Stunde neue Bilder mit, die sie selbst gemalt hatte. Anfangs ließ sie sich diese Bilder von mir interpretieren. Später konnte sie immer besser auch ihre eigenen Emotionen in Bezug auf die Bilder beschreiben und wahrnehmen, dadurch lernte sie die dazugehörigen Affekte zu regulieren und zu integrieren. Sowohl die Arbeit im therapeutischen Raum als auch die Zugehörigkeit zu den jeweiligen Subkulturen erlaubten eine Annährung und Einordnung der zum Teil sehr bedrohlichen Gefühle.

Die Behandlung von Nadine und Karoline ist mittlerweile abgeschlossen. Beide haben ihr Abitur erreicht und absolvieren zurzeit ein freiwilliges soziales Jahr. Bei beiden gehe ich von einer Remission der Borderline-Persönlichkeitsstörung aus, da sie die entsprechenden DSM-IV-Kriterien nicht mehr erfüllten. Prognostisch günstig war, dass beide zu keinem Zeitpunkt der Therapie Alkohol oder Drogen konsumierten und auch die begleitende Angststörung bei Karoline gut behandelt werden konnte.

Bei Silke dauert die Therapie noch an. Als Erfolg ist zu werten, dass sie mittlerweile zu einer Ausbildung als Schneiderin im betreuten Rahmen bereit ist, der mit einem Internatsaufenthalt verbunden wäre. Sowohl sie als auch die Mutter können sich mittlerweile diese Lösung vorstellen und positiv bewerten.

Zur Bedeutung jugendlicher Subkulturen

Im Folgenden möchte ich auf die Bedeutung jugendlicher Subkulturen eingehen und die Parallelen zu traditionellen Initiationsriten aufzeigen. Im Folgenden wird zunächst exemplarisch auf die Subkultur der Gothics eingegangen, um dann zu eher allgemeingültigen Aussagen überzugehen.

Jugendliche Subkulturen auf der Suche nach dem Sinn

Beim Übergang in die Welt der Erwachsenen entwickeln diese Jugendlichen eine eigene Kultur mit strukturellen und funktionalen Eigenheiten. Sie wollen die Elternwelt hinter sich lassen, sich von der übrigen Gesellschaft unterscheiden und abgrenzen und suchen einen Konfrontationskurs zur Mehrheitsgesellschaft mit der aus ihrer Sicht buntoptimistischen, fortschrittsgläubigen Welt des Konsums und der Berufsarbeit.

Die in Opposition zur Erwachsenenwelt entworfene Gegenkultur ist stark durch eine düstere, pessimistische Seite geprägt; die Schatten- und Nachtseiten des Seins in der Welt werden expressiv zur Schau gestellt und gipfeln in einer Todesmystik. Der Tod ist ein zentrales Motiv, der Umgang mit dem Tabuthema sehr offen und kreativ. Gothics beispielsweise benutzen Särge als Betten; Friedhofskerzen dienen der Beleuchtung.

Das Bedürfnis der jungen Menschen nach einem mystischen Leben ist hierbei sehr stark. Mit einem eigenen Szene-Code (Musik, Sprache, Bilder, Kleidung) hat sich die Subkultur ein eigenes Lebensgefühl geschaffen. Die geheimnisvolle und glamouröse schwarze Kleidung symbolisiert bei den Gothics hier jedoch nicht Trauer, sondern Lebensfreude und Dynamik. Ihre Kleidungsvorlieben können die Jugendlichen in verschiedenen Stilen verwirklichen: von den »New Romantics« (Halsband, geschnürte Mieder und weite Röcke) über den erotischen SM-Stil (z.B. zweifach übereinander getragene Netzstrümpfe, tiefe Dekolletés) bis zum Stil des Mittelalters beziehungsweise des Barocks. Das Make-up ist äußerst kunstvoll, die Haartracht immer schwarz.

Eng mit den Wertevorstellungen verbunden ist die Frage nach einem tieferen Sinn des Lebens, wobei sich zwangsläufig auch die Frage nach der Existenz Gottes stellt und nicht zuletzt die Frage, ob der Tod und die damit verbundene Angst und Machtlosigkeit überwunden werden können.

Die vorrangig aus der christlichen Mythologie entliehene Symbolik mit ihren archetypischen Bildern nimmt bei den Jugendlichen einen bedeutsamen Platz ein, die emotional wichtigen Objekte werden verherrlicht. So treten in symbolischen Bildern immer wieder Engel oder beflügelte Wesen auf. Das Kreuz als Todessymbol sowie der Tod und die Sterblichkeit, symbolisiert durch Knochen und Schädel, sind weitere wichtige Requisiten. Weitere Symbole sind Sterne: Pentagramme oder Hexagramme als Verbindung von Himmel und Erde. Der Drudenfuß mit der Spitze nach oben soll vor bösen Geistern schützen. »Böse« Tiere sind Fledermäuse, Spinnen und Schlangen. Ein Ziegenbockkopf oder das Zeichen »666« für Johannes den Antichrist sind Satanszeichen. Die Kultur der Gothics oder der Gruftis ist sehr tolerant, friedliebend und gewaltfrei.

Mitglieder jugendlicher Subkulturen erleben sich als kulturelle Avantgarde in ihrem kulturellen Anderssein. Sie grenzen sich bewusst gegen die »Normalos« ab, auf die sie verächtlich und abwertend hinunterblicken. Zehn- bis Zwölfjährige wissen nichts über die jugendlichen Subkulturen, sie haben altersbezogene Geheimnisse.

Jugendliche Subkulturen sehen sich in offener Opposition zur Mehrheitsgesellschaft. Innerhalb der jugendlichen Subkulturen bestehen einerseits fließende Übergänge – vereinzelt wechseln Jugendliche etwa vom Skinhead zum Punk. Aber es gibt auch klare Abgrenzungen und Ablehnungen, die sogar in körperlich-gewalttätigen Auseinandersetzungen gipfeln können. Black Metals beispielsweise lehnen die Gothics zu 60% ab; Skinheads werden zu 80% von den anderen Jugendlichen bekämpft.

Diese Negativzuschreibungen und Auseinandersetzungen stärken das Gemeinschaftsgefühl und das Gefühl, etwas Besonderes zu sein. Aus der Sicht der Erwachsenen werden jugendliche Subkulturen, die in Opposition zum gesellschaftlichen Mainstream stehen, einerseits als soziale Problemgruppe definiert, andererseits versucht man sie im Bereich der Werbung und der Mode zu kopieren und zu vereinnahmen. Diese ambivalente Grundhaltung der Erwachsenenwelt zwischen Bewunderung und Ablehnung hat weitreichende Folgen für die soziale Identitätsfindung der Jugendlichen. Schon bei dem erstmaligen Auftreten des Begriffs Jugend findet sich diese Ambivalenz. Der Begriff Jugend ist relativ neu. Er wurde erstmals während der Industrialisierung in Berlin ca. 1875 von Juristen und Fürsorgern gebildet, um Jugendliche aus dem Arbeitermilieu zu beschreiben, die sich in Jugendcliquen und Jugendbanden zusammenfanden. Der Begriff Jugend wurde für diese »gefährliche und gefürchtete Bevölkerungsgruppe« geschaffen.

Gesellschaftlich kann der Trend zu einer Idealisierung der Jugendlichkeit festgestellt werden, sodass die paradoxe Situation entsteht, dass

Eltern versuchen sich an ihre jugendlichen Kinder anzupassen, indem sie deren Kleidungsstil kopieren und deren Musik hören. Das macht es allerdings für die Jugendlichen nicht leichter, sich abzugrenzen und die Eltern als altmodisch und von vorgestern hinter sich zu lassen. Wir leben in einer Zeit, in der das Ziel der Reise, das Ziel der Pubertät – das Erwachsenwerden – an Attraktivität verloren hat.

Parallelen zwischen jugendlichen Subkulturen und traditionellen Initiationsriten

Um sich in der Welt der Wirklichkeit zurechtzufinden, braucht man einen Referenzpunkt, von dem aus man die Welt vermisst. Initiationsriten dienen dazu, einen solchen Referenzpunkt zu schaffen.

Der Ethnopsychoanalytiker Mario Erdheim entwickelt in seinem Buch *Die gesellschaftliche Produktion von Unbewusstheit* eine Theorie der Adoleszenz und Kulturentwicklung. Er stellt eine Parallele zwischen den traditionellen Initiationsriten und den modernen Jugendkulturen her. Ziel der traditionellen Initiationsriten ist es, sich der eigenen Endlichkeit bewusst zu werden und das Dilemma zwischen Allmachtsphantasien und Ohnmachtsgefühlen zu überwinden.

Freud schrieb 1897: »Familie und Kultur stehen antagonistisch zueinander«. In seinem Buch *Das Unbehagen in der Kultur* formuliert er: »Die Ablösung von der Familie wird für jeden Jugendlichen zu einer Aufgabe, bei deren Lösung ihn die Gesellschaft durch Pubertäts- und Aufnahmeriten unterstützt«.

Beim ersten Anpassungsprozess geht es um die Aneignung vorgegebener Verhältnisse. Der zweite Anpassungsprozess soll zu einer Mitarbeit des Individuums an den sich verändernden Strukturen der Gesellschaft führen. Das heißt: Es geht nicht nur um eine Loslösung aus dem elterlichen/mütterlichen Raum, sondern auch um eine Hinorientierung zur Kultur und zur Gesellschaft.

Weltweit finden sich feste Rituale, die junge Mädchen und Jungen in die Erwachsenenwelt einführen. Der »rite de passage«, bestehend aus Separation (Trennung), Marge (Übergang) und Aggregation (Einfügung), ist ein fester Bestandteil der traditionellen Initiationsriten. Viele Strukturmomente der traditionellen Initiationsriten finden sich auch in den Jugendsubkulturen wieder.

Ein Blick auf die Initiationsriten der Traditionskulturen macht die Äquivalenz zu den jugendlichen Subkulturen augenscheinlich: In der Regel beginnt die Initiation mit einem Akt der Trennung. Den Beginn markiert die Distanzierung von den Eltern, insbesondere von der Mutterwelt. Die Initianten werden ausgegrenzt, abgesondert oder isoliert. Angst, Einschüchterung, Schrecken gehören ebenso zum »Programm« wie die »Einschreibung in den Körper«: Schmerzzufügung, rituelle Verletzung oder sogar Verstümmelung. Die Jugendlichen müssen sich bewähren, sollen Herausforderungen und risikoreiche Mutproben bestehen. Eine temporäre *Befreiung von Tabus*, *Hemmungen*, *Konventionen* und von gesellschaftlichen Regeln schafft Raum für die wachsende Triebhaftigkeit, für Sexualität und Aggression, die hier ausgelebt werden sollen. Dazu gehören ebenso Drogenerfahrungen, Rausch und Ekstase.

Die Körperveränderung in der Adoleszenz und die Körperrepräsentation werden in der Phase der Initiation ernst genommen und sind wichtige Bestandteile der Riten.

Äußerlich wird die Zugehörigkeit zur jeweiligen Subkultur durch Körperschmuck und Körperkennzeichen dargestellt, wie Tätowierungen und Piercing bestimmter Körperteile (Ohrläppchen, Augenlider, Lippe, Zunge, Geschlechtsteile). In traditionellen Initiationen muss der Neophyt oft fasten, Beschneidungen der Geschlechtsteile, rituelle Verletzungen, Kopfrasur und ausgeschlagene Zähne erdulden, um seinen Mut und seine Tapferkeit zu demonstrieren. Die Jugendlichen werden in die Stammesgeschichte und in die Stammesgeheimnisse eingeweiht. Geister werden beschworen und die Verbindung zu den Ahnen aufgenommen.

Ein weiterer bedeutender Bestandteil – sowohl in den traditionellen Initiationsriten als auch in den jugendlichen Subkulturen – ist die Erfahrung der Todesnähe und die der symbolischen Wiedergeburt. Mircea Eliade beschreibt in seinem Buch *Das Mysterium der Wiedergeburt*, dass den Neophyten bei den Aborigines, aber auch in vielen anderen Kulturen in der Phase der Separation mitgeteilt wird, dass sie sterben müssen.

Bei den Wiradurj, einem Aboriginesstamm im Osten Australiens, breitet man Decken über die Novizen und sagt ihnen, dass der höchste Gott sie verbrennen werde. Anstelle des Verbrennens wird ihnen ein Schneidezahn gezogen und den Novizen der Mythos erzählt, dass der höchste Gott sie getötet, in Stücke geschnitten und verbrannt habe, um sie nachher wieder zu neuem Leben zu erwecken: »als neue Wesen, aber jedes mit einem Zahn weniger«. Die Zeremonie wird von Schwirrhölzern begleitet. Die Frauen und Mädchen, die dieser Zeremonie nicht beiwohnen, sind davon überzeugt, dass die Schwirrhölzer die Stimmen der Götter und Geister sind und dass die Jungen zerstückelt und wiedergeboren werden.

Die Todesnähe und die Todessehnsucht während der Pubertät zeigen sich eindrücklich auch daran, dass die häufigste Todesart während der Pubertät der Suizid ist. Dazu passt, dass das Verletzungsrisiko nie zuvor und nie mehr später so hoch ist wie während der Pubertät. Nahezu alle häufigen Todesursachen lassen sich auf falsches Verhalten durch Fehleinschätzungen im Zusammenhang mit extremen Emotionen zurückführen.

Conclusio

Jugendliche Subkulturen sind spezifische Antworten auf die Anforderungen der Erwachsenenwelt, die auch über Gemeinschaftserlebnisse und Gemeinschaftsgefühle den Jugendlichen helfen, sich aus dem elterlichen Raum – speziell dem mütterlichen – zu lösen und in diesem Übergangsraum erst einmal nicht allein zu sein, die aber dazu dienen können, »die Fähigkeit, allein zu sein« zu erlernen. Jugendliche Subkulturen sollten interessiert und positiv wahrgenommen werden. Sie wohlwollend anzunehmen als auch kritisch zu begleiten ist der Wunsch der Autorin.

Den Prozess der Restrukturierung des Jugendlichen, der hier mithilfe der Neurobiologie, der Ethnopsychoanalyse und der analytischen Psychologie umkreist und beschrieben wurde, veranschaulicht Goethe mit den Worten: »Was du ererbt von Deinen Vätern hast, erwirb es, um es zu besitzen.«

Literatur

Bohus, Martin & Schmahl, Christian (2006): Psychopathologie und Therapie der Borderline-Persönlichkeitsstörung. Stuttgart, New York (Schattauer).
Eliade, Mircea (1997): Das Mysterium der Wiedergeburt. Frankfurt/M., Leipzig (Insel).
Erdheim, Mario (1982): Die gesellschaftliche Produktion von Unbewusstheit. Eine Einführung in den ethnopsychoanalytischen Prozess. Frankfurt/M. (Suhrkamp).
Farin, Klaus & Wallraff, Kirsten (2001): Die Gothics. Interview 2001. Berlin (Archiv der Jugendkulturen).
Großegger, Beate (2002): Jugendkultur-Guide 2002. Wien (öbv & hpt).
Helsper, Werner (1992): Okkultismus – die neue Jugendreligion. Mainz (Leske & Budrich).
Jacoby, Mario (1993): Übertragung und Beziehung in der Jungschen Praxis. Düsseldorf (Walter).
Rohr, Richard (2005): Endlich Mann werden. Die Wiederentdeckung der Initiation. München (Claudius).

Autorinnen und Autoren

Zygmunt Bauman, geb. 1925 (Posen), lehrte in Warschau Soziologie, bis er 1968 seinen Lehrstuhl verlor und nach Israel emigrierte. 1971 erreichte ihn ein Ruf an die University of Leeds, wo er bis zu seiner Emeritierung tätig war. Das wohl bekannteste seiner zahlreichen Werke ist *Dialektik der Ordnung. Die Moderne und der Holocaust* (dt. 1992). Zuletzt ist erschienen: *Flüchtige Zeiten. Leben in der Ungewissheit* (2008). Bauman wurde 1989 mit dem Amalfi-Preis und 1998 mit dem Theodor-W.-Adorno-Preis ausgezeichnet.
Kontakt: Prof. Zymunt Bauman, 1 Lawnswood Gardens, GB – Leeds LS16 6HF; E-Mail: Janzygbau@aol.com

Nikolaus Becker, geb. 1936, Psychoanalytiker (DPV), ist niedergelassen als psychologischer Psychotherapeut und schwerpunktmäßig tätig in Theorie und Therapie sexueller Störungen. Herr Becker arbeitet als Ausbilder am Michael-Balint-Institut, Hamburg.
Kontakt: Nikolaus Becker, Falkenried 7, 20251 Hamburg; E-Mail: becker@michael-balint-institut.de

David Bell, geb. 1950, Dr. med., ist leitender Psychiater an der Tavistock Clinic, London, außerdem Lehranalytiker und Supervisor sowie designierter Präsident der britischen psychoanalytischen Gesellschaft und von 2004–2008 Vorsitzender deren wissenschaftlichen Gremiums. Er hat umfassend über Freud, Klein und Bion gelehrt und

veröffentlicht und ist Mitherausgeber von *Reason and Passion* sowie *Psychoanalysis and Culture, a Kleinian perspective.*
Kontakt: David Bell, Flat 4, Mullion Court, 112, Finchley Road, London NW3 5JH; E-Mail: davidlbell@hotmail.com

Gustav Bovensiepen, geb. 1944, Dr. med., ist Kinder- und Jugendpsychiater, Psychoanalytiker in privater Praxis und tätig als Lehr- und Kontrollanalytiker der DGAP und am Institut für Psychoanalyse und Psychotherapie im Rheinland e.V. (DGPT). Er veröffentlichte zur Behandlungstechnik, zu unbewussten Gruppenphantasien im Parlament, zu politischen Ereignissen, ist Mitherausgeber der *Analytischen Psychologie* und erhielt 2003 den Gradiva Award der National Association for the Advancement of Psychoanalysis (N. Y.).
Kontakt: Dr. Gustav Bovensiepen, Brücker Mauspfad 537, 51109 Köln; E-Mail: gustav.bovensiepen@koeln.de

Gudrun Brockhaus, geb. 1947, Dr. phil., Dipl.-Psych., Dipl.-Soz., arbeitet seit 1983 als Psychoanalytikerin (DGPT) in München. 1977–2007 war sie wissenschaftliche Angestellte am Department Psychologie (Bereich Sozialpsychologie) der LMU München, 2002–2008 Lehrbeauftragte für Sozialpsychologie an der Freien Universität Bozen. Sie forscht, lehrt und publiziert zur Sozialpsychologie des Nationalsozialismus sowie zu aktuellen Themen der Politischen Psychologie und gründete Stiftungen zur Unterstützung ehemaliger Zwangsarbeiter und zur Förderung von Forschung zur Politischen Psychologie.
Kontakt: Dr. Gudrun Brockhaus; Homepage: www.brockhausstiftung.de

Peter Bründl, geb. 1942, Dr. phil., ist Psychologischer Psychotherapeut, Psychoanalytiker (DGPT, VAKJP; ständiger Gast der DPV) für Kinder, Jugendliche und Erwachsene, außerdem Lehranalytiker, Supervisor und Dozent der Münchner Arbeitsgemeinschaft für Psychoanalyse. Seine Arbeits- und Publikationsschwerpunkte sind Psychoanalyse der Adoleszenz, der Elternschaft, der Migration, der

männlichen Entwicklung und der Auswirkungen des NS-Terrors auf die erste, zweite und dritte Generation.
Kontakt: Dr. Peter Bründl; E-Mail: peterbruendl@kcmail.de

Karin A. Dittrich, geb. 1952, Dr. phil., Dipl.-Psych., ist Psychoanalytikerin (IPA, DPV, Akademie für Psychoanalyse und Psychotherapie München, DGPT) in eigener Praxis und langjährig als Dozentin und DGPT-Vertrauensanalytikerin tätig. Sie veröffentlichte zahlreiche Beiträge zu klinischen Themen und zur Geschichte der Psychoanalyse. Ihr besonderes Forschungsinteresse gilt den psychoanalytischen Auswirkungen der Reproduktionsmedizin und den qualitativen Forschungsmethoden in der Psychoanalyse.
Kontakt: Dr. Karin Dittrich, Maximilianstraße 43, 80538 München; E-Mail: org@psa100.de

Alain Ehrenberg, geb. 1950, Prof. Dr., ist Soziologe, Directeur de recherche am CNRS und Direktor des Forschungszentrums CESAMES (Université Paris Descartes, CNRS und INSERM). Er veröffentlichte mehrere Werke über den zeitgenössischen Individualismus, davon auf Deutsch erhältlich: *Das erschöpfte Selbst. Depression und Gesellschaft in der Gegenwart* (2004). In Vorbereitung befinden sich eine Publikation über die Beziehungen zwischen Psychoanalyse und Soziologie zur Frage des Narzissmus und eine über die Beziehungen zwischen Neurowissenschaften und Soziologie zum Thema Empathie.
Kontakt: Dr. Alain Ehrenberg; E-Mail: ehren@ehess.fr

Peter Giesers, geb. 1959, Dipl.-Psych., ist Psychoanalytiker (DPG/DGPT) und Gruppenanalytiker (DAGG), niedergelassen in eigener Praxis in Köln, Dozent am Institut für Psychoanalyse und Psychotherapie Düsseldorf sowie am Institut für Psychodynamische Organisationsentwicklung und Personalmanagement (POP), Geschäftsführer des Instituts für Analytische Gruppenpsychotherapie und Gruppendynamik Düsseldorf (IAGD). Er veröffentlichte u.a. zur Kunstpsychologie, Psychotraumatologie sowie zur Arbeits- und Organisationspsychologie.

Kontakt: Peter Giesers; E-Mail: peter.giesers@koeln.de; Homepage: www.petergiesers.de

Rolf Haubl, geb. 1951, Prof. Dr. Dr., ist Professor für Soziologie an der Johann Wolfgang Goethe-Universität Frankfurt, Direktor des Sigmund-Freud-Instituts und außerdem tätig als Gruppenlehranalytiker (DAGG), Supervisor (DGSv), Organisationsanalytiker, Organisationsberater und Coach. Seine Arbeits- und Interessenschwerpunkte sind Psychoanalyse und Gesellschaft, Medizinalisierung sozialer Probleme sowie sozialwissenschaftliche Emotionsforschung.
Kontakt: Dr. Dr. Rolf Haubl, Sigmund-Freud-Institut, Myliusstraße 20, 60323 Frankfurt am Main; E-Mail: haubl@Sigmund-Freud-Institut.de

Mathias Hirsch, geb. 1942, Dr. med., ist Facharzt für Psychiatrie und psychotherapeutische Medizin, Psychoanalytiker (DGPT, affiliiertes Mitglied DPV, Ehrenmitglied des Psychoanalytischen Seminars Vorarlberg), Gruppenanalytiker (DAGG), Lehrbeauftragter der Universität Hamburg und arbeitet in psychoanalytischer Praxis. Seine Forschungsschwerpunkte sind psychoanalytische Traumatologie, Psychoanalyse des Körpers, Gruppenpsychotherapie, Psychoanalyse und Kultur.
Kontakt: Dr. Mathias Hirsch, Simrockstraße 22, 40235 Düsseldorf; E-Mail: mathias.hirsch@t-online.de; Homepage: www.mathiashirsch.de

Gabriele Junkers, Dr. phil., Dipl.-Psych., ist Psychoanalytikerin, Lehranalytikerin (DPV) und arbeitet niedergelassen in eigener Praxis. Sie ist Herausgeberin gesammelter Aufsätze aus dem *International Journal of Pschoanalysis*, außerdem tätig als Gerontologin (Supervision, Coaching, Organisationsberatung und -entwicklung) und veröffentlichte auf diesen Gebieten.
Kontakt: Dr. phil. Gabriele Junkers, Konsul-Mosle-Weg 18, 28359 Bremen; E-Mail: info@gjunkers.de

Sylvia Kipp, geb. 1963, Dr. med., ist Ärztin für Allgemeinmedizin und Psychotherapie/Psychoanalyse für Erwachsene, Kinder und Jugendliche; ihre Interessenschwerpunkte sind Migration und somatoforme Schmerzstörungen.
Kontakt: Dr. med. Sylvia Kipp, Friedrich-List-Straße 34, 73760 Ostfildern; E-Mail: info@dr-sylvia-kipp.de; Homepage: www.dr-sylvia-kipp.de

Uwe Langendorf, geb. 1941, Dr. med., arbeitet als Analytiker in eigener Praxis und ist Dozent am Institut für Psychotherapie Berlin. Seine Interessenschwerpunkte sind Psychohistorie und Ethnologie.
Kontakt: Dr. Uwe Langendorf; E-Mail: uldf@gmx.de

Klaus-Jürgen Lindstedt, geb. 1951, Dr. med., Dipl.-Soz.-Päd., Facharzt für Psychosomatische Medizin und Psychotherapie, Psychoanalyse in freier Praxis, Lehranalytiker (DGPT, DPG), Gruppenlehranalytiker (DAGG), Vorsitzender des Berliner Instituts für Psychotherapie und Psychoanalyse (BIPP), Weiterbildungsbefugter der Ärztekammer Berlin, DGPM. Er lehrt an Humboldt Universität und Charité; seine Interessenschwerpunkte sind: Interdisziplinärer Dialog, Kulturtheorie, Evolutionspsychologie, Soziobiologie, Bewusstseins- und Kulturentwicklung.
Kontakt: Dr. Klaus Jürgen Lindstedt; E-Mail: dr@lindstedt.de; Homepage: www.lindstedt.de

Denys Ribas, geb. 1950, ist Kinderpsychiater und Lehranalytiker (Société psychanalytique de Paris, SPP). Seit 1978 arbeitet er sowohl in freier Praxis wie als Leitender Psychiater einer Kindertagesklinik mit kleinen Kindern einschließlich Autisten. Er ist Chefredakteur der *Revue française de psychanalyse* und hält an den Universitäten Paris V und Paris X Lehrveranstaltungen über Autismus ab. Zum Thema des kindlichen Autismus ist auf Deutsch erschienen: *Autismus. Ein Blick über die Mauer aus Schweigen* (Heyne Verlag).
Kontakt: Denys Ribas; E-Mail: denysribas@libertysurf.fr

Gerhard Schneider, Dr. phil., Dipl.-Psych., Dipl.-Math., arbeitet als niedergelassener Psychoanalytiker in Mannheim, ist Lehranalytiker (DPV, DGPT), Vorsitzender der DPV; seine Arbeitsschwerpunkte sind personale Identität, Internalisierungsprozesse, Behandlungstechnik, Psychoanalyse von Film und bildender Kunst; zahlreiche Veröffentlichungen in diesen Bereichen.
Kontakt: Dr. Gerhard Schneider, Goethestraße 6, 68161 Mannheim; E-Mail: gschneider-mannheim@t-online.de

Bertram von der Stein, geb. 1958, Dr. med., ist Psychoanalytiker (DGPT, DPG), Gruppenanalytiker (DAGG), Lehranalytiker am Institut für Psychoanalyse und Psychotherapie Düsseldorf (IPD), Arzt für Psychotherapeutische Medizin sowie Arzt für Psychiatrie und Psychotherapie. Nach klinischen Tätigkeiten im Rheinland seit 2003 Psychoanalytiker in eigener Praxis in Köln. Veröffentlichungen u.a. über frühe Störungen, Sucht, autodestruktives Verhalten, Kriegstraumatisierungen, Migration, Psychoanalyse mit Älteren, ungewöhnliche religiöse Phänomene.
Kontakt: Dr. Bertram von der Stein, Quettinghofstraße 10a, 50769 Köln; E-Mail: dr.von.der.stein@netcologne.de

Ulrich Streeck, geb. 1944, Prof. Dr. med., M.A., ist Facharzt für Psychiatrie und Psychotherapie, Facharzt für Psychosomatische Medizin, Psychoanalytiker (DGPT) und tätig als Ärztlicher Direktor der Klinik Tiefenbrunn (Krankenhaus für Psychotherapie, Psychiatrie und Psychosomatische Medizin); außerdem ist er apl. Professor für Psychotherapie und Psychosomatische Medizin der Universität Göttingen und ehemaliger Vorsitzender der DGPT.
Kontakt: Prof. Dr. med. Ulrich Streeck, M.A., Herzberger Landstraße 53, 37085 Göttingen; E-Mail: ustreeck@t-online.de; Homepage: www.streeck.net

Annette Streeck-Fischer, PD Dr. med., ist Kinder- und Jugendpsychiaterin, Fachärztin für Psychotherapeutische Medizin und Psychoanalytikerin (DPG, DGPT) und tätig als Chefärztin der Ab-

teilung Klinische Psychotherapie von Kindern und Jugendlichen des Akademischen Lehrkrankenhauses Tiefenbrunn; sie ist Lehr- und Kontrollanalytikerin am Lou-Andreas-Salomé-Institut Göttingen, Mitherausgeberin der Zeitschrift »Praxis der Kinderpsychologie, Kinderpsychiatrie« und seit 2007 President elect der ISAPP.
Kontakt: Dr. Annette Streeck-Fischer, Herzberger Landstraße 53, 37085 Göttingen; E-Mail: annette.streeck@t-online.de

Ulrich Wirth, Dipl-Psych., ist Psychologischer Psychotherapeut und Psychoanalytiker (DPV, DGPT, IPA) in eigener Praxis in Hamburg; vielfältige Tätigkeit im Rahmen der Arbeit in der Psychotherapeutenkammer.
Kontakt: Ulrich Wirth, Lokstedter Steindamm 15, 22529 Hamburg; E-Mail: psy.u.wirth@web.de

Ralf Zwiebel, geb. 1942, Prof. Dr. med., ehemals Professor für psychoanalytische Psychologie der Universität Kassel und Lehranalytiker am Alexander Mitscherlich Institut Kassel. Seine Arbeitsschwerpunkte sind Klinische Theorie, Didaktik der Psychoanalyse, Filmpsychoanalyse, Psychoanalyse und östliche Philosophie.
Kontakt: Prof. Dr. Ralf Zwiebel, Friedrich Naumannstraße 18, 34131 Kassel; E-Mail: rzwiebel@uni-kassel.de

Erich Fromm

Sigmund Freuds Psychoanalyse

2006 · 185 Seiten · Broschur
ISBN 978-3-89806-497-2

Fromm weist die seiner Meinung nach wichtigsten Entdeckungen Freuds im Einzelnen auf. Er zeigt, wo und in welcher Weise das für Freud charakteristische bürgerliche Denken seine Entdeckungen eingeschränkt und manchmal wieder verdeckt hat. Diese wissenschaftstheoretisch brisante Auseinandersetzung Fromms mit Freud zeigt die Tragweite der psychoanalytischen Entdeckungen und würdigt gerade darin die Psychoanalyse. Zugleich ist sie eine hervorragende Einführung in Fromms eigenes psychoanalytisches Denken.

Sandra Buechler

Psychotherapeutische Tugenden

2009 · 228 Seiten · Broschur
ISBN 978-3-89806-814-7

Sandra Buechler beschreibt elementare Emotionen und Werte, an denen sich die Therapie orientieren sollte. Dies ist unverzichtbar in der heutigen Welt, in der unser Wissen und unser Stellenwert grundsätzlich hinterfragt werden. Ausgehend von diesen Tugenden kann alles, was Analytikerinnen und Analytiker als Menschen erlebt haben – jedes Buch und jede Theateraufführung, jede persönliche Krise und Freude –, in den Therapiesitzungen zur Anwendung kommen. Buechlers erfrischend offenes und ehrliches Buch ist an erfahrene und zukünftige Therapeutinnen und Therapeuten gerichtet.